ネオリベラリズムの実践現場

中東欧・ロシアとラテンアメリカ

地域研究のフロンティア

村上勇介
仙石　学　編

CIAS

京都大学
学術出版会

はしがき

　ラテンアメリカにおいて権威主義体制の崩壊や軍政から民政への移管がはじまってから約 30 年がたち，他方で中東欧では社会主義体制が崩壊してから 20 年になろうとしている。加えて，体制転換と，体制転換とその後の民主主義の定着の課題にラテンアメリカと中東欧（それに南欧）の比較研究を通じて取り組んだリンスとステパンの『民主主義への移行と定着の諸問題』(Linz and Stepan 1996) が公にされてから 10 年以上が経っている。本研究会は，リンスとステパンのひそみに倣い，中東欧とラテンアメリカに焦点を当て，体制転換過程，市民社会，政党，（ネオ）ポピュリズム，新自由主義と政治，労働・福祉といったテーマに関し，両地域の状況を報告し民主主義の定着に関する比較を行う。考察を進めるに当たっては，現状の背景となる体制転換後の展開，また場合によっては体制転換以前の旧体制についての分析も不可欠となる。それは，民主主義移行論や民主主義定着論のなかで提示された 分析枠組を再考する作業でもある。

　上の文章は，本書の編者 2 名（村上・仙石）が中心となって，2008 年から実施してきた研究プロジェクト「中東欧とラテンアメリカのいまを比較する」の，設立の趣旨をまとめたものである。詳細な議論は本文に譲るが，中東欧とラテンアメリカという 2 つの地域は，ともに当初は西欧諸国に対して農産物や鉱産物などの一次産品を供給する，いわゆる周辺ないし準周辺的な地域として世界市場に取り込まれ，その後ラテンアメリカ諸国は権威主義体制，中東欧諸国は社会主義体制という非民主主義的なシステムの元で，それぞれ跛行的な形の工業化，近代化を進め，そして民主化が実現した後には，いずれの地域の諸国も民主主義の確立と経済のグローバル化への対応という，共通する課題に対処することが求められているというように，歴史的な経緯，および現在の状況において様々な共通面を有している。そこからこの 2 つの地域を比較することにより，特定の国や地域だけを分析していたのでは見えてこない新たな事実を確認したり，あるいはそのような事実の集積に基づいて従来の分析枠組の問題点を指摘したり，もしくはこれまでとは異なる分析枠組を提起したりすることが可能となるのではないか，という認識を村上と仙石が共有したことから，このよ

うな「地域間比較」のプロジェクトが発足することとなった。

　この「中東欧とラテンアメリカのいまを比較する」プロジェクトには，主要メンバーとして村上および仙石の他，林忠行（京都女子大学〈当時北海道大学〉），平田武（東北大学），中田瑞穂（明治学院大学〈当時名古屋大学〉），月村太郎（同志社大学），出岡直也（慶応大学），上谷直克（アジア経済研究所），横田正顕（東北大学）が参加した。主たる活動は年2回の研究会で，ここでは上のメンバーおよびそのときのテーマに応じた外部の専門家による報告を元に，政党政治や市民社会，エスノポリティクス，福祉再編などに関する比較を行った。そして2010年から2012年の3年間は，このプロジェクトが京都大学地域研究統合情報センターの複合共同研究ユニット「新自由主義の浸透と社会への影響に関する地域間比較研究」と連携することとなったことから，報告の対象を新自由主義をめぐる理念，政治，政策などの比較に焦点を当てた研究会を実施することとなり，またこの連携にあわせて，メンバーに上垣彰（西南学院大学）と小森宏美（早稲田大学〈当時京都大学〉）が加わることとなった。この研究会の活動記録については，仙石のホームページに概要を掲載しているので，そちらを参照していただきたい（http://www.seinan-gu.ac.jp/~sengoku/CEE-LA/）。

　本書は特に，後半の3年間の研究会を通した共同研究の成果をまとめたもので，序章と終章以外のペーパーはいずれも，研究会での報告内容をもとにしたものである。それぞれのペーパーそのものは特定の国を対象としているか，もしくは地域内での比較を行うもので，明示的に中東欧とラテンアメリカとの間での地域間比較を行っているわけではない。だが研究会の場においては，報告者および発言者の専門とする地域に関わりなく様々な視点からの議論がなされ，またそれにより自分の国ないし地域だけを見ていたのではとらえられない論点も多く確認された。それぞれのペーパーには，研究会の場でなされたこれらの議論が反映されており，その意味で地域を越えた視点も踏まえて，それぞれの事例を分析したものとなっている。またそれにより，自分が直接は知らない地域に関する論考についても，自分にとって既知の地域の状況と比較しながら読むことが可能となり，読者の視点，認識をも深めることができるものとなっている。この点で本書は，中東欧およびラテンアメリカの専門家のみならず，さまざまな地域に関心を持つ研究者および一般読者に，広く読まれることが期待される。

　なお「中東欧とラテンアメリカのいまを比較する」プロジェクトは，先に挙

げた京都大学地域研究統合情報センターの複合研究ユニット「新自由主義の浸透と社会への影響に関する地域間比較研究」の他，個別研究ユニット「中東欧・ロシアにおける新自由主義的政策の展開とその帰結」および「ラテンアメリカにおける新自由主義の浸透と政治変動」（ともに2010年度〜2011年度），「中東欧・ロシアにおける新自由主義的政策の理念と実態」および「新自由主義期ラテンアメリカにおける政策的位相の比較研究」（ともに2012年度），並びに科学研究費補助金「ラテンアメリカと中東欧の政治変動比較—民主主義の定着過程の比較動態分析（研究代表者：林忠行京都女子大学教授，研究課題番号21330027，2009年〜2012年）による支援を受けて実施されたものである。またその成果としての本書の出版は，2011年度の「京都大学地域研究統合情報センター叢書原稿公募」制度により行われるものであり，出版に際しては京都大学学術出版会の鈴木哲也氏に編集でお世話になった。以上の支援について，ここで記して感謝の意を表することとしたい。

2013年3月

村上勇介
仙石　学

参考文献

Linz, Juan J. and Alfred Stepan [1996] *Problems of democratic transition and consolidation: Southern Europe, South America, and Post-Communist Europe*. Maryland: The John Hopkins University Press.

目　次

はしがき　i

序　章　ネオリベラリズムの比較研究 ―― 意義と目的　　［村上勇介・仙石　学］　1

 I　ネオリベラリズム/新自由主義とは　3
 II　「ネオリベラリズムの実践」をめぐる問題群　7
 III　本書の目的と構成　10

第1部　自由主義指向経済学の伝播

第1章　「グローバル・リベラリズム」とロシア
　　　　―― 上からの啓蒙の実験　　［上垣　彰］　39

 I　外国人アドヴァイザーと「グローバル・リベラリズム」　41
 II　上からの啓蒙としての「グローバル・リベラリズム」　41
 III　思想史の中の「グローバル・リベラリズム」　52
 IV　今後の課題　59

第2章　「シカゴ・ボーイズ」とチリ
　　　　―― ネオリベラリズム「理念」の形成と浸透　　［竹内　恒理］　63

 I　シカゴ・ボーイズの発生　65
 II　アメリカによる知的ヘゲモニーの構築戦略　67
 III　アメリカのアカデミズム援助戦略とシカゴ・ボーイズ　78
 IV　ネオリベラリズム政策の浸透　93

第2部　政治過程に対するネオリベラリズムの影響

第3章　過去の克服としての「新自由主義なるもの」
　　　　―― エストニアの社会正義観と改革党の成功　　［小森　宏美］　111

 I　政策選択をめぐる複数の要因　113
 II　エストニアの社会経済政策　117
 III　社会の反応と知識人からの異議申し立て　123
 IV　社会経済政策と社会正義観　129

第4章　スロヴァキア政党政治における「第二世代改革」
　　　── 遅れてきた新自由主義の「成功」と「定着」　　　[林　忠行] 137

　Ⅰ　スロヴァキアでの新自由主義の発現　139
　Ⅱ　スロヴァキアにおける経済自由主義の受容　141
　Ⅲ　第一次ズリンダ内閣とスロヴァキア民主キリスト教連合の結成　145
　Ⅳ　2002年選挙と経済自由主義　148
　Ⅴ　第二次ズリンダ内閣の社会経済改革　151
　Ⅵ　2006年選挙以降　155

第5章　中東欧諸国における「ネオリベラリズム的改革」の実際
　　　──「さらなる改革」が求められるのはいかなる時か　　　[仙石　学] 163

　Ⅰ　中東欧諸国における「第2世代改革」──「市場経済への転換」を超えるネオリベラル的改革とは？　165
　Ⅱ　中東欧諸国における「第2世代改革」の実施状況──2000年代における政策変更に注目して　169
　Ⅲ　ネオリベラル的改革をめぐる対立の「争点化の形」──「第2世代改革」の存否を分けるもの　178
　Ⅳ　「改革の争点化の形」という視点の有効性──ラテンアメリカとの比較から　191

第6章　ネオリベラリズムと政党──ラテンアメリカの政治変動　[村上　勇介] 199

　Ⅰ　ネオリベラリズムの浸透と政治への影響　201
　Ⅱ　ネオリベラリズムの浸透とその帰結　206
　Ⅲ　政党への影響　211
　Ⅳ　政党政治の定着へ向けて　226

第7章　新自由主義の功罪と「左傾化」── 背景と実際　　　[上谷　直克] 233

　Ⅰ　ラテンアメリカにおける「左傾化」　235
　Ⅱ　左傾化の政治的背景を探る──新自由主義は民主政治にいかなるインパクトを与えたのか？　240
　Ⅲ　「左傾化」現象は，人びとのいかなる心情や態度を反映しているのか？──「左傾化の理由」をめぐって　248
　Ⅳ　左派政権の政策選択と実績（パフォーマンス）について　254
　Ⅴ　政策選択の収斂と，現実主義的な有権者　264

第3部　ネオリベラル的経済運営の実際

第8章　ロシアにおける私有化政策 ── 「資本主義企業化」の実態　　　［安達　祐子］　275

　Ⅰ　私有化政策の問題点　277
　Ⅱ　ロシアの私有化の独自性・特殊性　278
　Ⅲ　ソ連型企業の私有化と「資本主義企業化」　282
　Ⅳ　事例研究その1 ── アルミニウム工場の私有化　288
　Ⅴ　事例研究その2 ── 石油会社ユコスの私有化　294
　Ⅵ　90年代私有化の政策的含意　300

第9章　ブラジルの新自由主義
　　　　── 「幸運な自由化」はなぜ可能だったか　　　［浜口　伸明］　309

　Ⅰ　ブラジルにおける新自由主義の登場　311
　Ⅱ　コロル政権の力ずくの自由化（1991～92年）　313
　Ⅲ　カルドーゾ政権の無防備な自由化（1995～2002年）　318
　Ⅳ　ルーラ政権の幸運な自由化（2003～10年）　324
　Ⅴ　ブラジルにおける民主主義と新自由主義　331

＊　＊　＊

終　章　「ネオリベラリズムの実践」を比較する
　　　　── 複雑な現実から見えてくるもの　　　［仙石　学］　335

　Ⅰ　中東欧・ロシアとラテンアメリカを比較する ── これまでの研究から　337
　Ⅱ　新興民主主義国における「ネオリベラリズムの実践」── 本書の議論から　341
　Ⅲ　残された課題に向けて　346

索　引　351
執筆者紹介　357

序章

ネオリベラリズムの比較研究
意義と目的

村上勇介・仙石 学

I　ネオリベラリズム / 新自由主義とは

　1980年代以降，ネオリベラリズム（neoliberalism）の思想は，グローバル化の潮流に乗って，先進国のみならずアジアやアフリカ，中東欧・ロシア，ラテンアメリカなど世界各地に広がり，政策として遂行された。その結果，超高率インフレなど経済の不安定な状態が改善され，投資が増加するとともに経済が回復してきたように，マクロ経済の面では一定の成果が見られた。だが，その一方では，多くの国において，格差が拡大する現象が観察されてきており，ネオリベラリズム路線の見直しや，それからの脱却が主流となる国や地域も現れ始めている。2008年に起きたリーマンショック以降の世界的な経済危機の発生は，そうした方向に拍車をかけているように見える。このような現状を踏まえて本書は，ネオリベラリズムを機軸に，中東欧・ロシアとラテンアメリカ両地域のそれぞれにみられるネオリベラリズムの浸透の形の違い，あるいは地域を越えて現れる共通の特質などを分析する。

　これまでに公刊された，ネオリベラリズムに関する主要な先行研究は，世界各地におけるネオリベラリズムの広がりを一方向のベクトルの上で捉える。すなわち，その理念のもとで策定された構造調整など一連の政策が，国際金融機関や先進国などから一方的に押し付けられた，あるいは巨大かつ強力な国際資本主義を背景として資本移動の自由化や利潤の最大化を追求するグローバル化の一環として否応なく浸透していく過程としてみるのである。そしてその結果として，貧困の深刻化や格差の拡大が進むといった，ネオリベラリズムの負の影響や帰結を強調する。

　他方で本書も，次節で述べるように，ネオリベラリズムが惹起した深刻な問題を過小評価するものではない。しかし，同時に，ネオリベラリズムの浸透のあり方は，地域により相違が生じていたり，あるいは一つの地域内でも国によって差があった場合もあるというように[1]，その形が一様ではなかった点にも注目すべきであると考える。そして，政策として実践されたネオリベラリズムの

---

1)　先進国の場合でも，アメリカ合衆国と英国ではネオリベラリズムが深く浸透したが，ドイツとフランスではそれほどではなかった。そうした違いの原因には，1970年代の危機に際し，前者2ヶ国には企業家や富裕層に対してより不利な税制，産業政策，福祉制度が存在していたことで，それが右派による現状に不満な人々の動員を可能とする契機となったことが指摘されている［Prasad 2006］。ネオリベラリズムの伝播が，受容側の政治制度のあり方に大きく依存している点についての包括的な議論として，Chorev［2010］も参照。

内容，その影響や反応の現われ方，見直しの方向性についても，特定の形に収斂していないということも忘れてはならない。

そこから本書は，ネオリベラリズムという理念ないしイデオロギーが地域という現場において具体的に実行される過程における現われ方，いわば「実践されるネオリベラリズム」を分析の中心に据える。ネオリベラリズムの実践現場に焦点をあわすことにより，理念やイデオロギーとしてのネオリベラリズムと，それに向かい合いまた受容する社会との間の相互作用に関心を向ける。そうした作業を通じ，同じ理念であっても，地域や社会の側の状況により受容のあり様や仕方が異なることが明らかとなる。他方，理念と社会の間の双方向のベクトルが行き交う過程を注視することで，先行研究では見過ごされてきた現象に光を当てる。具体的には，人々が理念やイデオロギーとしてではなく，いわば現実主義的な観点からネオリベラリズムを受容する，そして，政策の選択の幅が一定の範囲に収斂し争点政治の発現による政治社会の安定化という意図せざる結果が現われている，といった点にも焦点を当てていく。

これまでネオリベラリズムについては，具体的には，以下のような定義がなされてきた。

> 「新古典派経済学を基礎として……市場メカニズムの役割を重視し，可能な限り政府による政策介入を排除することによって効率的な資源配分を実現しようとする（経済思想）」［道下 2004: 79］。

> 「強力な私的所有権，自由市場，自由貿易を特徴とする制度的枠組みの範囲内で個々の企業活動の自由化とその能力とが無制約に発揮されることによって人類の富と福利が最も増大する，と主張する政治経済的実践の理論」［ハーヴェイ 2007: 10］

ネオリベラリズムは新自由主義と訳される。本書に出てくる新自由主義という表記は，ネオリベラリズムと同義で用いられている。思想史では，20世紀初頭に登場したニューリベラリズム（new liberalism）と呼ばれる考え方も新自由主義と訳されることがあるが，本書にはこの意味での新自由主義は登場しない。ニューリベラリズムは，絶対主義に対抗する思想として始まったリベラリズム（古典的リベラリズム）が，資本主義の発展を機に拡大した格差や貧困によって個人の自由が脅かされる問題を前に生まれた。個人の自律的発展に必要な条

件や環境を保障し提供することを国家の機能とする「積極的国家」を主張する，ケインズの福祉国家論に集約される考え方である。この考え方は，市場原理を貫徹するため国家の機能を縮小するネオリベラリズムとは正反対の意味を持っている[2]。

　現実の世界においては，ネオリベラリズムは特定の政策群として実施されてきた。それはまず，債務不履行の危機に直面した国に対する支援の条件として実施される構造調整政策という形をとることが多かった。これは1980年代に構造調整政策の実施を提唱した国際通貨基金や世界銀行，米州開発銀行，アメリカ合衆国財務省などの所在地に因んで，「ワシントン・コンセンサス」と呼ばれることも多い。ただ，最初に実施された構造調整支援の融資は，世界銀行によって1980年にケニア，トルコ，フィリピン，ボリビアなど9ヶ国に対して行われたものである。そして，その翌年に発行された報告書で世界銀行は，アフリカを対象として，輸入代替工業化の限界による経済の悪化を克服するためと称して，経済自由化を推進する構造調整の実施を求めることとなった［大田 2009; 坂元 2008: 23-25］。

　「ワシントン・コンセンサス」という名称は，アメリカ合衆国の国際経済研究所が，国際通貨基金と世界銀行によるラテンアメリカの経済改革に関する会議を1989年に開催した際，同研究所のウィリアムソンによって使われたのが最初である。ウィリアムソンは，その内容を10項目にまとめている。具体的には，(a) 財政赤字の削減，(b) 歳出の優先順位の見直し（補助金を教育や厚生などの分野やインフラ投資に向けるなど），(c) 税制改革，(d) 金融自由化，(e) 競争的為替レートの設定，(f) 貿易自由化，(g) 外国直接投資の自由化，(h) 民営化，(i) 規制緩和，(j) 所有権の保障，の「十戒」である［大田 2009; 坂元 2008: 2, 36; Williamson 1990］。

　ワシントン・コンセンサスを推進した国際金融機関は1990年代半ば頃から，自由経済市場を制約している様々な規制を緩和，撤廃することだけでなく，市場経済を発展させるための制度構築や行政能力の向上を目指した改革を推進する必要性を強調するようになる。そうした機関は，前者を「第一世代改

---

2) 20世紀には福祉国家が西欧やアメリカ合衆国で一般化し，ニューリベラリズムはニューがとれて「リベラリズム」として認知されるようになった。1930年代以降，アメリカ合衆国で「リベラル」は国家の積極的な役割を認める立場を指す形容詞として使われていることはよく知られている。リベラリズムの思想的展開については金田［2006］参照。

表1-1　ワシントン・コンセンサス

	第一世代改革	第二世代改革
全体的政策目標	インフレ抑制，国際収支均衡，経済成長，所得分配の是正の実現。	市場経済支援，開発促進，貧困削減，マクロ経済の安定を達成するための制度改革。
財政政策	公共支出の抑制によるインフレの終息。	財政手段による国内貯蓄の増加。
公共支出の優先度	政治目的（国防，補助金など）から，経済的優先度が高く所得分配是正に貢献するもの（保健，教育，インフラなど）への転換。	初等，中等教育への支出増加，計画的社会事業への公共資源の再投資。
税制改革	徴税機能の改善による税収基盤の拡充。単位当り限界税率改善のためのインセンティブの明確化。	財政収入以外の要素を考慮した税制改革。環境負荷を考えた土地利用税などの新規導入。
為替政策	非伝統的な輸出品促進のため，複数為替制を廃止。	競争的な為替レートの維持。フロート制の採用，もしくはフロート制のレートを名目上の指針とする。
金融自由化	特別優遇金利の廃止，インフレを下回らない金利，市場にもとづく適正な金利水準の実現。	金融諸機関に対する有効な規制・監督の枠組の構築と強化。
貿易自由化	貿易数量規制の関税への切り替え，10-12%の低水準への関税率の一括引き下げ。	多国間・地域間の貿易と外国人投資の自由化の継続。
外国人投資の自由化	外国人投資の参入障壁の撤廃，外資と内資との競争機会の平等化。	投資利益の最大化とコストの最小化のための資本取引自由化の促進。
民営化・市場経済化	国営企業の民営化の推進，競争制限的各種規制の撤廃。規制は安全性，環境保護，金融の健全性確保など明確な基準に基づくこと。	民営化，労働市場を含む自由化の推進を通じての競争的市場経済の創出。
制度改革	言及なし。	独立の中央銀行，強力な財政機関，独立で汚職のない司法機関，生産性向上に貢献する諸団体など，戦略的な制度構築。

出典：末廣［2001：14］を一部修正。

革」，後者を「第二世代改革」と呼んで区別している（表1-1）。「第二世代改革」には，中央銀行や司法権の独立，財政機関の強化といった行政改革，経済発展と貧困削減のための戦略的な政策，労働市場改革などが含まれる［末廣 2001；Williamson 2003］。ラテンアメリカでは，地方分権化も「第二世代改革」の一環として実施された例（ボリビア）がある[3]。

---

3) ここでいう「第二世代改革」は，国際金融機関が提起したもので，本書第4章，第5章で使われている，中東欧諸国の例から帰納的に定義された「第二世代改革」の具体的意味内容とは異なっている。ただ，いずれも，根本には，市場経済を深化させるために「第一世代」を経た後にとら

ネオリベラリズムに対しては，次節で述べるように，様々な批判がなされてきた。その中でも注目すべきは，1987年にユニセフの研究成果として公にされたコルニアらの『人間の顔をした調整』である［Cornia 1987］。同書は，構造調整の実施が貧困層の状況を悪化させていると批判し，「人間の顔をした調整」を実現する必要性を訴えていた［坂元 2008: 4, 59-60］。様々な批判の潮流は，2001年にブラジルのポルトアレグレで開催された世界社会フォーラムとして結集することになる。1990年代の半ば以降，ワシントン・コンセンサスの推進機関・推進派が「第二世代の改革」の必要性を主張し始めた背景には，高まりつつあった批判の流れがあったといえる[4]。

II　「ネオリベラリズムの実践」をめぐる問題群

　後にネオリベラリズムと呼ばれる考え方の基礎を形作ったのは，シカゴ大学で教鞭を執っていたフリードマンである。その考え方はシカゴ学派と呼ばれ，そのもとで学んだ経済専門家集団はシカゴ・ボーイズと揶揄された。当初，その考え方は，第二次世界大戦後のアメリカ合衆国における経済学界の少数派であり，かつその影響力もシカゴ大学関係者の一部に限られていた。フリードマンの考え方が広がる契機となったのは，1960年代後半，ベトナム戦争に足を掬われたアメリカ合衆国がインフレに苛まれたことである[5]。1970年代末からアメリカ合衆国と英国で，政策として本格的に実施される。その後，先進国に広まった他，国際通貨基金や開発銀行などの国際金融機関も通じて，ラテンアメリカやアフリカ，中東欧・ロシアなど経済危機に陥ったり体制転換を迫られたりした地域に拡散していった［坂元 2008; ハーヴェイ 2007; 根井 2009; ヤーギン・スタニスロー 1998; 本書第1章・第2章］。

　　　れる政策という意味合いを有している点では共通している。
4)　東アジアの経済発展に関し，ワシントン・コンセンサスの処方箋以上に積極的な役割，特に産業政策や社会公正の面での効果的な役割を国家が果たしたことを指摘した，1993年の世界銀行の報告書［World Bank 1993］も影響したと考えられる。
5)　もっとも，ラテンアメリカの中で最も早い1970年代前半にネオリベラリズムを採り入れたチリに関しては，シカゴ大学の状況が決定的であった。冷戦下での戦略の一環として1950年代後半からチリの大学院生を受け入れた同大学で学んだ経済専門家の存在が重要だったからである［本書第2章］。通常，ネオリベラリズムの考え方はシカゴ学派と呼ばれるが，フリードマンが大きな影響力を持つ前のシカゴ大学には多彩な経済学者がいたことから，「フリードマン学派」というのがより正確だという［根井 2008: 146］。

表 1-2　2004 年の地域別ジニ係数

北アフリカ・中東	35
先進国	36
南アジア	36
ヨーロッパ・中央アジア	36
東アジア・東南アジア・太平洋	45
サハラ以南アフリカ	45
ラテンアメリカ	53

出典：Nora [2009: 5]

　このような流れの中で，ネオリベラリズムに基づいた政策が実際に実施された影響に関しては，社会公正の面では否定的な評価が下される点では多くの研究が一致している。ラテンアメリカ諸国のようにインフレの問題が深刻だったところでは，その問題は克服され，外国投資の増加などによる経済回復が見られた。しかし，他方では，社会的な公正の実現，具体的には，貧困や格差の削減，社会共通資本の充実といった点での成果に乏しく，場合によっては状態が悪化した国も多く存在する。

　国家と政府の役割を最小限にとどめることを重視するネオリベラリズムは，配分や公正の問題に強勢を置かなかった。「上げ潮はすべての船を持ち上げる」，つまり，市場経済が発展し経済成長が実現すれば，その恩恵は自然に貧困層まで滴り落ちる，とするトリックル・ダウン効果を前提としていたためである。だが，そうした現象は，現実には起きていない［ハーヴェイ 2007；スティグリッツ 2002］。このことを明らかにしたのが，表 1-2 にあげた 2004 年における世界諸地域のジニ係数の平均である。この年には，ネオリベラリズムの流れが支配的となった 1990 年代を経て，ラテンアメリカなど，地域によってはそれへの反発が既に観察されていた。ネオリベラリズム，特に国際金融機関が進めた構造調整の浸透が多くの国でみられたラテンアメリカとアフリカ（サハラ以南）で，数値が高い点が注目される。

　「ネオリベラリズムの実践」に由来する問題は，経済に限られず，多様な面に及んでいる。ハーヴェイは，ネオリベラリズムが社会に浸透する際，「旧来の制度的枠組みや諸権力に対してだけでなく（それは国家主権の伝統的形式にさえ挑戦している），分業や社会関係，福祉制度，技術構成，ライフスタイルや思

考様式，性と生殖に関する諸行為，土地への帰属意識，心的習慣」など，様々な側面において従前のあり方の改変を引き起こすと指摘している［ハーヴェイ 2007: 12］。実際にネオリベラリズムは，1930年代以降の国家社会関係を規定してきた根幹そのものを変える考え方であるだけに，それが実践されたことで，政治，経済，社会，国際関係，文化，環境など多方面に関わる問題を生み出すこととなっている。

　例えば塩原は「ネオリベラリズムの文化人類学」として，オーストラリアを題材に，ネオリベラル的な多文化主義を分析している［塩原 2005］。多文化主義は，本来，ある国民国家の内に存在する文化的，エスニック的な多様性に由来する不公正，不平等の構造を改める理念である。ところが，ネオリベラリズムの影響を受け，文化的に多様な人々は，個々人として国民国家に包摂されるものの，文化的，エスニック的な集団としては不公正，不平等な構造の是正を求める権利を持たない，とする多文化主義の「個人化」が起きた。しかもその論理は，難民や亡命者，貧困層の移民など，国益としての経済発展に反する，あるいは国民を分裂させると見なされる人々を排除する根拠にもなっている。多文化主義の「ナショナリズム化」という逆説的な現象をも引き起こしているという。

　断片化，分裂化という形ではあるが，ネオリベラリズムによって利益を代表する主体としてのエスニック集団が解体される現象は，2000年までの71年間にわたり権威主義体制が続いたメキシコや，ネオリベラリズムの推進とともに多文化政策を進めた1990年代のボリビアについても報告されている。メキシコでは，1980年代，同体制の末期に始まったネオリベラリズム改革により，先住民向けに実施される国家の支援事業が，先住民集団全体向けではなく，先住民のある特定地区に焦点が当てられ，そこに限定され完結する形で実施されるようになった。その結果，先住民集団の断片化が生じた［De la Peña 2002］。ボリビアでは，ネオリベラリズムを推進した政権が実施した多文化政策により，先住民が現実派と急進派に分裂し，政権に取り込まれるグループが生まれる一方，政権のやり方に不満を持つグループの抵抗およびこれと現実派との対抗も強まることとなった［Lucero 2009］。

　個別化，断片化などと関連して，ネオリベラリズムは社会の「原子化」（atomization）を進めたことも指摘されている。個人の自由を最大限に尊重する思想的基盤から，英国のサッチャー首相（当時）の言葉を借りれば，「社会など

というものは存在しない」のであり，「存在するのは，男，女という個人」と，せいぜい家族のみであると認識する。そしてその結果として，個人主義，私的所有，個人責任，家族といった価値を重視し，労働組合をはじめとして，あらゆる形の社会的連帯を解体する方向に作用する［ハーヴェイ 2007］[6]。

　本書が関心を向ける政治分野に限定しても，様々な角度から問題を設定できる。ネオリベラリズムのラテンアメリカ政治への影響について，包括的な問題設定を行って考察を展開している例として，ウィランドによるネオリベラリズムと民主主義との関係に関する研究がある［Weyland 2004］。ウィランドは，ネオリベラリズムには，民主主義体制を維持することには寄与したものの，その質を高めることには失敗したという二面性があるとし，その内的，外的原因を指摘する。まず，民主主義の維持については，内的には，急進的，革命的な政治変革を求める勢力が弱まり，それに呼応して企業家など以前は軍の政治介入に積極的だった勢力も民主主義の維持に価値を見出したことがあった。外的には，国家や社会が国外により開かれて，民主主義の堅持を求める国際社会の要求に敏感にならざるを得なくなった。他方，民主主義の質が高まらない理由として，内的には，労働組合，社会運動，政党など中間媒介団体を脆弱にしたことが挙げられる。また外的には，ネオリベラリズム実施の外圧により政治選択・議論の幅が制限され，しかも他方では政府の目が国民よりも内外の投資家に向く状況が生まれたことから，国民の間では政治的無関心が高まる結果となったことがあったとされる。

III　本書の目的と構成

　ネオリベラリズムが実践された現場として本書が焦点を合わせる地域は，中東欧・ロシアとラテンアメリカである。この二つの地域を取り上げる理由とし

---

6)　ただし，ネオリベラリズムの路線や政策が選択，実施されたことにより，現実に原子化を引き起こしているかについては，厳密な実証が必要である［本書第7章］。社会の原子化現象自体は，自由主義の価値を内包しているヨーロッパ的な近代化の過程で広く観察されてきたことであり，その過程の結果と厳密に区別する必要がある。同様に，ネオリベラリズムの政党や政党システムへの影響も提起されているが，政党の凋落はネオリベラリズムの波及以前から世界各地で観察されており，ネオリベラリズムの影響か否かを厳格に見極める必要がある。ラテンアメリカにおいては，政党の機能不全や政党システムの動揺が，ネオリベラリズムとは直接には関係しない形で起こった例がある［本書第6章］。

ては，両地域は，幾つかの側面で相違が観察されるものの，19世紀末以降の近代化過程の重要な位相において共通性を有し，体制転換後の政治と経済でも同様の課題に直面してきた，「地域のコンテクスト」の共通性が高い地域であるということがある。

　具体的には，19世紀から20世紀前半にかけて，チェコの一部を例外とした中東欧からロシアに至る地域とラテンアメリカはいずれも，ヨーロッパの中核に対し農産物や軽工業品を供給する，周辺ないし準周辺的な地位におかれていた。その後20世紀の中期になると，中東欧およびロシアにおいては，社会主義体制の下で重化学工業を中心とする自給型の工業化が進められた。他方のラテンアメリカにおいては，国ごとの相違はあるものの，多くの国において権威主義的な政治のもとで，テクノクラート主体による輸入代替工業化が進められた。いずれの地域においても非民主主義的な体制による跛行的な工業化，近代化が進められたのである。そして，この時期における工業化，近代化に伴う社会変動が，両地域のその後の社会経済の基礎を形成することとなる［cf. Haggard and Kaufman 2008］。そしてラテンアメリカでは1970年代末から，中東欧およびロシアでは1980年代の末から，いわゆる「民主化の第3の波」の流れの中で一応の民主化が実現された。だが，いずれの地域においても，政治面では政党システムが確立せず不安定な政治が続いている国が多い。経済面でも，1997年のアジア通貨危機や2008年のいわゆる「リーマン・ショック」などのような国際経済からの作用に脆弱なままで，複数回にわたり深刻な経済危機を経験している国もあるというように，現在でもなお両方の地域は似たような状況に置かれている。

　もちろん両地域の間には，歴史的経緯の違いによる明らかな相違も存在している。例えば中東欧およびロシアでは，社会主義化に伴う農業集団化が旧来の支配層であった地主層を除去し，その結果現在では社会における階層構造も相対的に平準化されている。これに対し，ラテンアメリカの権威主義的な政治のもとでは，社会構造の変革は進まず旧来の支配層の利益が温存され，その結果として民主化の後の時期においても，富裕層と貧困層の間に断絶が存在していて，これが現在でもラテンアメリカの政治のあり方に影響を与えている［cf. Greskovits 1998］。また中東欧に関しては，欧州連合（EU）という強力な外部アクターの存在が民主主義や市場経済の定着に影響を与えているのに対して，ラテンアメリカおよびロシアに対しては外部から強力な影響を与えるアクターが

存在せず，そのために民主主義や市場経済の定着の度合いが中東欧に比べて弱いことも指摘されている [cf. Orenstein 2009; 田畑 2011]。

　このような相違があるのは確かながら，それでも現在の中東欧およびロシアとラテンアメリカの諸国の多くは共通の問題に直面し，またそれに対して様々な対処の方法を試みている状態にあること，およびその対処のあり方は地域固有のものではなく，むしろ本書の各章が明らかにするように，地域内でも対処の異なる国もあれば，逆に中東欧とラテンアメリカという地域を越えて共通の方法により問題の解決を試みている国もあるのである。つまり，ラテンアメリカと中東欧の事例を「新興民主主義国の事例」として地域横断的に比較するならば，それぞれの地域内部の事例を比較するのみでは確認することができない，新しい知見を得ることが可能となる。

　本書がテーマとするネオリベラリズムに関しては，その浸透の程度の点で両地域は相違がみられる [本章末の年表参照]。ラテンアメリカでは，早い国で1970年代から，遅い場合でも1990年代前半には，ネオリベラリズム改革がほぼすべての国で推進された。例外は，1959年の革命以降カストロ体制が維持されてきたキューバと，国内の反発からネオリベラリズム改革が他の国ほど進まなかったベネズエラのみである[7]。その導入の時機は，基本的に，それまでの国家発展モデルの行き詰まりの中で危機状況に陥ったタイミングに依存している。軍政下で行われた場合もあれば，民政移管後の政党政治のもとでの開始を求められた場合もある。導入後，格差や貧困，失業，低賃金といったミクロ面での問題が存続ないし悪化し，1990年代末から，ネオリベラリズムの見直しが基調となるポストネオリベラリズムの段階に入っている。今日のラテンアメリカでは，ネオリベラリズムの根本的見直しを求める「急進左派」，マクロ面でネオリベラズムを維持しつつ貧困や格差などを是正する社会政策を重視する「穏健左派」，ネオリベラリズム堅持の右派，という3つの路線が併存している [本書第6章・第7章参照]。

---

7) ラテンアメリカでのネオリベラリズム改革は，市場開放，金融改革，外資規制緩和，民営化，税制改革といった分野で進められた。ただ，労働市場改革は，1970年代のチリと1990年代のペルーで行われた場合を除き，極めて限定的にしか進行しなかった [細野 2002]。また，仔細に見れば，国によってネオリベラリズムの形態は異なる。よく言及される例としては，最もネオリベラリズム改革が進んだ国の代表であるチリにおいては，「ドル箱」たる主要な良質鉱山は依然として国営銅公社（CODELCO）が所有し続けている。他の銅山も欧米大手企業の資本傘下にあるものの，その全てが今日に至るまで民営化されたわけではない。

他方，民主主義への移行と国家計画経済から市場経済への転換，そして連邦国家の解体による国家の枠組みそのものの転換という「三重の転換」が同時進行した東欧・ロシアでは，ネオリベラリズムの波が，いったん地域全体を覆ったように見えた。しかし，ラテンアメリカと比較して社会的格差が小さく，労働組合運動や社会福祉の伝統も強く，共産主義期に形成された社会的セーフティネットが完全には崩壊しなかった中東欧・ロシア［Webb and White 2007: 8; 本書終章］においては，その浸透には温度差があった。旧ソ連・ロシアへの依存からの脱却を強く求め，「三重の転換」の緊急実現を求めたバルト諸国ではネオリベラリズムの浸透度が相対的に高かった。対極には，旧体制のもとで始まった「三重の転換」過程が長期にわたり進んだことに加え，旧共産圏で最も開放的な経済を持つ一方で，「自主管理社会主義」以来のコーポラティズムの伝統も存続していて，そのために，ネオリベラリズムが定着しなかったスロヴェニアが存在する。ネオリベラリズム派と対抗勢力が拮抗関係にあり，バルト諸国とスロヴェニアの中間にあるのがヴィシェグラード諸国と呼ばれるチェコ，ハンガリー，ポーランド，スロヴァキアである［林 2010; 本書第 5 章］[8]。
　そうした両地域におけるネオリベラルの実践について本書では，ネオリベラリズム思想の伝播のあり方，政党政治を中心とする政治過程への影響，具体的な政策の態様，の三つを軸に比較していく。
　本書の構成は次の通りである。第 1 部の「自由主義指向経済学の伝播」は，ネオリベラリズムの考え方が伝播した経路を分析した二つの章からなる。第 1 章「『グローバル・リベラリズム』とロシア ── 上からの啓蒙の実験」（上垣彰）と第 2 章「『シカゴ・ボーイズ』とチリ ── ネオリベラリズム『理念』の形成と浸透」（竹内恒理）は，経済専門家のつながり，ネットワークを通じて，市場経済化，経済自由化の思想が伝播された過程を追っている。上垣論文は，体制転換するロシアでの市場経済化を推進した外国人アドバイザーの行動と考え方を取り上げる。ロシアに赴いたアメリカ合衆国のアドバイザーは，ケインズ派のエスタブリッシュメントで，シカゴ学派のネオリベラリズム信奉者ではなかった。しかし，ロシアにおける「上からの啓蒙」の伝統を体現し，トップダウン方式で，市場経済化を教育，助言，指導，実践したことを紹介している。

---

[8]　Bohle and Greskovits［2007］は，バルト諸国を「ネオリベラリズム型」，スロヴェニアを「ネオコーポラティズム型」，中間にあるヴィシェグラード諸国を「埋め込まれたリベラリズム」と呼んでいる。

また，ロシアでは，ソ連崩壊前から若手経済専門家が外国人経済学者と親しい関係にあったことを指摘している。中東欧諸国に関しても，社会主義期の末に，既に西側の経済専門家との交流によってネオリベラリズムの考え方が伝わっていて，それに基づいた社会主義経済の再建も検討されていた［本書第4章・第5章参照］。

　竹内論文は，ラテンアメリカで最も早くネオリベラリズム改革に着手したチリにおけるシカゴ・ボーイズの役割を分析することで，ネオリベラリズムの浸透過程を跡づけている。そこでの人的ネットワークの形成は，東西冷戦下のアメリカ合衆国が狙った知的ヘゲモニー構築戦略の一環として，1950年代初めにインドネシア，タイと並んで，チリをパイロットケースとして開始された新古典派経済学の教授プログラムにあった。M. フリードマンが率いるシカゴ大学経済学部教授陣はフリードマン流の経済学，政治哲学理念をチリ人留学生に徹底的に教え込み，学位を取得した経済専門家が1973年のクーデタで成立したピノチェ軍事政権のもとでネオリベラリズム改革を進めた。他のラテンアメリカの国でも，アメリカ合衆国を中心とする大学で学位を取得した経済専門家が，1980年代以降，大統領や閣僚としてネオリベラリズム改革を推進することとなる。さらにフリードマン流経済学の信奉者たちはIMFや世界銀行においても要職を占め，ネオリベラリズムの浸透を世界規模で進める一翼をになった。

　第2部「政治過程に対するネオリベラリズムの影響」は，ネオリベラリズムのもとでの政治社会や政党政治について論じた五つの章を収める。

　第3章「過去の克服としての『新自由主義なるもの』──エストニアの社会正義観と改革党の成功」（小森宏美）は，エストニアが一般的にはネオリベラリズム路線を進んでいて，格差問題も認識されているにもかかわらず，同路線の推進の中心的役割を果たしてきた改革党が支持を伸ばすなどネオリベラリズムが評価されている背景を探っている。家族支援制度が福祉の拡大につながっているなど，一部にはネオリベラリズムに反する政策が見られるものの，それらを含め拡大する格差を縮める方向には向いていないのが改革党の路線である。知識人などから格差社会への批判が提出されたこともあったが，多くの人々は，ソ連による支配に対する強い反感から，これを否定し近代的，進歩的に見えるものはすべて肯定する社会正義観を有している。そのため，ネオリベラリズムに対する批判が起きにくい構図となっているという。

苦い経験を基にネオリベラリズムを受け入れ支持する姿勢は，ラテンアメリカにおいても観察された。ラテンアメリカの場合は，超高率インフレに象徴される経済危機とそれに伴う社会不安が背景にあった。超高率インフレを抑えるのであれば，文字通り「藁をもつかむ」姿勢であった。実際，ネオリベラリズムによってインフレが鎮静化したため，多くの人々は，それを肯定し受け入れたのであった［Stokes 2001; Weyland 2002; 本書第6章・第7章］。別の観点からみれば，人々は，ネオリベラリズムの理念や信条に共鳴したり，合点したりしたわけではなく，極めて現実主義的な判断から，ネオリベラリズムを判断し，受け入れたのであった。現在の状況を少しでもよくするか，あるいはそうした期待を抱くことができるか否か，という視点から眺めていたのである。そうした現実主義的な姿勢は，ラテンアメリカにおいては，近年，貧困や格差といった問題を克服できなかったネオリベラリズムから離れ，社会経済的課題の克服に向け国家のより積極的な役割に期待する「左旋回」を生じさせた有権者の冷静な姿と重なる［本書第7章］。

　また，ラテンアメリカの経験からすれば，克服感が日常化し，社会格差の問題が改めて実感されるようになると，ネオリベラリズムへの批判が強まってゆく可能性を指摘できる。ただ，エストニアの場合，経済は現在までのところ順調である。また，数年続いた超高率インフレといった短い時間の経過の中での経験だったラテンアメリカとは異なり，ソ連による半世紀以上にわたる支配の経験という歴史性を有する原因から生まれた認識であることから，長い持続性を持つ可能性がある。

　第4章「スロヴァキア政党政治における『第二世代改革』── 遅れてきた新自由主義の『成功』と『定着』」（林忠行）は，スロヴァキアに焦点を当て，その政党政治の動態分析から，今世紀に入ってネオリベラリズム改革が進められるに至った経緯を明らかにしている。スロヴァキアは，ヴィシェグラード諸国の中で，共産党時代末期における自由主義経済学の受容がほとんど進んでいなかった。その僅かな間隙の中で自由主義経済学に接した若手経済専門家達は，1993年のチェコからの分離独立後，主導権を握った左派勢力が押し付けた権威主義的な政治と非効率な経済運営に反発し，政権獲得の決意を固めた。そして，1998年の選挙で，そうした経済専門家が所属，関係する中道右派勢力が結集し，中道左派と協力して権威主義的な政権を終わらせた。次の2002年の選挙を経て中道右派の連合政権が成立し，そのもとでネオリベラル改革が進め

られた。

　第5章「中東欧諸国における『ネオリベラリズム的改革』の実際 ──『さらなる改革』が求められるのはいかなる時か」(仙石学) は，前章で示された争点化の有無という視点を中東欧諸国の比較から敷衍する。そこでは，中東欧諸国の間で観察される，ネオリベラリズム改革の進捗度の違いが生じた原因を，経済改革の争点化の有無に求める。中東欧諸国のネオリベラリズム改革は，体制転換期に行われた市場経済化については大きな差を生じなかったのに対し，21世紀に入り，海外直接投資の増加を目的としたネオリベラリズム改革 (「第二世代改革」) が実施されると，その形態に差が生じた。バルト3国は体制転換期からネオリベラリズム路線をとっており，またスロヴェニアはネオリベラリズムとは距離を置いてきたことから，ヴィシェグラード諸国間で生じた差が注目される。この差については，明確な「第二世代改革」を実施したチェコとスロヴァキアに対して，財政再建やEU加盟のための緊縮財政策などは実施されたものの包括的なネオリベラル的改革は行われていないハンガリーとポーランドという形で現れているが，このような差が生じた理由としては，各国における政党間の対抗関係，およびそこでの経済政策の争点化の形の違い，すなわちチェコとスロヴァキアでは「『ネオリベラル経済政策を求めるリベラル・保守政党』対『これに反発する社会民主主義政党』」という対抗関係が第二世代改革の実施と結びついているのに対して，ハンガリーとポーランドでは「『ネオリベラル的な政策を実施してきた [旧共産党の] 後継政党』対『これに抵抗するリベラル・保守政党』」という対抗関係がさらなるネオリベラル的な政策の実施に歯止めをかけているという状況が影響している可能性が高いことを提起している。

　左派勢力に対抗する形で中道右派勢力の結集が起こり，対立軸が明確化する，という点は，続く各章で指摘されるように，ラテンアメリカの事例でも，近年の政党システムが安定化傾向を示している国に関し類似の過程を指摘することができる。

　続く二つの章は，ネオリベラリズムからポストネオリベラリズムへと展開したラテンアメリカをマクロ分析する。第6章「ネオリベラリズムと政党 ── ラテンアメリカの政治変動」(村上勇介) は，ネオリベラリズムからポストネオリベラリズムへと時代が移る中で，政党システムが安定化傾向を示す国と不安定化する国が出てきていること指摘し，政党政治の展開を振り返ってその原因を探っている。安定化傾向を示す国では，共通して，民政移管に先立つ非民主

的な体制や政権のもとで，ネオリベラリズム改革が着手され，後にネオリベラリズムへの批判の受け皿となる左派政党が，民政移管推進の勢力の一部として地歩を固めた。民政移管後，ネオリベラリズムに対する批判が強まった際，その受け皿となったのが，既に議会で一定の勢力を保持してきた左派政党であった。ネオリベラリズムを争点として，立ち位置が明確化した勢力からなる政党システムの制度化が進んだのである。これに対し，不安定化した国では，民政移管後に，政党政治を支えていた政党がかなりの規模のネオリベラリズム改革を推進する必要性に迫られた。そして，経済危機が克服された後，ネオリベラリズムに対する不満や批判が高まっていった時，その受け皿となる左派政党は存在しなかった。

続く第7章「新自由主義の功罪と『左傾化』―― 背景と実際」（上谷直克）は，ポストネオリベラリズム期に入ったラテンアメリカで観察されている「左傾化」について，先行研究を渉猟し，左傾化の背景となったネオリベラリズムの影響，左派勢力が支持される理由，成立した左派政権の実績について考察する。ネオリベラリズムの影響については，ベネズエラなど改革遅延国では改革の中途半端さや失策によって危機が醸成され，社会と政治が不安定化した。ボリビアやアルゼンチンなど改革先進国では，「テクノクラティックな合意」に基づいて改革が進められ，その利益や便宜が特定の集団に集中したことと相まって，ネオリベラリズムの排他性を多くの人々に植え付け，「代表制民主主義の危機」を引き起こした。他方，支持される理由としては，時として矛盾する数量分析の結果を検証し，市場経済への支持や期待の低下が左派勢力への支持をもたらした点を重視する。そこに現れるのは，自らの状況と提起される政治の選択肢を照らし合わせて冷静に判断する有権者の姿である。その姿は，ネオリベラリズムを受け入れたエストニアの人々の姿勢と重なっている［本書第3章］。

最後の第3部「ネオリベラル的経済運営の実態」は，BRICSに含まれるロシアとブラジルを対象に，ネオリベラリズムが政策として具現化するあり方に関する二つの章を収めている。

第8章「ロシアにおける私有化政策 ――『資本主義企業化』の実態」（安達祐子）は，体制移管後のロシアで進められたネオリベラリズム改革の三本柱，自由化，安定化，私有化（privatization）のうち，後にユコス事件で世界の注目を集めた石油会社に代表される企業を生んだ私有化を分析する。私有化とは，国

有資産を私的所有に移譲することである。それは，ロシア政府の優先政策の一つとして 1992 年に本格的に実施が開始されものの，一段落する 1990 年代後半には強く批判されるようになる。原因は，ロシア経済の初期条件を考慮せずに実施したことにあった。ソ連型経済システムの中のヒエラルキーの最下部に位置する生産単位に過ぎなかった旧ソ連企業が私有化された結果，「生産単位の私有化」に止まり，企業活動に支障が生じた。その後，新興の企業家の手によって，独立した経営資源の集合体・経営管理組織体としての企業に生まれ変わる資本主義企業化が進み，企業は発展する。1990 年代の私有化については，経済システム全体の再構築を行うと同時に，資本主義企業化を促す措置が必要であったことを指摘する。

　第 9 章「ブラジルの新自由主義―『幸運な自由化』はなぜ可能だったか」（浜口伸明）は，ネオリベラリズムの影響を受けた後，ラテンアメリカで最もダイナミックな変化を遂げたブラジルで実施されてきたネオリベラリズム改革の実像を明らかにする。ネオリベラリズム改革を本格化させたコロルに始まり，カルドーゾ，ルーラと，それを引き継いだ 2 人の大統領の政策が，補完的に展開したことを跡付けている。コロルは，ワシントン・コンセンサスを押し付け，自身の罷免もあり，マクロ政策は稚拙で失敗したが，そのもとで本格化した民営化と貿易自由化はその後も不可逆的な影響を持った。カルドーゾ政権は，インフレ終息に成功し，今日まで続くマクロ経済政策の枠組みを確立した。ルーラは，前政権のマクロ政策や拡大された民営化路線の脆弱性を批判し当選したものの，カルドーゾ政権のマクロ政策を継承し，再民営化も労働関係の柔軟化も元に戻さなかった。代わりに，社会政策や最低賃金の継続的改定などで貧困家庭の生活を底支えし，天然資源ブームという僥倖にも恵まれた。そして，この論文では，ネオリベラリズム改革が進む過程，特にカルドーゾ以降に，同改革をめぐって左右の政党勢力が分極的に結集するという，中東欧諸国と通底する現象が観察されたことが指摘されている。

　終章「『ネオリベラリズムの実践』を比較する ── 複雑な現実から見えてくるもの」（仙石学）は，中東欧とラテンアメリカの「コンテクスト」の共通性と相違を再確認した上で，本書で展開された議論を基に，(1) ネオリベラリズムの源流およびその波及過程には，地域を越えた共通性が存在すること，(2) その一方で，同じような経緯でネオリベラル的な考え方が流入してきたにもかかわらず，それぞれの地域の中で積極的にネオリベラル的な政策を進めた国と，

ネオリベラル的な政策とはある程度距離を置く国が存在していること，および(3) ネオリベラル的な政策の実施は時として政治体制の安定化をもたらす場合もあり，また逆にネオリベラル的な政策を初期に実施しなかったことが，後により急進的な形でのネオリベラル的改革をもたらす場合もあること，という三つのポイントを整理している。そしてこの成果を踏まえた上で，今後のより体系的な比較研究の展望として，以下の3点の認識に立つ必要性を指摘する。それは，(a) 具体的な制度や政策，あるいは政党政治など，観察可能な事実を軸に据えて比較を実施すること，(b) 地域内および地域間の共通性と相違を具体的に整理し，その共通性ないし相違が生じた理由を体系的に分析していくこと，および (c)「地域」という「変数」の有効性と限界を考慮すること，である

このような議論を通して本書では，「ネオリベラリズムの実践」に関して，それぞれの地域におけるその「波及」の過程や，あるいは政策実施をめぐる「政治過程」にみられる地域を越えた共通性，あるいはそれぞれの地域の中における相違を明らかにすること，およびそこから，ネオリベラリズムの実践が「具体的に」何をもたらしたのかを明らかにしていくことを試みている。本書における議論あるいは知見は，「ネオリベラリズムの実践」を理解するために有益なものとなるであろう。

参考文献

Bohle, Dorothee and Béla Greskovits [2007] "Neoliberalism, Embedded Neoliberalims and Neocorporatism: Toward Transitional Capitalism in Central-Eastern Europe." *West European Politics*, 30(3): 443-466.

Chorev, Nitsan [2010] "On the Origins of Neoliberalism: Political Shifts and Analytical Challenges." In: Kevin T. Leicht and J. Craig Jenkins (eds.) *Handbook of Politics: State and Society in Global Perspective*. New York: Springer, pp. 127-145.

Cornia, Giovanni Ardrea., Richard. Jolly, and Frances. Stewart (eds.) [1987] *Adjustment with a Human Face: Protecting the Vulnerable and Promoting Growth*. Vol. 1, Oxford: Oxford University Press.

De la Peña, Guillermo [2002] "El futuro del indigenismo en México: del mito del mestizaje a la fragmentación neoliberal." En: Mutsuo Yamada y Carlos Iván Degregori (eds.) *Estados nacionales, etnicidad y democracia en América Latina*. Osaka: The Japan Center for Area Studies, National Museum of Ethnology, pp. 45-64.

Greskovits, Béla [1998] *The Political Economy of Protest and Patience: East European and Latin American Transformations Compared*. Budapest: Central European University Press.

Haggard, Stephen and Robert R. Kaufman [2008] *Development, Democracy, and Welfare States: Latin*

America, East Asia, and Eastern Europe. Princeton: Princeton University Press.

Lucero, José Antonio [2009] "Decades Lost and Won: Indigenous Movements and Multicultural Neoliberalism in the Andes." In: John Burdick, Philop Oxhorn and Kenneth M. Roberts (eds.) *Beyond Neoliberalism in Latin America?: Societies and Politics at the Crossroads*. New York, pp. 63-81.

Nora, Lusting [2009] "Desigualdad y pobreza bajo las nuevas izquierdas en América Latina." En: Cynthia J. Arnson, José Jara y Natalia Escobar (eds.) *Pobreza, desigualdad y la "nueva izquierda" en América Latina*. Santiago: Facultad Latinoamericana de Ciencias Sociales-Chile y Woodrow Wilson International Center for Scholars, pp. 5-10.

Orenstein, Mitchell A. [2009] "What Happened in East European (Political) Economies?: A Balance Sheet for Neoliberal Reform." *East European Politics and Societies*, 23(4): 479-490.

Prasad, Monica [2006] *The Politics of Free Markets: The Rise of Neoliberal Economic Policies in Britain, France, Germany, and the United States*. Chicago. The University of Chicago Press.

Stokes, Susan C. [2001] *Mandates and Democracy: Neoliberalism by Surprise in Latin America*. New York: Cambridge University Press.

Webb, Paul and Stephen White [2007] "Conceptualizing the Institutionalization and Performance of Political Parties in New Democracies." In: Paul Webb and Stephen White (eds.) *Party Politics in New Democracies*. New York: Oxford University Press, pp. 1-19.

Weyland, Kurt [2002] *The Politics of Market Reform in Fragile Democracies: Argentina, Brazil, Peru, and Venezuela*. Princeton: Princeton University Press.

Weyland, Kurt [2004] "Neoliberalism and Democracy in Latin America: A Mixed Record." *Latin American Politics and Society*, Vol. 46 No. 1 (Spring): 135-157.

Williamson, John [1990] "What Washington Means by Policy Reform." In: John Williamson (ed.) *Latin American Readjustment: How Much has Happened*. Washington, D.C.: Institute for International Economics, pp. 7-20.

Williamson, John [2003] "Overview: An Agenda for Restarting Growth and Reform." In: Pedro Pablo Kuczynsky and John Williamson (eds.) *After the Washington Consensus: Restarting Growth and Reform in Latin America*. Washington, D.C.: Institute for International Economics, pp. 1-20.

World Bank [1993] *The East Asian Miracle: Economic Growth and Public Policy*. New York: Oxford University Press for the World Bank.

大田英明［2009］『IMF（国際通貨基金）―使命と誤算』中央公論新社．

金田耕一［2006］「リベラリズムの展開―その振幅と変容」川崎修・杉田敦編『現代政治理論』有斐閣，48-74頁．

坂元浩一［2008］『IMF・世界銀行と途上国の構造改革―経済自由化と貧困撲滅を中心に』大学教育出版．

塩原和良［2005］『ネオ・リベラリズムの時代の多文化主義―オーストラリアン・マルチカルチュラリズムの変容』三元社．

末廣昭［2001］「経済自由化・企業ガバナンス・社会政策―アジアからの観点から」末廣昭・小森田秋夫編『自由化・経済危機・社会再構築の国際比較　アジア，ラテンアメリカ，ロシア/東欧―第Ⅰ部　論点と視角―』東京大学社会科学研究所，7-28頁．

田畑伸一郎［2011］「ロシア財政制度の資本主義化」仙石学・林忠行編『ポスト社会主義期の政治と経済―旧ソ連・中東欧の比較』北海道大学出版会，301-317頁．

根井雅弘［2008］『市場主義のたそがれ―新自由主義の光と影』中央公論新社.
ハーヴェイ，デヴィッド［2007］『新自由主義―その歴史的展開と現在』作品社.
林忠行［2010］「東中央諸国政党政治における新自由主義の諸相」(「中東欧とラテンアメリカのいまを比較する」第4回研究会，京都大学)
細野昭雄［2002］「ラテンアメリカにおける改革と制度の構築―主要国の比較分析」西島章次・細野昭雄編『ラテンアメリカにおける政策改革の研究』(神戸大学経済経営研究所双書 No. 62) 神戸大学経済経営研究所, 61-97頁.
道下仁朗［2004］「新自由主義の展開」西島章次・細野昭雄編『ラテンアメリカ経済論』ミネルヴァ書房, 75-90頁.
ヤーギン，ダニエル・スタニスロー，ジョセフ［1998］『市場対国家―世界を作り変える歴史的攻防』（上・下）日本経済新聞社.

年表　20世紀後半以降の世界とネオリベラリズムをめぐる動向

下線部は新自由主義関連の事項

ラテンアメリカ	中東欧・ロシア	世界
		1945.9　第二次世界大戦終結
		1946.3　英国チャーチル首相による「鉄のカーテン」演説。この頃より、東西冷戦が始まる。
		1947.3　アメリカ合衆国のトルーマン大統領が封じ込め政策を発表。
	1947.7　全域　コミンフォルムを結成。	
	1947.12　ソ連　通貨改革の実施、および配給制の廃止。	
米州　1948.4　米州機構発足。米州での冷戦体制が本格化。		1948.6　ベルリン封鎖。
	1949.1　全域　ソ連と東欧5カ国が経済相互援助会議（コメコン）設立を公表。	1949.4　北大西洋条約機構（NATO）発足。
		1949.9–10　東西ドイツ成立。
		1949.10　中華人民共和国成立。
		1950.6　朝鮮戦争勃発。
	1953.3　ソ連　スターリン病死。	
	1953.6　チェコスロヴァキア　通貨改革の実施を契機として、プルゼンやプラハなどで労働者の暴動が発生。	
グアテマラ　1954.6　改革主義的なアルベンス政権が、アメリカ合衆国の後ろ盾のもと、クーデタで崩壊。	1955.4　全域　ワルシャワ条約機構成立。	1955.4　バンドン（アジア・アフリカ）会議開催。

1956.2	ソ連	フルシチョフ第一書記がスターリン批判を展開し、平和共存路線を表明。
1956.6	ポーランド	ポズナンで反ソ連暴動発生。
1956.10	ハンガリー	反ソ連抗議運動の拡大をソ連軍が武力介入で鎮圧。
	ポーランド	「十月の春」と呼ばれる自由化の動きが進展。国内派のゴムウカが統一労働者党第一書記となる。
1959.1	キューバ	革命によりバチスタ政権が崩壊し、カストロ政権が発足。以後、武装革命勢力が各地で活動を活発化し、長期軍政の成立が多くの国で見られる。
1961.3	アメリカ合衆国	ケネディー大統領が「進歩のための同盟」をうち出す。
1961.8		ベルリンの壁構築開始
1961.9		ユーゴスラビアのベオグラードで第一回非同盟諸国首脳会議開催。
1962.10		キューバミサイル危機発生。
1963.7		中ソ対立が公開の論争に発展。
1968.1	ハンガリー	「新経済メカニズム」による経済改革実施。分権化や市場的要素の拡大が行われる。
1968.8	チェコスロバキア	ワルシャワ機構軍が「プラハの春」を抑圧。
1970.12	ポーランド	生活必需品価格の引き上げ公表を契機として、グダンスクなどで労働者の暴動が発生（「十二月事件」）。ゴムウカ政権崩壊。

序章　ネオリベラリズムの比較研究　23

	ラテンアメリカ	中東欧・ロシア		世界	
		1971.12	ポーランド 統一労働者党第6回党大会が開催され、高度経済成長路線が採用される。		
1973.2	ウルグアイ 軍が政治の実権を掌握。新自由主義路線を採択。			1972.2	アメリカ合衆国のニクソン大統領が中国を訪問。
1973.9	チリ アジェンデ社会主義政権に対するクーデタ。ピノチェ軍事政権成立。新自由主義路線を採択。			1972.12	東西ドイツ基本条約が締結される。
				1973.1	ヴェトナム和平（パリ）協定締結。
		1976.6	ポーランド 食品価格値上げ案の公表に対し、ウルススなどで労働者のスト が発生（「六月事件」）。	1973.10	石油危機発生。
				1976.9	中国の毛沢東が死去。
1977.3	アメリカ合衆国 米州機構で、カーター大統領が人権外交を打ち出す。			1978.12	中国の鄧小平が改革開放を提唱。
1978.5	ドミニカ共和国 大統領選挙で野党ドミニカ革命党が勝利。軍を後ろ盾とした文民政治家バラゲルによる強権支配の終局。				
1979.7	ニカラグア サンディニスタ民族解放戦線が革命に成功し、ソモサ独裁政権崩壊。中米紛争始まる。				

24　序章　ネオリベラリズムの比較研究

1979.8	エクアドル	民政移管。人民結集党（中道右派）のロルドスが大統領就任。軍事政権が終焉した、地域で最初の例。
1979.12	ソ連	アフガニスタン侵攻。
1980.3		初めての構造調整支援が世界銀行により実施される。
1980.7-8	ポーランド	食肉価格引き上げ公表に端を発するストが全国に拡大。政府側との交渉のため、グダンスクで工場間ストライキ委員会が結成される。
1980.9	ポーランド	工場間ストライキ委員会を母体として、独立自主管理労働組合「連帯」が結成される。
1981.2	アメリカ合衆国	レーガン政権。ニカラグア革命以降に内戦が激化したエルサルバドルへの軍事支援を表明。
1981.12	ポーランド	国内の混乱を収拾させるため、ヤルゼルスキが戦争状態（戒厳令）を宣言。
1982.1	ホンジュラス	民政移管。自由党（中道右派）のスアソアンが大統領就任。
1982.1	ハンガリー	商工業・サービス業に市営中小企業を認める法令を施行する。
1982.4	アルゼンチン	マルビナス（フォークランド）紛争勃発。敗戦を受け、軍事政権が力を失う。
1982.6	ハンガリー	社会主義国で初めて国際通貨基金（IMF）に加盟する。
1982.8	メキシコ	モラトリアム（対外債務利払い不履行）宣言。債務危機は地域全体に広がり、各国で超高率インフレが常態化。

序章　ネオリベラリズムの比較研究　25

	ラテンアメリカ		中東欧・ロシア	世界
1982.10	ボリビア	民政移管。人民民主連合（左派系）のシレス・スアソが大統領就任。従来の国家主導型モデルに従った経済政策を実行し、経済の不安定を助長。		
1982.11	メキシコ	国際通貨基金から緊急融資を受ける代わりに、財政緊縮の実施を約束。以後、新自由主義路線を踏襲。		
1983.10	アメリカ合衆国	カリブ海のグレナダへ軍事侵攻。		
1983.12	アルゼンチン	民政移管。急進党（中道右派系）のアルフォンシンが大統領就任。異端的政策により経済安定化を試みるも、失敗し一層不安定化。		
1984.6	エルサルバドル	民政移管。キリスト教民主党（中道右派）のドゥアルテが大統領に就任。		
1985.3	ウルグアイ	民政移管。コロラド党（右派系）のサンギネッティが大統領就任。新自由主義路線を継承。	ソ連	ゴルバチョフがソ連共産党書記長に就任。
1985.4	ブラジル	民政移管。ブラジル民主運動党（中道右派）のサルネイが大統領就任。異端的政策による経済安定化を試みるも失敗し、新自由主義路線へ転換。		
1985.7	ペルー	アプラ党（中道左派）のガルシアが大統領就任。異端的政策により経済安定化を試みるも、失敗し一層不安定化。		

1985.8	ボリビア	国民革命運動のパス・エステンソロが大統領就任。新自由主義路線を推進。	1985.9	プラザ合意発表。
1986.1	グアテマラ	民政移管。キリスト教民主党（中道左派）のセレンが大統領に就任。軍政期からの新自由主義路線を継承。		
1986.5	コスタリカ	国民解放党のアリアスが大統領就任。新自由主義路線を推進。		
	中米	エスキプラス（グアテマラ）中米5ヶ国首脳会議。中米紛争終結に向けた当事国間の交渉始まる。		
1986.8	コロンビア	自由党（中道）のバルコが大統領就任。新自由主義路線の推進が本格化。		
			1987.6	ハンガリー　ECと貿易・経済協力協定へ向けた協議を開始する。
1987.8	中米	エスキプラスⅡ合意。中米5ヶ国が、紛争の終結、民主化・自由選挙の実施、和平過程の国際的監視などで合意し、和平への第一歩を記す。		
			1987.11	ポーランド　経済改革と政治改革に対する国民投票を実施。投票者が有権者の過半数に達せず、国民投票は不成立となる。
1988.8	エクアドル	左派民主党のボルハが大統領就任。新自由主義路線を推進。		
			1988.11	エストニア　共和国最高会議が主権宣言を採択。

	ラテンアメリカ		中東欧・ロシア		世界	
1989.2	パラグアイ	クーデタでストロスネル独裁政権崩壊。クーデタを主導したロドリゲス将軍が5月の選挙を経て大統領に就任、民主化過程が始まる。新自由主義路線の推進も本格化。	ポーランド	体制転換の契機となる「円卓会議」開催。		
			ソ連	アフガニスタンから撤退。		
	ベネズエラ	民主行動党（中道左派）のペレスが大統領に就任。新自由主義路線を実施しようとするが、暴動など発生。				
1989.3	アメリカ合衆国	財務長官のブレイディが、債務削減などを柱とする「ブレイディ・プラン」を提唱。以後、債務危機の終息が本格化。				
1989.6	エルサルバドル	国民共和同盟のクリスティアーニが大統領に就任。新自由主義路線を推進。	ポーランド	議会の部分的な自由選挙実施、自由競争の部分で「連帯」側が圧勝。		
1989.7	アルゼンチン	正義党（ペロニスタ党、中道左派）のメネムが大統領に就任。新自由主義路線を推進。				
			ポーランド	マゾヴィエツキが首相に就任し、非統一労働者党系の内閣が成立。		
1989.11	アメリカ合衆国	国際経済研究所（ワシントン）のウイリアムソンがラテンアメリカの債務削減政策を提唱し、「ワシントン・コンセンサス」として知られるようになる。	チェコスロヴァキア	ビロード革命開始。	1989.11	ベルリンの壁崩壊
1989.12	アメリカ合衆国	パナマへ軍事侵攻。占領終了後にパナマは民政移管。			1989.12	米ソ首脳によるマルタ会談が開催され、東西冷戦の終結が宣言される。

28　序章　ネオリベラリズムの比較研究

年月	国・地域	出来事	年月	国・地域	出来事	年月	出来事
1990.1	ホンジュラス	国民党のカジェハスが大統領に就任。新自由主義路線を推進。	1990.1	ポーランド	バルツェロヴィッチ蔵相のもと、価格自由化や賃金抑制、通貨のハード化などにより経済を安定化させることを目的とした[バルツェロヴィッチ・プラン]が開始される。	1990.1	東西ドイツが統一され、東ドイツが実質的にドイツおよびEU経済に組み込まれる。
1990.3	ブラジル	民政移管後に実施された最初の直接選挙で当選した国家再建党(中道右派)のコロルが大統領に就任。新自由主義路線を継承。	1990.3	リトアニア	独立宣言を採択。		
1990.3	チリ	民政移管、中道右派から左派までが結集した[民主主義を求める政党連合](コンセルタシオン)のエルウィン(キリスト教民主党)が大統領に就任。新自由主義路線を継承しつつ、社会政策も実施する方向に進む。					
1990.4	ニカラグア	国民野党連合のチャモロが大統領に就任。サンディニスタ革命政権の終焉。				1991.1	湾岸戦争勃発。
1990.6	アメリカ合衆国	ブッシュ大統領が自由貿易地域とする米州支援構想を提唱。					
1990.8	ドミニカ共和国	社会キリスト教改革党のバラゲル大統領の二期目に入る。新自由主義路線を推進。					
1991.3	南米	アルゼンチン、ブラジル、パラグアイ、ウルグアイがメルコスル(南米南部市場)創設に関し合意(発足は1995年1月)。					
1992.1	エルサルバドル	政府と反政府ゲリラが和平協定に署名。	1992.1	ロシア	エリツィンを大統領として、ロシア連邦が正式に成立する。同時に市場経済への移行のため、急進的な経済改革を実施する。		

	ラテンアメリカ		中東欧・ロシア		世界
1992.6	ブラジル	リオデジャネイロで国連地球サミットが開催される。			
1992.6			エストニア	カレンシー・ボード制を採用し、通貨クローンとドイツマルク (後にユーロ) との交換比率を固定とする。	
1993.1			チェコスロバキア	連邦が解体し、チェコとスロヴァキアに分離する。	
1993.3			ラトヴィア	新通貨ラッツを導入し、同時にこれをIMFの緊急引出権 (SDR) と連動させる (EU加盟後はユーロに連動)。	
1993.11					ヨーロッパ連合発足。
1994.1	北米	アメリカ合衆国、カナダ、メキシコの間の北米自由貿易協定が発効。			
1994.1			エストニア リトアニア リトアニア	「フラット・タックス」制を導入する。 カレンシー・ボード制を採用し、通貨リタスを米ドル (後にユーロ) と連動させる。	
1994.12	米州	第一回米州首脳会議がマイアミで開催され、2005年に米州自由貿易圏の発足を目指すことで合意 (達成されずに終わる)。			
	メキシコ	大規模な資本逃避による通貨危機が発生。			
1995.3			ハンガリー	国家財政再建のためにフォリントの切り下げや賃金抑制、社会給付削減などを軸とする「ボクロシュ・パッケージ」が実施される。	
1996.12	グアテマラ	政府と反政府ゲリラが和平協定に署名。			

1997.1	ラトヴィア	「フラット・タックス」制を導入する。
1997.10	ポーランド	新たに制定された憲法において、公的債務の額が国内総生産の5分の3 (60%) を超えないことする規定が導入される。
1998.3	EU	チェコ・エストニア・ハンガリー・ポーランド・スロヴェニアのEU加盟交渉が開始される。
1998.8	ロシア	通貨・金融危機、ルーブルの大幅切り下げや支払停止を余儀なくされる。
1998.10	ポーランド	年金改革が実施され、世銀が提唱する多層型の年金制度が導入される。
1999.1	ブラジル	通貨危機発生。変動相場制へ移行。
1999.2	ベネズエラ	急進左派のチャベスが大統領就任。地域の「左傾化」「左旋回」の先駆け。
1999.10	EU	ブルガリア・ラトヴィア・リトアニア・ルーマニア・スロヴァキアのEU加盟交渉が開始される。
1999.12	パナマ	パナマ運河がアメリカ合衆国からパナマへ返還される。
2000.8	ベネズエラ	新憲法の下で実施された選挙で当選したチャベスが大統領に就任。急進左派路線を維持。
2001.9		アメリカ合衆国で同時多発テロ発生。

序章　ネオリベラリズムの比較研究　31

	ラテンアメリカ		中東欧・ロシア		世界
2001.10			ポーランド	財務相となったベルカが、中央政府支出の伸び率を「物価上昇率＋1%」に制限する「ベルカ・ルール（ベルカ・アンカー）」を導入する。	
2002.2					ユーロ通貨がヨーロッパ連合に導入される。
2002.10			スロヴァキア	第2次ズリンダ内閣が成立し、財政改革やEU加盟を想定したネオリベラル的政策の実施が敬遠綱領で提起される。	
2003.1	ブラジル	労働者党のルラが大統領就任。穏健左派路線をとる。			
2003.3			スロヴァキア	新しい労働法制が導入され、労働組合の権利制限や解雇規制の緩和が実施される。	アメリカ合衆国などがイラクに軍事侵攻。
2003.5	アルゼンチン	「勝利のための戦線」のキチネルが大統領就任。急進と穏健の間の中間的左派路線を推進。			
2003.6			スロヴァキア	年金・医療を含む社会保障制度改革が実施され、社会保障の市場要素が導入される。	
2004.1			スロヴァキア	「フラット・タックス」制を導入する。	
2004.5	中米	アメリカ合衆国と中米5ヶ国が中米自由貿易協定に調印。	EU	チェコ、エストニア、ハンガリー、ラトヴィア、リトアニア、ポーランド、スロヴァキア、スロヴェニアの8カ国がEUに加盟する。	
2004.12	南米	南米12ヶ国が南米共同体の創設で合意（2007.4に南米諸国連合に改称）。			

日付	国	出来事	日付	国	出来事
2005.3	ウルグアイ	拡大戦線のバスケスが大統領に就任。穏健左派路線をとる。	2005.9	ポーランド	国会選挙で、ネオリベラル的政策への不満および汚職問題の発覚から、与党であった民主左派同盟が大敗する。
2006.1	ボリビア	社会主義運動のモラレスが大統領に就任。急進左派路線をとる。	2006.6	スロヴァキア	ネオリベラル的改革を進めたズリンダ政権の与党が選挙で敗北する。
2007.1	ブラジル	再選されたルラ大統領の2期目が始まる。	2007.1	EU	ブルガリアとルーマニアがEUに加盟する。
2007.1	ニカラグア	サンディニスタ民族解放戦線のオルテガが大統領就任。穏健左派路線を推進。		スロヴェニア チェコ	中東欧諸国で初めてユーロを導入する。議会選挙から半年の後、リベラル系の市民民主党のヤノトラーネクを首班とする内閣が成立。ネオリベラル的な「税制改革」の実施を表明する。
	ベネズエラ	三選を果たしたチャベス大統領の3期目が始まる。			
	エクアドル	国民同盟のコレアが大統領に就任。急進左派路線を推進。			
2008.2	キューバ	カストロが国家評議会議長の職を辞し、弟のラウル・カストロに禅譲。	2008.9		リーマン・ショック発生。世界的に金融危機が広まる。
			2008.10	ハンガリー	サブプライム危機に端を発した国際金融危機の影響で、通貨フォリントが暴落、金融危機が発生する。
			2009.1	スロヴァキア	ユーロを導入する。

序章　ネオリベラリズムの比較研究

	ラテンアメリカ	中東欧・ロシア	世界
2009.3		ハンガリー	金融危機を受けジュルチャーニィ首相が辞任。ゴルドンを首相とする危機管理内閣が、緊縮財政策などで金融危機に対応。
2009.5		チェコ	下院で内閣不信任案が可決されたことを受け、トポラーネク首相が辞任。
2010.1	エクアドル 新憲法の下で実施された選挙で当選したコレアが大統領に就任。急進左派路線を維持。		
2010.3	ボリビア 新憲法の下で実施された選挙で当選したモラレスが大統領に就任。一定の急進左派路線を維持。		
	チリ 変革連合を構成する国民革新党(右派)のピニェラが大統領に就任。		
2010.4		ハンガリー 議会選挙で与党社会党が大敗。ネオリベラル路線には反対する保守系政党フィデスのオルバーンが8年ぶりに首相となる。	
2011.1		エストニア ユーロを導入する。	
		ハンガリー 「フラット・タックス」制を導入する。	
2011.1	ブラジル 労働者党のルセフが大統領に就任。穏健左派路線を継承。		
2011.3	ウルグアイ 拡大戦線のムヒカが大統領に就任。穏健左派路線を継承。		
2011.7	ペルー 民族主義党のウマラの急進左派路線に就任。選挙綱領の急進左派路線ではなく、選挙戦中に訴えた穏健左派路線を推進。		
2011.12	アルゼンチン 再選されたクリスティナ・キチネル大統領の2期目が始まる。		

34　序章　ネオリベラリズムの比較研究

	ラテンアメリカ	ベネズエラで開催された第3回ラテンアメリカ・カリブ首脳会議で、アメリカ合衆国とカナダを除く、ラテンアメリカとカリブ海地域の国々からなるラテンアメリカ・カリブ共同体の創設で合意。
2012.1	ニカラグア	再選されたオルテガ大統領の2期目が始まる。
2012.6	パラグアイ	土地占拠した農民と警官隊との衝突で多数の死傷者がでた責任により、上院がルゴ大統領を罷免。憲法に則り、副大統領が昇格。

第1部

自由主義指向経済学の伝播

第1章

「グローバル・リベラリズム」とロシア
上からの啓蒙の実験

上垣 彰

I 外国人アドヴァイザーと「グローバル・リベラリズム」

　筆者は，1990年代初頭以降ロシアで市場経済化を推進した人びとを背後から突き動かした思想を，「グローバル・リベラリズム」と名付けている。筆者は，この思想について，すでに拙著［上垣 2005］第6章で詳しく論じたことがある。ここでは，それを踏まえて，まず，この思想とロシアとの関連につき，旧稿では盛り込めなかった多くの論点を付加しつつ，旧稿の内容を敷衍したい。そのうえで，この思想の思想史的な意味について，さらに立ち入った考察を加える。ただし，筆者がここで描こうとするのは，ロシアに赴いた外国人アドヴァイザーたちの行動と方法，その思想史的意味であって，IMFの政策体系については論じない。本章で検討の対象とする「外国人アドヴァイザーのグローバル・リベラリズム」は，本書の主題である「ネオリベラリズム」とは共通の側面を持ちながら，それとは異なる方向性も持つ思想である。端的に言えば，前者にはケインズ主義の要素があり，具体的な経済政策の側面においても厳密なマネタリズムの教義からは外れた点があった。さらに，思想史的観点からいえば「上からの啓蒙」の実験という側面を持っていた。本章の本書における特徴は，ロシアの市場経済化を突き動かした思想には，いわゆる「ネオリベラリズム」と共通する側面と異なる側面とがあったことを意識しながら考察を進めようとする点にある。

II 上からの啓蒙としての「グローバル・リベラリズム」

1　リベラリズムの通俗化

　「グローバル・リベラリズム[1]」とは，経済の競争条件を地球レヴェルで統一しようとする競争促進的なグローバリズムと個人と組織の自由な経済活動を阻害するものにはすべて反対しようとするラディカル・リベラリズムとの混合物である。前者は貿易自由化・資本移動自由化および諸制度の国際的統一化を

---

1)　筆者がここで「リベラリズム」と呼ぶものは，ロールズの『正義論』以降に展開されている「現代リベラリズム」とは一応区別される「古典的リベラリズム」の系譜に連なる思想である［盛山 2006: 6-7 を参照］。しかし，本章末尾に登場する「会話」の強調の思想が，「現代リベラリズム」と全く無関係かどうかは，なお考察の余地がある。

求め，後者は政府・国家との関係で私的企業（所有権の如何を問わない）の自由な経済活動を求めるものである。この思想をロシアにもたらし，ロシアの指導層に広げた担い手は，IMFのような国際金融機関やアメリカやイギリス，スウェーデンからロシアに赴いたアドヴァイザー達であった。もちろんこのような思想が国家の経済政策策定の場に君臨するようになったのはロシアだけの特殊現象ではない。レーガンとサッチャー以来の欧米先進国，1980年代以降のラテンアメリカ諸国でも同様の傾向が見られたことは周知の事実である。

しかし，ロシアにおける「グローバル・リベラリズム」の席巻には，一つの特殊性がある。それは，その思想が，過去の強固なイデオロギー，すなわち社会主義（あるいは共産主義）思想の権威失墜の後に，そのアンチ・テーゼとしてロシアにもたらされたために，いわば真空地帯に迷い込んだ軍隊のように敵と戦う緊張感を失って，通俗化していったことである。少なくとも欧米諸国では，サッチャーの社会構想（これは一応「ネオリベラリズム」と名付けられよう）に対抗する強力な思想，左派ケインズ主義や社会民主主義が存在し，「ネオリベラリズム」の側はこれらに対して自らを鍛え上げる必要があった（この試みがどの程度成功しているかは別問題だが）。それに対して，ロシアにおける「グローバル・リベラリズム」は，少なくとも，1990年代半ばまでは，そのような努力をする必要がなかった。ジョン・グレイは，論理実証主義と言語分析に強く影響された哲学者のグループは，「自由が『本質的に論争的な概念だ』という主張を否定する」「限定主義的アプローチ」をとっていると指摘しているが［グレイ 2001: 63-64］，ロシアに流入した「グローバル・リベラリズム」は，そのような限定主義的アプローチがさらに通俗化したものである。その主唱者のなかに，ハードドラッグの国際取引と国内販売に対するいかなる法的制限にも反対するような根源的リバタリアンは存在しない。非常に興味深いことだが，アドヴァイザーとしてロシア政府に提言していたアメリカの経済学者たちは，ジェフリー・サックス (Jeffrey Sacks)，アンドレイ・シュライファー (Andrei Shleifer)，スタンレー・フィッシャー (Stanley Fischer) のようにケインズ経済学を基本的に許容するエスタブリッシュメントであって，シカゴ流の経済学の信奉者ではない。

このような通俗化は，この思想がロシアにおいては「上からの啓蒙」として作用するという結果をもたらした。というのも，最初にロシア政府と接触を持った欧米の経済学者は，「誤れる旧思想（マルクス主義）の桎梏から逃れられ

ないロシアの旧エリートは新体制を設計する能力を持たない」と考え，自分たちが彼らにかわって政策の現場に立ち会い，すでに欧米で正しいものとして確立している思想を伝授するという態度[2]をとったからである．実際，サックスもフィッシャーも世界中の大学・大学院で利用されているマクロ経済学教科書の執筆者だった．

　他方，ロシア人のあいだでも，この作用は微妙な力関係を生み出した．ゴルバチョフ政権下で経済アドヴァイザーとしての役割を担っていたレオニード・アバルキン（Leonid Abalkin），ニコライ・ペトラコフ（Nikolai Petrakov），オレグ・ボゴモロフ（Oleg Bogomolov）らのソ連の旧世代経済学者たちは，エリツィン政権になると急速にその権威を失っていき，それにかわって，より若い世代のロシアの経済学者すなわちエゴール・ガイダル（Yegor Gaidar），アナトリー・チュバイス（Anatoly Chubais）らが政権に重用されるようになった．後者の若手グループはソ連崩壊以前からすでに外国人経済学者たちと親しい関係を築いていたのである[3]．

　この「上からの啓蒙」としての「グローバル・リベラリズム」は，四つの形態をとってロシアに作用した．すなわち，「学生に教育する」，「政府にアドヴァイスを与える」，「やらせてみる」，「やってみせる」，この四つである．

2　学生に教育する

　まず，学生への教育の問題だが，ここでは，New Economic School（以下NES，なおロシアではRossiskaia ekonomicheskaia shkola［ロシア経済スクール］と称する）を例にとって論じよう．NESは，1992年にロシアで最初の現代経済学を

---

[2]　シュライファーのハーヴァード大学における上司であるローレンス・サマーズは1991年に次のように言っていた．「真実を広げよ，経済学の法則は工学の法則と同じようなものなのだ．ワンセットの諸法則がどこでも働くのだ」［Hedlund 1999: 112］．

[3]　たとえば，外国人アドヴァイザーとして大きな役割を果たしたスウェーデン人アンデルス・オスルンド（後述）は，1991年末のソ連崩壊以前に，次のようなロシアの若手経済学者に会っていたと証言している．ボリス・フョードロフ（Boris Fedorov），アレクサンドル・ショーヒン（Aleksandr Shokhin），ピョートル・アーヴェン（Petr Aven），ヴラジーミル・コスマルスキー（Vladimir Kosmarsky），アナトリー・チュバイス（Anatoly Chubais），ヴラジーミル・マシュチツ（Vladimir Mashchits），マキシム・ボイコ（Maxim Boyko），セイルゲイ・ヴァシリエフ（Sergei Vasil'ev），エゴール・ガイダル（Yegor Gaidar），アンドレイ・ネチャーエフ（Andrei Nechaev），レオニード・グリゴリエフ（Leonid Grigor'ev）［Åslund 1995: 18-19］．

教授する大学院大学として設立されたものであり，ヨーロッパやアメリカの有名な経済学者が多数その運営や教育に携わっている。いま，2010 年版の同校『年次報告書』をみると，エリック・ベルグロフ（Erik Berglof：欧州復興開発銀行チーフエコノミスト），フィリップ・アギオン（Philippe Aghion：ハーヴァード大学教授），アヴィナシュ・ディキシット（Avinash Dixit：プリンストン大学教授），バリー・イックス（Barry W. Ickes：ペンシルヴェニア州立大学教授），ギュル・オファー（Gur Ofer：ヘブライ大学教授），ジェラルド・ローランド（Gerard Roland：カリフォルニア大学バークレー校教授）らが国際顧問団（International Advisory Board）に名を連ねており，ベルグロフとイックスとは，同校の運営を統括する理事会（Board of Directors）の一員である。さらに，イックスとオファーは，外国（特にアメリカ）で同校のための寄付金調達を担う「アメリカ NES 友の会」（American Friends of NES）の役員（イックスは会長）である。ここに名をあげた人びとの多くおよび彼らにゆかりの人びとは，たびたびモスクワへ赴いて同校で講義したり，同校主催の学術シンポジウムに登壇したりしている［NES 2010; NES website］。「現代経済学をロシア人に伝授したい」という彼らのなみなみならぬ意欲がここにみてとれる。

　NES の大きな特徴は，2 年間の修士課程教育を学生に施した後，彼らをヨーロッパやアメリカの大学の PhD コースに派遣して博士号を取らせようとしていることである。1995/96 年の『年次報告書』によれば，1997 年卒業予定者まで含めて 3 学年の NES 出身者のうち計 45 名が，オーストラリア国立大学，カリフォルニア大学バークレー校，ケンブリッジ大学，コロンビア大学，ハーヴァード大学，ロンドンビジネススクール，MIT，イエール大学などを含む欧米の有名大学の PhD コースに在籍していることがわかる［New Economic School 1996: 36］。彼らの一部はすでに学位を取得してロシアに帰国し NES で教鞭をとっている［NES website］。

　筆者はここで，この事業に参画した欧米の経済学者たちを，「上からの啓蒙主義者」として批判しようとしているわけではない。彼らのいわば「善意」を疑う理由はなく，彼らの教え方に傲慢さがあったという証拠もない。また筆者は，彼らを，ロシア経済をいびつな方向に向かわせた「犯人」として糾弾しようともしない。むしろ，後に論じるシュライファーらとは異なって，彼らの中には，エリツィン時代の市場経済システム構築，民営化の方法に批判的だったものも存在する［Reddaway and Glinski 2001: 255］。彼らの行った教育活動は，

より長期的な視点から評価していくべきものであろう。

　筆者がここで問題にしようとしているのは，むしろ，このような事業を受入れるロシア人側の欧米に対する心的態度である。というのも，ロシア史における啓蒙思想の体現者の一人アレクサンドル1世（1801年即位）の時代に，同じことが起こっていたからである。橋本伸也の研究によりながら説明しよう。アレクサンドル1世は1802年12月に現在のエストニア共和国のタルトゥ大学の前身，デルプト大学設置の勅許状を与えた[4]。デルプト大学の起源は当地スウェーデン領有時代の1632年に設立されたアカデミア・ドルパテンシスである。ロシア帝国期のデルプト大学はいわゆるバルト・ドイツ人の大学であるが，ロシア帝国内で独自の位置を占めていた。帝国内の他の大学と比較して，ドイツ的色彩を帯びた一種の特権的地位を与えられていたからである。今日的観点からこの大学に関して特筆すべき事実は，「教授学院」という教授養成機関がそこに設置されたことである。ロシア帝国各地の大学を卒業して教授職を希望する学生がここで教育され，さらに，ドイツその他の大学へ派遣された。彼らは外国で教授資格を取得したのち，ロシアへ戻って，ロシアにおける教育と研究を主導した［橋本 2010: 382-390］。デルプト大学はいわばロシア啓蒙後期の柱となる制度だった。

　我々としては，デルプト大学とNESとの相似性に注目せざるを得ない。ここにロシアにおける欧米「先進文化」受容の一つの型が示されている。若者を先進諸国に留学させるという方法は今日でも世界各国で採用されている。また，お雇い外人を招待するというやり方（これは後述のように現代ロシアでも行われた）も歴史上珍しいことではない。しかし，このように，外国への学問上の窓口を国内に作り，そこを通じてエリートを生み出すようなシステムは珍しいのではないだろうか。このシステムの現代的意義は，旧システムの崩壊によりエリートとしての出世の経路を見失った青年層に，一つの効率的な将来設計の道を指し示している点にある。もし，NESが存在せず，ロシアの若者が単身アメリカやヨーロッパに乗り込んで，大学院の入学試験を受験せねばならなかったなら，彼らの精神的負担ははるかに大きなものになっていたであろう。このとき，NESはロシア社会と欧米「先進社会」との文化的断絶の橋わたしの役割を果たしているといえよう。NES，欧米の大学院，そして帰国という経路をた

---

4)　「デルプト大学 Derptskii universitet」はロシア語表記。エストニアの都市タルトゥは，ロシア語では，Derpt，ドイツ語ではDorpat。

どった若者が，自分に寛容な欧米文化[5]のロシアにおける代弁者となることは，非常に可能性の高い予想である。しかし，このような一種の過保護システムの中ではぐくまれた欧米思想が，ロシア社会全体にどのように受容されるかは，今後注意深く観察していくべき問題である。

3　政府にアドヴァイスを与える

　政府にアドヴァイスを与えるという点に関しては，ハーヴァード大学教授ジェフリー・サックスを中心とするチームに注目する必要がある。このチームの主要メンバーであるストックホルム経済大学教授（当時）アンデルス・オスルンド（Anders Åslund）の証言によれば，1991年7月にエリツィンが主導するロシア共和国の新政府ができると，サックスがすぐにモスクワに赴き，その11月にはオスルンドもサックスに合流した。サックスを中心とするアドヴァイザー・グループは，1991年12月からロシア閣僚会議内に事務所を構え，さらに，1993年からはロシア大蔵省内にMFU（Macroeconomic and Finance Unit）を組織し，サックスとオスルンドがその代表に就いた［Åslund 1995: 19-20, 333］。彼らのロシアの経済政策への関与は半ば公的なものであったわけだ。この意味では，彼らは，上記NES関係の経済学者とは異なって，その後のロシア経済の成り行きに直接の責任を負っている。オスルンドによれば，そのチームに入った経済学者はその他に，デヴィド・リプトン（David Lipton），マレク・ダブロフスキー（Marek Dabrowski），ヤチェク・ロストフスキー（Jacek Rostowski），アンドレイ・シュライファー，リチャード・レイヤード（Richard Layard）であり，スタンレー・フィッシャー，ローレンス・サマーズ（Lawrence Summers），ピーター・オッペンハイマー（Peter Oppenheimer）も彼らに助言を与える立場にあったという［Åslund 1995: xi-xii］。サックス，シュライファー，フィッシャーの著作を，後にロシアで実施された政策の詳細とつき合わせて考えれば，彼らのアドヴァイスは，価格自由化，貿易自由化，財政赤字削減と信用引き締め，民営化[6]，国際資本移動の自由化[7]等の分野で，政策の方向性に影

---

[5]　アメリカの有名大学の大学院では，何国人であれ，ほぼ授業料は免除されるうえ，多くの場合，生活費給付が得られることに注意。
[6]　詳しくは，上垣［2005: 167-161］を参照せよ。
[7]　国際資本移動の自由化は，アドヴァイザー達よりはむしろIMFが強く慫慂していた。なお，ア

響を与えたと考えることができる。また，コリドール制の導入，ルーブル建て短期国債の発行[8]も彼らの慫慂したものである。しかし，彼らの経済政策の基本構想が，いわゆるマネタリズム的なものであったかどうかは，議論の余地がある。たとえば，サックスは，1994年以来，財政赤字解消の手段として国債発行を提案していたが，その際，厳密な財政均衡主義に固執するIMFと対立していたからである［上垣 2005: 171-172］。

　彼らは，いわば現代版「お雇い外人」だったわけだが，ここでもロシア史の中に類似物を見いだすことができる。再び橋本の研究によりながら，両者の相似を明らかにしていこう。ニュートンと並ぶ微分法の開発者，自然哲学者であったゴットフリード・ライプニッツ（Gottfried W. Leibniz）が，たびたびピョートル1世と接触を試み，ロシアにおけるアカデミーの創設を勧めたことはつとに有名である［橋本 2010: 74-83］。1724年にロシア・アカデミーが設立されると，すでに死亡していたライプニッツはロシアに赴くことはなかったが，ライプニッツと親交のあったバーゼルのベルヌーイ家の息子，流体力学の基礎を築いたダニエル・ベルヌーイ（Daniel Bernoulli）とその兄ニコラス・ベルヌーイ（Nicholas Bernoulli）が，サンクト・ペテルブルグに招かれて，そこで研究した［橋本 2010: 32-36］。特に重要なのは，18世紀最大の数学者と評価されるレオンハルト・オイラー（Leonhard Euler）（彼もベルヌーイ家と親交があった）が，前後2度にわたって約30年間（1727～41年，1766～83年）サンクト・ペテルブルグに住んだことである。彼は生涯に900点に及ぶ論文，書籍，その他を書いたがそのうち半数近くは，彼の第2期サンクト・ペテルブルグ時代のものである。さらに，第1期サンクト・ペテルブルグ時代には，彼はロシアの学校で使う数学の初等教科書およびより高度な教科書を書き，また，ロシア政府から課された多くの実際的問題を解決した。彼が，のちのゼータ関数論の基礎となる「バーゼル問題」を解決し，グラフ理論の端緒となった「ケーニヒスベルクの橋の問題」を解いたのも，彼がサンクト・ペテルブルグに滞在中であった[9]。

　人類知性史に燦然たる業績を残した18世紀の「お雇い外人」を現代の「お

　　ドヴァイザーであり，かつIMF幹部でもあったフィッシャーは1998年のロシア通貨金融危機の後でさえ，資本流出規制に反対していた［上垣 2005: 196］。
8)　詳しくは，上垣［2005: 161-177］を参照せよ。
9)　ベルヌーイ兄弟，オイラーについてはI. ジェイムズ［2005: 3-12］を，また，オイラーの数学上の業績については，Website: Wolfram MathWorldを参照。

雇い外人」と比較するのは後者には酷なことであろうが，筆者が強調したいのは，ここでも先進西欧とロシアとの関係の特殊性が見られることである。前項ではロシア人側の心情について言及したが，逆の要因も重要であることを指摘したい。すなわち，ロシアには，外国人がロシアに入って何かやりたいと思わせるものが存在するという要因である。「何かやりたいと思わせるもの」とは，知的興味の対象としてのロシアの謎めいた魅力[10]，将来世界の動向に決定的な影響を与える可能性のあるロシアをなんとか飼い馴らしておきたいという政治経済的要請，ロシアで名を上げれば自分の将来設計にプラスに働くという個人的打算，さらに，自分たちを寛大に受入れてくれるロシア人の存在による誘因[11]等からなる。これらの要因は，歴史的にロシアに古くから存在すると考えられる。すでに，ボリヴィア，ポーランドで「改革アドヴァイザー」として「実績」を上げていたジェフリー・サックスが，リスクを冒してロシアに向かったのも，これらの要因を考慮に入れると理解しやすい[12]。外国人アドヴァイザーたちを吸収し続ける国としてロシアは，今も昔も「上からの啓蒙主義」の実験場なのである。

4　やらせてみる

「上からの啓蒙主義」としての「グローバル・リベラリズム」の第3の方法は，「生徒」に実際やらせてみて，失敗したら痛い目に遭うということを実感させることによって，システムの構造を理解させるというものである。オスルンドは，「古い支配層（国営企業管理者・国家官僚）は，……自由化，マクロ経済

---

10)　ウィンストン・チャーチルの言葉「ロシアは謎の中の謎の中の謎 Russia is a riddle wrapped in a mystery inside an enigma」は，第一義的には，ロシア外交政策の不可解さを表現したものだが，ある意味で，ロシアの「魅力」を語っているようにも思える。

11)　18世紀に外国人アドヴァイザーを暖かく迎え入れたロシア側の人物として，啓蒙専制君主・女帝エカチェリーナ2世（Ekaterina II Alekseyevna; 1762-92年在位）とその盟友エカチェリーナ・ダーシュコヴァ公爵夫人（Ekaterina Romanovna Dashkova）の名を逸することはできない（ただし，エカチェリーナ2世はドイツ生まれ）。公爵夫人は，1783年，女帝に指名されロシア・アカデミー初の女性院長となったが，その就任演説の際，老オイラーの手をとって登院し，この偉大な数学者に敬意を表した。数学者はこの年亡くなり，その遺骸はサンクト・ペテルブルグの聖アレクサンドル・ネフスキー大修道院に埋葬された（ダーシュコヴァ公爵夫人とアカデミーとの関係は，小野［1994: 174-193］をみよ）。

12)　もちろん，サックス自身の「真意」は我々にはわからない。

安定化，私有化，そしてコーポレート・ガバナンスを通じて訓練される必要があった」と論じたが [Åslund 1995: 312-313]，これは，「教育」のためにロシアに赴いた「教師」の立場から，その「教育方針」をあっけらかんと表明したものとみることができる。すなわち，彼ら外国人アドヴァイザーたちが慫慂した自由化，マクロ経済安定化，私有化，コーポレート・ガバナンスの強化という「改革」は，守旧派ロシア人たちを「再教育」し，理解のおぼつかない「生徒」を放逐する手段だったのである。シュライファーは，もっと正直に，ロシアの民営化の最も大きなインパクトは守旧派の政治家の影響力をほり崩す点にあったと明言している [Shleifer 2005: 48]。さらにシュライファーは，政府の役割を相対的に重視するヤヴリンスキー（Grigory Yavlinsky）やブラギンスキー（Serguey Braguinsky）の議論を批判して，レッセフェール政策の知恵が答えであり，レッセフェールを機能させる民主主義と人的資本の入れ替えが必要である，人的資本の入れ替えには，教育と訓練によって知識を移転する他ないが，ある種の教育は，政治家と実業家たちが，西欧の思想に触れれば触れるほど，浸透作用によって実現されるものだと言っている [Shleifer 2005: 90-92]。啓蒙主義者の面目躍如たる発言といえよう。

世界銀行経済発展研究所研究員（当時）のデヴィッド・エレルマン（David Ellerman）は，全く逆の立場から，すなわち，サックス等が勧めた私有化方針を批判する立場から，同じことを論じている。彼はいう。「『ヴァウチャー私有化』は，その本質において，次のような政治ゲームを覆い隠す，独特の色彩を帯びた，似而非ポピュリズム的『ブックカヴァー』であった。そのゲームとは，『汚れなき』ポスト社会主義改革派[13]が，古い『土着』改革派[14]……に対抗して行ったゲームである。そのブックカヴァーにはこう書いてある。『ノメンクラトゥーラの手に戻った所有権をすべて台無しにしよう。平等に分けて，すべて最初から始めよう』。ここにも，舞台の追加的な配役として冷戦の騎士が登場する。彼らは冷戦を新しい手段によって継続しようと望んでいるのである。彼

---

13) 『汚れなき』ポスト社会主義改革派とは，国内および外国の流刑地（ママ）から帰ってきて，旧システムに巻き込まれていた度合いの比較的少ない人びとを指す。彼らは，自由貿易のレトリックを身につけ，西側のスポンサー的助成を手にしていたので，1989-90年の民主化革命ののち上位に立つことになった，という [Ellerman 1999: 108]。
14) 古い『土着』改革派（原語は vnedrivshiesia reformatory）は，エレルマンによれば，分権化の支持者であり，旧体制に内部から対抗していた。彼らの観点は一般には社会民主主義と性格づけることができる，という [Ellerman 1999: 108]。

らは自らの固定観念に基づいて，それぞれバリケードの両側に陣取って，ロシアおよびその他諸国に起きた劇的事件を悲劇に転換する手助けをしている」[Ellerman 1999: 108-109]。エレルマンは，新古典派流ワシントン・コンセンサスの代弁者達を「市場ボリシェヴィキ」と呼んだ [Ellerman 1999: 110]。

エレルマンの議論は，ヴァウチャー私有化は株式の分散所有を招き，コーポレート・ガバナンス上問題が生じると予想するなど，のちの事態の展開とはずれた論点を含んでいる。旧体制下の社会民主主義的改革派やソヴィエト時代の企業経営者の評価に関してもやや甘いといえるだろう。しかし，この論文は，外国人アドヴァイザーたちが推進した市場経済移行策における政治的意図を暴きだした点で重要である。エレルマンの主張が根拠のないイデオロギー的論難とばかりはいえないことは，すでに引用したアドヴァイザーたち自身の発言が裏付けている。

この「痛い目にあわせることによる教育」は，大きな効果をもって，ロシア社会に作用した。旧社会主義企業の元経営者であれ，新規起業家であれ，企業経営者はすべて，アドヴァイザーたちが設計した自由なシステムを前提としつつ，そのルールに従って，利潤最大化に邁進したからである。もっとも，政治権力と癒着しレントを取得することも，新しいシステム下での利潤最大化の手段として許されるものである（あるいは，それを誰かが禁止することは難しいだろう）ことも，彼らは十分わきまえていたのだったが。

5　やってみせる

最後に「やってみせる」啓蒙とはどういうことか。それは，外国人アドヴァイザーたちが，実際に市場活動の参加者となって，儲けをあげてみせたことを指す。以下，McClintick [2006] に依拠しつつ，シュライファー等の事件について説明しよう。2000年9月，アドヴァイザーのひとり，ハーヴァード大学教授アンドレイ・シュライファーその他3人およびハーヴァード大学当局は，米国国際開発局（USAID）の資金援助を受けたハーヴァード国際開発研究所ロシア・プロジェクト（シュライファー自らが部長を務めた）を利用して不正にロシアに投資していたとして米国政府に告発された。彼らの具体的な「罪状」は，アメリカ政府資金の詐取，（公的資金・情報を利用した）自己利益のための取引への関与，利害の抵触に関する規制違反等11に及んだ。シュライファー，彼

の妻ナンシー・ツィンマーマン（Nancy Zimmerman：ヘッジ・ファンド・マネージャー），彼の父，彼の妻の父，彼の部下ジョナサン・ヘイ（Jonathan Hay：ハーヴァードでのシュライファーの教え子），ヘイの妻エリザベス・ヘバート（Elizabeth Hebert）などの名義で，巨額の資金が，ロシアに投下されたといわれている。裁判の結果，2006年8月，シュライファーその他およびハーヴァード大学は，少なくとも3100万ドルの示談金を支払ってこの裁判を終わらせることに同意した。彼らは勝ち目のない裁判から撤退したのである。

　シュライファーは1961年にロシアで生まれ，1976年に民間団体の援助を受けてアメリカに渡った。長じてハーヴァード大学に入学し数学を学んだが，そこで知り合ったのが経済学者ローレンス・サマーズ（後のクリントン政権下の財務長官，その後ハーヴァード大学学長）である。サマーズは，長年にわたってシュライファーを庇護することとなる。ソ連崩壊の直前の1991年当時，サマーズは世界銀行のチーフエコノミストを務めていたが，そのときシュライファーは世銀から派遣されてロシアに赴いた。そこで彼は，前述のサックスのチームに入ることとなる。彼はロシア企業の私有化政策をこのチームで担当する。

　大統領選挙直前の1992年10月，ジョージ・H・W・ブッシュ（George H. W. Bush）米大統領は「ロシアおよび新興ユーラシア民主主義諸国家の自由と開かれた市場を助成する法案」に署名し，3億5000万ドルの援助をロシアに行うことを決定した。援助資金の統括は，米国国際開発局が行うこととなった。同局は，当時モスクワですでにサックスとシュライファーが活動しているのを知り，その関係から，ハーヴァード大学国際開発研究所（HIID）と契約を結び援助プロジェクトの一部を実施させることとなった。シュライファーはこのHIIDロシア・プロジェクトの責任者となるとともに，日々の業務に当たる担当者としてジョナサン・ヘイを指名する。プロジェクトは実質的に彼らの支配下に置かれた。彼らの活動が，どの程度ロシアの「市場経済化」に役立ったのかは定かでない。彼らがアメリカ政府に提出する報告書は内容の乏しいものであったと国際開発局の職員は証言している。彼らは，彼らに課された仕事に専念するよりも，この機会を利用して自分たちの利益を増大させることに関心を向けていったからである。これが上記の裁判に結果したのである。

　ただし，彼らは，示談金を支払ったとはいえ，その「罪」を認めていない。むしろ，ロシア社会のために良きことをなしたのだといまだに主張している

し[15]，ハーヴァード大学はシュライファーの行動を不問に付し彼を教授職に就けたままである。第三者である我々は，裁判の一方の側に加担して，他方を非難するような態度は慎むべきであろう。また，サックスはシュライファー等の行動の詳細を良く知らなかったといわれており，シュライファーの事件は，「上からの啓蒙主義者」一般とは関係のない例外的な問題としてとらえる必要があるのかもしれない。しかし，「上からの啓蒙」の問題性を明らかにするという筆者の立場から，次のことだけは指摘しておく必要がある。すなわち，権力を持った教師には高度な倫理観が必要であるという問題である。もちろん，目の前に利益を得るチャンスがあるのにそれを見逃すことは，つねに生徒たちに教授している市場の行動原理に違反し，むしろ，生徒に勧めていることを自らは行わない「不誠実」な教師であるとの議論も成り立つかもしれない。しかし，教師は，生徒が自分の行動をそのまま，場合によっては誇張された形で，まねる可能性をつねに考慮して，行動する必要がある。1990年代前半のロシアの風土では，「市場における正常な行動」と「市場の原理に悖る行動」との境界はあいまいであり，ロシア人たちはどこまでなら許される行動なのかを見守っていた。そのようなロシア人たちにシュライファー等は一つのモデルを提供したといえるだろう。

　この事件に関して想起すべき重要な事実がある。それは，シュライファー，ツィンマーマン，ヘイ等の活動は，外国人がロシア国内の有価証券に投資する自由，また，ロシアで得た利益を外貨に換えて国外へ持ち出す自由がなければなし得なかったという事実である。ところが，この自由化，すなわち国際資本取引の自由化は，IMFと外国人アドヴァイザーたちがロシア市場経済移行策の一つの柱として，勧告していたものである。この点からいうと，少なくともシュライファー等は一種の自作自演の行動をとったことになる。

III　思想史の中の「グローバル・リベラリズム」

1　啓蒙主義のジレンマ

　啓蒙思想に関する包括的で大部の研究『啓蒙主義 —— 一つの解釈』(2巻本)

---

15)　Shleifer [2005] はそのような自己弁明の書であると見なすことができる。

を出版しているピーター・ゲイ (Peter Gay) は，その第 2 巻 (『自由の科学』) に「教育の政治学」という章を設け，次にように言った。「社会的自由は達成されるべき改革の成果の中に含まれていたし，逆に改革は自由が幸運にも実現されるときの結果の中に含まれていた。しかしながら，現実はこの結び付きを引き裂いた。すなわち，無学文盲の大衆の圧倒的な存在と，自治の習慣の欠如といういかんともしがたい現実を前にしては，自由と改革とを両立させることは，しばしば不可能であった。自由の擁護者たち (Libertarians) は，どこから改革に手をつけてよいか分からない有様であった。王政に忠実な改革論者の中で最も効果をあげたのは家父長主義の頑固な擁護者たちで，彼らは自己流のやり方で，自己自身のために改革を行った。フィロゾフたち (Philosophes [フランス語]：ゲイは 18 世紀の啓蒙思想家たちをこう呼んだ) の政治綱領を実現する道はこうして，民衆の抑圧と操作という曲がりくねった，人を惑わせる回り道をたどったが，それらの回り道は，フィロゾフたちが実現させたいと願っていた理想の世界に対する否定であり，嘲笑であった。啓蒙主義がもたらす成果を人びとの間に広めるために使う方法それ自体が，啓蒙主義そのものを挫折させるように仕組まれているかのようであった」[Gay 1973: 497 中川他訳を利用]。

　ゲイはここで，「啓蒙主義の目的は，反啓蒙主義的な方法によってしか実現できなかった」というジレンマを明快に示している。ゲイによれば，18 世紀においてこのジレンマを解消するする手段は，ジレンマの存在そのものを見て見ぬ振りをするという消極的なものを別とすれば，教育という時間のかかる事業をおいて他になかったとする [Gay 1973: 498-499]。ただし，ゲイは，教育が整備されればされるほど，自由と改革が共に進むといった単純な関係にはないことも丁寧に描いている。

　この啓蒙主義のジレンマに，現代の「上からの啓蒙主義者」は，どれほど自覚的であったろうか。もちろん，教育は現代においても重要なジレンマ解消の手段となるだろう。しかし，現代の啓蒙にとって教育の中身は何だろうか。18 世紀における啓蒙主義的教育の核にあったのは，宗教の迷妄から人びとを解き放つ科学的知識であるが，実は，ロシアにとってこれは欠落していたわけではない。むしろ，ソ連時代から過剰に存在していたとさえいえる[16]。では，新生ロシアが獲得すべき教育の中身は何か。ここにこそ，市場経済を「作り出す」

---

16) 部門によっては IT 技術のように欠落していたものもあったろう。

際に最大の困難がある。なぜなら，市場経済を「作り出す」正しい知識と方法が明白に存在するかどうかはわからないからである。

ハイエクは，「社会における知識の利用」という論文の中で，非常に興味深いことを言っている。「合理的な経済秩序の問題に特有な性格は，われわれが利用しなければならない諸事情の知識が，集中された，あるいは統合された形態においてはけっして存在せず，ただ，すべての別々の個人が所有する不完全でしばしば矛盾する知識の，分散された諸断片としてだけ存在するという事実によって，まさしく決定されているのである」[Hayek 1964, 訳 53 頁]。「非常に重要であるが，一般的法則の知識という意味では到底科学的とは言えない，組織されない膨大な知識，すなわち，時と場所のそれぞれ特殊的な情況についての知識が存在することは，疑いの余地なく明らかである」[Hayek 1964, 訳 57 頁]。

ここには，市場経済を合理的に作動させるための知識は，社会に分散的に埋め込まれているものであり，体系的な教科書に記述できるようなものではないという思想が表明されている。もちろん，この主張の背後にあるのは，「知識」を独占している中央計画者が経済を自在に制御できると考える社会主義計画経済の思想に対する根源的な批判である。社会主義批判という点では「上からの啓蒙主義者」も，ハイエクに全面的に賛成するであろう。しかし，彼らはハイエク知識論の根幹は捉え損ねているのである。

啓蒙主義のジレンマを回避する一つの方法は長い時間をかけた教育であるが，その教育の中身に関して重大な困難が存在するのが，「上からの啓蒙」としての市場経済化という事業が抱える難問なのである。すなわち，啓蒙主義のジレンマを解決するための手法そのものに解決困難な問題が内包されているわけだ。

ロシアに赴いた外国人アドヴァイザーたちは，この問題を，結論のみを押し付けるという方法によって解消してしまった。すなわち，「アドヴァイス」においては，すでに確立したものとしての「正しい政策」を，議会制のルートを通さずに，勧告した。「やらせてみる」政策においては，対立する政治党派の一方に加担した。「やってみせる」方法においては，本来長い経験と民主的討論の中から決まってくるべき，市場のルールの内と外を分ける一線を，易々と

乗り越えてしまった[17]。筆者は，ピーター・レッダウェー (Peter Reddaway)，ドゥミトリ・グリンスキ (Dmitri Glinski)，そしてすでに言及したエレルマンに倣って，彼らの行動全般を「市場ボルシェヴィズム」と名付けたいと思う。

2 「市場ボルシェヴィズム」

　エレルマンが，新古典派流ワシントン・コンセンサスの代弁者達を「市場ボリシェヴィキ」と呼んだことにはすでに言及した。レッダウェーとグリンスキはエリツィン時代のロシアの政治経済を包括的に描いたその共著に，『ロシアの改革の悲劇 ── 民主主義に対抗する市場ボルシェヴィズム』という題名を付けた[18]。彼らはいう。「底辺からの社会改革に対する民主主義者たちの強いあこがれを背景に問題を眺めると，エリツィンの経済政策はそれに対する反動，あるいはロシア史の循環性の範例でいうなら『反改革 (counter reform)』であった。換言すれば，エリツィンは，トップダウンの方法によって，つまり『ボルシェヴィキ』の方法によって，市場経済を作り出そうと試みていたのである。したがって，我々の用語法によれば，彼の戦略は『市場ボルシェヴィズム』であった」[Reddaway and Glinski 2001: 34]。

　彼らが「市場ボルシェヴィズム」と呼ぶのは，1990 年代にエリツィン，ガイダル，チュバイスおよびチェルノムイルジン (Viktor Chernomyrdin) 等を指導者として実施されたロシアの政策体系の方法全体である。レッダウェーとグリンスキは，「市場ボルシェヴィズム」の結果，エリツィン後のロシアの指導者たちが直面せざるを得ないだろう「遺産」が七つ残されたとしている。まず第 1 に，ロシア文化の基準と規範からして正当であると考えられる方法によって権力と富を再分配することに失敗したために，体制が正当性を欠いていること。第 2 に，支配階級 (establishment) の個人と集団の大部分が個人の利益を国家の利益の上に置き，場合によっては組織犯罪と区別できないようなものになることによって，「私有化された国家」が出来上がったこと。第 3 に，「社会ダーウィニズム」(最善のものが生き残るとし，弱いものを無視する)，「ポストモダン

---

[17] イックス等のように，まじめに「教育」しようと努力している人びともいるが，その成果を評価するにはなお時間が必要だろう。

[18] エレルマンとレッダウェー / グリンスキとの間に何らかの交流があったかどうかは分からない。レッダウェー等の 700 ページを越える著作に，索引をみる限り，エレルマンの名は登場しない。

的志向」(市民的義務と共同体の価値を蔑み,自足的自己を崇拝する),「運命論」(ロシアに伝統的な)の三つからなるイデオロギーが喧伝され,多くのロシア人を「カジノ経済」のやり方に引き込んだこと。第4に,エリツィン政権は,正当性の問題に取組むことなくその支配権を強化しようとしたために,政府の行政能力がどんどん弱くなっていく一方で,その政府の内部で執行権力の専制的集中化が起きるという悪循環を作り出したこと。第5に,エリツィンとその内閣によって好きなように解釈され罰則なしに違反することさえできるような「党派的な憲法」が残ったこと。第6に,パイプライン経済および文化的・心理的西欧依存の二つの要素からなる西欧依存が形成されたこと。第7に,システムの瓦解,行政上の麻痺,大衆の反乱からシステムを守るために一人の独裁者の個人的役割が決定的となったこと [Reddaway and Glinski 2001: 630-636]。

　以上が,二人がいう「市場ボルシェヴィズム」がロシアに残した「遺産」である。これに対して,筆者のいう「市場ボルシェヴィズム」は,より狭い意味を持っており,外国人アドヴァイザーたちによる「上からの啓蒙」が,ロシアに適用されたときの方法をさす。それが,ロシアにもたらしたものとして筆者が強調したいのは,拙速な私有化策によるいびつな所有構造,過度に自由な国際金融システムがもたらした資本逃避,そして,石油・ガスに依存したモノカルチャー経済等である。これらが形成されるメカニズムおよびそのロシア社会にとっての意義については,筆者を含め多くの論者が語っているのでここでは論じない[19]。ここでは,筆者のいう意味での「市場ボルシェヴィズム」がロシアにもたらしたもう一つの問題の存在を指摘しておきたい。それは「穏健なリベラル思想のロシアにおける敗北」である。

3　「穏健なリベラル思想」とオルタナティヴ

　筆者が「穏健なリベラル思想のロシアにおける敗北」というとき,当然予想される批判は,そもそも「穏健なリベラル思想」など存在するのか,存在するとしてもロシアでそれが実現する可能性などあったのか,つまり,オルタナティヴなどあり得たのか,というものである。この批判に対する筆者の答えは,「穏健なリベラル思想」と名付けることのできる思想体系は存在しうる,それがロ

---

[19] 上垣［2005］の各所を参照せよ。また,Stiglitz［1999］,Black and Kraakman［2000］,Rosefielde［2004］等も参照せよ。

シアに根付くかどうかは歴史の審判を待つ他ないが，少なくとも，その思想に基づくロシアへのアドヴァイスなら，一つのオルタナティヴとして成立しえた，というものである。

「穏健なリベラル思想のロシアにおける敗北」は，1990年代末からのロシアの権力者と民衆の双方に強まった反西欧感情の高まりを背景に，西欧起源の思想は，良きものも悪しきものも一様に拒否する雰囲気が醸成され，それが，プーチンの国家資本主義的体制形成へと繋がったという事態を指す[20]。このような，感情・雰囲気のシフトを促進したのは，1997年以降のNATOの攻勢とロシア政府の反NATOキャンペーンおよび1999年以降の第2次チェチェン戦争の泥沼化とそれとの関連が噂される一連のテロ事件［Raddaway and Glinski 2001: 587-594］を前にした，民衆の「西欧的民主主義」システムに対する無力感，そして，1998年のロシア通貨金融危機の勃発であった。しかし筆者は，このシフトに，外国人アドヴァイザーたちの行動とその帰結が人びとにもたらした不信感も大きく作用していると考えている。

では，どのようなオルタナティヴがあり得たのか。筆者は，アドヴァイザーたちに，「ボルシェヴィキ」的ではないロシア人との接し方があったはずで，それこそオルタナティヴであったと考えている。それはどのようなものか。この点を解明するためには18世紀のスコットランドの思想家デヴィッド・ヒューム（David Hume）に登場してもらう必要がある。

ハイエクには興味深いヒューム論がある。ハイエクは「ヴォルテールからコンドルセまでのフランスの思想家と，他方ではマンデヴィルからヒューム，スミスを経てエドマンド・バークにまで至るスコットランドとイングランドの思想家を，『啓蒙』の名で一括するのは」間違いであるとした。さらに，ある現代の政治学者の「ヒュームは『啓蒙に対して啓蒙の武器を向け』，『合理的分析を用いて理性の要求をひき下げ』ることに着手した」という発言を肯定的に引用している［Hayek 1967，訳137頁］。

この「啓蒙に対して啓蒙の武器を向け」，「合理的分析を用いて理性の要求をひき下げ」るという言葉は，上記の「啓蒙主義のジレンマ」を解決する道がヒュームにおいて示唆されていることを示している。すなわち，ヒュームの懐疑主義的科学思想が「啓蒙専制」の矛盾を解く契機を内包しているのである。

---

20)　ただし筆者は，プーチンの「強権性」を過度に強調する議論にも批判的である。上垣［2006］を参照せよ。

ハイエクはこの論文で，フランス啓蒙主義者の「設計主義的」社会観を批判し［Hayek 1967，訳 136 頁］，ヒュームの「人間の諸制度の成長理論」を賞讃している［Hayek 1967，訳 142 頁］。ハイエクによれば，ヒュームの理論は「秩序の成長についての理論」であり，その説明は，生物有機体の進化の説明と同じものを用いることができる。したがって，「ヒュームからダーウィンへの思想の伝達は連続的」なのだとする［Hayek 1967，訳 154-156 頁］。結局人間社会の秩序ある諸制度は生物のように成長していくものであり，誰かが恣意的に作り出すことはできないのだ。ロシアに赴いた「上からの啓蒙主義者」は，反社会主義の 1 点をもって，自らを「ハイエク主義者」と呼びたいかもしれないが，その行動の方法すなわち「市場ボルシェヴズム」は，ハイエクが批判してやまない「設計主義者」のそれであった。

ハイエクは，ヒュームの重要な言葉「コンヴェンション」（convention）を引用している。「コンヴェンション」は，「黙契」とでも訳すべき言葉[21]であり，言語がそうであるのと同様に，法や道徳，貨幣も，これを通じて次第に確立していくのである［Hayek 1967，訳 147 頁］。つまり，「黙契」は上記の生物的進化の起点となる概念なのである。この「黙契」をキーワードにして，ヒューム思想の独自性を明らかにかにしたのが，柴田徳太郎［2010］である。柴田がいうには，「ヒュームは，人々の感情が交友や会話における声，身振り，表情などの記号を通じて相互に伝わり，感情の共有（＝共感＝ sympathy）が生み出されると考えている」のだという。有名なアダム・スミスの sympathy が「想像上の境涯の交換」を強調するのに対して，このヒュームの sympathy は「一般的言語」による会話と交友から形成されるものである。結局，言語に代表される記号を用いて他者とコミュニケーションを繰り返すことがコンヴェンション形成の重要な契機である，というのが柴田のヒューム解釈である［柴田 2010: 18］。

秩序ある社会形成の起点としてのこの記号的コミュニケーションの重要性の強調は，イギリスの政治哲学者マイケル・オークショット（Michael Oakeshott）の「社交体」の重要性を強調する議論につながる[22]。井上達夫によれば，「社交体」とは，宴の参加者とそれを主催する主人からなるものであり，主人は宴で

---

21) 「黙契」は大槻晴彦による岩波文庫『人性論』（A Treatise on Human Nature）における訳語。田中等のハイエク論文の訳では「習慣」となっている。
22) 柴田は，ヒュームの記号的コミュニケーションを重視する思想とオークショットの思想との近親性についても言及している［柴田 2010: 21］。

繰り広げられる会話の内容には介入しない。主人およびその他の宴の参加者が備えるべきものは，自転車に乗る「コツ」の様なものであり，これこそ，「社交体を可能にする品行規範」，正義が根ざすべき「実践知」であるところの「会話の作法」なのだという［井上 1986: 240-263］。

　ロシアに赴いたアドヴァイザーたちは，品行規範に則って，会話の中から，ロシア人自らが答えを見いだすように促すべきだった。密室の中で旧知のロシアの友人にロシア社会の将来を決定づけるような方針を押しつけるべきではなかった。民主主義の手続きに則って「アドヴァイス」の内容を公開すべきだった。政治的対立の一方にだけ加担するような発言は慎むべきだった。自らがゲームの参加者になるべきではなかった。ウォルター・アダムスとジェームス・ブロックは，移行過程にある旧社会主義国の首相とそこへ派遣された経済アドヴァイザーが 1 週間にわたって，移行政策の種々の側面に関して議論するというファンタジーを描いたが［Adams and Brock 1993］，ロシアに，せめてここに描かれた程度の会話が成立していれば，事態は大きく異なるものとなったであろう。

Ⅳ　今後の課題

　本章で筆者は，従来一括して語られることの少なかった，西欧知識人たちのロシア経済改革過程に対する関与のいくつかの側面，すなわち，「教育」，「アドヴァイス」，「『改革』反対派に対する態度」（やらせてみる），「経済ゲームへの参加」（やってみせる）を，「上からの啓蒙」の実験という統一的視点から再解釈することを試みた。そこで明らかになったのは，彼らの関与のあり方は，グローバリズムとリベラリズムとの混合物と見られるが，その方法に着目するなら「市場ボルシェヴィズム」と名付けるべきものであり，デヴィッド・ヒュームに代表されるような進化論的で穏健なリベラリズムの原則に背馳するものであったということである。

　彼らの関与が「市場ボルシェヴィズム」に帰着したのは，「啓蒙主義」が本来持つ矛盾，すなわち，「啓蒙主義の目標は反啓蒙主義的な方法によってしか実現しないことが多い」という矛盾の発現とは言えるが，舞台がロシアであったからこそこの矛盾がより先鋭な形で表れたのだと筆者は主張したい。もちろん，ロシアはリベラリズムの受容につねに失敗してきたとは言い切れない。近い将

来に，ロシアに穏健なリベラリズムが根付く可能性がないとは誰も言えない。しかし，ロシアが何度も「啓蒙主義」の実験場となり，それが失敗に終わったという歴史をどう解釈するか，この歴史と今回の「失敗」との関連はいかなるものか，これらは，重要な研究上の課題である。この問題に関しては，本章はいくつかの歴史上のエピソードを紹介したにとどまり，十分な分析を行っていない。今後を期したい。また，ロシア/ソ連の体制転換の特殊性（連邦解体に伴う民族上，国際関係上および経済上の混乱・旧支配層のビジネスエリートへの横滑り・分厚い社会主義の遺産）に対処しようとして，介入主義的傾向をもつケインズ主義的アドヴァイザーたちが「市場ボルシェヴィズム」に陥ったとの解釈も可能だろう。この点に関しては，中国の経済改革過程におけるリベラリズムの受容との比較が興味深い知見をもたらす可能性がある。これも今後の課題としたい[23]。他方で，ロシアにおける事態の展開の独自性を強調しすぎるのも危険である。チリにおける「ネオリベラリズム」（第2章）も，デヴィッド・ヒュームのリベラリズムをいわば「参照基準」として設定するなら，その方法において「市場ボルシェヴィズム」の要素を持っていたとも言えるからである。この点に関しても我々は検討を続けていく必要がある。

参考文献

Adams, Walter and James W. Brock [1993] *Adam Smith Goes to Moscow, A Dialogue on Radical Reform*. Princeton University Press.

Åslund, Anders [1995] *How Russia Became a Market Economy*. Washington, D.C.: The Brookings Institution.

Black, Bernard and Reinier Kraakman [2000] "Russian Privatization and Corporate Governance: What Went Wrong." *Stanford Law Review*, 52, pp. 1731–1808.

Brown, Archie H. [1975] "Adam Smith's First Russian Followers." In: Andrew S. Skinner and Thomas Wilson [eds.] *Essay on Adam Smith*. Oxford: Clarendon Press.

Ellerman, David [1998] "Voucher Privatization with investment Funds: An Institutional Analysis." *Policy Research Working Paper*. World Bank, WPS 1924, pp. 1–12.

Ellerman, David [1999] "Vauchernaia privatizatiia kak instrument kholodnoi voiny." *Voprosy ekonomiki*, No. 8, pp. 99–111.

Gay, Peter [1966] *The Enlightenment: An Interpretation: The Rise of Modern Paganism*. W. W. Norton & Company.

Gay, Peter [1973] *The Enlightenment: An Interpretation: The Science of Freedom*. Wildwood House. [First

---

23) 中国との比較に関しては，試論を発表している（Uegaki, 2011）。

Published in 1969 by Alfred A Knopf]（中川久定他訳『自由の科学』（上・下）1982/86, ミネルヴァ書房.）

Gray, John［石塚雅彦訳］［1998］『グローバリズムという妄想』日本経済新聞社.（*False Dawn: The Delusions of Global Capitalism*, 1998, Granta Publications.）

Gray, John（山本貴之訳）［2001］『自由主義論』ミネルヴァ書房.（*Liberalism: Essays in Political Philosophy*, 1989, Routledge.）

Hayek, F. A. [1948] "The Use of Knowledge in Society." in: Hayek, *Individualism and Economic Order*. University of Chicago Press.（F. A. ハイエク著，田中真晴・田中秀夫編訳『市場・知識・自由—自由主義の経済思想』第2章，ミネルヴァ書房.）

Hayek, F. A. [1967] "The Legal and Political Philosophy of David Hume." In: Hayek, *Studies in Philosophy, Politics, and Economics*. Routledge & Kegan Paul.（F. A. ハイエク著，田中真晴・田中秀夫編訳『市場・知識・自由—自由主義の経済思想』第5章，ミネルヴァ書房.）

Hedlund, Stefan [1999] *Russia's "Market" Economy: A Bad Case of Predatory Capitalism*. London: UCL Press.

McClintick, David [2006] "How Harvard lost Russia." *Institutional Investor Magazine, Americas and International Editions*, January 24.

NES: http://www.nes.ru/（2011年5月25日アクセス）

New Economic School [1996] *Annual Report* 1995/96.

New Economic School [2010] *Annual Report* 2010.

Reddaway, Peter and Dmitri Glinski [2001] *The Tragedy of Russia's Reforms: Market Bolshevism Against Democracy*. Washington, D.C.: United States Institute of Peace.

Rosefielde, Steven [2004] *An Abnormal Country*, BOFIT Discussion Papers, No. 15.

Shleifer, Andrei [2005] *A Normal Country: Russia after Communism*. Cambridge, USA: Harvard University Press.

Stiglitz, Joseph E. [1999] *Whither Reform?: Ten Years of the Transition*. World Bank Annual Bank Conference on Development Economics: Keynote Address. World Bank.

Uegaki, Akira [2011] "Acceptance of Liberal Thought in the Course of Economic Transformation: Comparative Analysis of Russia and China." Paper presented at the 43rd Convention of the ASEEES, Washington, D.C., 20 Nov. 2011.

Wedel, Janine R. [1998] *Collision and Collusion: The Strange Case of Western Aid to Eastern Europe 1989–1998*. New York: St. Martin's Press.

Wolfram MathWorld: http://mathworld.wolfram.com/RiemannZetaFunctionZeta2.html（2011年6月10日アクセス）

井上達夫［1986］『共生の作法—会話としての正義』創文社.

上垣彰［2005］『経済グローバリゼーション下のロシア』日本評論社.

上垣彰［2006］「プーチン「強権政治」—5つのスタイル」『エコノミスト』毎日新聞社，7月8日号.

小野理子［1994］『女帝のロシア』岩波書店.

ジェイムズ，I［2005］『数学者列伝—オイラーからフォンノイマンまでI』シュプリンガー・フェアラーク.

柴田徳太郎［2010］「「見えざる手」と「コンヴェンション」—スミスとヒュームの秩序生成論」『経済学論集』東京大学経済学会，75巻4号.

盛山和夫［2006］『リベラリズムとは何か――ロールズと正義の論理』勁草書房.
橋本伸也［2010］『帝国・身分・学校――帝政期ロシアにおける教育の社会文化史』名古屋大学出版会.

第 2 章

「シカゴ・ボーイズ」とチリ
ネオリベラリズム「理念」の形成と浸透

竹内恒理

I　シカゴ・ボーイズの発生

　本章においては発展途上国の中で最初にネオリベラリズム「理念」を受け入れた南米の小国チリの首都サンチャゴにおいて「第2のシカゴ大経済学部」が形成された理由，および，それがチリ全土に浸透してゆく過程をたどる。さらに本章ではこれまでのシカゴ・ボーイズに関する先行研究[1]においては，必ずしも明らかにされていなかった部分に着目する。具体的にはチリ・カトリック大学とシカゴ大学との留学生受け入れを中心とする協定の「実態」に関する新証言を著し，自らチリ人としてシカゴ大学に最初に留学した経験を持つエルネスト・フォンテェイン（Ernesto Fontaine）にもとづき［Fontaine 2009］，さらに新しい分析を加えることにより，この協定がチリにおけるネオリベラリズムの「理念」形成と浸透に決定的な役割を果たした過程を詳細に考察する。

　このネオリベラリズムの浸透こそが，今日のチリに与えた影響は多大であり，それは「光」と「影」の二つの側面をもたらしている。前者は安定的な経済成長であり，後者は「負の遺産」として現れた所得格差の増大である。政治面においてもチリへのネオリベラリズム思想の伝播の影響は，1983年「独立民主同盟」（Unión Demócrata Independiente）という政党となって具現化し，現在は「変革のための連合」（Coalición por el Cambio）という保守系政党同盟の一角を形成し，大きなプレゼンスを占めている。ネオリベラリズムが導入された軍政後，民主体制のもとで歴代政権は，「負の遺産」を解決しようと努めたが，貧困の削減には，ある程度成功した。しかし，所得配分が今日でも問題となっている。政治面でも軍政によって制定された80年憲法の改正ができない状況にある。すなわち，チリにおけるシカゴ・ボーイズの発現という現象は過去のものではなく，現在の状況にも深く関係しているという視点から考察を試みた。そこで解明された，あるいは，これまでよりさらに詳細に考察されたことは主に次の点である。

---

[1]　その代表的なものとしてチリ人のデラーノとトランスラビーニャによる研究者［Delano y Translaviñā 1989］があり，シカゴ・ボーイズによるネオリベラル的経済改革がチリ国民間の貧富の格差を拡大させたと結論づけている。また，チリの政治学者であるバルデスの書［Valdés 1995］がある。同書はアメリカの国際援助庁（USAID）の一次資料を駆使した研究として知られているが，1950年代のアメリカ国内におけるシカゴ大学経済学部をとりまく環境に関する記述がペシミステックに描かれている。また日本人の研究者としては比較政治学のアプローチから安井［2005］がある。

写真2-1 チリの「経済エリートの卵」たちにネオリベラル思想を刷り込むみ、「シカゴボーイズ」を大量生産したシカゴ大学教授アーノルドC.・ハーバーガー（写真：Agencia EFE/アフロ）

①同協定を利用したのはチリ・カトリック大学の卒業生のみではなくチリ大学の卒業生も相当数参加していたこと。また，当時，法学部の付属的な学科として会計学などを教える「脆弱な講座」を持つに過ぎなかった組織を本格的な経済学部へレベルアップさせようと画策していたチリ・カトリック大学と，チリのトップ大学として君臨しかつアメリカにとってイデオロギーの上で厄介な存在であったチリ大学経済学部（1939年設立）の「経済エリートの卵」たちを吸収し，ネオリベラル思想を「刷り込む」装置として，大学間協定（チリ・カトリック大学とシカゴ大学）がその機能を果たしたこと。

②シカゴ大学経済学部でミルトン・フリードマン（Milton Friedman）教授の同僚であり，チリ人留学生と結婚したアーノルド・ハーバーガー（Arnold C. Harberger）教授がシカゴ・ボーイズの「大量生産」に決定的に重要な役割を果たしたこと。

③シカゴ大学がチリを拠点としてネオリベラル的思想をアルゼンチンやコロンビア，ペルーなどの諸国にも波及させようとしていたこと。

④チリからシカゴ大学に留学するという伝統が，1990年代以降も続いている傾向が見られること。

⑤シカゴ・ボーイズの誕生が契機となりアメリカ留学組がチリの大統領，閣僚になる潮流が現在に至るまで続いていること。

⑥フリードマンがチリという小国を選んだのは，彼自身が，「小さな背丈」であるにもかかわらず，その「小」が「大」を征することも可能であると考えたのではないだろうか。そのように思える理由は，両親から聞かされていたハン

ガリー的な「臭い」のするチリの地形を上空から何度も見ていたからである[2]。

さらにチリ人をはじめとするラテンアメリカ諸国出身者の個人名を明らかにすることで,「シカゴ大留学組」がチリのみならずネオリベラリズムの浸透に重要な役割を持った世界銀行（World Bank）や国際通貨基金（以下，IMF）などの国際金融機関，諸外国の大学やラテンアメリカ諸国，アメリカやイギリスなどのシンクタンクを拠点として広汎なネットワークを構築し，連携して活動していた点にも焦点を当てた。

II アメリカによる知的ヘゲモニーの構築戦略

1 発展途上国への援助と知的ヘゲモニー

以上述べてきたが，アメリカの知的ヘゲモニーの構築戦略と発展途上国が，どのような関連にあるかをフリードマンがコロンビア大学が博士号を修得した（1945年）を一区切りとして整理し，論じてみたい。第二次世界大戦後，アメリカはソ連などの共産圏に対する「封じ込め」政策とともにアメリカ的民主主義と自由主義を発展途上諸国に広めることを狙いとする援助政策を進めた。1949年1月20日，トルーマン大統領は年次教書の中で，アメリカの外交政策として，①国連への支持，②欧州復興計画，③対共産圏に対抗するための軍事援助，④技術援助の4点からなる計画（ポイント・フォー）を打ち出した。四つめの技術援助に関しては，「第4に我々は，科学的先進性と工業的進歩を未開発地域の成長と改善に利用できるようにするという斬新なプログラムに着手しなければならない」［Office of Federal Register 1964: 114］と述べている。技術援助の一環として発展途上諸国の大学への関与，言い換えるとアメリカによる発展途上国に対する知的ヘゲモニーの強化および新興国に対する知的ネットワークの構築策が開始されたのである。東西冷戦下では，その実践の主体として，アメリカ国内の大学から発展途上国の大学へと，知識，イデオロギーを伝播する知的ヘゲモニー構築のためのプランが策定され，実行に移された。発展途上諸国の大学へのアメリカの影響力を浸透させるべく具体化された政策の一つが，留学

---

[2] これを，立証するのはRosende [2007: 5] のフリードマンとG. スティグラー（フリードマンは小男，スティグラーは大男）の写真と，1950年代のフリードマンらが乗ったチリへの直行便のデータを使えば良いと思われる。（紙幅の都合で別の機会に譲ることとしたい。）

生の受け入れであり，Ⅰで述べたように大学間交流協定の締結であった。
　チリにおいては 1970 年 9 月 4 日，史上初の合法的社会主義政権を樹立することとなるサルバドール・アジェンデ（Salvador Allende）が大統領に当選したが，1973 年 9 月 11 日，軍事独裁政権が誕生し，社会主義体制を払拭する試みがおこなわれた。それは政治，経済，社会など国民生活のすべての分野に及んだ。そして，1980 年代の後半に入り，資本主義体制における経済成長が充分に達成されるに至った。その成果は輸出競争力と市場原理にもとづくネオリベラリズム経済政策によってもたらされた。このネオリベラリズム経済政策を担った経済学徒集団こそが「シカゴ・ボーイズ」[3]であった。1950 年代初め，アメリカは，インドネシア，タイからの留学生を対象にカリフォルニア大学バークレー校[4]の大学院において新古典派経済学を教授するプログラムを開始

---

3) ラテンアメリカ諸国の出身者でシカゴ大学において最初の経済学博士号（論文名は The Sugar-beet Industry in Chile: A Cost Benefit Analysis [1964 年]）を取得したチリ・カトリック大学経済学部出身のエルネスト・フォンテェイン（Ernesto Fontaine）は，これまでのシカゴ・ボーイズが，チリ・カトリック大学経済学部卒業生のみで構成されていた集団であったとのイメージはまったくの間違いであり，チリ大学経済学部出身の留学生もシカゴ大学で学んでいたと指摘している。その代表としてカルロス・マサ（Carlos Masad　後にフレイ民主主義政権でチリ中央銀行の総裁）を挙げている。また，アルトゥーロ・フエンサリーダ（Arturo Fuenzalida）もチリ大学経済学部出身であったとの指摘をしている。筆者がシカゴ大学図書館に保管されている博士論文を調べたところ，ラテンアメリカ諸国の出身者でシカゴ大学の経済学博士を 1 番目に取得したのはチリ人のエルネスト・フォンテェイン（1964 年）で，2 番目がアルゼンチン人のアドルフォ・セサール・ディス（Adolfo César Diz; 1966 年），3 番目がブラジル人のカルロス・ランゴニ（Carlos Langoni; 1970 年），そして 4 番目がチリ人のセルヒオ・デ・カストロ（Sergio de Castro 1973 年）であった。フオンテェインは，3 番目がチリ人のセルヒオ・デ・カストロであるとしているが，その記述はミスリーディングであろう。しかし，チリ人がシカゴ大学において最初に経済学博士を取得したことは，チリにシカゴ・ボーイズが形成される上で重要な意義があると考えられる。シカゴ・ボーイズは狭義ではシカゴ大学をはじめとするアメリカの有名大学に留学したチリ人がチリ本国に帰国し，ピノチェ政権の経済テクノクラートとして新自由主義経済政策を推進した集団を指す。日本貿易振興機構・アジア経済研究所の北野浩一は，「シカゴ・ボーイズは学歴上の属性というよりは軍事政権に登用されたアメリカ留学組テクノクラートと呼ぶのがふさわしい」と述べている。これに対してエルネスト・フォンテェインはシカゴ・ボーイズをより広く，シカゴ大学経済研究科に留学し，修士，博士号を取得したラテンアメリカ諸国出身者の集団と解釈している。筆者はチリにおいては，経済テクノクラートと定義されていたシカゴ・ボーイズからエルナン・ビュッヒ（Hernán Büchi）やホアキン・ラビン（Joaquin Lavin）などチリ大統領候補となった事例を観察し，今後，広い意味でのシカゴ・ボーイズが単なる経済テクノクラート集団から保守系の政治的リーダーへ「脱皮」していることを指摘しておきたい。その証左は，2010 年に成立したセバスティアン・ピィニエイラ（ホセ・ピニエイラの実弟）大統領である。
4) バークレー校は多様な経済学の存在を認めるリベラルな学風で知られている。

第 1 部　自由主義指向経済学の伝播

し，その費用を政府のみならずフォード，ロックフェラーなどの財団が支援する仕組みを作り上げた[5]。同じころ，アメリカはラテンアメリカ諸国を対象に，特に東部エスタブリッシュメントの大学ほどの古い歴史は持たない新興大学であるシカゴ大学を中心とした大学にほぼ同様のプログラムをスタートさせた。プログラムはまず手始めとしてチリから始まった。ラテンアメリカについてみると，チリの他にアルゼンチン，ブラジル，メキシコなどの留学生たちがアメリカの大学において新古典派経済学の薫陶を受け，これらの留学経験者の中から1970年代から80年代にかけて次々と大統領（例えばパナマ）や経済閣僚ポストに就く者が生まれる傾向が顕著となった［竹内 2001: 194］。それでは，なぜシカゴ大学で新古典派経済学の中でもマネタリストと呼ばれる「通貨政策」を重視する一派が台頭するに至ったのかを見てゆきたい。東部の名門大学に肩をならべる必要性に迫られた事情があったのではないだろうか。

2 フリードマンとシカゴ学派

1929年，シカゴ大学理事会は，当時イェール大学大学院法学部長ロバート・ハッチンス（Robert M. Hutchins）をシカゴ大学学長に任命した。彼は，当時まだ30歳でありながら，既に大学教育の在り方に関して極めて特異な信念の持主である点で有名になっていた。ハッチンスがシカゴ大学学長に就任すると，「ハッチンス革命」が断行された。ハッチンス学長は従来の学部を全廃して，3年制で学生数は300名弱という少数の学部にしてしまい，シカゴ大学の本体はすべて大学院にした。こうしてシカゴ大学は当時，世界で初の「大学院大学」となった。そしてハッチンス革命の総仕上げとして，フリードリッヒ・ハイエク（Friedrich Hayek）が赴任した「社会思想委員会」（Committee on Social Thought）が樹立されたのである。

ハッチンスは文系理系を問わず，すべての学問は「哲学」（Philosophy）にもと

---

5) 白石隆（1998）の言及であるが，筆者は，第2次世界大戦後の冷戦下における友好国との関係強化およびアメリカの諸大学による世界各国の知識人への影響の拡大（アメリカによる知的ヘゲモニーの構築）に1946年から開始されたフルブライト奨学金制度（アメリカ国務省教育文化局と各国政府，企業などの共同出資，現在までアメリカ市民約10万人，その他の市民約15万人）が大きな影響力を持ったとの考え方に興味を抱いている。ラテンアメリカ諸国内では海外に亡命せざるを得なかった経験を持つフェルナンド・エンリケ・カルドーゾ元ブラジル大統領が2003年にフルブライト賞を受賞している。

づいていなければならないという信念を持っていた。この信念にもとづいて，経済史の分野における世界的権威であり，アメリカにおいてだけでなくヨーロッパにおいても有名であり，さらに大学運営者として極めて有能なジョン・ネフ (John U. Nef) 博士が，社会思想委員会を1941年に設立し，委員長を兼ねた。学際的な集合体である社会思想員会からは T. S. エリオット (T. S. Eliot)，ソール・ベロウ (Saul Bellow)，ハイエクなどのノーベル賞受賞者を輩出した。

こうして設立された組織が「学科」と呼ばれず「委員会」と呼ばれるのには，理由があった。学科であれば，所属教員がいて，どんな分野であろうが，学生が取得しなければならない単位によって構成されるカリキュラムが提示される。ところが社会思想委員会にはカリキュラムがなくて，教員も授業をして学生に単位を取得させる義務がない。教員はなによりも研究をすることが求められ，研究にもとづく成果を発表する場として授業を利用することが望まれた。どうしてもしなくてはならないことは，博士論文の指導や審査である。こうして教員は，「授業をおこなうこと」ではなく学生の思想の方向性を「管理」することが義務づけられた。そのため「社会思想委員会」と呼ばれたのである。このような独特な制度が導入されたシカゴ大学では，経済学の分野に限っても，ハイエク，フリードマン，スティグラー (George Stigler)，ジェイムズ・M・ブキャナン (James M. Buchanan)，ゲーリー・ベッカー (Gary Becker)，ロバート・E・ルーカス (Robert E. Lucas) などのノーベル経済学賞受賞者を多数輩出させた［ハイエク 2011: 371-373］。ハッチンスは1945年から51年までは名誉学長を務め，シカゴ大学の学長の後任にはローレンス A. キンプトン (Lawrence A. Kimpton)［在任期間：1951年～1960年］が就任するが，基本的にはハッチンスの「すべての学問は『哲学』にもとづいていなければならないという」考え方を踏襲する人物であった。ハッチンスは1951年シカゴ大学を去り，同年設立されたばかりのフォード財団の副理事に就任している。シカゴ大学とフォード財団との関わりはここから始まったものと推論される。

こうしてシカゴ大学経済学部は従来の経済学の枠に縛られない，まさに「社会思想」を伝授し，それはドクトリン，そしてイデオロギー的特質を備え，それを発信する場としての機能を持つに至ったと考えられる。「シカゴ学派」という呼び方は，1950年代半ば以降であるが，そもそもシカゴ大学経済学部の歴史は，四つの段階に分けられる。ジェームス・ローレンス・ラフリン (James Laurence Laughlin) が学部長を務めた1892年から1916年の創設期が第1期であ

る。第2期はジェイコブ・ヴァイナー（Jacob Viner）とフランク・ナイト（Frank Knight）の時代であり，ヴァイナーがシカゴ大学に着任した1916年から1946年までである。それに次ぐ第3期はフリードマンの時代であり，着任した1946年から退任する1976年までとなっている。第4期はベッカー，ルーカスなどが活躍する1977年から今日に至る時代である。シカゴ大学は，その栄光の1930年代，未来の学者も含め著名な経済学者には事欠かなかった。1938年，統計学者のヘンリー・シュルツ（Henry Schultz）が交通事故で急逝し，統計学の研究が手薄となった。その穴を埋めたのが「コウルズ委員会」（Cowles Commision）であった。同じ1938年，市場社会主義を信奉する計量経済学者オスカー・ランゲ（Oscar Lange）が経済学部に着任した。フリードマンがシカゴ大学に戻る頃，経済学部は政治的には政府の介入を容認するリベラルやラディカル，学問的には計量経済学の方向に傾いていたのである。フリードマンが主要論文の多くで使った数学的アプローチは統計学を駆使したデータ分析であったが，コウルズ委員会が好んだ経済理論の定式化ではなかった。フリードマンの手法は経済理論を実証的に検証し，現実世界で起こることを「予測」する必要性を唱えたが，コウルズ委員会は理論の妥当性を判断する基準として，「予測」をそれほど重視しなかった。最終的にフリードマンは極端といえるほどの自由市場主義に傾き，政府の役割を極小化することを理想とする考え方に至った[6]。これに対してコウルズ委員会の政治思想は，組織全体としては政府の介入を支持するケインズからランゲの間，多くの研究者はランゲの市場社会主義に近い立場を表明していた。

　フリードマンを中心とする新しいグループが計量経済学の研究機関コウルズ委員会と学内の主導権を争う1940年代後半から1950年代前半にかけては，いやが上にもシカゴ大学の水準が高まった。フリードマンが着任したての頃，経済学部とコウルズ委員会の研究室があったシカゴ大学社会科学研究棟の4階では，後のノーベル経済学賞受賞者13人と将来のあるいは現職のアメリカ経済学会理事長12人が普通に廊下を行き来していた［エーベンシュタイン2008: 79-80, 167-168］。その後1955年コウルズ委員会はシカゴ大学を去り，イェール大学に本拠地を移した，フリードマンがコウルズ委員会に属するアーサー・バーンズの論文「景気循環の測定」（*Measuring Business Cycles*）を痛烈に批判してか

---

[6]　1930年代〜1950年代経済学のみならずシカゴ学派はあらゆる学問分野に傑出した人材を出しており，現在に至っている。

らは，コウルズ委員会との関係がうまく行かず，これがイェール大学に移る契機となった。スティグラーはその自伝で，1950年前後までは「シカゴ学派」という名称は明確に存在せず，経済学界で世界的に「シカゴ学派」という言葉が広く使われるようになったのは，1960年以降であると述べている。つまりこの時代，「シカゴ学派」はシカゴ大学経済学部においても少数派であった。

　1946年シカゴ大学に着任したフリードマンは，翌47年，スイスで開催されたモンペルラン協会の設立会議に同僚のスティグラーらと出席した。モンペルラン協会は古典的自由主義や自由至上主義の学者たちが参加する「自由主義の国際的団体」である。この会議に参加したことで，フリードマンは，自由至上主義や古典的自由主義を標榜する政策提言型哲学に関心を深めてゆくことになる。フリードマンの他，ナイト，そしてフリードマンに大きな影響を与えることとなるハイエクらも出席していた。ハイエクはモンペルラン協会の創設者であり，上述したように，1950年にシカゴ大学の社会思想委員会の委員として着任する。ハイエクは当初，シカゴ大学の経済学部に所属することを希望していたが，ハイエクの経済学的手法が数学的ではなく，余りにも思想的・哲学的であり過ぎるとして，経済学部ではなく社会思想委員会に所属することが決定され，採用された経緯を持っていた。フリードマンはハイエクのゼミに頻繁に参加し，資本主義の哲学的根拠・知識について学ぶようになっていく［エーベンシュタイン 2008: 175］。フリードマンの著作『資本主義と自由』（1963年）はフリードマン思想の政治哲学のバイブルであると言える。フリードマンは純粋な経済学を離れて，一般読者向けに政策論を論じる政治哲学者へと変貌する。哲学の面ではジョン・スチュアート・ミル（John Stuart Mill）の他，ハイエクから受けた影響が多大であった。『資本主義と自由』の執筆期間とハイエクのシカゴ大学在任時代は重なっており，ハイエクのゼミでは「自由主義の伝統」，「社会・政治思想」など政治哲学に関する知識を学び『資本主義と自由』には，ハイエクの影響が随所に見られる。ハイエクがシカゴ大学時代に執筆した『自由の条件』（1960年）の原稿にフリードマンも目を通している［エーベンシュタイン 2008: 183］。フリードマンはシカゴ大学の経済学について，「シカゴ大学は経済学を数学の部門としてではなく，経済の問題として真剣に研究していた。これに比べ当時のハーバード大学の経済学は数学と同列の頭の体操であり，現実問題の解決には全く役に立たなかった」と後に語っている［エーベンシュタイン 2008: 170］。

このような経緯を経て，1950年代，シカゴ大学経済学部は単なる経済学研究機関ではなく政治哲学と経済学が融合した実践的政治経済思想の「発信基地」およびそのトレーニングの場となっていた。それはフリードマン流の実践経済学を強化，確立し，保守的なアカデミズムの仲間たちを育て上げようとする構想にもとづいていた。フリードマンは「実証的経済学の方法論」[Friedman 1966] という論文の中で「科学を科学たらしめているものは『予測』であり，『予測』のないところに科学はない」と断言している。経済学に対して「科学は測定」というコウルズ流の標語に加え，「予測」を強調した。後のフリードマンのインフレ率の「予測」の的中率が他の経済学者に比べ群を抜いていたのは，こうした研究に対する姿勢から生まれたものであったと推論される。学生たちは偉大な教授陣に対して勇敢に挑み，彼らの知的な気概を吸収していったようである。そこは，単に学位を取るという無味乾燥なものを追求する場所ではなく，それぞれの出身国の現実を変革しようとする気概に満ちた空間であった。フリードマン流シカゴ学派の特徴は，自由で競争的な市場メカニズムの資源配分機能に拠り所を置き，また経済分析上の関心は新古典派価格理論を厳密に適応し，市場の動きを検証することにあった。さらに，政府による経済介入の最小化を唱え，個人的効用の最大化を経済分析の基礎に据える方法を主張した。フリードマン哲学の核心部分は「個人の自由の最大化」であるということができる。

フリードマンは，もともとニュー・ディール政策を支持するケインズ主義者であったが，ケインズ型消費関数に対する論争で，その思想を変えるに至った。ケインズ型消費関数による消費需要の予測値は現実の消費を大幅に過小評価することになり，ケインズ型消費関数の妥当性に対する疑問が湧きあがったのである。過小予測問題とあわせて，消費者行動のモデルをより自律的に再構成しようという消費関数論争が展開された。フリードマンは，消費者の選考場の不変性を仮定し，予算制約を恒常所得と変動所得に分けて理論の構成をおこなったのである。フリードマンのもとには純粋なレッセ・フェールを唱えるフリードマンに同調する多くの助言者や同僚たちが集まり，シカゴ大学経済学部は熱狂的な雰囲気に包まれていた。フリードマンの使命感は各国の経済を自然状態に戻せば，健全な状態に到達するという理想を起源としていた。即ちフリードマンは政府の規制や貿易の障壁，複雑に絡み合った利害など人間の手による干渉をすべて取り払えば，社会は「純粋な資本主義」の状態に収束すると

考えたのであった。フリードマンは現実の経済が複雑に錯綜している場合，調和のとれた状態に至る唯一の方法は人為的操作による痛みをともなう「ショック療法」しかないと考えるに至る。フリードマンの「ショック療法」は自国の危機に直面している諸国の政治家たちを革命などの大胆な行動に駆り立てることになる。彼の理念はそれが現実の世界に具体的な創造となって現れるまでに，20年以上の歳月を必要としたのであり，その最初の実験場所がチリであった。フリードマンとその同僚たちは，現実の市場が彼らの熱狂する理念に則して活動するものとなるかを証明することに挑戦したのであった。しかし，フリードマンは現実の経済において，すべての歪みが矯正されたとしても完全に健全な社会に至るということを立証することができなかった。世界中のどの国も完全なレッセ・フェールの状態には至っていなかったのである。

　ここで，フリードマンの生い立ちにさかのぼってみることにしよう。フリードマンは1912年，ニューヨーク市のブルックリンに生まれた。彼が1歳の時，ブルックリンからニュージャージー州のローウェイに移り住んだ。フリードマンの両親は双方ともハンガリーのカルパティア・ルテニア地方ベレクサース出身で，ユダヤ系移民としてアメリカに渡った。父親の仕事は工場から品物を仕入れて，それを小売業者に転売する仲買人をしていたようである。母親も縫製工場で働く労働者であったが，小金を貯め，衣料品を販売する小さな店舗兼工場を買ったようである。フリードマン自身は「それは低賃金で長時間労働をさせる作業場であった」と書いている。父親は資本主義的搾取の形態をとる工場を経営したが経営は順調ではなかった。ヨーロッパなどと同じく当時のアメリカにおいても，マルクス主義者やアナーキストを信じる労働者が労働組合を作って自分たちの権利を要求し，集会を開いていた。経営者の息子であるフリードマンも労働者たちの激しいやりとりを聴いていた。結局，恐らくは労働争議のために父親の経営する工場は破産してしまった。フリードマンは，後にこの体験を大学での講義やテレビの中でもしばしば語り，規制のない資本主義の利益についてのケース・スタディとしてとりあげた。それこそが自由と繁栄のステップであることを強調していたのである。フリードマンに言わせれば，工場経営者は最低賃金を支払う義務があることを擁護すべきではなく，むしろ「参加型民主主義」が最も純粋な形でおこなわれるべきだと主張する。「参加型民主主義」が民主主義の究極的な社会のあり方とフリードマン自身は考えた。ハイエクが事実にもとづいて説得力に富んだ説明をしたように，「個人主義的な

諸価値」が樹立されるためには，「個人主義的な社会」がまず築かれなければならないとフリードマンは力説する。「個人主義的な社会」は自由主義的秩序のもとにおいてのみ，創設が可能であり，そこにおいては，各個人はそれぞれ自分なりの目的追求をするために自由に活動するのであり，したがって政府の役割はそれに適合する「枠組み」を作ることに限られる，とフリードマンは主張する。言い換えると「自由市場」のみが本当に「参加型民主主義」の構築に至る唯一のメカニズムであると断言したのである［ハイエク 2011: iv–v の序章（フリードマンの言葉より）］。

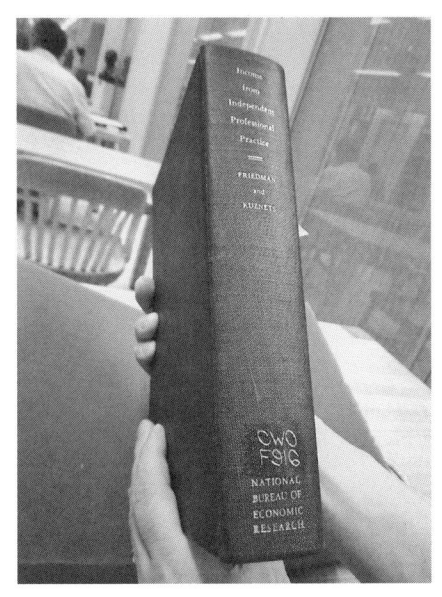

写真2-2　フリードマンの博士論文。サイモン・クズネッツ（ノーベル経済学賞受賞）との共著という珍しい形式（1945年刊行）。

　フリードマン流のシカゴ学派に属する研究者の使命は市場の純粋化にあり，彼らは市場から政府の介入を排除し，自由市場が完全に機能することを狙ったのである。フリードマンは，ナチズムやソ連のような全体主義を真の敵とみなし，アメリカやヨーロッパににおける「政府の介入」（ケインズ主義）や，アメリカ，ソ連の圏外，すなわち第三世界において全体主義に至る可能性の萌芽をターゲットにしたと考えられる。こうした考えが，当時のアメリカ政府の支持を得て，アメリカの「従属」地域としてのラテンアメリカにおいて，実験候補地が選択され，南米南部地域に注目が向けられることになったといえる。

3　プレビッシュとチリ大学の存在

　アメリカという「帝国」の支配から脱却するためには，第二次世界大戦後のラテンアメリカ地域においては，過激な経済学的主張が開発主義の名のもとに起こっていた。自国の開発を唱える構造学派の経済学者は，天然資源の輸出に

依存する代わりに，内向きの工業化を追求すれば貧困のサイクルから脱却できると主張した。天然資源（一次産品）はヨーロッパや北米に向け輸出されるが，その価格は常に下がり続ける傾向にあるという主張であった。これらの経済学者は石油や鉱物資源あるいは主要な工業部門は国有化すべきであると唱えた。それは政府主導による開発を健全に進めるために必要だと考えたためである。ケインズ主義の影響を受けた構造学派の経済学者たちは，1950年代までに目覚ましい成功を収めた。開発主義の最も進んだ実験場はラテンアメリカの南部諸国，すなわちチリ，アルゼンチン，ウルグアイそしてブラジルの一部地域であった。当時，チリは構造学派の考え方にもとづき国家主導の「輸入代替工業化」(Import Substituting Industrialization; ISI) を進めていた。

　これらラテンアメリカ諸国の構造学派経済学者の拠点となったのはチリのサンチャゴに本部を置く国連ラテンアメリカ委員会 (Economic Comission for Latin America; ECLA, 現在の Economic Comission for Latin America and the Caribbean; ECLAC スペイン語では，CEPAL) であった[7]。ECLA は設立当時，開発計画にもとづく政策実施，国内市場制約の克服，先進国との交渉力向上のための地域経済統合の推進，均衡のとれた発展を実現するための税制・農地改革，富や所得の公平な分配等が対策を要する緊急的課題として認識されていた。

　ECLA の設立・方向づけに大きな影響を及ぼしたのが，アルゼンチン人の経済学者で1950年から63年までの長期に亘り第2代事務局長を務めたラウル・プレビッシュ (Raúl Prebish) であった。プレビッシュは，世界経済は工業品生産に特化する中心国と一次産品に特化する周辺国とに分けられるとし，財の所得弾性値の違いや農村部での労働供給過剰等により，周辺国側の交易条件は悪化し，国際貿易や生産性の改善の利益は中心国が浴することを「中心―周辺」理論により解説した。そして，周辺国発展のために輸入代替などを通じた工業化と地域統合の必要性を主張した［植木 2008: 69-70］。プレビッシュとハンス・シンガー (Hans Singer) は「先進国に対する低開発国の交易条件は構造的悪化をたどる」(プレビッシュ＝シンガー命題) と主張し，一次産品価格の下落は，発展途上国の交易条件を悪化させるため，下落による損失だけでなく，輸入工

---

[7] ECLA の本部がなぜチリのサンチャゴに設立されるに至ったかについてはチリの政治情勢が安定していたからというこれまでの説以外にも研究の余地が残されている。国連創設に至る経緯の中でラテンアメリカ諸国の果たした貢献度からみれば，ブラジルあるいはアルゼンチンなどに本部を置くという考え方も存在したと思われる。

業品価格の上昇が起こり，その損失も受けてしまうと述べた。一方，先進国は所得の増加に加え，一次産品価格の下落による利益を受けることとなる。このような状況を生む原因には，①一次産品と工業製品の需要の価格弾力性の相違，②一次産品と工業製品の需要拡大の相違，③先進国の技術的優位性，④先進国と発展途上国の財市場と労働市場の構造的相違を挙げた。このプレビッシュ＝シンガー命題はラテンアメリカ諸国に大きな影響力を持っていたのである［道下 2004: 76-77］。

　プレビッシュは「ラテンアメリカの経済開発とその主要な問題」(1945 年) と「発展途上国の経済開発に対する手段」(1951 年) の二つの論文の中で，中心と周辺の間の貿易利益の不平等な配分と，開発のための資源配分における市場メカニズムの不適切さを指摘し，大きな反響を呼んだ。さらにプレビッシュはラテンアメリカ諸国が抱える構造的危機を変革しなければならないと主張した。その変革とは「社会主義と経済的自由主義の統合」[8] であり，それを通じた「余剰の社会的利用」である。「特権的消費社会」言い換えると特権を持つ富裕層に属するグループにより浪費されてしまっている「余剰」を，社会的に蓄積と配分に区分しなおす。蓄積された資本は，市場を通じた経済インセンティブに従って資本財の増強と人的資本の形成に適切に用いられ，雇用吸収力が高まるとともに労働生産性も向上する。この過程において既存のシステムから排除されている労働者の所得は向上することとなる。市場を通じて経済が機能していけば，資本の集中化が必然的に起こってくる。「周辺資本主義」においては，この動きは社会的権力，政治的権力の集中により一層顕著なものとなる。これに対してプレビッシュが提起するのは「資本の社会的拡散」であり，「余剰による企業での新たな蓄積に対する労働力の参加を徐々に増やしていく」ことで達成されるものであり，企業の規模が大きくなるにしたがって，そこを「自主管理的」な現場にしていこうとする考え方であった［谷 2004: 155］。

　プレビッシュの主張はアルゼンチンの最高峰の学術経済誌『エル・トリメストレ・エコノミコ』(*El tnmerte econiomico*) に掲載され，ラテンアメリカ地域の経済学界に大きな影響を与え，とりわけ当時チリ大学経済学部長であったルイス・エスコバル (Luis Escobar) によって熱狂的に支持された。このプレビッシュの主張に対抗して，シカゴ大学経済学部のセオドア・シュルツ (Theodore

---

8) 言い換えれば，社会主義自由経済のことで，現在の中国，ベナトナム，キューバなどである。

Schultz）は，発展途上国の開発手段として主に国際貿易・対外援助・市場制度の育成の三つの政策分野に議論を集中させ，特に人的資本の育成が発展途上国の経済発展に不可欠であることを力説した。この人的資本論はシュルツの他，ベッカー，ミンサーなどのフリードマン流シカゴ学派に属する経済学者によって唱えられ，シカゴ・ボーイズにそのまま応用されたと言える。[竹内 2001: 202]。

　シカゴ学派と構造学派の論争は，ハイパーインフレーションをめぐって 1955 年チリで始まった。チリ政府は IMF の勧告に従って，安定化政策を採用した。構造学派とシカゴ学派間の論争の中心はそれぞれの経済哲学の原理に由来するものであった。構造学派は経済現象の社会的・政治的源泉に大きな重点を置き，内向的，自立的発展戦略をめざしたが，シカゴ学派の場合は国際市場への密接な依存によって作動する外向きの発展戦略を主張したのである［カイ 2002: 70-71］。

　チリ大学の存在が，ネオリベラリズム導入の成否に際して対して大きな阻害要因になったことも見逃してはならない。この観点は従来のシカゴ・ボーイズ研究では見過ごされてきた点である。即ち，チリでは 1917 年のロシア革命の直後にチリ共産党が結成され，マルクス主義思想の拡大が早くからみられた。特に北部の鉱山労働者の間でそれは急激な広がりをみせていた。マルクス主義は学問分野にも大きな影響を与え，チリ大学は経済学[9]，哲学などの分野でラテンアメリカ地域におけるマルクス主義思想の一大拠点であった。後にチリ大学の社会経済研究所（Centro de Estudios Socio-Económicos: CESO）にはブラジルから亡命し，マルクス主義派従属論の中心となったテオトニオ・ドス・サントス（Teotonio Dos Santos）などが集結し，チリ大学はマルクス主義派従属論の拠点となるのである。

III　アメリカのアカデミズム援助戦略とシカゴ・ボーイズ

1　ネオリベラル経済思想の移入（チリ・プロジェクト）

　1950 年代の米ソの対立の中でアメリカは西側世界におけるマルクス主義的

---

[9]　前述のとおり，チリ大学経済学部は 1939 年の創設であり，当時の経済学は，数学的手法ではなく，思想・哲学などの分野として扱われていた［北野 2010: 71］。

および民族主義的運動の動向に強い関心を持ち，とりわけチリの政治経済の左傾化に警戒感を強めてゆく。こうして1950年代にアメリカは援助の一環としてチリの大学への関与を深めてゆくのであった。

　1953年後半に二人のアメリカ人がチリのサンチャゴで面会をおこなった。一人はアルビオン・パターソン（Albion Patterson），国際協力監督局（ICA，後のUSAID）部長であり，もう一人はシュルツ・シカゴ大学経済学部教授であった。パターソンはこれら南部諸国におけるプレビッシュに代表される構造学派経済学者の影響力とマルクス主義経済学者，ケインズ主義経済学者の台頭にいら立ちを募らせており，特にチリの大学へのこれら経済学者の影響力を一掃すべきであると考えていた。この両者はサンチャゴをアメリカ主導の経済学の温床とすることで一致し，フリードマンが望む最先端の自由市場の「実験場」とする話し合いをおこなった。アメリカ政府は冷戦下の西側諸国に対する戦略援助の一環としてラテンアメリカに対する教育への支援を開始した。アメリカは自国の「裏庭」と見なしていたラテンアメリカ諸国の教育機関がマルクス主義および独自の開発哲学を持つ経済思想の強い影響下に置かれていることを懸念しており，シカゴ大学のネオリベラル経済学の輸出政策を積極的に支援した。その手始めとしてチリが選択されたのには理由があった。シカゴ大学側にとっての利益は，プレビッシュが主導する国連ラテンアメリカ経済委員会（ECLA）と，さらにはマルクス主義，構造学派，ケインズ主義者の総本山となっていたチリ大経済学部に対抗し，ラテンアメリカ地域に「楔」を打ち込むことであり，そのためチリのサンチャゴが選択されたのである［Valdes 1995: 112-119］。

　バルデス（Valdés）は1950年代のシカゴ大学経済学部はハーバード，イェール，MIT，プリンストンなど東部地区の名門大学の経済学部と競合する中でフリードマンらが独自の新自由主義的経済学，政治哲学を打ち立て，その学説の普及をおこなう上でも資質の高い学生の確保が至上命題となっているとの考えを持っていた。ハーバード大学，イェール大学はイギリスのオックスフォード大学などとともに当時においてはケインズ学派が主流となっており，シカゴ大学にはこれらのライバル校に対する斬新なアイデアが必要とされていた。シカゴ大学は世界各国から学生を集めるためアメリカ政府の高等教育に対する援助プログラムを利用し，イスラエルのヘブライ大学，ニューヨーク州立大学などから質の高い留学生を確保する努力をおこなっていた。援助プログラムは二つの点において重要な特徴を持っていた。一つめはラテンアメリカからの外国

人学生が非常に優秀な研究成果を挙げていたこと，二つめにはシカゴ大学が政府との協定にもとづく「技術協力」を履行するための資金を民間から調達した点である[10]。民間の基金は主要大学においては博士課程を履修する学生に向かいがちで，シカゴ大学に割り当てられる民間基金は不足がちであったとバルデスは述べている。例えば，ハーバード大学などの私立の名門校に対しては，アメリカ政府が巨額の補助金を出し，かつ卒業生も大きな寄付をおこなうことが見られる。だが新興大学のシカゴ大の場合には，政府の補助金も，また寄付金も，得られなかったといえる。チリ・カトリック大学をはじめとするラテンアメリカ諸国との協定によるトレーニング・プログラムは研究面で大きな成果を挙げたため，シカゴ大学の創立に当たりその資金を提供した歴史を持つロックフェラー財団やフォード財団による，シカゴ大学への資金援助が本格的なものとなった［竹内 2001: 202-203; Valdés 1995: 99］。

アメリカの国際協力監督局（ICA）は 1950 年代の半ば技術援助の一環としてラテンアメリカ地域に対する支援を計画し，その中で「チリ・プロジェクト」を策定した。パターソンは当初，チリにおいてトップレベルを誇るチリ大学の経済学部長エスコバルにアプローチし，大学の教育プログラムを変えるための支援の話を持ちかけた。このようにチリにおいては経済学をリードしていたチリ大学経済学部がシカゴ大学の提携校候補として最初に目をつけられたわけだが，ECLA シンパやマルクス主義派やケインズ派経済学者が中核となっていたチリ大学経済学部は，経済学部の現状の水準には満足しているとの表向きの理由を述べて，この話を断ったのである。パターソンはもう一つの選択肢であったチリ・カトリック大学に接近したのであった。アメリカ側からはシカゴ大学経済学部が積極的に動き，チリ・カトリック大学側もパターソンに接近した。チリ・カトリック大学側にとっても，それまで経済学部としての体を成していなかった学部を本格的なものとする好機ととらえたのである［Valdés 1995: 115-116］。当時チリ・カトリック大学の学部長フリオ・チャナ（Julio Chaná）はパターソンの提案を受け入れた。チリ・カトリック大学に在籍していたエルネスト・フォンテイン（Ernesto Fontaine）とセルヒオ・デ・カストロの 2 名が，シカ

---

10) バルデスは，このように記述しているが，ラテンアメリカの出身者による英語のヒアリング，および読解力は決して高いとは言えない。ただし，E. フォンテインは，自身もデ・カストロも英語は得意であったと記述している。筆者は，チリ人の苗字にイギリス系年由来のものが多数あり，英語の能力は相対的に高いと実感している。

写真 2-3　シカゴ・ボーイズ（第 1 世代）たち。シカゴ大学の教授陣との旅行先でのスナップ。

写真 2-4　シカゴ・ボーイズ（第 1 世代）たち。シカゴ大学近くの部屋で撮影された記念写真。「チリ人同士が祖国を全体主義から救うため，また新しい経済学を学ぶため，MA や Ph.D を修得しよう」という彼らの決意が見て取れる。チリ国旗を持っている人物がフォンティン。写真 2-3，4：提供：エルネスト・フォンティン博士

第 2 章　「シカゴ・ボーイズ」とチリ　81

ゴ大学経済学部の4名の教授陣，即ちアール・ハミルトン（Earl Hamilton）教授，アーノルド・ハーバーガー教授，サイモン・ロッテンバーグ（Simon Rottenberg）教授，セオドア・シュルツ教授と1955年7月1日に面会をし，プログラムの期間は5年間（さらに3年間の延長が可能），総費用約200万ドル（当時）で2人のシカゴ大学の教授がチリに常駐することになった。その内の一人がプログラムの責任者なり，もう一人は新設されるチリ・カトリック大学経済研究所[11]所長を務めること，シカゴ大学からはアーノルド・ハーバーガー教授を含む最低2名の教授が3カ月から6カ月の間，チリに滞在すること，チリ・カトリック大学に必要な書籍，雑誌を購入すること，シカゴ大大学院に2年間の奨学金を受ける給費生となることが合意された。

奨学生はチリ・カトリック大学の卒業生に限らず，チリ大学の卒業生も含めてチリからの全留学生の3分の1以上に上った。1956年秋セルヒオ・デ・ラ・クアドラ（Sergio de la Cuadra）とカルロス・マサ（Carlos Massad　チリ大経済学部卒で後のチリ中央銀行総裁）やアルゼンチン人のセサール・アドルフォ・ディス（César Adolf Diz），アルトゥーロ・フエンサリーダ（Arturo Fuenzalida）もシカゴ大学に留学した。フォンテインとペドロ・ジェフタノビッチ（Pedro Jeftanovic）も同年冬にシカゴ大学に渡り，1959年1月デ・クアドラ，フエンサリーダ，ジェフタノビッチとフォンティンの4名がチリ・カトリック大学の常勤教員に就任したのである［Fontaine 2009: 300-302］。

この協定の特徴はチリ，アメリカ間の大学間相互交流というよりはチリ人学生をシカゴに招き，フリードマン，スティグラーなどのシカゴ大学教授陣が新古典派の価格理論と統計学を駆使した実証主義的経済学を徹底的に教授するというものであった。その結果，チリにおいてはこうしたトレーニングを受けた学生が母校のカトリック大学に戻り，教鞭に就くというパターンが長期にわたり繰り返された。チリの留学生たちは，母国の経済的困難をどう克服するかというテーマを与えられ，それを論文としてまとめ上げたのである。この「技術協力」の一環としてのトレーニングがチリにネオリベラル経済思想を移植する上で非常に重要な役割を演じたと考えられる。

「チリ・プロジェクト」は1956年から開始され，1963年まで継続された。シカゴ大学経済学研究科で学位をとったチリ人学生は約30名にのぼり，その

11）　この研究所が，Instituto de Economía de Pontificia Universidad Católica de Chileであり，現在もシカゴ留学組が多数見られる。

授業料や生活費はアメリカ政府，ロックフェラー財団やフォード財団などの民間財団から支給された。

1965年にはチリ式トレーニング・プログラムがラテンアメリカの各国にも拡大され，主にアルゼンチン，ブラジル，メキシコからの留学生が増加した。このプログラムの拡充にはフォード財団からの資金供与がおこなわれ，シカゴ大学にはラテンアメリカ経済研究センターが設置された。この時期シカゴ大学経済研究科には常時40名から50名のラテンアメリカ出身者が在籍し，その割合は経済研究科全体のおよそ3分の1に達したようである。ちょうどフリードマンが『資本主義と自由』を刊行した1963年の時期と重なっており，フリードマン思想は政治哲学となっていた時代である。

シカゴ大学経済研究科でシカゴ学派ドクトリンの「伝道師」の中心となったのはフリードマンとハーバーガーであった。ハーバーガーは，チリにシカゴ学派の学徒からなる集団を育成する上で決定的に重要な役割を果たした人物であるとフリードマンは記している［Friedman and Friedman 1998: 403］。ハーバーガーは流暢なスペイン語を操り，チリ人留学生が到着すると「チリ・ワークショップ」を開催し，その場ではシカゴ大学経済学部の教授陣がチリの経済政策の誤りを診断し，シカゴ独自の「科学的」処方箋を提示したようである。1950年代にフリードマンのもとで指導を受け，フリードマンおよびハーバーガーから博士論文が「科学的でない」との理由でPh. Dがなかなか貰えなかったと語るドイツ人，アンドレ・G. フランク（André Gunder Frank　1957年シカゴ大学博士）はフリードマン流ドクトリンとは決別し，チリ大学，ECLAなどを拠点としてフランク流従属論を展開した。フランクは「シカゴ大学経済学部ではチリの経済が毎日のようにトピックとして取り上げられ，その議論は白熱化していた」［Frank 1976: 7］と述べている。フランクは，チリ人を妻に持ち後にチリ大学で教鞭をとり，またアジェンデ・チリ大統領の経済アドバイザーも務めた人物である。フランクはフリードマンのショック療法に対して，これを非難する『アーノルド・ハーバーガーおよびミルトン・フリードマン宛の公開レター』を著したことで有名である。

チリに戻った研究者の多くが母校チリ・カトリック大学経済学部で教授などの専任ポストに就き，サンチャゴの中に小さなシカゴ学派が形成された。

この時期にシカゴ学派の経済思想を普及させようと努めた介在者として，チリのエドワーズ財閥系の保守系新聞社『エル・メルクリオ』（*El Mercurio*）の存在

が重要であったのではないかと推論される。というのも同紙がアジェンデ政権の水面下でアメリカ政府からの資金提供を受けていたことはつとに有名であるが，実はそれ以前すなわち1950年代においても新たな思想普及に動いていたのではないかと思われるからである。

チリ・カトリック大学経済学部ではシカゴ大学と同一のカリキュラム（とりわけ数学を用いた実証型経済学の手法），英文のテキストが採用され，純粋かつ科学的知識が講じられた。1963年にはチリ・カトリック大学経済学部の常勤教員のうち，当初の予定を上廻る15名がシカゴ大学の出身者で占められ，シカゴ・ボーイズの第1世代であるデ・カストロ[12]が経済学部長に就任した。フリードマン流シカゴ学派のプログラムを体験したチリ人グループは揶揄された呼称，ロス・シカゴ・ボーイズ (Los Chicago Boys) として広く知られるようになり，チリにおけるシカゴ・ボーイズは国際協力監督局 (ICA) の資金援助を受け，ネオリベラル経済思想をアルゼンチンやコロンビア，ペルーなどラテンアメリカ各国に「伝道」[13]する使命感に燃えていた。

しかし，1957年のシカゴ大学からアメリカ国務省に宛てられた報告書によれば「このプロジェクトの最大の目標は，プログラム修了者たちがチリの経済学界において知的なリーダーとなること」としているが，シカゴ・ボーイズたちは当時のチリの経済学界のリーダーとはなっておらず，片隅に置かれた存在であった [Valdés 1995: 132]。1960年代初めにおけるラテンアメリカ南部諸国の経済学論争の中心はレッセ・フェール資本主義と構造主義の論議のみならず，開発主義を今後どのように次のステージに持って行くかという議論が中心であった。マルクス主義経済学者たちは広範な国有化と大胆な農地改革を訴え，構造学派経済学者たちはラテンアメリカ諸国間でより広い経済協力をおこなうべきこと，また，自由貿易を進め，ヨーロッパや北アメリカに対抗する貿易ブ

---

12) デ・カストロのシカゴ大学における博士論文名は "Differences in the Santiago Labor Market" (1973年) であり，サンティアゴにおける労働市場問題をテーマとしていた。また，デ・カストロの博士号取得は偶然であるが，ピノチェ将軍による軍事クーデターの年と一致している。

13) アルゼンチンにおいては「クージョ・プログラム」というプランが実施された。「クージョ・プログラム」はシカゴ大学，チリ・カトリック大学，クージョ国立大学の三者間の協定であり，アメリカ国際援助庁から資金提供を受けていた。このプログラムの期間は1962年から66年までであり，クージョ国立大学に修士課程を設立し，シカゴ流経済学を教えるというものであった。その教授陣にはシカゴ大学教授やチリ人でシカゴにおいて経済学の博士号をとったラウール・ジヴェール (Raúl E. Yver) やエルネスト・フォンテインがシカゴ大学の正式な講師として派遣された。

ロックを形成すべきだと主張した。フリードマン流シカゴ学派の唱える自由市場型経済学は，当時，人気のあるものではなかった。フリードマン流シカゴ学派のエコノミストたちは，チリ・カトリック大学経済学部や経済研究所，官庁の中堅官僚，民間銀行をはじめとする金融機関や企業に属し，または広報・宣伝活動をおこなう『エル・メルクリオ』紙や『ケ・パサ』(*Qué Pasa*)，『エル・シージャ』(*El Cilla*) などの保守系経済誌などを拠点としてチャンスが訪れることを狙いながらも活動をしていたと見られる。しかし，余りにも過激な市場原理主義を唱えるフリードマン流思想には反感を持つ人々も多かった。［斉藤 2006: 129-130］。

　1970年の歴史的選挙，即ちアジェンデ社会主義政権の樹立まで，チリにおける有力な大統領候補者のすべてがチリにおける最大の富の源泉で一次産品である銅鉱山の国有化に賛成していた。これには歴史的にイギリスやアメリカの産業資本がチリを搾取する状態からの脱却を図る目的があった。イデオロギー上の闘争が左派，中道，右派の間でおこなわれていたが，シカゴ・ボーイズたちは自らの使命を果たせずにいた。経済論争は左派が優勢であり，シカゴ・ボーイズたちはチリの大統領選挙の潮流にすら乗ることができずにいた。

　チリ国内の財閥系グループに属する企業家の間ではシカゴ学派に興味を示す者も多くおり，アジェンデ政権の下で彼らは活発に連絡を取り合っていた。特にエドワーズ財閥のアウグスティン・エドワーズ (Augustín Edwards) が1963年，社会経済研究センター (Centro de Estudios Socio-Económicos: CESEC) を創設し，シカゴ学派のチリ国内での「伝道」に大きな役割を果した［Valdés 1995: 227］。

　アジェンデ社会主義政権が誕生すると，マルクス主義的思想から，企業の国営化，市場への政府介入，労働者の企業経営参加などが進められシカゴ・ボーイズたちはこれを「第2のキューバ」となる脅威ととらえ，『エル・メルクリオ』紙社内に集まり，反アジェンデ構想をまとめ上げていった。

2　フリードマンとチリ

　フリードマンなどの教授陣はチリに赴き奨学金を受ける対象となるチリ人学生たちに面談し，口頭試問をおこなった。フリードマンたちは，チリ人学生が大変資質に優れていること気付き，チリ人学生がシカゴ大に流入することと

写真2-5　チリ空軍により空爆される大統領官邸（モネーダ宮殿）1973年9月11日：チリ国会図書館所蔵

なった。ハーバーガーがこのチリ・プロジェクトに最も熱心に取り組んだ。ハーバーガーは1955年から何度もチリを訪れ、またシカゴ大学に近いノースウェスタン大学に留学していたチリ人、即ちアニータ・バルハーロ（Anita Valjalo）と1958年3月に結婚しており、流暢なスペイン語を話し、チリ人学生をチリ的家族（Chilean family）[14]のプロセスに組み込みシカゴ・ボーイズの「大量生産」という仕組みを作りだした張本人である。ハーバーガーはチリ人学生を家族の一員として迎え入れ、彼らの良き助言者であり、チリのみならず他のラテンアメリカからの留学生の指導に情熱を注いだ。フリードマンはシカゴ大学において基礎的理論経済学をすべての大学院生に教え、貨幣と金融に関するワーク

14) チリ人を含むラテンアメリカ出身者にとり、家族（スペイン語の familia）は日本人が想像する以上に絆・連帯意識が強い社会単位であり、その中に属することは遠く離れた「異国」であるアメリカで学位を取得する目標を達成する上で欠くべからざる心の拠り所となっていた。シカゴ大学のキャンパスに近いハーバーガー教授の「家」ではラテンアメリカ的家族意識が形成され、この連帯意識が困難を乗り切るために大いに必要だったとデ・カストロは述べている。

ショップをおこなったが，このワークショップにチリ人学生も参加していた。

　1970年，アジェンデは左翼諸政党の後ろ盾を得て，チリの大統領候補の一人となった。アジェンデは36.8％の得票率であり，他の候補者の得票率を上回ったが，得票率は過半数を超えていなかった。当時のチリ憲法の規定により，上院議会は当選者を選ばなければならなかった。長いチリの政治的伝統と諸政党間の協議の結果，アジェンデが大統領に指名された。アジェンデはひとたび大統領になるや否やあらゆる手段を用いてチリを社会主義国家へと変貌させようとした[15]。ソ連などの指導者はアジェンデ政権の成立を歓迎した。

　特筆すべきはそれが民主的手続きに則って達成されたことにあった。チリは1970年から73年にかけて国際的にも大きな注目を浴びたが，問題はマルクス主義政府であったことが原因ではなく，むしろ自由な選挙によって選ばれた結果がマルクス主義政府となったことであったとフリードマンは語る。

　1973年9月11日，チリ国民に広がった不安と抗議の後，アウグスト・ピノチェ（August Pinochet）将軍によるクーデターが発生し，その過程でアジェンデは殺害された（一説によればキューバのフィデル・カストロから贈られた拳銃で自殺したとされる）。その結果，モスクワから指示を受けた世界的な共産主義運動は，チリを支配する軍事評議会を打倒するための大々的なキャンペーンを展開し，チリをカオス状態の寸前まで追い込んだマルクス＝レーニン主義の政権の再樹立をめざそうとしていた。

　シカゴからチリに戻った留学生たちは，チリを覆っていた経済的不況から抜け出す手段として「自由市場経済」の伝播に関わった。1972年の末にはアジェンデ政権の経済政策はチリ経済を破綻に追い込んでいたが，シカゴ大に留学したチリ人たちはチリ経済の復活に向け計画を練っていた。軍事クーデターの前に，彼らは189ページにおよぶ提案「エル・ラドリージョ」（El Ladrillo）[16]をまとめ上げ，チリの将軍たちにそれを手渡していた。特筆すべきはシカゴ大学における学術的トレーニングが十分に浸透していた結果，シカゴ大学に留学していたチリ人経済学者たちの中にはアジェンデ政権に関与していた者はほとんど

15）　実際，キューバのフィデル・カストロは，1971年約1ケ月に亘り，チリを訪問している。その目的はアジェンデの社会主義陣営を勝利に導びくためであった。

16）　スペイン語でレンガの意味。同文書がレンガのように厚かったためそのように呼ばれた。ピノチェ軍事政権から民政移管がおこなわれてから，暫く経った1992年5月に出版された［Centro de Estudios Púbicos 1992］。

いなかったとフリードマンは述べている。軍事クーデター以降，1年半の間閣僚のポストは軍人によって占められていたが，将軍たちはこれらの提案をほとんど実行できずにいたのであった。1975年12月，チリの経済は激しいインフレと世界的不況の影響を受け，ピノチェ将軍はシカゴ・ボーイズたちを政権の重要ポストに就けた。

　フリードマンがチリと関わった最初の仕事は，チリ勧業銀行の後援で開催されたセミナーと公聴会にハーバーガーおよびシカゴ大学で博士号を取得し，ブラジル経済の改革に携わっていたカルロス・ランゴニ（Carlos Langoni）とともに参加したことであった。セミナーの目的はチリ経済の現状分析とフリードマンらに何ができるかということであった。

　セミナーではチリ政府高官やチリ国民の代表者たち，そして軍部のメンバーとの会合が持たれた。これらの対話においてフリードマンたちの見解をチリ国民にどのように伝えるか，また行動を起こすための勧告を出すことが求められたのである。フリードマンがチリを訪問する前から大きな課題とされていたインフレに焦点が当てられた。当時，非常に深刻な事態の一つは急激なインフレが民間部門を揺るがしていたことであり，フリードマンはインフレ問題解決のため，どのくらいの時間をかけることを望んでいるのかと対話に出席した人々に問いかけ続けた。出席者たちのインフレ率に対する期待幅は20％未満であった。フリードマンはチリのハイパーインフレ克服のための「特効薬」は存在するが，現実的には，かなりの時間を要すると判断していたことが推察される。

　ピノチェ将軍との会談[17]はおおよそ45分間に亘るものであり，フリードマンたちは通訳を通じて話さなければならなかった。フリードマンにとって，ピノチェ将軍が何を考えているのか見極めることは大変むずかしいことであったと回想している。ピノチェ将軍はチリの状況に対するフリードマンらの提示した意見に大変興味を持ち，チリ経済に対する「ショック療法」に魅了されていったようだったが，それに伴ない失業率が増大する可能性が高くなることに対しては心を痛めている様子であった。その際，ピノチェ将軍は彼自身や軍事政権がどのような考え方を持っているのかについてはほとんど意見を言わなかった。しかし，フリードマンがアメリカに戻ったら一刻も早く個人的見解を提示して欲しいと強く要請した。

---

[17] この会談によってフリードマンはピノチェ将軍の個人的アドバイザーとの「評判」をとることになった。

フリードマンはシカゴに戻ってからその要請に答え，意見書を書いた。フリードマンはインフレの終息とチリ経済の回復と成長のためには「ショック療法」が必要であるとの結論を提示した。シカゴ・ボーイズたちは，チリ政府の債務補填のための紙幣発行の増大によって生じているハイパーインフレのコントロールおよび経済の回復には，ドラスティックな政府支出の削減が必要であるとの結論に達していた。フリードマンたちに課せられた使命は，それらの結論をチェックすることであり，それに承認を与えること，そして採るべき経済・金融政策をチリ国民および軍事評議会に働きかけることであった。

　またフリードマンとハーバーガーそしてランゴニは，チリで前出以外の多くのセミナーにも参加し，参加者からの質疑に応じた。チリ・カトリック大学とチリ大学の学生との対話では，フリードマンは「何よりもインフレをどうするか，自由の脆さ，自由な社会が類いまれなことについて説明し，さらに福祉国家の出現によって自由な社会が破壊されること」を強調している。フリードマンは，当時，現れていた困難の主な原因が過去40年間に亘る集団主義，社会主義，そして福祉国家，この福祉国家こそは人々を助けるのではなく，人々を害するものであり，それは自由よりむしろ強制へと向かわせるという内容の話をおこなっている。チリ人学生らにとってフリードマンの話はショックを与えるもののようであった。6日間のチリ滞在と経済学者としてフリードマンが下した判断は決して未来を予断することなく，次の10年間先まで議論は続けるべきとするものだった［Friedman and Friedman 1998: 397–400］。

3　ピノチェ軍事政権の経済政策へのシカゴ・ボーイズの関与

　アジェンデが大統領に当選した翌年71年9月，チリの経済界の重鎮たちは体制転換に向けてサンティアゴ郊外の保養地ビニャ・デル・マール（Viña del Mar）のオヒギンス・ホテルにおいて会合を開いた。生産振興協会（Sociedad de Fomento Fabril: SOFOFA）のオルランド・サエンス（Orlando Sáenz）会長はアジェンデ政権とチリの自由，私企業は相いれない存在であると断言し，チリの破綻を回避するには政府転覆以外に方法はないとの決定を下した。サエンスはまた，サンチャゴの中心街に設けたオフィスにおいてシカゴ・ボーイズのデ・カストロとセルヒオ・ウンドラーガ（Sergio Undurraga）の二人をリーダーとし，チリを根本からネオリベラリズムに変革するための政策提言を作成するための研究会

を定期的に開催することを決めた。クーデターの柱は軍部によるアジェンデ大統領およびその協力者の抹殺とシカゴ・ボーイズによるマルクス主義思想の払拭からなるものであった。アメリカの中央情報局（CIA）の資金提供を受けていた新聞社『エル・メルクリオ』と密接な関係を持つ実業家ロベルト・ケリー（Roberto Kelly）が主に海軍上層部を中心とする軍部とシカゴ・ボーイズを中心とする経済学者の仲介役を果たし，研究会には政治活動家など36名が参加した。シカゴ・ボーイズたちは次期政権の経済再建プログラムの骨子を提出し，海軍はこれに承認を与えた [Delano et al. 1989: 24]。

　1973年9月11日の軍事クーデターはシカゴ・ボーイズたちにとり大きなチャンスが訪れたことを意味していた。シカゴ・ボーイズの第1世代であるデ・カストロはチリ海軍と連絡をとりながら，チリ経済の処方箋としてかねてより準備をしていた「エル・ラドリージョ」の最終稿をまとめ上げた。クーデターが起こった当時，多くのシカゴ・ボーイズたちは保守系新聞社である『エル・メルクリオ』社に避難し，軍事評議会のための資料，即ち，その最終稿の印刷を試みて，編集者アルトゥーロ・フォンテェイン（Arturo Fontaine　シカゴ・ボーイズの一員）の指示のもと長文の資料印刷のため輪転機を回し続けた。1973年9月12日の昼前，シカゴ・ボーイズたちによってまとめ上げられたこの資料が軍事評議会によって発表された。それはフリードマンの著した『資本主義と自由』に酷似する提案であって，その骨子は，民営化，規制緩和，社会保障費の削減であり，自由市場の形成であった[18]。

　この「エル・ラドリージョ」策定過程では，シカゴ大留学組を中心とするグループは次のような役割を分担した。『エル・メルクリオ』紙の社会経済研究センター（CESEC）に所属するエミリオ・サンフエンテ（Emilio Sanfuente）は経済・社会に関するプログラムの策定作業を率い，この作業の調整は経済の専門家であるデ・カストロ，パブロ・バラオナ（Pablo Baraona）がおこなった。また，チリ・カトリック大学経済研究所では，デ・ラ・クワドラ，アデリーノ・ピピーノ（Adelino Pipino），ファン・カルロス・メンデス（Juan Carlos Méndez）が経済部門，ホセ・ガリード（José Garrido），アルマンド・ドゥサイジャント（Armando Dussaillant）が農業部門のプログラム策定にあたった。さらにマヌエル・クル

18）　この資料は1973年のピノチェによる軍事クーデターの後，機密とされ，公開は民政移管後の1992年5月になってからで，主な執筆者10名のうち8名がシカゴ大学留学組であった。シカゴ・ボーイズの実態に迫る貴重な資料である。

サット（Manuel Cruzat）がプログラム策定の議論に積極的に参加した。ホルヘ・アレッサンドリ大統領候補に提出された提案は，チリ経済の開放と独占の廃止，価格統制の自由化，より中立的，効率的，公平な税制改革，資本にもとづく市場の形成，新たな社会保障制度の創出，農地改革による農業の破綻からの立て直し，農地所有権の保護を含むものであった。1970年4月から6月にかけてデ・カストロは・アレッサンドリ候補の主要な選挙参謀たちに対して社会経済プログラム実施を働らきかけた。アレッサンドリ候補を支持する企業グループはこのプログラムに賛同を表明したが，変革はもっと緩やかにおこなうべきであるとの意見が多数を占めた。さらにアレッサンドリ候補自身も結局は同意しなかった。

1970年9月4日アジェンデが大統領に当選し，同年11月4日に国会においてエドアルド・フレイ（Eduardo Frei）からの政権交代式がおこなわれた。このアジェンデ政権下の数千日において数えきれないほど多くのことが発生し，激流が国民の共存を著しく脅かしたとデ・カストロは記述している。1969年に社会経済プログラムを策定したシカゴ大留学組は信念と理想を持って各大学において，とりわけチリ・カトリック大学経済学部において自らの授業をおこなっていた。

1972年，チリ社会の変革をめざして，これらの研究者グループが再び経済発展プログラムを作ろうとする気運が生まれ，あらためてサンフエンテ，デ・カストロ，バラオナ，クルサット，ウンドラーガが中心となって改革プランが練り上げられた。その作業量は少人数のグループにとり膨大なものであったようだ。1973年の初め，参加者を増やすことが決定され，ファン・ブラウン（Juan Braun），ロドリゴ・ムヒカ（Rodrigo Mujica），アルバロ・バルドン（Alvaro Bardón），ファン・カルロス・メンデス，ファン・ヴィジャルス（Juan Villarzú），ホセ・ルイス・サバラ（José Luis Zavala），アンドレス・サンフエンテ（Andréz Sanfuentes）がグループに加わった（表2-1）。

1973年3月からサンチャゴ市内のスエシア286番地において週一度夕方から会議が始められた。会議は頻繁に開催されるようになり，参加者も増加し，チリの現状分析，検討，資料の作成がおこなわれた。ホセ・ルイス・フェデリッチ（José Luis Federic），エルネスト・シルバ（Ernesto Silva），エンリケ・タサーラ（Enrique Tassara），フリオ・ヴィルドーソラ（Julio Vildósola）らも参加した。シカ

ゴ大留学組ではなかったハイメ・グスマン（Jaime Guzmán）[19]も，参加した回数は少ないが，そのたぐいまれな才能を生かし議論を豊かなものとした。この経済発展プログラムの最終的な名称はナタニエル・コックス（Nataniel Cox）通りで名づけられ，さらにウンドラーガ，アルセニオ・モリーナ（Arsenio Molina），ホルヘ・チェジェレ（Jorge Cheyre），ヘラルド・セヘレス・デ・ランダ（Gerardo Zegers de Landa），ラミーロ・ウレンダ（Ramiro Urenda）も合流した。

また，会合の具体的な成果である提案は会議のメンバーだけでなく，多くの野党議員たちの手にも配布された。軍事政権の初の蔵相となるロレンソ・ゴトゥッソ（Lorenzo Gotuzzo）海軍少将にも手渡された。

ナタニエル・コックス通りに面する事務所において「経済発展プログラム」("Programa de Desarrollo Económico")はタイプ打ちされた。経済社会分野における，銀行の所有権，企業の所有権，鉱山の所有権[20]については広範な議論がおこなわれ，それらはこの文書に反映されている。シカゴ大などの留学組は経済

19) ハイメ・グスマンはチリ・カトリック大学法学部在学中，グレミアリスタ（組合主義者）運動を創始し，それまでの伝統的コーポラリズムと一線を画し，1960年代後半からアジェンデ政権期にかけて反共学生運動を展開した。政治的には，反共，反社会主義，反キリスト教民主主義を掲げた。ピノチェ政権においては，側近のアドバイザーとして加わり，「自由社会」建設のため抜本的な社会変革の必要性を主張した。ハイメ・グスマンらは，確固とした経済展望は持っていなかったが，シカゴ・ボーイズとの共同作業を通じて，特に法制化など「政治的」領域で重要な役割を果たした。また，1980憲法の起草に当たってはオルトゥサール委員会（Comisión Ortuúzar）の中心的メンバーとしてその存在を知られた［中川 2008: 106，Friedmann 1988: 109-110, 161-164］。ハイメ・グスマンはエドワーズ財閥系のシンクタンク CESOC においてエミリオ・サンフエンテス（Emilo Sanfuetes），エルナン・クビージョス（Hernan Cubillos），カルロス・ウレンダ（Carlos Urenda）などシカゴ学派を信奉する経済学者グループと親交があり，1971年には明らかにフリードマンの影響を受けたとみられる小論文を雑誌『ポルターダ』（*Portada*）に発表している。1983年グスマンが中心となって結成した「独立民主連合」（UDI-Unión Demócrata Independiente）はグレミアリスタとシカゴ・ボーイズのネオリベラル的思想（フリードマン哲学）の融合による政党［Delano y Translaviña 1998: 22］であり，その政治思想は今日のチリ政治においても大きなプレゼンスを持っている。筆者は，これをシカゴ・ボーイズの理念・思想が「政党」という受け皿（肉体）を持ったと考える。なお，ハイメ・グスマンは母方がエドワーズ財閥に繋がりのある家系に生まれ，ピノチェ体制の政治思想形成（グスマンはスペインのフランコ体制を研究し，独裁体制維持をおこなう上で大きなヒントを得たとされる）に大きな影響力を持ち，民政移管後，上院議員となったが，1991年4月チリ・カトリック大学でチリ憲法論を教授した後，同大学構内で反ピノチェ体制を標榜する武装グループ，マヌエル・ロドリゲス愛国戦線（Frente Paeriótico Manuel Rodriguez; FPMR）によって暗殺された。

20) シカゴ・ボーイズからは，民営化すべきであるとの強い意見が出されたが，ピノチェ政権では，陸，海，空の三軍の他，治安維持を目的とする警察軍四軍があったため，軍の予算が膨大にふくらみ，国営銅公社（CODELCO, Corporación Nacional del Cobre）の民営化は見送られた。

の自由化の利点を確信しており，統計学的な裏付けもとっていた。数年間に亘る人民連合政府の社会的，経済的な実態は破滅的なものであり，裏取り引きや，社会主義に見られる特権階層が形成され，そこに大きな停滞や混乱が引き起こされた。

　1973年9月11日のクーデター直後に新たな政府の主要な幹部にだけにこの文書が届けられたが，この提案の「理念」が力を持ち，ピノチェ政権の軍上層部を動かすこととなった。

IV　ネオリベラリズム政策の浸透

1　ネオリベラル政策の挫折と成功

　軍事政権の経済政策は，このようにシカゴ大学のフリードマンやハーバーガーの指導のもとに移植されたネオリベラルな経済理論に依拠し，国家による規制を排除し，徹底した自由・開放的な市場経済を志向したものであった。それは段階を追いながら適用され，80年代の後半に一応の経済的安定をみるまで紆余曲折が続いた。

　1973年9月から経済政策を担当したのは経済社会政策に精通しているとはいえない軍の将官たちであったが，シカゴ流の政策を実行に移した文民として，フェルナンド・レニス，ホルヘ・カウアス，ラウル・サエスなどの柔軟性を備えた経済テクノクラートたちがいた。軍事クーデター直後は安定化策が重要課題とされ，高いインフレ率のコントロールが緊急の課題とされた。本格的なフリードマン流のネオリベラル政策の実施は1977年以降であった。その具体的な政策はアジェンデ政権が国有化した銅鉱山の元所有者であったアメリカ系企業に対する補償，外国資本に対する諸規制の撤廃，産業，企業，農地の大部分を元の所有者に返すこと，民営化，財政支出の削減，物価統制の解除，為替レートの切り下げ，関税率の引き下げなどである。これらの政策が実行されたことにより，チリの旧3大財閥（クルサット，ラライン，エドワーズ）の傘下にあったもののアジェンデ政権が国有化した諸銀行が民営化され，それらが完全に復活し，旧地主層も一部は復活した[21]。1974年における経済成長率はやや

---

21)　その経緯はフォスター・バルデス［2002］を参照。

表2-1 ピノチェ政権下（1973年9月11日—1990年3月11日）におけるシカゴ・ボーイズが占めた政府主要ポストおよび民間ポスト

氏　名	主な公的ポスト	主な民間ポスト	教職ポスト	大学名　学位
セルヒオ・デ・カストロ（Sergio de Castro）	経済大臣，財務大臣	・アウグステン・エドワーズ（『エル・メルクリオ』紙社主）アドバイザー ・エドワーズ・グループ傘下企業の重役	チリ・カトリック大学教授	シカゴ大学 Ph.D（1973年）
パブロ・バラオナ（Pablo Barona）	中央銀行総裁，経済大臣，鉱業大臣	・勧業統合銀行（Banco Unido de Fomento）頭取 ・エルナン・ビュッヒ大統領候補選挙参謀長	チリ・カトリック大学教授	シカゴ大学 MA
アルバロ・バルドン（Alvaro Bardon）	中央銀行総裁，国立銀行総裁	・コンセプシオン銀行頭取 ・ヘミネス・コンサルタント社共同経営者 ・「民主自由センター」総裁	チリ大学経済学部学科長	シカゴ大学 MA
ロルフォ・ルデーレス（Rolf Lüders）	経済副大臣，財務副大臣	・ハビエル・ヴィアル（ヴィアル財閥総帥）アドバイザー ・旧チリ勧業銀行傘下企業の重役および共同経営者	チリ・カトリック大学教授	シカゴ大学 Ph.D（1968年）[22]
セルヒオ・デ・ラ・クアドラ（Sergio de laCuadra）	中央銀行総裁，財務大臣	・チリ国営企業各企業幹部 ・チリ銀行（ヴィアル財閥系）取締役	チリ・カトリック大学教授	シカゴ大学 MA
カルロス・カセレス *（Carlos Cáceres）	中央銀行総裁，財務大臣，内務大臣	・ペドロ・イバニェス社アドバイザー	アドルフ・イバニェス・バルパライソ・ビジネス学校校長	ハーバード大学 Ph.D
ホルヘ・カウアス *（Jorge Cauas）	中央銀行副総裁，財務大臣	・サンティアゴ銀行（クルサット＝ララライン財閥系）頭取 ・Entel（通信企業）総裁	チリ・カトリック大学教授	コロンビア大学 MA
クリスチャン・ラロウレ（Crislián Larroulet）	財務省長官	・エルナン・ビュッヒ大統領候補選挙参謀	チリ・カトリック大学教授	シカゴ大学 MA（チリ大経由）
マルティン・コスタバル（Martín Costabal）	予算局長	・ピサレーニョ社総支配人	チリ・カトリック大学教授	シカゴ大学 MBA
ホルヘ・セルメ（Jorge Selme）	予算局長	・セルメ・アタラ社経営者 ・オソルノ銀行役員	チリ大学経済学部客員教授	シカゴ大学 MA
アンドレス・サンフエンテス（Andrés Sanfuentes）	中央銀行アドバイザー	・ヘミネス・コンサルタント社共同経営者	チリ大学経済学部学科長	シカゴ大学 MA
ホセ・ルイス・サバラ（José Luis Zabala）	中央銀行調査部長	・コンセプション銀行頭取		シカゴ大学 MA

22）シカゴ大学でのMAのタイトルは「チリの貨幣史」（"A monetary history of Chile, 1925-58"）

氏名	役職	経歴	大学での役職	学歴
ファン・カルロス・メンデス (Juan Carlos Méndez)	予算局長	・アニナット＆メンデス・コンサルタント社共同経営者		シカゴ大学 MA
アルバロ・ドノソ (Alvaro Donoso)	ODEPLAN 長官		チリ・カトリック大学教授	シカゴ大学 MA
アルバロ・ヴィアル (Alvaro Vial)	国家統計局局長	・「民主自由センター」幹部	チリ・カトリック大学非常勤講師	シカゴ大学 MA
ホセ・ピィニェイラ＊エチェニケ (José Piñeira Echenique)	労働大臣，鉱業大臣	・経済誌『経済と社会』編集長 ・電力会社 Enersis 社長 ・クルサット＝ラライン財閥アドバイザー	チリ・カトリック大学教授	ハーバード大学 Ph. D (1974 年)[23] ハーバード大学 MA
フェリペ・ラマルカ (Felipe Lamarca)	税務庁局長	・テクノロジー＆コミュニケーション (Ticsa) 社長 ・大手資源会社 Copec 社長		チリ・カトリック大学 BA
エルナン・ビュッヒ (Hernán Buchi)	ODEPLAN 長官，財務大臣	・サン・ダニエル農業会社共同経営者 ・チリ大統領候補	チリ大学社会工学部非常勤講師	コロンビア大学 MBA (1975 年)
アルバロ・サイエ (Alvaro Saiech)	中央銀行アドバイザー	・オソルノ銀行頭取	チリ・カトリック大学経済学部学科長	シカゴ大学 Ph. D (チリ大経由)
ファン・ヴィジャルス (*) (Juan Villazú)	予算局長	・ヘミネス・コンサルタント社共同経営者		シカゴ大学 MA
ホアキン・ラビン (Joaquín Lavín)	ODEPLAN アドバイザー	・『エル・メルクリオ』紙経済・経営担当編集委員 ・チリ輸出会社共同経営者	コンセプシオン大学経済学部学部長チリ・カトリック大学教授	シカゴ大学 MA
ファン・A・フォンテイン (Juan A Fontaine)	中央銀行調査部理事	・エルナン・ビュッヒ大統領候補選挙世話役		シカゴ大学 MA
フリオ・ディットボーン (Julio Dittborn)	ODEPLAN 副局長	・独立民主同盟 (UDI)** 総裁	ディエゴ・ポルターレス大学経済学部長	シカゴ大学 MA
マリア・テレサ・インファンテ (*) (Maria Teresa Infante)	社会保障省大臣代理，労働大臣		チリ・カトリック大学非常勤講師	シカゴ大学 MA
ミゲル・カスト (**) (Miquel Kast)	労働大臣，中央銀行副総裁		チリ・カトリック大学教授	シカゴ大学 MA

＊印の人物はシカゴ大学留学組ではないが，シカゴ学派の経済政策の実施に積極的に関わっていた。
＊＊ピノチェ大統領への翼賛的政党で，その設立にあたってはハイメ・グスマンの政治思想が大きな影響力を持った。
ODEPLAN は国家企画庁。
出典：Delano y Translaviña [1989: 32-36] には 25 名が載っているが，本文は 26 名の氏名が掲載されている。残る 1 名は，リカルド・シルバ (Ricardo Silva) であり，その略歴は，チリ中央銀行公計局長，電力会社チレクタ (Chilecta) の支配人，さらに『エル・メルクリオ』紙の経済・経営欄エディターを務めている。

23) 当時のシカゴ大学経済学部と仲間意識を持っていた。

上昇したが，賃金水準は下落し，失業率が増加し，インフレ率は暴騰した。アジェンデ政権期の労働者に有利な所得分配の制度は廃止されるに至る。市場メカニズムを通じて所得が労働者から資本家・地主へと再移転された［吉田 1997: 65-67］。

　上述したようにシカゴ・ボーイズは国営銅公社 (CODELCO) の民営化に関しても軍事政権と話し合いを持ったが，軍側からは強い反発があったものと見られる。1958 年に公布された機密法令 13196 号は，銅公社の毎年の銅売上高の 10% は自動的に軍事予算に組み込まれることを規定していたが，1988 年，同法令の対象産品は事実上，その範囲が拡大され，銅公社が扱う銅，銅関連産品，モリブデン，金，銀，硫酸の売上の 10% が軍事予算に毎年組み込まれることとなった。銅公社は軍事政権下では民営化の対象外とされたのである。現ピィニェイラ政権も 1 バレル当り 1 ドルでも銅・銅関連品（一次産品）は国際競争に勝てると断言している。機密法 (13196 号) は，上下両院に多数の保守派議員がいるため，なかなか法改正が進まない。

　1975 年 4 月からはデ・カストロ経済相，バルドン中央銀行副総裁が誕生し，本格的にシカゴ学派のマネタリズムにもとづく経済政策が実施された。その後，経済危機が発生する 1982 年 3 月までシカゴ・ボーイズたちが軍事政権の経済政策担当の主要なポストを占めるようになった。バラオナ，ミゲル・カスト (Miguel Kast)，シカゴ学派に近いホセ・ピニェイラ (José Piñera，ハーバード大学博士)，デ・ラ・クアドラ，ロルフォ・ルデーレス (Rodolf Lüders) などのグループである。シカゴ学派のテクノクラートたちが本格的に登用されるに至った理由はインフレの分析と予測で群を抜いていたこと，軍事政権初期の軍人たちや経済テクノクラートたちがインフレの短期終息を約束していたにもかかわらず，これに失敗したことなどである。

　さらにシカゴ・ボーイズたちが軍事クーデター以前からチリの主要な銀行や金融機関の調査役に就任していたことも重要である。即ち，シカゴ・ボーイズたちはチリの財閥グループの利益を代弁していたのである。シカゴ大学に留学した経済学者の中には，クルサット，ラライン，エドワーズなど財閥の子弟が多くみられる。また，シカゴ・ボーイズの中にはピノチェ軍事政権以前およびその期間中に財閥グループ（クルサット，ラライン，エドワーズ，ビアルなど）の顧問を務めていたことが（表1）から見て取れ，保守系財界との深いつながりを持っていたことが明らかである。さらにシカゴ・ボーイズは主にチリ・カト

リック大学などでフルタイムの教職についており，財界のみならずアカデミズムの世界においても重要な役割を担うこととなる。シカゴ・ボーイズが実施した「ショック療法」はそれまでの国家の保護主義的な政策，即ち輸入代替工業化路線を自由・開放型輸出志向路線に転換しようとするものだった。このフリードマン流マネタリスト政策については，多くの研究者により，すでに多くの考察がされている。その要点を整理することにする。

チリにおけるシカゴ・ボーイズの経済政策は，次のような諸点がその主な内容となっていた。即ち，①貿易の自由化であり関税率を段階的に一律10％まで引き下げたこと，②国内各種の規制緩和（価格統制の撤廃など）をおこない金利の自由化をおこなったこと，③外資政策では74年に新外資法を制定，77年には一層の緩和をおこない，外国資本に対する取り扱いを国内資本と同等のものとし，投資の元本および利潤の海外送金を保証した資本の自由化をおこなったことで，極めて重要な点は，短期資本の移動までをも許諾した点である。④為替の自由化政策が行われ，77年にIMF8条国に移行したこと，⑤財政支出の大幅削減政策，⑥賃金抑制政策，⑦経済活動に対する政府介入を縮小し，産業開発公団（CORFO）傘下の国有企業450社を民間に払い下げたとこと，⑧農場の民営化，⑨経済社会の「近代化」(modernización)[24]政策を実施したことなどである。

この政策の特徴は政治的な自由を除いて，1975年4月から79年初めまでシカゴ学派の思想体系を全面的に適用した点にある。経済的自由を確立するために，市場メカニズムの回復，経済的開放体制，通貨供給管理，財政均衡，小さな政府の実現を目標とした。その自由化政策は民間部門と外国資本を主要な経済主体とすることを前提としていた［細野 1993: 124; 吉田 1997: 69-71］。厳しい財政改革にもとづく需要抑制は，インフレ率を低下させ，1977年には91.9％にまで低下した。しかし，この間，1975年にはマイナス12.7％の成長を記録するなど実質面への需要抑制の効果は深刻であった。しかも，価格低下はそれほど速やかではなく，いわゆるインフレーションの慣性に直面した。こ

---

24) シカゴ学派が進めた「近代化」に大きな影響力を与えたのはハイエクの *The Road to Serfdom* [1944]であったとの指摘がされている(Silva 1991: 395)。また，近代化政策は経済再建に自信を深め，軍政内での発言力を増したシカゴ・ボーイズが新自由主義的政策を経済の分野を超えて教育や保健医療を含む社会政策分野にも適用しようとするものであったと斉藤は指摘している［斉藤 2006: 131-132］。

のため，1977年からは，成長率の回復と厳しい需要抑制に依存しないインフレ抑制をめざし，さまざまな自由化政策や規制緩和が実施されている。貿易自由化としては，関税率が1973年の94%（平均税率）から1979年の一律10%となるまで段階的に引き下げられ，非関税障壁も漸次撤廃された。この時期には経済安定化とさまざまな自由化政策が導入され，以後のチリ経済のネオリベラルな経済政策の基本を形作った。

しかし，この時期の厳しい政策は，失業の増大や貧困問題の激化をもたらしたことも事実である。政府の広範な市場介入にもとづくポピュリスト的政策から，市場メカニズムを基本とするネオリベラルな政策に移行した際，それまで政府から手厚い保護を受けていた階級，セクターが市場の競争原理にさらされ，さまざまな調整コストのリスクを被ることが不可避であった。ましてや軍事政権下での政治的抑圧や労働組合に対する弾圧などを考慮すれば，特に低所得者層，貧困層の打撃が大きかったことは否めない。

このネオリベラルな政策期において，チリ政府は大きなマクロ政策上の誤りも犯している。貿易財部門はともかくも非貿易財部門の価格の低下は硬直的で，インフレ率の低下の速度はゆっくりとしたものであった。このため1978年から新たなインフレ抑制政策として為替レート政策にもとづくユニークな試みが実施された。すなわち，チリのような小国で自由化を徹底した状態では，国内インフレ率が為替レート切り下げ率に連動すると考えられた。そのため，名目の為替レート切り下げ率の予定表「タブリータ」を事前に発表し，インフレ率の明確値を設定したのである。しかも，為替レートの切り下げ率は徐々に減速されるので，インフレ率も徐々に低下していくと期待されたのであった［西島 1995: 52-55］。

1979年からは為替レートを1ドル39ペソに固定化する政策がとられ，物価上昇率は1981年には9.5%となった。為替レートの固定化によりチリ国内通貨が著しく過大評価となる一方，内外の金利格差が生じ，民間銀行が海外から多額の資金を導入し，それが不動産投資などに流入したため，チリはバブル経済に陥った。その結果，対外債務が著しく増加した。固定化された為替レートのもと，国内通貨は一層の過大評価を生み，貿易の自由化により輸入が増加する一方，輸出が低迷した。対外債務が増加する一方，貿易収支は悪化し，これに国際的な金利上昇が要因となって，1981年から82年にかけてピノチェ政権は重大な債務危機に直面するに至った。82年4月デ・カストロ蔵相が更迭さ

れた。債務危機に直面したピノチェ政権は関税率を一律 35％へと大幅に引き上げ，同時に為替レートを大幅に切り下げる政策を採用した。

こうした緊急措置がおこなわれた後，1985 年から第二の改革が実施されるに至る。この改革はシカゴ学派的な影響をうけたコロンビア大学留学組のエルナン・ビュッヒ財務相[25]のもとで進められた。第二次改革の主な内容は次のとおりである。即ち，①35％の関税率を 88 年までに 15％に引き下げること，②外資の自由化政策をさらに強化し，また債務の資本化（デット・エクィティー・スワップ）が 1985 年 6 月に法制化され，割り引かれた価格によってドルで購入された債務が，中央銀行で額面に近いペソと交換され，チリ国内で投資することができるようにすること，③85 年以降主要な公営基幹産業を民営化すること，④為替レートについては為替変動幅が設けられ，段階的に変動幅を拡大する政策を採ることなどである［細野 1993: 125-128］。

また，ネオリベラル経済政策が進められたチリにおいては，ホセ・ピニェイラ大臣の提起をもとに 1981 年から年金制度の改革[26]が着手され，それまでの賦課方式に加えて確定拠出型民間年金制度が導入され，民間の年金基金運営会社（Administradora de Fordos de Pensiones; AFP）が運営する基金方式の年金に加入する機会が与えられた。AFP は資金を資本市場で運営するため，民間貯蓄率が急激に上昇し，資本市場に大量の資金が供給され企業への低金利ローンが可能となった。民営化が大規模な投資需要を生み出し，年金基金がそこに資金を供給するという相互補完的なサイクルが誕生したのである［西島 2001: 315］。ただし，年金基金が投機的資金として使われた場合には，その年金制度の存在すら危いと言える。

ピノチェ政権は 1970 年代末までには独裁権限を確立したものと考えられ，経済の安定が一定程度まで得られると，ピノチェ大統領の関心の焦点はチリの社会経済のより根本的な構造改革へと移ってゆく。この構造改革は労働，教

---

25) ビュッヒついては，今後の研究課題としたいが，「シカゴ・ボーイズ」の中でもビュッヒの役割は，独特である。ビュッヒは 1949 年チリ北部の都市イキケで生まれ，経歴はチリ大学社会工学部冶金学科を卒業している。父方はドイツ系スイス人，母方はクロアチア系である。1985 年-89 年までピノチェ政権で蔵相を務め，ピノチェ大統領の後継者として大統領候補になった経験がある。ビュッヒは，ピノチェ体制崩壊後にチリにおけるシカゴ・ボーイズによる経済政策をロシア・東欧各国にいち早く紹介している。

26) 世界初の年金の民営化の議論の原形が，このチリでの年金制度改革にあった点は，特筆に値する。

写真2-4 シカゴ大学と並び，南米の新自由主義者育成のセンターであったコロンビア大学。Low Memorial Library（法学記念図書館）。そして，今やフリードマン流経済学批判の急先鋒ジョセフ・E・スティグリッツが教授を務めている。法学記念図書館の横には同大のシンボル（Alma Mater）がある。

育，保健衛生，社会保障，農業，司法制度など七つの分野に亘り，これを「近代化」政策と称した。即ち，近代化政策とは，経済再生に自信を深め，軍事政権内部で発言力を増したシカゴ・ボーイズが，経済分野のみならず，他の部門に対してネオリベラリズムを適用しようとするものに他ならなかった。

　視野を広く保って眺めてみると，軍事クーデターによりチリにおけるアカデミズムは大打撃を被ったことも，一面の事実である。チリ・カトリック大学経済学部は，シカゴ・ボーイズの拠点として保護される立場にあったものと見られるが，それ以外の諸大学には大きな弾圧が加えられた。チリでは国内の政治化した諸大学が，ピノチェ軍事政権による純化，粛清の対象となった。大学からは自治の伝統が剥奪され，主要な大学の学長には軍の上層部の将軍たちが任命された。軍部に協力的な保守派の教授や学生の手により，アジェンデ政権への協力者や支持者など教員，学生のパージがおこなわれた。この粛清により大学を追われた者は教授の25％，職員の10〜15％，学生の15〜18％にのぼった

とみられる。特にマルクス主義の「総本山」とみなされていたチリ大学においては経済学部がほぼ「解体」される事態に至り，軍部に協力する経済学者が学部長に任命された。著名な研究者の中には海外の大学，研究所に移籍する者が続出したのである［斉藤 2005: 282］。

　その後 1990 年に中道から中道左派，左派の 17 諸政党の連合（コンセルタシオン［Concertación］，盟約）を基盤とするパトリシオ・エイルウィン（Patricio Aylwin）文民政権が誕生するまでの間，チリは不況を克服し，特に 85 年以降，安定的な経済成長を遂げた。シカゴ・ボーイズが打ち出した経済政策の基本路線は大幅な修正がおこなわれることなく，エイルウィン政権にも踏襲された。そして，その後の中道，中道左派政権や左派政権などへと政権が移り（具体的にはフレイ政権［1994 年-2000 年］，ラゴス政権［2000 年-2006 年］，バチェレ政権［2006 年-2010 年］），2010 年に成立したセバスティアン・ピニェイラ（Sebastián Piñera）保守政権（セバスティアンはピノチェ政権で労働大臣と鉱業大臣の要職を務めたホセ・ピニェイラの実弟）にもシカゴ・ボーイズから閣僚が出ている。これはチリの保守派の潮流にシカゴ・ボーイズの流れが混入し，冒頭で記述したように「変革のための連合」という保守系政党同盟の一角を形成し，確固たるプレゼンスを築いているとみるべきで，シカゴ・ボーイズの誕生という現象が過去のものではなく，現在はまで強い影響を及ぼしている現れとして捉えられる。

2　ネオリベラリズムの浸透と大学などを中心とするネットワーク

　最後に経済学の分野における，チリ国内のみならず，国外のシカゴ・ネットワークの動向に触れておくと，こうした発展途上国の留学生に対する経済学のトレーニングは主に大学，アメリカ国際開発庁，奨学金を供与する財団の三者のコンビネーションにより実施された。また，教育に当たった教授陣はシカゴ大学経済学部のスッタフが中心であり，彼らの出身大学はシカゴ，MIT，ハーバード，ジョンズ・ホプキンスなどさまざまな大学であったが，その経済学的立場は政府の市場への積極的な介入を認めるケインズ経済学や構造主義学派に対抗するフリードマン流経済学の集団などであった。フリードマン流シカゴ学派に属する経済学者たちは 1950 年代初めから盛んにラテンアメリカなどの発展途上諸国の学生に新しい経済学思想を教え込み，彼らの学説をこれらの発展

表 2-2　チリ・カトリック大学経済研究所専任教員の最終学歴の推移

大学名	博士	修士	大学名	博士	修士
MIT	5		MIT	5	
シカゴ大学	4	6	シカゴ大学	6	3
UC ロスアンジェルス校	2		UC ロスアンジェルス校	2	
ジョージタウン大学	2		ジョージタウン大学	2	
チリ・カトリック大学	2		チリ・カトリック大学	2	
カーネギー・メロン大学	1		カーネギー・メロン大学	1	
コーネル大学	1		コーネル大学	1	
ミネソタ大学	1		ミネソタ大学	2	
スタンフォード大学	1		スタンフォード大学	1	
UC バークレー校	1		UC バークレー校	1	

2010 年 10 月 1 日閲覧
出典：PUC 経済研究所 http://economia.puc.cl/

2012 年 12 月 25 日閲覧
北野［2010］を参考にして筆者が作成。

途上地域に浸透させる試みをおこなった。ラテンアメリカ地域においてチリは最初の実験場となった。

　ラテンアメリカ諸国で，1980 年代に発生した膨大な対外累積債務問題に対処するために，ラテンアメリカ諸国やアジア諸国の政府に経済政策の改革を求めた主体が世界銀行と IMF であった。その処方箋とも言えるものが「ワシントン・コンセンサス」(序章参照) であった。この考え方に従ってさまざまな構造調整プランが実行されたのである。世界銀行，IMF に所属した幹部やチーフ・エコノミストたちは各国別の処方箋を作成し，そのベースとなったのがフリードマンの経済思想であった。世界銀行ではチリ人のビトリオ・コルボ (Vittorio Corbo，シカゴ大博士) や旧ソ連エリア担当チーフエコノミストを務めたセバスチャン・エドワーズ (Sebastián Edwards，シカゴ大博士) らが活躍し，IMF ではラテンアメリカ・カリブ地域担当局長を務めたアルゼンチン人のクラウディオ・ロセール (Claudio Loser，シカゴ大博士) やマリオ・テエイヘイロ (Mario Teijeiro，シカゴ大博士) などが有名であった。ハーバーガーは，シカゴ大で自らが育てた弟子の中に世界銀行で当時，最も重要なポストの一つに就いたマルセロ・セロウスキー (Marcelo Selowsky，シカゴ大博士，旧ソ連エリア担当のチーフエコノミスト) や上述のエドワーズらを誇らしく思っているとのエピソードを語っている。フリードマン流シカゴ学派からは，アメリカ政府の経済政策に決定的な役割を果した経済学者でドイツ出身のルディガー・ドーンブシュ (Rudiger

Dornbush) MIT 教授らも輩出した。

　彼らの多くがシカゴ大学を始めとするアメリカなどの諸大学においてフリードマン流経済学の学位（修士，博士）を取得していたことは極めて注目に値する[27]。

　本書第4章の林論文の中で，共産党時代のハンガリーやポーランドなどでは早い時期から多くの若手エコノミストや官僚たちが自由主義経済学を高いレベルで学んでいたことが紹介されており，チェコの事例において「自由主義的エコノミストたちは個人的なネットワークを形成し，1989年以降の新自由主義的改革の担い手となる」との指摘がされている。この点，チリにおけるシカゴ・ボーイズが当初，チリ経済界では少数派であり，その活動は正に水面下でおこなわれ，「個人的なネットワーク形成」の中で培われたものであり，チェコとチリとのネオリベラリズム浸透の過程には，共通性が見出される。スロヴァキアでは，西側の自由主義経済学に触れることができた人数は限られてはいたが，この人々は共産党体制崩壊の直後に経済転換政策を担ったとの事例も興味深い。また第5章の仙石論文においても指摘がされているが，「第1世代改革」の時代，「ハンガリーとポーランドの両国においては体制転換の以前から，旧支配政党の内部で西側の自由主義経済学を学んだ若手官僚を中心とする改革派的なグループが存在していて，このグループが体制転換後にそれまで検討してきた改革案を実行に移した」。そこで述べられる「後継政党によるネオリベラル改革の有無」という要因も重要で，今後検討の余地があるとの問題提起されているのも興味深い。チリにおいてもシカゴ・ボーイズというグループの形成が最初にあって，自らの改革案を準備周到に練ってから，その後に独裁政権成立という転機をとらえ，そのアイデアを実行に移した過程に共通点がある。さらに独裁政権がネオリベラル改革を担い，その後「反動として成立」した中道左派がネオリベラル路線を基本的に放棄できないジレンマに至った経緯を考察る際の比較事例となりうる。

---

[27]　デ・カストロによれば1990年代末までにシカゴ大学に留学したチリ人は100名以上に上り，奨学金はアメリカ政府，ロックフェラー財団，フォード財団，チリ・カトリック大学経済学部，フルブライト，チリ中央銀行，チリ大統領奨学基金によって支給されたと記している。（Rosende 2007: 14）また，シカゴ・ボーイズの一員であり，国家企画庁（Oficina de Planificación Nacional; ODEPLAN）に所属していたミゲル・カスト（Miguel Kast）（1983年9月死去）は同庁の内部でエコノミストを養成することを目的としてシカゴ大学留学を促進する奨学金制度を設けており，シカゴ・ボーイズの「大量生産」の一要因となった。

第1章のロシアにおける「グローバル・リベラリズム」思想を論じた上垣論文で明らかにされた諸論点と比較・考察すると，ネオリベラリズムの源流は，チリにおいて観察されたフリードマン流政治・経済思想と基本的には同じで，受容されていく過程も非常に近い。
　ネオリベラル経済学は，アメリカの標榜する自由主義的国際政治経済秩序を基礎づけるイデオロギーとして国家介入型の資本主義に馴染まないものを淘汰していったのである。このイデオロギーはシカゴ大学，MIT，スタンフォード大学，カリフォルニア大学といったアメリカの大学，さらにはハーバード国際開発研究所（HIID）やスタンフォード大学のフーバー研究所などの大学関連研究機関や世界銀行，IMFといった国際機関，アメリカ政府（国務省，アメリカ国際開発庁など），アメリカの民間基金（フォード財団，ロックフェラー財団など）とラテンアメリカなどの発展途上国の研究者，テクノクラート，政府，シンクタンクなどの民間機関に跨る極めて広範なネットワークによって支えられていたと言うことができる。また，ロンドンにはハイエクやフリードマンらネオリベラル的思想普及の拠点として経済問題研究所（The Institute of Economic Affairs）の存在が有名であり，その普及活動は1960年代から80年代が全盛期だった。ワシントンにおいて1977年に設立されたシンクタンク，ケイトー研究所（Cato Institute）は，「個人の自由」，「政府の権限の制限」，「自由市場」などフリードマンの思想を出版物やマスメディアを通じて世界各地に発信することを目標として活動を続けている。
　チリにおけるネオリベラリズムの浸透が開始されたのはシカゴ・ボーイズの手によってであり，それは軍事独裁体制下という極めて特殊な状況下でおこなわれた。他のラテンアメリカ諸国のネオリベラリズムの浸透は民政政権下でおこなわれていることと比較すれば，チリの例は極めて特殊な性格を帯びているといえよう。軍事独裁体制と自由思想，さらにはそこから派生した自由放任経済とは本来，両立しがたいはずである。ピノチェ独裁体制においてなぜ「フリードマン流のリベラル」を標榜するシカゴ・ボーイズという集団が存在し得たのかについてはさらなる考察が必要である[28]。
　シカゴ・ボーイズの発生はミルトン・フリードマン流の経済学が「個人の自由の最大化」を求める政治哲学思想へと変容し，チリに浸透して行く中で見られた現象である。シカゴ・ボーイズとは社会主義化したチリの政治・経済を再資本主義化すべく伝統的なチリの保守系エリート層（特に財界）が復権をめざ

し，自由とは真逆の軍事独裁政権と同盟を組み，政治・経済思想である新自由主義政策を実践した集団と見ることができる。彼らは，「第二のキューバ」として現実に成立した社会主義体制とその結果もたらされたカオスという「脅威」に直面し，その解決手段として権威主義的体制下で「新自由主義」を選択し，二度と社会主義的な体制を復活させまいとし，チリ社会の根本的転換をめざす「近代化政策」を実行に移した。この一連の社会改革が浸透する過程は軍事独裁体制という条件のもとで実践されたが，チリ国民は否が応でも，これを受け入れざるをえない状況に置かれたのである。この過程の中で世界的に広く知られるピノチェ政権による大規模な人権蹂躙問題が発生したということも，忘れてはならないだろう。

　また，世界経済史の中で特筆されることであるが，1973年秋，OPEC（石油輸出国機構）が，原油価格を一気に4倍まで引き上げた，いわゆるオイルショックが発生した。チリで言えば，ピノチェ軍事政権が誕生した頃と重なる。チリにとって，このオイルショックは，大変な困難をもたらした。チリは，石油資源が無く，原油は全て，外国に依存していた。輸入代替工業化を進めていたチリも多額の貿易赤字と財政赤字に苦しんでいた。1973年9月11日の軍事クーデターが，同じタイミングで起こったのは，偶然であったのか。それとも，シカゴ大経済学部が「シカゴ・ボーイズ」に新たな経済政策を採るように，あらかじめ伝えていたのであろうか。別の機会に考察することとしたい。

参考文献

Biersteker, Thomas J. [1995] "The 'Triumph' of Liberal Economic Ideas in the Developing World." In: Stalling, Barbara (ed.) *Global Change, Regional Response: The New International Context of Development*. Cambridge: Cambridge University Press.

Cavallo, Ascanio, Manmel Salezar, y Oscav Sepilveda [1997] *La historia oculta del régimen militar: memoria de una epoca*. Santiag (Chile): Grijalbo.

28）　筆者自身は1980年憲法の基本理念の創出にシカゴ・ボーイズが関与していた可能性を否定しない。これは筆者の考えであるが，シカゴ・ボーイズを単なる経済テクノクラートとしてのみ捉えるのではなく，「理念の介在者」としての役割を担った集団として捉える方が正しいのではないだろうか。その論拠はシカゴ・ボーイズの進めた「近代化政策」である。恐らくは彼らは「段階的民主主義」の導入を密かに意図していたのではあるまいか。これに影響を与えた可能性がある書籍としてハイエクによる『自由の憲法』[Hayek 1960]が挙げられる。恐らくは，政治思想家であり，憲法学者であるハイメ・グスマンに影響を与えた可能性はあるが，これを実証する手掛かりは未だ存在しない。一仮説として提示しておきたい。

Centero, Miguel A. and Patricio Silva [1998] *The Politics of Expertise in Latin America.* London: Macmillan.

Centro de Estudios Públicos [1992] *El Ladrillo: Bases de la Política Económica del Gobierno Militar Chileno.* Santiago: Centro de Estudios Públicos.

Delano, Manuel, y Hugo Translaviña [1989] *La Herencia de Los Chicago Boys.* Santiago (Chile): Las Ediciones del Ornitorrinco.

Ebenstein, Alan [2001] *Friedrich Hayek: A Biography.* New York: Palgrave.

Edwards, Sebastián and Alejandra Cox Edwards [1992] *Monetarismo y liberalización: el experiment chileno.* Ciudad de México: Fondo de Cultura Economica.

Fontaine Aldunate, Arturo [1988] *Los economistas y el Presidente Pinochet.* Santiago (Chile): Zig-Zag.

Fontaine Talavera, Arturo [1991] "El miedo y otros escritos: El pensamiento de Jaime Guzmán E." *Estudios Públicos*, N°42. Santiago (Chile): Centro de Estudios Públicos.

Fontaine, Ernesto [2009] *Mi Visión, sobre la influencia Convenio U. Católica: U. de Chicago en el progeso económic y social de Chile.* Santiago (Chile): Instituto Democracia y Mercado/Facultad de Gobierno Universidad del Desarrollo.

Frank, André Gunder [1976] *Economic Genocide in Chile: Monetarist Theory versus Humanity.* Nottingham: Spokesman Books.

Friedman, Milton [1962] *Capitalism and Freedom.* Chicago: University of Chicago Press.

Friedman, Milton [1966] "The Methodology of Positive Economics", In *Essays In Positive Economics*, Chicago: University of Chicago Press, pp. 3-16, 30-43.

Friedman, Milton, and Rose D. Friedman [1998] *Two lucky people: memoirs.* Chicago: University of Chicago Press.

Friedmann, Reinhard [1988] *La Política Chilena de la A a la Z.* Santiago de Chile: Empresa Editora ZIG-ZAG, S.A.

Harberger, Arnold [1996] "Good Economics Comes to Latin America, 1995-95." In: *History of Political Economy*, 28 (Supplement): 301-311. Durham: Duke University Press.

Hayek, Friedrich A. [1944] *The Road to Serfdom.* London: Routledge.

Hayek, Friedrich A. [1960] *Constitution of Liberty.* Chicago: University of Chicago Press.

Hayek, Friedrich A. [1967] "The Transmission of the Ideals of Economic Freedom." In: *Studies in Philosophy, Politics and Economics.* Chicago: University of Chicago Press.

Klein, Naomi [2007] *The Shock Doctrine: The Rise of Disaster Capitalism.* New York: Henry Holt and Company.

Markoff, John, y Veronica Montesinos [1994] "El irresistible ascenso de los economistas." *Desarrollo Económico.* Buenos Aires, Vol. 34, No. 133.

Meller, Patricio [1996] *Un siglo de economia política chilena (1890-1990).* Santiago; Andres Bello.

Office of Federal Register, National Archives and Record Service, General Services Administration [1964] *Public Papers of the Presidente of the United States: Harry S. Truman 1949.* Washington: Government Printing Office.

Packenham, Robert A. [1973] *Liberal America and the Third World: Political Development Ideas in Foreign Aid and Social Science.* Princeton: University of Princeton Press.

Rosende, Francisco et al. [2007] *La Escuela de Chicago.* Santiago (Chile): Facultad de Ciencias Económicas y Administrativas, Ediciones Universidad Católica de Chile.

Schultz, Theodore W. [1971] *Investment in Human Capital*. New York: The Free Press.
Silva, Patricio [1991] "Technocrats and Politics in Chile: from the Chicago Boys to the CIEPLAN Monks." *Journal of Latin American Studies*. Cambridge, 23 (2): 385–410.
Valdés, Juan Gabriel [1995] *Pinochet's Economists: The Chicago School in Chile*. Cambridge: Cambridge University Press.
Velasco, Andres [1994] "The State and Economic Policy: Chile 1952–92." In: Bosworth et al. (eds.) *The Chilean Economy: Policy Lessons and Challenges*. Washington: The Brooking Institution.

植木靖［2008］「国連ラテンアメリカ・カリブ経済委員会（ECLAC）」『アジア経済』XLIX-3，アジア経済研究所 69–70 頁．
エーベンシュタイン，ラニー（大野一訳）［2008］『ミルトン・フリードマン』日経 BP 社．
北野浩一［2010］「チリ・カトリカ大学経済研究所」『ラテンアメリカ・レポート』アジア経済研究所，127(2): 70–73．
カイ，クリストバル（吾郷健二監訳）（2002）『ラテンアメリカ従属論の系譜』大村書店．
斉藤泰雄［2005］「シカゴ・ボーイズと高等教育改革―軍政下チリでの新自由主義的改革の先駆的実践」『大学論集』第 35 集 3 月，広島大学高等教育研究開発センター，277–292 頁．
斉藤泰雄［2006］「教育における国家原理と市場原理―軍政下チリでの新自由主義的教育政策の形成過程」『国立教育政策研究所紀要』第 135 集 3 月，121–136 頁．
白石隆［1998］「アメリカはなぜ強いか」『中央公論』7 月号，中央公論社．
竹内恒理［1992］「転換期のチリ社会党―その歴史と変容」『ラテンアメリカ・レポート』アジア経済研究所，9(3): 25–33．
竹内恒理［2001］「静かなる革命の担い手たち―チリにおけるシカゴ・ボーイズ」遅野井茂雄・志柿光浩・田島久歳・田中高編『ラテンアメリカ世界を生きる』新評論．
竹内恒理・中川智彦［1998］「チリ・ピノチェット体制確立に至る過程の政治・経済学的考察―1970 年代から 80 年代半ばまでを中心として」『研究紀要』第 4 号，つくば国際大学，59–94 頁．
谷洋之［2004］「考える実務家／行動する理論家―ラウル・プレビッシュ」今井圭子編『ラテンアメリカ開発の思想』日本経済評論社．
寺西重郎［1995］『経済開発と途上国債務』東京大学出版会．
中川智彦［2008］「チリ・ピノチェット政権期の労働法改変過程における新自由主義経済学派のヘゲモニー確立とその影響」『研究紀要』第 16 巻 1 号・2 号合併号，中京学院大学．
西島章次［1995］「チリ経済における新経済自由主義の形成と課題」『国際問題』12 月号，日本国際問題研究所．
西島章次［2001］「ラテンアメリカ―ネオリベラリズムの成果と課題」渡辺利夫編『アジアの経済的達成』東洋経済新報社．
ハイエク，F・A（西山千明訳）［2011］『隷属への道』春秋社．
細野昭雄［1993］「チリにおける脱ポピュリズムと民政への移行」遅野井茂雄編『冷戦後ラテンアメリカの再編成』アジア経済研究所．
フォスター，ウィリアムとアルベルト・バルデス［2002］「第 4 章チリ農業と主要な経済改革：成長・貿易・貧困・環境」www.maff.go.jp/primaff/kohol/seika/project/pdf/kousy3-4.pdf ［2013 年 1 月 5 日］閲覧．
マサド・カルロス［1999］「チリの資本規制」『IMF 資本自由化論争』岩波書店（67–103）．

道下仁朗［2004］「新自由主義の進展」西島章次・細野昭雄編『ラテンアメリカ経済論』ミネルヴァ書房．
安井伸［2002］「チリとインドネシアの経済テクノクラート——大学間協定が自由主義経済改革に果たした役割」『ラテンアメリカ論集』（ラテン・アメリカ政経学会年報）36巻，47-61頁．
安井伸［2005］「チリにおける新自由主義経済思想の輸入と同化」『二十世紀研究』第6号，京都大学文学研究科．
吉田秀穂［1997］『チリの民主化問題』アジア経済研究所．

第2部
政治過程に対するネオリベラリズムの影響

第3章

過去の克服としての「新自由主義なるもの」
エストニアの社会正義観と改革党の成功

小森宏美

I 政策選択をめぐる複数の要因

　本章では，中東欧諸国の政治過程に対するネオリベラリズムの影響を分析するにあたり，エストニアの新自由主義的な改革の旗振り役を担ってきた改革党の動向とそれに対する社会の反応に着目する。

　2011年3月にエストニアで実施された総選挙で，改革党は前回の2007年の選挙に続き，国会第一党の座を得た。同党は，バルト三国の中では比較的政党変易性の低いエストニアにあっても，特に安定した支持を享受し続けてきた政党であるが，近年その支持をとみに拡大していた[1]（これまでの選挙における各政党の獲得議席数については表3-1参照）。

　1990年代を通して，必ずしも改革党のみが市場経済化の強力な支持者であったわけではないものの，各種の税制改革に顕著に表れた「自由化」至上主義的立場をとる同党は，エストニアの急進的経済改革の牽引役と目されてきた。とはいえ，政策選択の点からは二つの点に留意する必要がある。第一に，1991年の独立回復後に実施された最初の選挙（1992年）を除き，四つから六つの政党によって構成される国会では，単独政権の形成は不可能であるため，エストニアの内閣は常に二つないし三つの政党による連立である。そのため，政策決定には連立参加政党間の合意が必要である。第二に，改革党自身は自己を（自己決定の「自由」，国家からの「自由」などという「自由」に重きを置いた）「リベラル」政党と規定しており[2]，政治学者らによる評価とは異なり [cf. Pettai 2011]，自ら「ネオリベラル」を標榜しているわけではない。

　中東欧諸国の体制転換を比較した先行研究の中で，エストニアをはじめとするバルト三国は，市場―急進的/社会―排除的政策をとるネオリベラル型に分類されている。そうした政策選択がなされた要因としては，市場―急進的政策については，1980年代末以前における改革の経験および実績がないこと[3]，そ

---

1) 本章執筆時点において，この改革党に対する安定的支持は揺らぎを見せている。最新の世論調査（2012年12月）では，改革党の支持率は22％で1位の座を社民党に譲り，3位に転落した。その理由としては，端的には2012年半ばに発覚した政治資金問題が挙げられるが，改革党の政策が低学歴・低所得層の支持を失いつつあることも指摘されている。ただし社民党党首の言う「石派政治の終焉」の致来は確実ではない（http://www.emor.ee/erakondade-toetus/，2012年12月31日閲覧）。
2) 改革党の自己規定については，同党のホームページ http://www.reform.ee を参照。
3) ボーレラ［Bohle and Graskovits 2007］は，バルト三国の改革は「最初期段階＝scratch」から始まったと評している。このことは，中東欧諸国と比較した場合には妥当であるが，他の旧ソ連構

表 3-1　1992-2011 年選挙における各政党の獲得議席数

	1992	1995	1999	2003	2007	2011
中央党	15	16	28	28	29	26
改革党	29	19	18	19	31	33
祖国・共和国連合	10	8	18	7	19	23
	-	-	-	28		
社会民主党	12	6	17	6	10	19
		5				
エストニアの緑	-	-	-	-	6	0
人民連合		41	7	13	6	0
連合党	17		7	-	-	-
憲法党	-	6	6	0	0	-
エストニアの国民	8	0	-	-	-	-
王制主義者党	8	0	-	-	-	-
エストニアの緑＊	1	-	-	-	-	-
企業家党	1	-	-	-	-	-

(1) 憲法党はロシア語系住民の政党。2006 年に「エストニア統合人民党」から改称。
(2) 中央党は人民戦線の後継政党。「祖国」は主として急進的民族主義派を母体とする。
(3) 社会民主党は 2004 年に「穏健」から改称。
(4) 「エストニアの緑＊」(Eesti Rohelised) は 1991-98 年に活動した政党。2005 年に結成された現「エストニアの緑」(Eestimaa Rohelised) との関係はない。
出典：http://www.erakonnad.info/valimised.html より筆者作成

れゆえに独立回復後の改革が結果として相対的に急進的とならざるを得なかったことが挙げられる。社会―排除的政策については，社会的弱者の包摂度の低さが残余的な福祉政策に起因するという意味で社会―排除的と評される同国の社会政策が可能になった背景として，バルト三国（なかんずくエストニアおよびラトヴィア）では政治問題がアイデンティティ・ポリティクスに偏向した結果，

　　成共和国と比較する場合には，それら諸国と比べれば順調な改革を遂げたバルト三国を全くのゼロからの出発とすることに対しては，いま少し綿密な分析が必要であることを指摘すべきであろう。とはいえ，旧ソ連構成共和国はバルト三国を別にしても一くくりにするのは不適当なほど多様であり，それら諸国との比較をここで行うことは筆者の力量を超えているため，今後の課題としたい。

同三国のマイノリティであるロシア語系住民が改革の負担を負ったことが指摘されている。これらは，バルト三国がソ連邦構成共和国であった過去にある程度規定される要因であると言える。中東欧諸国と比較した際に指摘される際の三点目としては，労働者の特殊技能を比較的必要としない軽工業・サービス提供中心の産業構造がある [Bohle and Graskovits 2007]。この点も，労働者の組織率の低さに加えて，福祉政策が残余型になった要因と考えられる。

他方，バルト三国内で比較するならば，エストニアにおける改革党に対する支持の安定性は説明を必要とする。ボーレらによる研究では，エストニアとラトヴィアでは中道右派政権が連続しているとして，左右の交代のある他の中東欧諸国との違いが示されているが [Bohle and Grakovits 2007]，表面的には同じように見えるエストニアとラトヴィアの間にも，その政権「連続」の意味と有権者の投票行動に違いがあることについて，筆者は別稿で論じた [小森 2011]。その議論のうち本章との関係で必要な部分のみを繰り返すならば，政党配置の中道右派空間で複数の政党が競合し，さらに新規政党がこの部分に参入して選挙が実施され，有権者が現政権に対する失望から新規政党に投票する傾向のあるラトヴィアに対し，エストニアでは，1999 年の選挙以降，改革党は常に政権の中枢に位置していた。すなわち，ソ連邦構成共和国であった過去ならびにロシア語系住民の存在という，独立回復直後の初期条件に関してはエストニアとラトヴィアには共通性が見られるものの，エストニアでは，特定政党に対する根強い支持が継続して見られるのに対し，ラトヴィアではそうした傾向はほぼ見られないといえる。

バルト三国間の比較については，エストニアと他の 2 国の間の違いとして，この 20 年間の社会的変化に対する人びとの満足度の高さが指摘できる。このことは，同じように他の 2 国と比較すれば，ロシア語系住民にもほぼ当てはまると言える（図 3-1 参照）[Vihalemm 2011]。次節で見るように，確かに，主要経済指標についてのエストニアの数値は，中東欧諸国に及ばないまでも，バルト三国の他の 2 国と比較すれば肯定的な意味で違いが際立つ。こうした経済的「成功」と改革党が牽引役となって進められてきた経済政策に対する肯定的評価の間に，単純な相関関係が成り立つといってよいのであろうか。

本章では，以上のような先行研究でなされてきた考察を踏まえ，EU 加盟後，改革党を中心として安定した政権運営を続けるエストニア政府の政策について，ネオリベラリズムという評価の妥当性に着目する。中東欧諸国との，なら

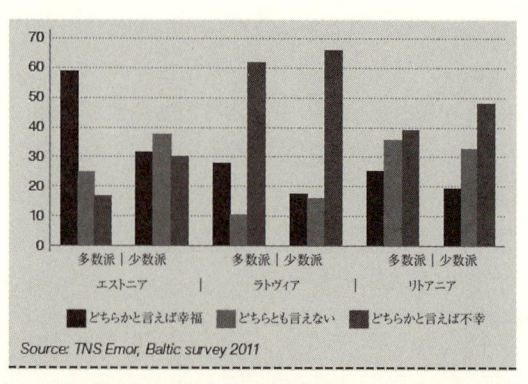

図 3-1　バルト三国におけるこの 20 年間の社会的変化に対する民族的多数派／少数派別態度
出典：Estonian Human Development Report 2011

　びにバルト三国間での比較では当然視されているこの評価に対し，やや性格は異なるものの社会政策をめぐるものとしてくくれるような二つの議論の詳細を検討することで，比較研究では見落とされがちなエストニア政治の特徴を指摘してみたい。なお，そもそもネオリベラリズム自体が議論のある概念であるが，ここでは，公共サービス・福祉の縮小や規制緩和などの政策を推進する市場原理主義的な経済思想であるとひとまず定義しておく。

　以下，本章では，まず，第Ⅱ節でエストニアの経済状況を概観したうえで社会福祉政策の具体例として家族支援政策の展開を紹介し，第Ⅲ節では体制転換後に生じた社会的格差に対する批判の内容を整理する。それは，必ずしもエストニアの住民全体が急進的経済政策の恩恵に浴したわけではなく，またそのことを論難する声もあったことを示すためであるが，同時に，それが当時の政権与党の立場を揺るがさなかったことにも留意する必要がある。ある種の傾向を有する家族支援政策の容認，社会的格差の拡大に対する社会学者らからの政府批判に対する社会の反応は，第Ⅳ節で示すような人びとの認識から説明可能である。したがって，独立回復後のおおむね安定的なエストニア政治と人びとの認識との間に連関があることは言えそうであるが，それだけでは説明できない部分もある。後で見るように，そもそも人びとの認識に関する調査結果はそれほど一義的に解釈できるわけではない。

II　エストニアの社会経済政策

1　経済政策の「成功」の功罪

　表3-2に示したように，GDPに現れたエストニアの経済成長率は，2008年の経済不況時には陰りが見えるものの，90年代後半から2000年代初めにかけては，ラトヴィアおよびリトアニアと比べて，かなり安定している。こうした経済成長の要因として，独立回復直後の段階でとられた急進的な政策が指摘される。すなわち，1992年の独自通貨クローンへの移行，カレンシーボードの導入，民営化過程への積極的な外資誘致，補助金の大幅な削減，関税の廃止，再投資分に対する法人税の控除である。とりわけ，カレンシーボードの導入と民営化の手法は，リベラルな市場経済政策に対する一貫した態度として評価されている［溝端 2009］。同時に，所得税についてはフラットな税制が導入された。これは強い中間層の育成を目的としたものといわれる。財政の方向性を見るならば，エストニアの政策は，インフレーションの抑制，予算均衡を重視する一方，税収については比較的低く抑えられていた（GDPの33-35%）。こうした経済政策の実現を可能にした要因の一つが，外資の積極的誘致であったことは疑いない。

　他方，こうした経済的「成功」と表裏の関係にあるのが社会福祉政策である。2000年代前半でGDPに占める割合が12-13%であったエストニアの社会保障費関連予算の割合の小ささは，しばしば指摘されている［Bohle and Graskovits 2007: 448］。貧困家庭の割合の変化についてみてみると，絶対的貧困は，2000年の26.8%から2004年には14.2%と減少した一方，相対的貧困は13-16%の間で推移し，大きな変化はない［Tiit 2006］。ここから，経済成長に伴い低所得者層も含めた経済状況の全般的な改善は見られるものの，必ずしも経済格差の大幅な縮小につながっているわけではないことがわかる。

　体制転換の過程で顕在化した社会的格差の拡大については，次節で見るように，社会学者を中心に批判が起こった。だが，そうした批判にもかかわらず，その後も政策に大きな変化は見られなかった。変化が見られたのは家族支援の分野である。それは，とりわけ，多子家庭，単親家庭の貧困リスクが高いことが指摘されていたことに加え，少子化問題に対する懸念もあって，家族支援政策の重要性については政党を超えて合意が存在したからである。この現行の家

表 3-2 1990 年を 100 とした場合のバルト三国の GDP の推移

	1990	2000	2005	2006	2007	2008	2009	2010
エストニア	100	109	163	180	193	186	162	165
ラトヴィア	100	85	129	146	161	154	129	125
リトアニア	100	75	112	122	133	138	120	119

出典：Estonian Human Development Report 2011

族支援政策に対しては，その導入時には社会的格差の縮小を目的としたものではないどころか，むしろ高所得者を優遇するものであるという批判さえあった。ところが現在では同政策はおおむね肯定的に受容され，さらに段階的に拡充されてきている。以下では，まず家族政策について制度的変遷を概観したうえで，現在の政策を紹介する。

2 家族支援政策の変化

　家族支援は従来，児童手当と育児手当の 2 本立てであった。これらの制度は 1992 年に導入され，支給額は最低賃金を基準として算定された。それが大きく変わるのは 2003 年末である。制度の詳細については次項で整理することとして，ここではその枠組みについて述べるならば，2004 年に導入された両親補償（通称「親の給料」）は，児童手当および育児手当に加えて，出産後に支払われるものである。出産前の所得を基準に，平均賃金の 3 倍を上限として支払われるので，受給額に差が生じることになる。こうした大きな変更が加えられた背景として政策目的の変化が指摘できる。すなわち，90 年代には，独立回復直後の混乱した状況の中で，経済状況の改善を期待して出産時期が先送りにされていることに対する懸念から，出生率の引き上げを目的として各種給付金による支援が行われていた。

　それが 1999 年になると，上に述べたように子供の問題は貧困リスクと直結するという認識から，支援の目的が，出生率の引き上げから家庭の福祉（貧困対策，男女平等）へと変更され，法律の名称も子供支援から家族支援へと改称された。2003 年の子供・家族政策概念もこれを確認するものであった。ところが，2003 年 12 月に採択された両親補償法は，育児のために減少した収入に対する補償を目的としていた。その制度の中身から，端的には，女性の勤労意欲の刺激，高学歴・高収入の女性をターゲットとした出産奨励かつ出産後の職

写真 3-1　建設現場に掲げられた改革党のバナー。「都市は発展する」と書かれている。

場復帰（ただし子供が 1 歳を過ぎてから）を目的としたものであると人びとには理解された。要は，エストニアの家族支援政策は，貧困対策の一環としての政策から，2003 年末に大きく転換したと言えるのである。

　この大きな転換を先導したのが，改革党であった。言うまでもなく，他の政党も両親補償そのものに反対していたわけではない。そもそも元々の案は「穏健」（2004 年以降，社民党）によって公約として掲げられていた。改革党と他の諸政党との違いは，力点の置きどころにあった。すなわち，改革党が給料を基準とした受給額の算定方法を支持したのに対し，「穏健」や中央党は，一律の受給額を主張したのである。国会での法案採択に際しては，中央党が棄権，「穏健」が反対にまわり，祖国連合が賛成票を投じ，101 議席中 61 票で採択された。

　改革党案が結果的に実現したのは，エストニアの現在の政治勢力関係によるところが大きい。改革党は，1999 年から一貫して政権の座にある。多党分立状態のエストニアの国会にあって，常に与党であり続けることができる理由については，別のところで論じているので［小森 2011］，ここでは概略のみを述

第 3 章　過去の克服としての「新自由主義なるもの」　119

べるにとどめたい。すなわち，戦争記念碑の移設をめぐり警察隊と市民が衝突する事件に発展した 2007 年の四月事件までは，中道左派ポピュリスト政党であり，親ロシア語系住民政党とも評される中央党，かつての民族主義的政党であり，保守的な祖国・共和国連合，中道左派の「穏健」，地方の利益を代表する人民連合の 4 党のうちのいずれとも組める唯一の政党が改革党であったことが，改革党の発言力を大きくしている一つの，重要な要因であった。四月事件に至る過程の中で，中央党との対立関係がクローズアップされたため，同事件後は状況が変わってきているが，改革党に対する有権者の支持の高さは安定している[4]。

3　両親補償制度と実際の影響

　2004 年から施行された両親補償は，2008 年までに数度修正された（表 3-3 参照）。主な修正は受給期間の延長に関するものであり，当初の 365 日から 2008 年には 575 日に延長された。受給額については，受給対象者が①出産前に勤労実績のない者，②勤労実績はあるが，社会保障費に関連付けられた収入が基準額より低い者，③出産前の 1 年間の所得により算定される者，の三つに分けられる。①および②については，両親補償定額ないし両親補償最低賃金定額が支払われる。③については前々年度の平均賃金の 3 倍を上限として基準所得が 100% 支給される。この制度の導入により，家族支援関連の社会保障費支出は増加した（2004 年の 4 億 4130 万クローンから 2008 年の 17 億 9100 万クローン）。一方，その他の給付金の支出額はほぼ横ばいである（同 16 億 6470 万クローンから同 16 億 7200 万クローン）[Võrk et al. 2009]。

　いま見たように，両親補償制度のもとでは，出産前の給与額，あるいは勤労状況により受給額に差が生じる。さらに，両親補償定額と最高受給額（平均賃金の 3 倍）の差は，年々拡大する一方である。18 ヶ月分で計算した場合，2004 年では前者は 28,500 クローン，後者は 177,451 クローンであったのに対し，2008 年では前者が 64,800 クローン，後者が 453,762 クローンであった。すなわち，その差は，2004 年の約 6 倍から 2008 年には約 7 倍になった。とはいえ，最高額の受給者はさほど多くなく，また定額受給者は減少している。したがっ

---

4) 注 1 参照。

表 3-3 両親補償制度の変化

	2004	2005	2006	2007	2008
支給期間	365 日	365 日	455 日	455 日	575 日
両親補償定額	2200kr	2200kr	2480kr	2690kr	3600kr
両親補償最低賃金定額	2480kr	2690kr	3000kr	3600kr	4350kr
最高受給額	15741kr	17472kr	19191kr	21624kr	25209kr

出典：Võrk et al. 2009

て，受給額の格差を容認した制度であるものの，全体で見れば格差は必ずしも増大傾向にあるわけではない [Võrk et al. 2009]。

では家族構成の違いによる影響はどうであろうか。まず，子供の数については，1 から 4 人以上のすべてで，両親補償定額受給者の割合が減少した。このことは，出産前に勤労実績のない母親の割合が減少したことを意味する。ただし，4 人目の場合の受給額が 1 から 3 人目に比べて少ないことから，4 人目の出産前に勤労実績のない，あるいは所得の低い母親が多いことがわかる [Võrk et al. 2009]。

次に単親世帯については，2007 年には，両親補償定額受給者が単親世帯のうち 33.2％，最低賃金受給者が同 38.7％であった。単親世帯に占める 24 歳以下の割合は 49.7％で，社会経験の短さも受給額の低さの原因となっていることがわかる [Võrk et al. 2009: 28]。

民族的な違いによる受給額の差はあるだろうか。2007 年の時点で，非エストニア人の平均受給額はエストニア人の約 80％であった。この差はそもそも賃金格差に由来するものであり，両親補償制度がその拡大にも緩和にも作用しなかったことを意味している [Võrk et al. 2009: 31]。

これらのことが示すのは，両親補償は，現社会の中の給与格差を反映して支払われるもので，その緩和を期待したものではないということであり，また貧困対策として導入されたわけでもないということである。むしろ，出産前に勤労実績のある母親が増加している実態から，女性の勤労意欲に対する刺激になったことが指摘できる。

就労への影響については，次の 2 つのことが言える。第一に，出産前所得の多い女性ほど，出産後早く職場復帰していることが，両親補償の受給額の差から明らかである [Võrk et al. 2009: 44]。第二に，妊娠中の女性の平均賃金の上昇である。この上昇率は，妊娠前の上昇率よりも大きい [Võrk et al. 2009: 46]。

これらもまた，本制度が勤労意欲と結び付いていることを示すものである。他方で，給料が上昇するまで出産を先延ばしにする女性も増えていることから，全体の平均出産年齢も上昇し，また出産者に占める高所得者の割合も同様に上昇している。

一方，出産傾向については，高学歴女性の出産率上昇が顕著であることが指摘できる。2007 年には，初等，中等，中等専門教育それぞれの卒業資格をもつ女性を抑えて，高等教育機関卒（大卒）の女性の出産数が最高となった［Võrk et al. 2009: 70］。これは社会における大卒女性の割合の増加によるものではない。15-49 歳に占める同卒女性の割合は，2000 年から 2007 年でわずか 3％の上昇にとどまるのに対し，出産者に占める同卒女性の割合は，16％（2000 年）から 32％（2007 年）に増加している。すなわち，出産者の学歴構成が，社会全体の学歴構成を反映するようになったのである［Võrk et al. 2009: 71］。加えて，出産件数の増加は 2000-2007 年で 2600 件であったのに対し，大卒女性の出産件数の増加は 3000 件であった。したがって，この 7 年間の出産件数の増加は，もっぱら大卒女性の出産の増加によるものであったといえる[5]。ただし，大卒女性の出産増加の傾向は，両親補償導入以前から見られるものであり，同補償導入によりにわかに出産傾向が変化したわけではないことを指摘しておく必要がある［Võrk et al. 2009: 72］。これに対し，低学歴女性の出産傾向は安定している。なお，大卒女性による出産件数の増加は，高所得者の出産増加とも一致している。

本節は両親補償の徹底的な制度分析を目的としたものではないため，より詳細な分析は別稿にゆだね，次のことのみを指摘しておきたい。すなわち，両親補償の目的は所得の再分配にあるわけではなく，同制度は所得の多い者に，所得に応じた支給を行うという性格を強く有しているのである。前述のように，他の家族支援策（児童手当，育児手当など）の支出総額がほぼ横ばい状態であるのに対し，両親補償の枠組みでの支払総額は 2004 年から 2008 年で約 4 倍に増加している。この増加分のうちの多くの割合が，高所得者への支払いに充てられていることになる。

では，こうした政策をネオリベラル的と評することができるだろうか。他党

---

[5] なお，高学歴出産女性の平均年齢は，2000 年が 30.4 歳，2007 年が 30.3 歳で安定している，このことは，近年出産した女性が，それ以前に出産を先延ばしにしていた結果，身体的に出産の限界年齢に近づいたことが出産を選択した理由であったわけではないことを意味している。

も類似の政策を掲げているものの，両親補償制度は改革党の目玉政策である。批判的なものも含めて多くの議論を呼んだこの制度は，上で見たように，福祉の縮小にはつながっていない。他の EU 諸国と比較して福祉関連予算全体ではその割合の少なさが目立つエストニアであるものの，家族支援のみを取り上げるならば遜色のない数字となった。

両親補償が少子化対策と優秀な労働力の確保という論理に支えられていることは間違いない。そうであるとするならば，この制度を国民国家としてのエストニアの存続（出生率の上昇と競争力の維持・向上）という観点から見直してみる必要があるのではないだろうか。

III 社会の反応と知識人からの異議申し立て

1 満足する社会

2011 年 3 月の総選挙直後に，ジャーナリストのアフト・ロビャカス（Ahto Lobjakas）は次のような指摘を行っている。すなわち，エストニア社会の大半は，現状維持を望んでいる。今日この日の幸せのために，明日の幸せを犠牲にすることもいとわないほど。この 20 年の改革の中でキーワードは政治的・社会的「近代化」であった。それを目的とした政策に反対するのは，この改革が，頭の上や身体の脇を通り抜けて行ってしまった人びとだけであるが，これらの批判的大衆にも政権を変えるほどの力はない（2011 年 3 月 7 日付『ポスティメース（*Postimees*）』紙）。異議申し立てがあるとすれば，唯一の可能性はロシア語系住民からである。だが，ディミィトリ・クレンスキー（ロシア語系ジャーナリスト・政治家）があるテレビ番組で喝破したように，エストニアの社会ではそうした問題があることすら見えなくなっている。

ロビャカスは，中東・北アフリカなどで，若者を中心としてフェイスブックなどといった新しいコミュニケーションツールを使った現政権に対する抗議行動の波が起きている状況と比較し，エストニアの若者が体制に従順であることも指摘している。仮にも民主主義的な形式にのっとって形成された政権の打倒に，選挙以外の手段を用いる必要性があるかどうかは別にして，氏が問題視しているのは，関心が社会ではなく自らの内のみに向かう傾向のある若者の思考・行動様式であるように思う。

表 3-4 現在の経済システムに関する評価 (2002)

	LitL	LitR	LatL	LatR	EstE	EstR
評価する	41	48	59	49	76	63
評価しない	51	49	31	41	14	28

表 3-5 現在の経済システムに関する評価 (2005)

	LitL	LitR	LatL	LatR	EstE	EstR
評価する	73	73	51	47	81	74
評価しない	21	20	34	39	10	19

出典：Rose(2002) および (2005)
LitL＝リトアニアのリトアニア人，LitR＝リトアニアのロシア人
LatL＝ラトヴィアのラトヴィア人，LatR＝ラトヴィアのロシア人
EstE＝エストニアのエストニア人，EstR＝エストニアのロシア人

　すでに述べたように，各種世論調査などによれば，エストニアの社会は，独立回復後の政治的・経済的改革に比較的満足していると言える。リチャード・ローズらが行っている継続的な調査からも，ラトヴィアおよびリトアニアと比べて，エストニアではエストニア人も非エストニア人も，現状を肯定的にみていると言える（表3-4および表3-5参照）。上に述べた，若者の政治的消極性の原因の一つは，こうした「満足」にある。エストニアの人びとは，概して，体制転換が「成功」したととらえている。

2　「二つのエストニア」

　しかしながら，政治の方向性にまったく異議申し立てがなかったわけではない。それは，野党の側からでもロシア語系住民からでもなく，政治の舞台の外から提出された。いわゆる「知識人」たちの声としてである。一時期社会を賑わせた「二つのエストニア」の議論について本節では見ていく。
　「二つのエストニア」と呼ばれるこの異議申し立ては2001年4月23日，『ポスティメース』紙上で公開された。異議申し立てを行った主体は社会学者らである。その要点は，次のようにまとめることができる。

1. エストニアの社会は，政治的，社会的，倫理的危機に陥った。権力と人民の間の懸隔は，二つのエストニアとして語りうる程度にまで拡大した。
2. エストニアの子供の3分の2は貧困の中で育っている。
3. 国家にとって重要な経済的ならびに戦略的決定が，その社会的帰結を分析することなく行われている。
4. こうした状況に対する人民の不信感は，国会（1999年の50％から2001年の30％）や政府（同53％から同28％）に対する信頼の低下に示されている。

5. 民主主義的なヨーロッパの国としてやっていくための社会的協定が必要である。資本主義的個人主義は，社会的原則とのバランスをとる必要がある。
6. 国家ならびに道徳の二極化を克服できなければ，我々は「破綻国家」であり，「消滅する人民」である。後者については何世紀にもわたって懸念されてきたが，外からの圧力に対しては，我々は抵抗し，生き残ることができた。しかし自らの自由の国のもとで抵抗できるだろうか。
7. エストニアで実際に起きていることに関して，（幻想ではなく）客観的な学術的分析なしには，否定的過程へ影響を与えることはできない。
8. この公開声明が野党に資することは望まない。ただひたすら，現連立政権を批判するのみである。

　この「二つのエストニア」は，体制転換の過程で生まれた勝者と敗者の二つにエストニアの社会が分裂している状況に対する警告である。政党ないし政治家のモラル・ハザードに対する批判でもあった。エストニアの人びとは，政治に影響を及ぼすのは難しいと考えている。同時に，改革が一定の成功を収めているとはいえ，政治家のスキャンダルや汚職，個人間のいざこざといった状況から政治に幻滅している。そうした中で，政治に対する無関心が広がっていた。2001年の時点で，こうした異議申し立てが行われた背景には，社会的格差の拡大に加え，社会の中に広がる既存政党に対する諦観のようなものがあったと言える。人びとには選挙の棄権以外にそれを表明する方途がない中で，社会学者らがイニシアティブをとったのである。
　現時点で見れば，この異議申し立ては，結局，政治家の行動や政策方針を大きく変えるには至らなかったといえる。だが，その影響は限定的であったとはいえ，これを契機としていくつかの動きがあったことは間違いない。

3　政治改革の試み

　本項では「二つのエストニア」の議論をきっかけに生まれた「社会的協定」の経緯と，その内容についてみていく。
　「二つのエストニア」という形で提起された異議申し立ては，それだけで政治的変革をもたらすものではない。そのためには，少なくとも具体的な要求が必要であり，その要求を実現するための道筋が必要とされる。それが「社会

的協定」である。「二つのエストニア」の主唱者の一人である社会学者のライヴォ・ヴェティクによれば，社会的協定が議論の俎上に上った 2003 年には，エストニアの EU 加盟が正式に日程に組み込まれる中で外からの力で変わりゆく社会を見据えた内在的議論が必要とされていたことも，議論の高まりの背景にあった [Vetik 2003: 5]。

　社会的協定をめぐる議論は，NGO である社会的協定基金が中心となり，そこに社会の様々な団体（政党，大学，商工組合や企業から年金生活者連合まで）が巻き込まれる形で進んだ。先に述べたように，結果としてみれば，現在におけるその痕跡はあまりにも小さい（社会的協定基金が，2007 年にエストニア協力会に改組して活動を継続している他，いくつかの発展戦略が策定された）。しかしながら，議論の中身に着目することで，当時問題視されていた状況と，それがいかなる形で解決あるいはなぜ忘却されたか，についていま一度振り返ってみることは，現在のエストニアの社会を理解する上で欠かせない作業である。

　2003 年 10 月 20 日の調印からさかのぼること 8 か月，同年 2 月に社会的協定に関する覚書が出された。そこでは，次の分野で，エストニアの持続的発展という立場からの協定締結が必要であることが明示されている。すなわち，①社会的環境，②文化・教育・科学・開発，③経済環境，④法治国家の原則を順守する国家と市民社会の間の紐帯である。またその内容としては，それぞれの分野について，①長期的方向性を有する人口政策ならびに保健政策の施行，②文化・教育・科学・開発への相応の予算措置，③雇用者と被雇用者の間の利益均衡および社会的紐帯の強化に立脚しつつ，都市と農村の両方において所得の増大を確実にする経済環境の保障，④エストニアの持続的発展を保障するうえでの，政府，地方自治体，市民社会の役割の明確化とされている。この覚書には，改革党をはじめとして，国会に議席を有するすべての政党が賛同者として名を連ねていた [Vetik 2003]。

　ところが，実際の協定には，改革党，中央党，共和国党の 3 党は署名を行わなかった（改革党，共和国党とともに当時政権与党であった人民連合，当時野党の「穏健」，祖国連合は署名）。このうち中央党については，一部の党員が個人的に署名を行っていることから，党内でも意見の対立があったことがわかる。他方，改革党ならびに共和国党は，協定の内容が具体性を欠いていることを理由に署名していない。さらに，改革党は，独自の協定案を提示すらしている。以下では，社会的協定案と改革党案の比較を通じて，この問題に対する改革党の政治

的立場について見ていく。

社会的協定では，冒頭で，エストニアで独立回復後に行われてきた改革が高い代償を伴うものであったことが指摘されている。その代償とは，富裕者と貧困者，老人と若者，都市と農村，あるいは地域間の格差の拡大である。そうした状況の中で発展の中心に置かれるべき目的は，（民族，信仰，性別，言語，出身，財産・社会的立場にかかわりなく）エストニアの人びとの生活水準を2015年までに現在の倍に高めることである。その目的を達成するためには，国会で採択される市民社会の発展概念を一貫性をもって実行に移し，参加型民主主義と欧州型の社会対話を拡大しなければならない，と指摘される。具体的な対象として，子供，教育，経済発展の三つが挙げられている。子供については，多面的発展のための機会の平等を保障することとされ，子供ならびに家族政策について，実際の必要に応じた支援が要求される。また仕事ないし学業と育児の両立の可能性をできるだけ高める方策（柔軟な勤務形態や，幼稚園などの整備）が求められている。教育については，やや総花的に職業教育やエストニア語，エストニア文化の保護発展，地域ごとに偏りのない教育の質の保障，非エストニア語話者の社会統合などについての要求が列挙されている。農村部の小規模学校が理由なしに閉鎖されることがないようにという指摘もある。経済では，経済発展と社会保障のバランスに留意しているといえる。その他に，島嶼部や北東部，南東部に対する地域間バランスに配慮した予算配分が求められている。

社会的協定を，対話のためのフォーラムであり，運動の過程であるととらえる協定推進者にとっては，この内容で十分であると考えられたのかもしれない。だが，政党の側はこうした長期的展望の中での約束にしばられることを恐れた。協定の内容のほとんどが政策にかかわるものである一方，社会の側からの貢献については言及がないことも指摘できる。改革党案は，そうした協定の一面性に対する厳しい批判ともなっている。

改革党案の主張は明確である。長期的には，知的基盤に基づいたエストニアの経済的発展および発展の持続性に雇用と収入は依存し，さらに，社会問題の解決の可能性もそこにあるということである。すなわち，社会的協定が，社会問題を考慮に入れた政策策定を求めているのに対し，改革党は，経済的発展によって社会問題が解決するという立場をとるのである。では，経済的発展に対する社会の側からの貢献としては，何が考えられているのか。改革党の提示した協定案に賛同する者に対しては，企業については企業収益の10％を優先分

野として指定された開発・研究に投資すること，大学ならびに研究機関については，同じく優先分野の教授ならびに研究員に国際水準の給与を保障することなどが要求された。一見して社会的協定とは異なる発想に基づいていることがわかる。

　改革党案には社会的格差に対する配慮はほとんどない。とはいえ，そうした改革党の姿勢は，同党に対する有権者の支持にほとんど影響を及ぼさなかったと言える。その理由として，そもそも同党の支持基盤の中心が富裕層であることも考えられるが，実際には同党の支持者には低所得者層に入る人びとも少なくない[6]。それよりもむしろ，社会的協定に対する評価が一般の人びとの間でもわかれていたことも指摘しておく必要がある。世論調査会社 TNS Emor によれば，協定を「支持する／どちらかといえば支持する」が42％，「無用である／どちらかといえば無用である」が20％，「わからない」が39％であった（2003年10月24日付『エースティ・パエヴァレフト』[Eesti Päevaleht]紙）。調査対象者の54％が「協定についてまったく聞いたことがない」と回答していることも加えると，この世論調査の結果から導き出される一つの結論は，協定に対する社会の関心の低さであろう。言い換えれば，エリート主義的であると批判される改革党だけでなく，協定推進者の側も一般社会に対する説明が不十分であった。むろん，2003年といえば，EU加盟の是非を問う国民投票が行われた年であり，協定に関心がそれほど向かなかったとも考えられる。だが，そもそも，従来の政策からの方針転換に関心を有する人がそれほど多いわけではなかったということは考えられないだろうか。この点については，第Ⅳ節で検討する。

　いまひとつ本章の関心からここで強調しておくべきは，方法論は異なっていても，「社会的協定」の目的と政権与党のそれには重要な共通点があることである。その共通点とは，本節第2項で示した社会学者らの異議申し立ての中の6点目にある「エストニア人」の維持・発展である。

---

6) 月収4000クローン以下のいわゆる低所得者層の政党に対する支持傾向は，改革党34％，中央党34％で，社会的弱者を支持基盤とすると見なされている中央党と同程度の支持を改革党は低所得者層から得ている（2010年8月29日付 Postimees）。

写真 3-2　選挙キャンペーンの様子。祖国・共和国連合の支持者の集まり。

IV　社会経済政策と社会正義観

1　社会的格差と政党支持

　社会的諸問題は必ずしも社会的格差に限定されるものではない。むしろ，社会における相互信頼の欠如をエストニア社会の問題とする指摘もある [Taagepera 2006]。とはいえ，1990年代末から2000年代初めにかけて，社会的格差の拡大がとりわけクローズアップされたことも事実である。実際，格差の指標の一つであるジニ指数を見れば，1989年から1995年の間に，27.7パーセントから39.6パーセントへ上昇した。その後，2004年には35.8パーセント，2008年で30.9パーセントと徐々に低下している [Estonia Human Development Report 2009]。この数字はEUの平均とほぼ同じであり，ラトヴィアやリトアニアより低く，チェコ，スロヴァキア，デンマーク，スウェーデンなど，20パーセント台の国と比較すれば高い。だが，他国との比較がそれほど大きな意味を

第3章　過去の克服としての「新自由主義なるもの」　129

表 3-6　所得格差に関する認識

	大きすぎる	どちらかと言えば大きすぎる	ほぼ適切	どちらかと言えば小さすぎる
1992	44	47	6	4
1996	50	44	5	2
2004	44	48	6	3

出典：Lindemann and Saar (2008)

もつわけではない。こうした数字が，人びとの生活実感と一致しているとは限らないからである。年齢，性別，民族，居住地，職業，収入などによる違いもあるだろう。また，格差に対する認識，換言すれば，それを肯定的に捉えるか，否定的に捉えるかという価値観によっても，現実に対する評価は変わってくる。すなわち，平等主義的社会を理想とするのか，それとも市場主義的な競争社会を理想とするのかによっても，現実の捉え方は異なる［Lindemann and Saar 2008］。

　比較的安定したエストニアの政党システムに一度だけ乱れが生じたのが，2003年選挙であった。この選挙では新規参入政党の共和国党が躍進した。その背景には，既存政党の腐敗と不透明な政治過程に対する批判があった。しかしながらそれは，既存路線の大幅な変更に対する期待ではなかったと考えられる。投票結果から，共和国党へ投票したのは，従来の無党派層と，祖国連合の支持者であったとみられる。中道左派の「穏健」は，このときの選挙で，前回から11議席も減らし，6議席に甘んじた。すなわち，1999年以来の3党連合のうち2党は支持を減らしたが，改革党については獲得議席に大きな変化はなかったのである。さらに，その後の2007年，2011年選挙では改革党の獲得議席数は大幅に増加した。こうした変化からみると，改革党に対する支持は，一定期間の安定を経て，拡大傾向にあったと言える。加えて，繰り返しになるが，改革党の支持者には低所得者も少なくない。社会経済問題が，少なくとも1995年選挙以降は主要な関心事となっており，また，家族政策に顕著に見られる通り，改革党の政策には高所得者優遇の傾向が見え隠れする中で，この状況はどのように説明できるのであろうか。

　そこでまず，所得格差に対する認識を見てみると，表3-6のようになる[7]。3

---

7)　本章は，タリン大学国際・社会研究所によって2004年に実施された調査の結果を利用する。

回の調査時で,「どちらかと言えば大きすぎる」と「大きすぎる」を合わせると常に90％を超えている。表には示していないが,性別,職業別,学歴別,収入別,民族別のいずれの属性をとってみても,90％以上か,または90％近くが同じように回答している。そうした中で1981-1989年生まれ,および大学生で,それぞれ80％,81％とやや低くなっている。これらの集団では,「どちらかと言えば大きすぎる」がそれぞれ57％,58％(すなわち「大きすぎる」はいずれも23％)で,その他の年齢とはやや異なる結果を示している。回答を同じように分けるなら,合わせた場合には90％を超える管理職(職業別),ならびに社会的地位の高い人も,「どちらかと言えば大きすぎる」がそれぞれ74％,77％で,両者が同じぐらいの割合になっている全体の結果とは異なっている[Lindemann and Saar 2008]。こうした違いについての検討は今後の課題としたいが,いずれにしても,社会の大半の人びとが所得格差は大きいと見なしているということは言えそうである。にもかかわらず,大きな政策転換を求めない,あるいは少なくとも,それを選挙で要求していないのはなぜか。この問いへの答えを探る手がかりとして,次項で,エストニアの社会正義観について考えてみたい。

2　社会正義観

　ここで取り上げるのは,国家の再分配機能ならびに貧富の原因についての考え方である。これも個人の属性によって差異はあるものの,大まかな傾向として見るならば,特に前者については,実はその差はさほど大きくない。そこでここでは紙幅の関係から国家の経済政策に関する立場別の数字を見ることとし,後者については全体の回答を取り上げる。

　国家の再分配機能については,回答者は,完全な平等主義支持を1とし,完全な市場主義支持を10としたうえで,1-4を左,7-10を右,5-6を中道ないし不明に分類した調査がある(表3-7)。この結果から明らかなように,国家の経済政策をめぐる立場の違いにかかわらず,労働に見合った収入が是認されていると言える。このことは,人びとが所得格差については大きいと認識しながらも,職業別の給与格差を容認している状況と合致している[Lindemann and Saar 2008: 227]。

　貧富の原因をめぐる評価については表3-8に示した通り,非対称的である。

表 3-7　分配に対する基本的な考え方

分配の基本的考え方	右	中道あるいは不明	左
最も公平な収入と豊かさの分配のあり方は，すべての者に平等であること	−80	−70	−53
ある者が優秀で知的であり，他の者がそうでないことは単に運の問題だが，前者が高収入であるべきだという意味ではない	−21	−11	−12
政府は収入の上限を定めるべき	−5	−13	0
ある者の収入が他の者のそれより多いことは不公平ではないが，ただしすべての者に機会の平等が保証されている場合に限る	69	70	72
より多く働く者は，より多い収入を得るべきである	94	96	87
人には働きに応じて収入を得る権利があり，たとえ，そのためにある者が他の者より著しく裕福になる場合でもそうである	84	85	76

出典：Roosmaa and Plotnik 2008

表 3-8　貧困と裕福さの説明要因（%）

		1992 肯定	1992 否定	1996 肯定	1996 否定	2004 肯定	2004 否定
貧困の説明要因							
持って生まれたもの	能力・才能の欠如	25	34	36	25	32	25
個人の責任	不道徳・アルコール中毒	60	10	66	9	68	7
	努力不足	37	21	66	9	50	14
不運	個人の不運	13	42	25	31	32	25
構造的要因	偏見・差別	31	49	25	31	23	39
	平等の機会の欠如	60	17	56	15	50	16
	経済システムの機能不全	81	3	63	9	52	15
裕福さの説明要因							
個人的要因	能力・才能	52	15	62	13	57	9
	努力	23	46	42	28	48	20
幸運	幸運・つき	25	32	39	22	46	15
社会的紐帯	出発点の良さ	61	9	72	7	74	4
	コネクション	79	4	83	3	72	5
構造的要因	不誠実さ	80	4	64	6	59	12
	不正な手段の利用を可能にする経済システム	84	4	72	6	54	14

出典：Plotnik 2008
「肯定」：頻繁ないし非常に頻繁にそう評価する
「否定」：めったに，あるいは一度もそう評価しない

すなわち，貧困の原因が，どちらかというと個人の問題（能力，飲酒，努力不足）に求められているのに対し，裕福さの原因は，個人の能力や努力に加え，人脈に求められている。どちらの場合も，機会の不平等や経済システムの機能不全などといった構造的要因も重視されており，問題を個人的要因のみに還元してしまうことには留保が必要であるが，構造的要因については，社会システムの整備が進み，全般的に経済状況が上向いている中で，その重視の度合いは低下傾向にある。

　貧困の原因を個人的要因に帰する態度の根源についての詳しい考察には別の機会を期したいが，それを考えるための手がかりとして，先行研究で指摘されている要因を二つ挙げておきたい。一つは，市場経済移行が，「普通」の社会への回帰として認識されたことである。そこで世界銀行やIMFの果たした主導者としての役割は小さくなかったはずである。移行期の問題は，なによりもまず，構造上の問題としても人びとの行動様式の問題としても過去の負の遺産と結びつけられた。平等主義を期待する態度は，過去にとらわれているという意味で否定的に捉えられた［Lindemann and Saar 2008: 213］。すなわち，問題はソ連時代にあり，そこからいかに早く脱却するかが重要だったのである。時間的にも空間的にもソ連／ロシアからの早急で完全な離脱を課題とするエストニアにとって，急進的な経済改革に伴う痛みは，それゆえに耐えられるものであった。そうした急進的な改革が優等生としてのエストニアの立場を可能にし，1997年には，ラトヴィアおよびリトアニアをしり目に，バルト三国の中で唯一，旧東欧・ソ連諸国へのEU拡大の第一陣候補国に含まれた（結局は，三国同時加盟となったが）。エストニアにとって，ラトヴィアおよびリトアニアという比較対象が存在したことも幸いした。中東欧諸国と比べた場合には見劣りすることもある改革の進度も，これらの国からは大きく先んじていると主張することができたからである。この改革の「成功」がエストニアにとって「建国神話」とされたことは疑いない。このことは，マラ・クールの指摘するエストニアの特徴と合致する。

　クールは，エストニアには，強力な反ソヴィエト性，最初の独立時代からの非歴史的継続，ターボ近代主義の三つの基礎構造があると指摘する。たとえば，「社会主義」という言葉，あるいは社会民主主義的政策すら独立回復後長らく否定的に認識されてきたのは，反ソヴィエト性との関係から説明できる。2番目の「非歴史的」は，両大戦間期の要素を歴史的文脈とは無関係に移植すると

いう意味である[8][Kuhl 2008]。反ソヴィエト性が過去の無批判的否定であるとするなら，こちらは過去の無批判的肯定ということになる。ターボ近代主義はこの二つの基礎構造の統合である[9]。すなわち，ソヴィエト時代を「国民史」から排除して第二次世界大戦以前に存在した独立時代を現在に接続する。それは，進歩的，近代的に見えるものをすべて肯定することにつながり，経済的リベラリズムがアイデンティティの一つの核となることにつながる。こうして「成功神話」との結び付きと脱ソ連化の引力により新自由主義的経済改革が可能になったのである。ターボ近代主義によって，体制転換の中で生まれた「敗者」は単なる不可避的事実とされ，社会問題は非政治化した[10]。

3　政策選択の要因としての歴史

　繰り返しになるが，経済状況に対する認識のみが政党支持傾向の唯一の決定要因ではない。とはいえ，貧富の差にかかわらず，2008年秋の経済不況の打撃を受けて失業率が急上昇した後も，改革党に対する根強い支持があった現実を説明する方法として，社会正義観の分析はある程度有効であるといえる。
　だが，改革党の政策に必ずしもネオリベラルと評することのできない家族政策のような政策が含まれていること，のみならず，それが同党の中心的政策の一つであることは本章で見た通りである。国家の人的資源確保とその有効活用にあると言ってよい家族政策の目的は，実は，同党を中心とする政権与党の社会経済政策を批判した社会学者らにも根源的に共有されていた。

---

8) クールは，1992年の憲法前文において，エストニアが1918年に建国され，同憲法が1938年憲法を改定したものであることに言及している点を挙げて，この無批判な過去の移植の例としているが，1992年憲法草案を作成した憲法制定会議での議論を見ると，1938年憲法の採用は投票を通じて見送られ，92年憲法としては新しく起草された草案が国民投票にかけられたことから，また1938年憲法と92年憲法の内容的違いから（一例を挙げるならば，38年憲法では大統領に法案の絶対的拒否権などの大きな権限が付与されている），そうした指摘はやや行き過ぎであるように感じられる。
9) クールの「ターボ近代主義」という言葉はわかりにくいが，排気ガスのエネルギーを利用して内燃機関本来の排気量を超える出力を得るという「ターボ」ないしターボチャージャーの本来の意味から考えるならば，ソ連時代という過去があるからこそ，それだけいっそう「近代化」の追求が苛烈なものとなりうるという意味であると解釈できるであろう。
10) 社会学者のマリユ・ラウリスティンも，2011年度版人間開発報告書の中で，社会的格差ならびに社会的弱者の周辺化は，市場経済改革の「不可避的な」付随現象と考えられていることを指摘している［Eesti Koostöö Kogu 2011］。

比較研究においてはネオリベラル型に分類されるエストニアであるが，その政策には同型に当てはまらないものもある。それは，エストニアという国の歴史と，それに対する人びとの認識から生じるエストニア人の消滅に対する危機感に裏打ちされた政策である。

　体制転換の中で採用された国家介入を縮小する方向の諸政策もまた，ソ連時代という過去があるために許容されえた[11]。換言すれば，エストニアの文脈では過去の克服のために選ばれたのが，他の文脈に当てはめれば「新自由主義」的政策に分類される諸政策であったのである。ネオリベラリズムと評される諸政策は，外からの圧力の中で，あるいはそれに応えるようとする「自発的な」改革努力の中で採用されたものであることは間違いないものの，それがエストニアの有権者の自律的な判断に基づく選択であったことは看過すべきではない。一見，齟齬があるように見える諸政策は，エストニアの「国民史」の文脈では整合性のあるものとして理解可能なのである。

参考文献

Bohle, Dorothee and Bela Graskovits [2007] "Neoliberalism, Embedded Neoliberalism and Neocorporatism: Towards Transnational Capitalism in Central-Eastern Europe." *West European Politics*, 30(3): 443-466.

Eesti Koostöö Kogu [2010] *Estonian Human Development Report 2009*. Tallinn.

Eesti Koostöö Kogu [2011] *Estonian Human Develpment Reports 2010/2011: Baltic Way (s) of Human Development: Twenty Years On*. Tallinn.

Kuhl, Mara [2009] Siirdeloogika juured, *Acta Politica: Euroopaliku kodanikeriigi väljakutsed*, No. 3, pp. 56-64.

Lindemann, Kristina and Ellu Saar [2008] "Suhtumine sissetulekute ebavõrdsusesse." In: Heigo Plotnik (ed.) *Sotsiaalse õigluse arusaamad Eesti ühiskonnas*. Tartu, pp. 210-243.

Panagiotou, R. A. [2001] "Estonia's Success: Prescription or Legacy?" *Communist and Post-Communist Studies*, (34) 34: 261-277.

Plotnik, Heigo [2008] "Kuidas seletatakse vaesust ja jõukust." In: Heigo Plotnik (ed.) *Sotsiaalse õigluse arusaamad Eesti ühiskonnas*. Tartu, pp. 152-209.

Rose, Richard [2002] *New Baltic Barometer V: A Pre-enlargement Survey*. Studies in Public Policy Number 368. Center for the Study of Public Policy. University of Strathclyde. Glasgow G1 1XH Scotland.

---

11) エストニアにおける平等主義に対する否定的見方が，ソ連時代の否定に起因するものなのか，それとも，もともとソ連時代にも，平等主義は見かけ上受容されていただけで，拘束がとかれたとたんに市場経済主義が追求されたのは自然であると考えるべきかは判然としないという指摘がある [Linndemann and Saar 2008: 214]。

Rose, Richard [2005] *New Baltic Barometer VI: A Post-enlargement Survey*. Studies in Public Policy Number 401. Center for the Study of Public Policy. University of Strathclyde. Glasgow G1 1XH Scotland.

Roosmaa, Eve-Liis and Heigo Plotnik [2008] "Eesti elanikkonna jaotusliku õigluse arusaamad." In: Heigo Plotnik (ed.) *Sotsiaalse õigluse arusaamad Eesti ühiskonnas*. Tartu, pp. 65-94.

Taagepera, Rein [2006] "Meteoric Trajectory: The Res Publica Party in Estonia," *Democratization*, 13(1): 78-94.

Tiit, Ene-Margit [2006] "Vaesus ja selle mõõtmine. Vaesuse suundumused Eestis." *Sotsiaalministeeriumi toimetised*, 8/2006, pp. 1-16.

Vetik, Raivo (ed.) [2003] *Eesti arengukavad ja ühiskondlik kokkulepe: Ettekannete, artiklite ja dokumentide kogumik*. Tallinn.

Võrk, Andres, Marre Karu and Ene-Margit Tiit [2009] *Vanemahüvitis: Kasutamine ning mõjud tööturu- ja sündimuskäitumisele 2004-2007*. Tallinn.

小森宏美［2004］「EU 加盟という『選択』―エストニアとラトヴィアを事例として」『地域研究』6(2): 173-192.

小森宏美［2011］「エストニアとラトヴィアの政党政治比較―歴史的要因としてのロシア語系住民を軸に」仙石学・林忠行編『ポスト社会主義期の政治と経済―旧ソ連・中東欧の比較』北海道大学出版会，203-231 頁.

溝端佐登史［2009］「EU 加盟後のエストニア経済」橋本伸也編『研究成果報告書―EU 拡大後のエストニア・ラトヴィアにおける国家統合と複合民族社会形成に関する研究』関西学院大学，57-78 頁.

第4章

スロヴァキア政党政治における「第二世代改革」
遅れてきた新自由主義の「成功」と「定着」

林 忠行

I　スロヴァキアでの新自由主義[1]の発現

　スロヴァキア共和国はチェコスロヴァキア（当時の正式名称では「チェコおよびスロヴァキア連邦共和国」）の分裂によって1993年に独立国となった。共産党体制崩壊直後の時期においてポーランド，チェコスロヴァキア，ハンガリーの3カ国は旧ソ連・東欧諸国の中で比較的順調に体制転換が進んでいる「優等生」と見なされていた。3カ国は「ヴィシェグラード3カ国」（ヴィシェグラードは1991年に3カ国の首脳会談が行われた場所の名）と呼ばれ，チェコとスロヴァキアが分離すると，それは「ヴィシェグラード4カ国」となった。この4カ国はしばしば比較研究の対象とされてきた。しかし，その中でスロヴァキアは次第に西側の基準から見て「問題児」として扱われるようになった。特に1994年から1998年までのメチアル政権は権威主義的な政策をとり，そのもとで民主政は危機に陥り，経済政策も放漫なバラマキ政策と見なされ，欧州連合EUや国際通貨基金IMFなどの国際機関との摩擦も絶えなかった[2]。

　1998年選挙でメチアル政府に替わって第一次ズリンダ連立政権が成立すると，政治の民主化やEUへの加盟準備は急速に進み，さらに2002年からの第二次ズリンダ連立政権のもとでは果敢に新自由主義的性格の強い社会経済改革が実施された。スロヴァキアは，他の3カ国とならんで，2004年にEUへの加盟を果たしたが，さらに第二次ズリンダ政権期の社会経済改革の実績を基礎に，他の3カ国に先じて2009年に共通通貨ユーロ圏への加入が認められた。こうして，スロヴァキアの存在はにわかに注目されることになった。「問題児」は，他から遅れて突如，「優等生」と見なされるようになったのである。第二次ズリンダ政権期の社会経済政策への賛否は分かれるが，少なくとも新自由主

---

1)　新自由主義は「強力な私的所有権，自由市場，自由貿易を特徴とする制度的枠組みの範囲内で個々人の企業活動の自由とその能力が無制約に発揮されることによって人類の富と福利が最も増大すると主張する政治経済的実践の理論である」というハーヴェイ [2007: 10] の定義を掲げておく。

2)　この時期のメチアル政権の権威主義およびEUとの関係については林 [2003a] を参照。また，体制転換過程にあった中東欧諸国はIMFからの金融支援に依存することになったが，スロヴァキアでは，メチアル政権期に限れば，IMFとの交渉はほとんど合意に至らなかった。IMFは融資条件としてスロヴァキア通貨の切り下げと，輸入課徴金の撤廃を求めたが，メチアル政府はそれをかたくなに拒絶した。このIMFとの対立は一般の金融機関からの融資や外国資本の投資を阻害したと考えられ，体制転換初期の重要な時期に多くの機会をスロヴァキアは失ったとみられている [Pop-Eleches 2009: 127-132, 206-211]。

義者たちはそれを「成功」と見なしている。それでは，スロヴァキアの新自由主義はどのような経緯をたどって，体制転換開始から見るとかなり遅いこの時期に現れたのであろうか。そしてそれがなぜ「優等生」と見なされるほどの「成功」を収めたのであろうか。

1980年代，西側ではサッチャーリズムやレーガノミクスが盛んに喧伝され，その影響力は世界に及んだ。中東欧もその例外ではなかった。その経緯をごくかいつまんでスロヴァキア以外のヴィシェグラード諸国で見ておこう。これらの諸国の経済学という学問は，他の多くの社会科学系の学問と同様に，共産党の統制下にあったが，統計学や数理経済学などの分野は非イデオロギー的な「技術的」分野と見なされ，そこではそれなりに西側の経済学が取り込まれていた。これらの分野の専門家たちが受け手となって，1980年代にはその範囲を超える西側経済学の受容が観察された。

たとえば，ハンガリーとポーランドについては，体制崩壊が始まる以前の1980年代に西側経済との結びつきを強めており，ハンガリーは1982年に，ポーランドは1986年にIMFに加盟していた。ポーランドでは大学や研究所をよりどころにバルツェロヴィチ（Leszek Balcerowicz）らの若手エコノミストたちが，1980年代に体制派と異論派の間に存在したかなり大きな自由空間で経済改革構想を準備し，それは「バルツェロヴィチ・プラン」として1989年の体制変動直後に実行されることになる［バルツェロヴィチ 2000; 田口 2005］。またハンガリーでも，1980年代に新自由主義を含む西側経済学は大学の通常の授業の中に浸透し，それらを学んだエコノミストたちは共産党時代末期に，同国の財務省などで大きな勢力になっていたという。また，チェコでは，ポーランドとの比較ではきわめて狭いものであったが，やはり共産党時代に体制派と異論派の間に「グレーゾーン」があり，そこでクラウス（Václav Klaus）らの自由主義エコノミストたちは個人的なネットワークを形成し，セミナーを実施するなどの活動を行っていた。体制変動が始まる直前の時期になると，これらのエコノミストたちは科学アカデミーの中に作られた予測研究所に集められ，体制変動が始まった1989年以後の一連の急進的な自由化，市場化，私有化を内容とする「ショック療法」と呼ばれた政策の担い手となった［林 2010］。

このように，この3カ国で見ると，1980年代から新自由主義を含む西側の経済思想の浸透が始まり，本格的な体制転換が始まった1990年代はじめにこれらの経済自由主義派のエコノミストたちは活躍の場を与えられたといえる。

またその中から少なくない新自由主義を支持するエコノミストも現れた。しかし政党政治という側面から見ると，新自由主義の定着にはなお曲折が見られた。

ポーランドではハイパーインフレを抑えることを目的とする「バルツェロヴィチ・プラン」が体制変動の開始期に実施されたが，それは失業の増加など大きな痛みを伴うものであったため，一般には評判が悪く，その後の政治において経済自由主義を支持する政治勢力はほぼ1990年代を通して分裂や停滞を余儀なくされた。ハンガリーでは共産党の後継政党である左派の社会党が政権にあった1995年に経済危機に対応して緊縮財政を実施したため，当時，野党であった保守派の青年民主同盟（現在はフィデス＝ハンガリー市民同盟）はそれを「新自由主義的経済政策」として批判する立場をとることで，政党システム内で安定した地位を確保した。その結果，ハンガリーでは新自由主義的な立場に立つ政党は成長することができなくなった。

それに対してチェコの新自由主義者たちは市民民主党という安定した政党の中にその居場所を確保し，繰り返し与党第1党として連立政権の中核を占め，一定の影響力を保持してきた。ただし，チェコにおいても市民民主党は常に他党との連立によって政権を維持しており，その主張がつねに政策として実現できるとはかぎらない。また同党に対抗できる安定した力を持つ社会民主党も存在し，それが政権についた次期（1998～2006年）にはむしろ左派的な政策がとられるため，市民民主党の新自由主義志向は相殺されることになる［林2009b］。

いずれにせよ，新自由主義的な経済思想はそれなりに各国に浸透しているが，それが実際の政策として実現するまでには多くの政治的なハードルを越えなくてはならないのである。それではスロヴァキアはどうであったのだろうか。

II　スロヴァキアにおける経済自由主義の受容

ポーランドやハンガリーと比べると，共産党時代末期のチェコスロヴァキアでは，高等教育での自由主義経済学の受容はほとんど進んでいなかった。そもそも，1968年の「プラハの春」と呼ばれた改革の試みがワルシャワ条約機構軍の軍事干渉で挫折したあと，チェコスロヴァキア政府は経済改革に対しては極度に消極的な保守的政策を堅持し，西側との経済関係についても，また西側の経済学の受け入れについても否定的立場を貫いていた。かろうじて，チェコで

は,「プラハの春」の改革を経験した若手のエコノミストたちが日の当たらない場所で働きながら,体制への批判を募らせつつ,上述の「グレーゾーン」で西側の経済学を志向するサークルを形成し,その過程で新自由主義的経済思想を育んでいたのである。

　チェコと比べるとスロヴァキアでの自由主義経済学の受容はさらに困難な環境にあった。1969年に導入された連邦制度のもとでは,プラハがチェコの首都でありまた連邦の首都でもあった。したがってスロヴァキアの首都であるブラチスラヴァはプラハを介して外の世界につながるという立場にあり,外部世界との隔たりはプラハよりも大きく,学問的には孤立状態にあった。したがって西側の経済学に直接触れることができたエコノミストはほとんどいなかったのである。

　そのような状況の中で例外と見なすことができるのは経済学者のクチェラーク (Jozef Kučerák) の存在であった。クチェラークは1939年生まれで,1960年代にブラチスラヴァ経済大学で学び,1967年までは同大学の助手,その後は生活水準研究所,ついで社会開発・労働研究所の研究員となり,1989年にスロヴァキア科学アカデミーの予測研究所に移っている[3]。20歳代で「プラハの春」を経験し,そのあと目立たない場所で仕事を続け,45～50歳で1989年の体制変動を迎えたという経歴は,ほぼチェコのクラウスやその同僚たちと同じであるが,クチェラークには同世代の仲間はなかったようで,彼の相手はもっぱら若い世代であった。クチェラークは体制転換前に,学生ないし若手研究者のための読書会を開いており,そこで西側の経済学の文献の講読をしていたという [Horváth 2002]。その読書会の中にいたミクロシュ (Ivan Mikloš) は「共産党体制崩壊直後にショック療法を支持したスロヴァキアのトップ・エコノミストは何人いたか」と聞かれて,「それを支持した人びとの大部分はクチェラーク周辺でグループを作っていた」と述べたうえで,「われわれは多くはなかった」と応えている [Mikloš 2001: 20]。

　そのミクロシュは1960年に生まれている。1940年前後に生まれているクラウスやクチェラークよりも約20歳,つまりひと世代若い。1979年から83年にかけてクチェラークと同じブラチスラヴァ経済大学で学び,卒業後は同大学の助手,講師を務めていた[4]。ミクロシュによれば,スロヴァキアでは共産党

---

[3]　クチェラークの経歴については *Kto je kto* [1991] などを参照した。
[4]　ミクロシュの経歴はスロヴァキア民主キリスト教連合のホームページを参照した [http://www.

末期においても西側経済学の本を直接手にすることはできなかった。それゆえにたまたま図書館でハンガリー出身の経済学者であるコルナイ（János Kornai）の『不足の経済学』[5]を見つけたときの驚きを回想している。「われわれの科学アカデミーで出版された」ものと述べているので，1981～82年にチェコスロヴァキア科学アカデミー経済研究所によって，おそらくはごく一部の研究者のために出版されたチェコ語版と思われる。大学の助手であったミクロシュはコルナイの影響を受け，また，1986年から89年にかけてコルナイの研究を基礎にセミナーを持ったが，上司が寛容な人物であったので，とりあえずお咎めはなかったという［Mikloš 2001: 1-5］。いずれにせよ，ブラチスラヴァの経済学の自由空間は他のヴィシェグラード諸国と比べて非常に狭かったことに変わりはない。

　共産党体制崩壊後，クチェラークはスロヴァキアの政治を主導する〈暴力に反対する公衆〉（VPN）の設立メンバーとなり，1990年6月の最初の自由選挙で連邦議会議員となった。それと同時に選挙後に発足するスロヴァキア政府の経済改革担当副首相となった。またミクロシュはクチェラーク副首相の補佐官となり，あわせて内閣府の経済・社会政策局長という役職も兼務した。さらに1991年4月にミクロシュは私有化相に抜擢され，1992年6月の選挙までその地位にあった。

　このように，スロヴァキアにおいても共産党政権末期に自由主義経済学の受容はみられたが，他のヴィシェグラード諸国と比べると，はるかに小さなグループによるものであっし，またその多くがなお若い世代であった。この人びとは共産党体制崩壊直後に経済転換政策を担う要職に就いた。ミクロシュがスロヴァキア政府の私有化担当相になったときは30歳で，これは彼が優秀であったということもあろうが，むしろスロヴァキアで西側経済に精通した人材が不足していたことを示している。

　1992年6月に連邦時代最後の国政選挙が行われ，スロヴァキアでは連邦財務相のクラウスらが推進する「ショック療法」に反対する民主スロヴァキア運動（HZTS）が勝利を収め，その党首のメチアル（Vladimír Mečiar）が首相となっ

---

sdku-ds.sk/people/showProfile/2/zivotopis: true/category: poslanci（2012年9月3日閲覧）。

5）コルナイは社会主義諸国で絶えず生じる不足は体制の欠陥によるものであると批判し，盛田［2009: 9］によれば，この著作は「体制変革の指針を求める知識人たちに，現状からの決別を決意させる裏づけを与えた」という。

た⁶⁾。この選挙後にチェコの首相にはクラウスが就任するが，このメチアルとクラウスの合意によって連邦は解体へと向かう。1993年のスロヴァキア独立ののち，メチアル政権は，1994年の一時的中断を挟んで，1998年まで続き，特に民主スロヴァキア運動，スロヴァキア国民党（SNS）⁷⁾，スロヴァキア労働者連盟（ZRS）⁸⁾の3党による1994年以後の連立政権は野党の存在を無視した権威主義的議会運営が顕著で，スロヴァキアはEU加盟も危ぶまれる状態になった。

1992年の選挙ではクチェラークもミクロシュも，普遍的市民主義に立ち，連邦の経済政策を支持する市民民主連合（ODÚ）の候補者であったが，同連合は議席獲得に必要な5％の最低得票率を超えることができずに終わった［ODÚ 1992］⁹⁾。選挙後，クチェラークはリベラル派のシンクタンク，M.E.S.A.10に活動拠点を移し，二度と政治の世界には戻らなかった。

ミクロシュはクチェラークが所属したシンクタンク，M.E.S.A.10の設立メンバーで，メチアル時代は，おもにそこを拠り所としてメチアル政権を批判する論陣を張りつつ，1993年には英国に留学している。この時期，数多くのリベラル系のシンクタンクが西側のさまざまな資金などに支えられて活動したが，そこにミクロシュらの若手エコノミストたちが集まり，広いネットワークを形成した。この若手エコノミストたちは旧体制の社会主義とメチアル時代の不透明で非効率な経済運営に強い敵意を抱きつつ，新自由主義的姿勢をより明確にとるようになった。こうしてこの若手エコノミストたちはのちの政権参加の準備をしていたといえる。

同時にミクロシュは政党活動も継続していた。1992年選挙後にミクロシュ

---

6) 民主スロヴァキア運動は暴力に反対する公衆のナショナリズム派によって1991年に結成された。党首メチアルのカリスマ的人気に支えられ，キリスト教的保守主義やナショナリズムなどを折衷した綱領を掲げて，1992年選挙から2002年選挙まで議会第1党の地位を保ったが，その後の選挙ではふるわず，2012年選挙では議席を失った。なお，以下，スロヴァキアでの選挙結果については林［2009a］を参照。

7) スロヴァキア国民党は排斥主義的なスロヴァキア人ナショナリズムを掲げる政党で，体制変動後の最初の自由選挙となる1990年選挙から1998年選挙まで連続して議会に議席を保持したが，その後は，2002年と2012年選挙では議席の獲得に失敗している。同党と，メチアル政権のナショナリズムについては林［2003b］を参照。

8) スロヴァキア労働者連盟は共産党の後継党である民主左翼党の社会民主主義路線に不満を持つ左派が1994年に結成した政党で，党首のヤーン・リュプターク（Ján L'upták）の人気に支えられて同年の選挙で議席を獲得したが，その後の選挙では議席を得ていない。

9) 以下で，［市民民主連合1994］ないし市民民主連合［1994］のように政党の略号と選挙の年が記されている場合は，その年の選挙で配布された政党のパンフレット類を示している。

は民主党（DS）に所属を変えた。スロヴァキア独立後の最初の選挙となる1994選挙でミクロシュの所属する民主党は連邦時代に策定されたクーポン私有化の継続などを掲げて選挙を戦った［DS 1994］[10]。しかしこのときも5％の得票率を超えることはできず議席を得られなかった。

III　第一次ズリンダ内閣とスロヴァキア民主キリスト教連合の結成

　1998年選挙を前にして，議会に野党として議席をもつふたつの中道右派政党，キリスト教民主運動（KDH）[11]と民主連合（DU）[12]は，議会外政党であった民主党，スロヴァキア社会民主党（SDSS）[13]，スロヴァキア緑の党（SDS）とともに，スロヴァキア民主連立（SDK）という選挙連合を作った。しかし，政権与党は選挙連合に不利な選挙法の改正を行ったため，この連合に参加した諸党は各政党組織を残しつつ，民主連立を新党として登録して選挙戦を戦った。党首にはキリスト教民主運動のズリンダ（Mikuláš Dzurinda）が就いた[14]。
　この選挙でも民主スロヴァキア運動が第1党の地位を確保したが，その連立パートナーであった急進左翼のスロヴァキア労働者連盟が議席を取れなかった

---

10)　なお，独立後のスロヴァキア議会の正式名称は「スロヴァキア共和国国民評議会」となり，150議席の一院制議会で選挙は比例代表で実施されている。

11)　キリスト教民主運動は，体制変動直後の1990年に，異論派の擁護活動で知られる弁護士のチャルノグルスキーらによって設立された。暴力に反対する公衆とともに，体制変動直後の非共産政権を支え，1998年選挙では民主連立の中核をなした。世俗的な自由主義を志向するグループが含まれていたが，キリスト教的伝統保守主義とナショナリズムの要素も強く持っている。

12)　メチアルの民主スロヴァキア運動に参加した政治家の中に，次第にその強権政治に反発して離党する者が現れるが，その離党グループが1994年春に設立した政党。

13)　1992年選挙の際にかつての「プラハの春」の立役者であるドゥプチェク（Alexander Dubček）を擁して設立された中道左派政党。1992年選挙ではドゥプチェク自身が候補者となっていた連邦議会国民院でのみ議席を得た。

14)　ズリンダは1955年生まれで，ジリナの運輸通信大学を卒業し，ジリナの運輸研究所で経済分析を行う研究員であった。体制変動直前の1988年に国鉄のブラチスラヴァ本部の情報技術部長となり，1991年にはスロヴァキア政府の運輸・郵政副大臣，メチアルが一時的に野に下った1994年3月から10月まで運輸・郵政・公共事業相。1990年のキリスト教民主運動設立に加わり，1994年選挙以降はスロヴァキア議会に議席をもち，1998年から2006年まではスロヴァキア政府首相。2000年から2012年までスロヴァキア民主キリスト教連合の党首。2010年から2012年まで外務大臣。経歴はスロヴァキア民主キリスト教連合のホームページ情報による［http://www.sdku-ds.sk/people/showProfile/1/zivotopis: true/category: poslanci］（2012年9月3日閲覧）。

写真 4-1　1998年選挙の際のポスター。左は民主スロヴァキア運動のもので，このときの同党の登録番号が1番であったことから，「1番になる」という願いを込めて，このようなものが作られたと思われる。右側はスロヴァキア民主連立（民主連立）のもので，上に「すべての人々のためのチャンス」，右端中段には「公正さ，礼儀正しさ，威厳という価値への回帰」とあり，民主連立という党名の下には，「変化への真のチャンス」とある。民主スロヴァキア運動の権威主義からの脱却を言葉に訴えている。

こともあり，メチアル政権与党は議会で過半数の議席の確保に失敗した。こうして選挙後に，議席を得た反メチアル勢力，すなわち民主連立，旧共産党の後継政党である中道左派の民主左翼党（SDL'），人口の約1割を占めるハンガリー系マイノリティを支持基盤とするハンガリー人連立党（SMK），それに中道左派系の新党である市民合意党（SOP）による新しい連立政権が発足した。

民主党の幹部であったミクロシュは民主連立の議員候補となり，議会での議席を得ただけでなく，選挙後に成立する第一次ズリンダ内閣で副首相に就任した。すでに述べた通り，民主連立は中道右派と中道左派の諸党からなる寄り合い所帯であり，さらに，ズリンダ政府には民主左翼党や市民合意党などの中道左派が加わっていた。したがって，この政府は積極的な新自由主義的改革を展開できる構成にはなっていなかった。財務相には中道左派の民主左翼党のシュメグネロヴァー（Brigita Schmögnerová）が就任した。その出身から考えても彼女を新自由主義者と呼ぶことはできないが，前政権の放漫財政によって生じてい

た財政の不均衡を修正すべく，公共料金や付加価値税の引き上げを行い，また外国資本の投資促進などを意識して，法人税を引き下げるなどの政策を果敢に実行した。そうした政策は出身政党である民主左翼党幹部から批判を受け，2002年初めに任期満了を待たずにその職を辞した。その経済政策は国内では不評であったが，国外，特に欧州の金融専門家たちの間では高い評価を受け，2000年に英国の『ユーロマネー』誌が主催する「ベスト・ファイナンス・ミニスター」に選ばれている。また，財務相辞任後は国連の欧州経済委員会や欧州復興開発銀行の要職を歴任している［Hakel 2010］。

　ミクロシュは副首相であったが，財政については上述のシュメグネロヴァーが担当していたので，そこでの活躍の余地はなかった。内閣で責任者として担当したのは行政改革で，広域自治体設置問題や公務員制度改革など，EU加盟の条件となる重要事項で，かつ与党内でも意見の分かれる困難な問題が多く含まれていた。これらについては，すでに別稿で論じたので，ここでは繰り返さないが，いずれも連立内に深い傷を残しながら，最終的には妥協による合意を得た。このような形でミクロシュはスロヴァキアがEUに加盟する条件作りに貢献したといえる［林 2003a］。

　民主連立は，上で述べたように，たまたま複数政党からなる選挙連合に不利な選挙法の改正がなされたため，便宜的に単一政党として登録を行ったという経緯があった。そのため，選挙後に民主連立の議員の中には本来の所属政党に復帰することを望むものが少なくなかった。他方，首相のズリンダは民主連立を基礎とする新しいリベラル政党の立ち上げを構想しており，その結果として民主連立内に亀裂が生じキリスト教民主運動系や民主党系の議員の一部は元の所属政党に復帰した。2000年に，ズリンダは新党としてスロヴァキア民主キリスト教連合（SDKÚ）を旗揚げした。これには，キリスト教民主運動系のズリンダ首相，民主連合系のクカン（Eduard Kukan）外務相，民主党系のミクロシュ副首相など，ズリンダ政権の中道右派系閣僚の多くが参加した。合計で19名の議員がそれに参加したが，これによって比較的明瞭な経済自由主義を掲げる政党が議会にはじめて議席を得たことになる［Slovensko 2001: 62-65 (45-47)］[15]。1992年選挙後に議会で経済自由主義を代表していたのはキリスト教民

---

15) 以下の議会の動向や一連の立法に関する記述はスロヴァキアの社会問題研究所が発行している年鑑に依拠している。年鑑のタイトルは *Slovensko XXXX: Súhrnná správa o stave spoločnosti* であり，*XXXX* の部分に扱っている年が記されている。ただし，そのタイトルの年と発行年が1年ずれる

主運動であったが，この党はカトリック的な保守主義という要素が強く，より世俗的な経済自由主義を支持する有権者を取り込むことができないでいた。その意味で，世俗的な経済自由主義政党が議会に足場を築くまでに，1989年の体制変動からおよそ10年を要したことになる。

2002年の選挙綱領でスロヴァキア民主キリスト教連合は自らを「民主的中道右派政党」で，「キリスト教民主主義者であるが，また近代的保守主義者で自由主義者」であると規定し，さらに「キリスト教民主主義と保守主義を，われわれはユダヤ・キリスト教的精神の伝統で理解する。自由主義を，われわれはとりわけ自由の尊重，および他の考え方をする人びとの自由に対する寛容と理解する」と説明している。この「ユダヤ・キリスト教的精神」とは，おそらくは反ユダヤ主義を含む教条的なキリスト教の信仰を掲げる宗教政党ではないことを述べていると思われる。これらは，民主スロヴァキア運動，スロヴァキア国民党，キリスト教民主運動などの強い伝統保守やナショナリズムを意識して，それらとの差異を強調する意味を持っていた［スロヴァキア民主キリスト教連合 2002］。

1998年選挙は「第二革命」という性格を持ち，中道右派と中道左派が結集して，メチアルの権威主義的政権を終わらせた。そのとき進行した政党の再編過程で経済自由主義的な政策を重視する中道右派勢力がズリンダの組織したスロヴァキア民主キリスト教連合のもとに結集したのである。ポーランドでは，旧共産党の後継政党である民主左翼同盟を軸とする左派政権（1993～1997年）に対抗する形で，分裂していた旧連帯系諸党が連帯選挙行動（AWS）や自由連合（UW）を中心に再結集し，それがさらに再編される過程で，穏健な伝統保守主義と経済自由主義を掲げる市民政綱（PO）が誕生したが，スロヴァキアの経済自由主義派のたどった経路は，このポーランドでの経路と似ているといえよう。

IV 2002年選挙と経済自由主義

2002年の選挙では，なおメチアルの民主スロヴァキア運動が首位に立ったが，その得票率と獲得議席（19.50％, 36議席）は過去最低にとどまった。選挙前の予想では，1999年に，それまで民主左翼党の副議長であったフィツォ

ことになる。また，この年鑑には *Slovakia XXXX: Global Reporot on the State of Society* というタイトルの英語版もある。（　）内の数字は英語版の該当頁を示している。

(Robert Fico) が設立した新党のスメル (Smer, スロヴァキア語で「方向」を意味する) の躍進が確実視されていたが，得票と議席はさほど伸びず (13.46%, 25 議席)，逆に苦戦が予想されていたスロヴァキア民主キリスト教連合が善戦し (15.09%, 28 議席)，民主スロヴァキア運動についで第 2 位に入った。その結果，4 位のハンガリー人連立党，5 位のキリスト教民主運動，それに 6 位となった新党の新市民同盟 (ANO) の得票を足すと 150 議席中 78 議席で過半数を超え，中道右派のみによる第二次ズリンダ内閣が成立したのである[16]。

1998～2002 年の第一次ズリンダ内閣を構成した民主左翼党や市民合意党などの中道左派諸党は同じ中道左派系と見なされたスメルに得票を奪われる形ですべて議会から姿を消した。なお，これらの議会外政党となった中道左派系諸党はその後，スメルに吸収されることになる[17]。また，1990 年以降のすべての選挙で議席を得ていたスロヴァキア国民党が党内対立で分裂し，二つの異なる候補者リストを作り支持者を分けあったため，どちらも 5% の阻止条項によって議席を失った。両党の得票を足すと 7% ほどの得票率だったので，このスロヴァキア国民党の分裂がなかったら，第二次ズリンダ連立政府の成立はなかったかもしれない。そういう意味では，第二次ズリンダ内閣の成立は外的な偶然によるものであったともいえる [Fisher et al. 2007: 991]。

1998 年選挙で民主連立は 42 議席を得ているが，そのうち 6 議席は中道左派系の議席だったので，その中の中道右派の議席は 36 議席であった。この民主連立を構成した政党のうち 2002 年選挙で議席を得たのはスロヴァキア民主キリスト教連合とキリスト教民主運動の 2 党であるが，その合計議席は 43 議席となるので，有権者はこの 2 党についてはとりあえずそれまでの与党として「合格点」を与えたといえる。

2002 年選挙後に連立政権を作るスロヴァキア民主キリスト教連合，キリスト教民主運動，ハンガリー人連立党，市民民主同盟のそれぞれの選挙綱領での社会経済社会をみておこう。

キリスト教民主運動の綱領では，失業の増大という現状を最大の問題と捉え，その解決策が減税や規制緩和による雇用の創出にあるという認識に立ち，家族的な価値や社会正義の重視という伝統的な同党の主張と並んで，14% 一律の

---

16) 2002 年の選挙については，Mesežnikov [2002] と Mesežnikov et al. [2003] も参照。
17) 他の中道左派を吸収したスメルは 2004 年にその名称を「スメル＝社会民主」(Smer-SD) と改称し，政策面でもより中道左派色を鮮明にした。

均等税率(フラットタックス)制や,雇用規制の緩和という方向での労働法改正を主張していた[KDH 2002]。第二次ズリンダ政権の改革はおもにミクロシュらのスロヴァキア民主キリスト教連合の政策として語られることが多いが,実はキリスト教民主運動もこの時点ではそれに劣らず,新自由主義的な経済社会政策を志向していたことになる。

　はじめての選挙に臨んだスロヴァキア民主キリスト教連合は,その選挙綱領において,「われわれの綱領の基礎的な柱は,各人の誠実な経済活動を支援すること,自らの生活に対する各人の責任,そして国家に対する義務の量を引き下げること」と述べ,そのうえで財政赤字の削減,14〜15％の均等税率制導入などを掲げていた。ただし,均等税率については「原則として14〜15％の水準の均等税率の実施という考え方を支持するが,その実施について十分な議論と準備がなされなくてはならない」という慎重な表現になっていた[SDKÚ 2002]。

　ハンガリー人連立党は,ハンガリー人の世俗的なリベラル派,ナショナリズム派,キリスト教民主主義に立つ伝統保守派の3政党の連合体で,1998年選挙前までは「ハンガリー人連立」(MK)という名称を使っていた。しかし,1998年の選挙法の改正に対応するためにハンガリー人連立党という名称で単一の政党になった。常に内部対立を抱えていたが,経済政策に関しては経済自由主義的傾向が強く,対外政策ではEU加盟を重視しているので,その点ではスロヴァキア人の中道右派諸党との協力は可能であった。また,この政党はハンガリー人の権利保護が最優先となるので,その優先的要求が満たされる場合,それ以外の事項ではかなり柔軟な対応をとることができる。この2002年選挙では,ハンガリー語を教育語とする大学の設置を重点事項としており,これについては選挙後の連立政府綱領にも,その実現が書き込まれることになる[18]。このときのハンガリー人連立党の選挙綱領では,税制など具体的な経済改革の提案や約束はなされていなかった[SMK 2002]。

　市民民主同盟は,民放テレビ局「マルキーザ」の経営者であったルスコ(Pavol Rusko)が,2001年に立ち上げた新党である。経営者側にたつ経済自由主義を強調しているが,その選挙綱領では具体的な税制などでの提案はなされていな

---

18)　2004年に南スロヴァキアのコマールノ Komárno (ハンガリー語ではコマーロム Komárom) にハンガリー語を教育語とするシェイェ・ヤーノシュ大学は設置された。同大学は経済学部,教育学部,神学部の3学部からなる。http://www.selyeuni.sk/hu/karok.html (2012年9月3日閲覧)

い［ANO 2002］。党首のルスコは自らが経営するテレビ局の番組に数多く出演することで知名度を上げたが，市民民主同盟はその党首の知名度に依拠して議席を得たといえる。この政党の議席獲得によって第二次ズリンダ政権与党は過半数を確保できたのであるが，その後は党の分裂や，ルスコ自身のスキャンダルなどが続き，政策形成に独自の影響を持つことはできなかった。

V　第二次ズリンダ内閣の社会経済改革

　上記の中道右派4党は，スメル，民主スロヴァキア運動，スロヴァキア国民党とは連立交渉に応じないと言明していたので，この中道右派4党による連立以外の選択肢はなかった。しかし選挙後，大統領のシュステル（Rudolf Schuster）は首相候補を決めるのに1週間ほど時間をおいた。第1党となった民主スロヴァキア運動のメチアルに組閣工作の時間を与えるのが常道と考えていたからである。その可能性がないことを確認した大統領は9月27日にズリンダに組閣要請を行い，10月8日に中道右派4党は連立合意書に署名，15日に前内閣の首相としてズリンダは辞表を大統領に提出し，大統領はあらためてズリンダを新首相に任命。翌日にズリンダはすでに政党間で合意していたリストに従って閣僚を任命した。続いて11月4日に閣議が政府綱領を決定し，11月14日に議会はその政府綱領を採択し，ズリンダ政府の信任の手続きが終わった［Slovensko 2003: 33, 40-42 (34, 40-42)］。

　政府綱領はかなり長い文書で，「民主国家」，「経済政策」，「社会分野」，「安全で効率的な国家」という項目に沿って，政府の政策全域について基本的な考え方が述べられている。たとえば，「経済政策」の冒頭におかれた「マクロ経済と財政」という項目には次の一節がおかれている。

　　　　財政の赤字を削減することを目的とする政策は，最も重要な支出部門での諸改革とあわせて，納付金と直接税の引き下げの余地を作るものである。政府は財政を手段とする再配分の水準の引き下げを続けるつもりである。政府は均等税率導入の可能性を検討する。

また，「社会分野」の最初の部分におかれた「社会政策」については，次のように述べられていた。

社会分野での政府の優先事項は，失業の低減と社会システムの効率の向上である。この目的の達成のために，社会政策のほぼすべての領域で改革の手段を準備する。労働市場，納付金負担および社会システムの明確で体系的な変化のみが失業の低減と社会システムの効率と透明性の向上をもたらすことができると確信している。

　この2箇所の抜粋からだけでもこの政府綱領がかなり明瞭な新自由主義的精神で書かれていることが分かる。政府綱領はなお抽象度の高い表現で書かれており，また政府内での合意が不十分なものほど慎重に書かれている。たとえば，この時点で均等税率制の導入はなお「可能性の検討」という表現にとどめられていた［Vláda SR 2002］。

　2003年4月に政府は「財政改革の戦略」という文書を採択した。この文書は「財政の持続可能な発展」を目指し，政府の任期が満了する2006年までに政府予算の赤字をGDPの3％以内にすることが目標とされていた。この目標はいうまでもなく，欧州の共通通貨ユーロ導入が強く意識されたものであった。さらに，同年6月に「2004～2006年の税制改革の概念」という文書を政府は採択している。この文書では，付加価値税と所得税に関する制度改革を2004年から実施し，また税制改革は社会保障，年金，医療システムの改革と同時に一体で行うというものであった[19]。具体的な税制については，それまでの複雑な制度が廃止され，個人所得と法人所得について19％の均等税率が提案されていた[20]。ただし，税金を免除される最低収入は引き上げられて，ここでの低所得者への税負担増は回避されていた。さらに，それまで2段階となっていた付加価値税（14％と20％）を一律で19％とした。これらの改革は政府予算の赤字を抑制するという政策とセットになっているので，全体としては政府の税収に影響が出ないように設計されていた。新しい税法は同年10月に議会で可決された［Slovensko 2004: 412-416 (342-345)］。

　2003年7月には労働法が改正された。労働時間の規制緩和，任期付き雇用やパートタイム雇用で雇用者側が雇用期間を変更する条件の緩和，レイオフからの被雇用者保護規制の緩和などがその内容であった。また同年12月に議会は新しい社会保障法を可決し，それによって年金については個人の責任で退職後の貯金ないし年金基金への投資を選択するという要素がより強められた

---

19)　制度改革の全体像を簡潔まとめたものとしてはFisher et al.［2007: 980-985］を参照。
20)　東中欧での均等税率（flat rate tax）の導入についてはBaturo and Gray［2009］を参照。

写真4-2　ブラチスラヴァにあるスロヴァキア共和国議会の建物。ブラチスラヴァ城とならんでドナウ川と市街を見下ろす丘の上にある。

[Slovensko 2004: 419-420 (348-350)]。

　さらに，2003年12月から2004年9月にかけて，医療制度についての一連の法案が可決され，この分野でも大きな制度改革が行われた。体制変動後に，社会主義時代から引き継いだすべてを税金でまかなうシステムは強制医療保険制度へと移行し，また医療機関の一部が私有化されるという制度変更が段階的になされてきたが，財政面と医療水準の両面でその制度は危機的状況にあった。第二次ズリンダ政権の改革はこの危機状況にある医療制度を抜本的に見直すものであったが，特に一般の議論となったのは，患者の治療費負担を増やす内容の改革で，診察料，処方箋料，入院料などの諸経費が患者の自己負担となったことであった[Slovensko 2005: 623-646 (511-535)]。

　これらの法案に対して，スメル，民主スロヴァキア運動，スロヴァキア国民党，それに2002年選挙で議席を得たスロヴァキア共産党(KSS)からなる野党はこぞって反対したが，いずれも大きな修正を受けることなく一連の法案は可決し

た。選挙後に,さまざまな理由で与党のスロヴァキア民主キリスト教連合や市民民主同盟などから離脱する議員が出たため,2004年末までに与党の議員の数は70名ほどまでに減り,過半数を割る少数内閣となっていた。しかし,野党からの離党者を含む無所属議員が合計で20名ほどいて,その一部を法案ごとに説得するという方法で,法案の可決は可能であった。また,税制改革や労働法改正などについては,中道左派系のシュステル大統領[21]が頻繁に拒否権を発動して,法案を議会に差し戻したが,それもそのつど議会で絶対多数(76人の賛成が必要)の賛成を確保して,拒否権を乗り越えることができた[Slovensko 2004: 22-25 (22-25), 29-32 (27-30); Slovensko 2005: 21 (25)]。

この一連の立法の中で,特に労働法の改正については,労働組合のナショナルセンターである労働組合連合(KOZ)が組織的な抵抗を行った。労働組合連合は他の欧州の労働組合と同様に組織率の低下に悩んでおり,2004年の時点で労働者の組織率は26.7%に過ぎなかった。しかし,スロヴァキアの労働組合はそれなりの政治的影響力を行使してきたことも確かである。メチアル政権末期に労働組合連合は政権と対立し,1998年選挙では野党連合を支持し,第一次ズリンダ政権成立に貢献した。その見返りとして,紳士協定という性格のものであったが,1999年から三者協議の制度化がなされた [Slovensko 2005: 284-288 (233-236)]。

しかし,第二次ズリンダ政権の成立によって,政権と労働組合の対立は深まった。雇用者側にきわめて有利な労働法改正に対して,労働組合連合はまず議会内の野党に働きかけを行い,同法の議会通過を阻止できないと判断した後は,任期満了前の議会選挙の実施を問う国民投票を求めて,署名運動を開始した。運動は2003年11月に開始された。憲法95条の規定では,30日以内に35万人の署名を集めることが必要とされているが,この請願運動は60万余の署名を集めた。国民投票は4月3日投票の大統領選挙と同日に実施されたが,投票

---

21) スロヴァキアではチェコと同様に大統領は議会での間接選挙で選出されることになっていたが,1999年からは直接選挙で選出されることになり,第1回目の大統領選挙では第一次ズリンダ内閣の与党が共同で擁立した市民合意党党首のシュステルが対立候補のメチアルを破って当選した。シュステルは共産党時代にスロヴァキア第二の都市コシツェの市長を勤め,共産党の中央委員でもあった。当然その政治志向は左派なので,一連の中道右派諸党による自由主義的立法には反対であった。2004年に第二回目の大統領選挙があり,かつてメチアルの腹心であったガシュパロヴィチ (Ivan Gašparovič) がメチアルを破って当選するという意外な展開となった。ガシュパロヴィチは明確な経済思想を持っているとは思われないが,そのポピュリスト的な性格から見てやはり第二次ズリンダ内閣の改革には反対であった。

表4-1 スロヴァキア政府予算赤字の対GDP比の変化 1998～2007年

1998	1999	2000	2001	2002	2003	2004	2005	2006	2007
−5.3	−7.4	−12.3	−6.5	−8.2	−2.8	−2.4	−2.8	−3.2	−1.8

出典：Eurostat［http://epp.eurostat.ec.europa.eu/tgm/table.do?tab=table&init=1&plugin=1&language=en&pcode=tsieb080］（2012年9月3日閲覧）

率が35.96％にとどまり，必要とされる50％を超えることはできなかった。労働組合連合はこの国民投票に向けてかなりの動員を行ったが，力およばなかった。しかし，この過程で，スメルが資金を含めて全面的に労働組合のキャンペーンに協力し，その結果労働組合連合はその後にスメルを組織的に支持することになる。少なくともスメルは2006年選挙での勝利の布石を打つことにはなった［Slovensko 2005: 64-65（52-53）］。

最後に，第二次ズリンダ政府が掲げた政府予算の赤字をGDPの3％以内に抑制するという目標について触れておこう。1998～2007年の数字は上の表の通りである。

第二次ズリンダ政権のもとで作成された政府予算は2003～2007年のものとなるので，ほぼ目標を達成している。欧州共通通貨のユーロ導入には，これ以外にインフレ率，政府債務残高のGDP比，金利などの基準があるが，スロヴァキアはこれらを満たしているとして，2008年5月の欧州委員会で，2009年からのユーロ導入が認められた。それはフィツォ政権の時期に入っていたが，基本的には第二次ズリンダ政権期の緊縮財政の成果といえる。

VI 2006年選挙以降

これまでの議論をひとまずまとめておこう。ここで扱った一連の立法はすべて与野党間の対立案件であり，また大統領もそれに抵抗して拒否権を発動したので，それなりの論争が議会で展開された。しかし，第一次ズリンダ政権期に行われた国家公務員法や広域自治体設置にかかわる法案審議と比べるなら，その立法はむしろ円滑に進んだといえる。4政党の連立の場合，大枠での合意があっても，実際の立法段階で与党内に対立が生じることが多くある。第一次ズリンダ政権時代の国家公務員法や広域自治体に関する立法はその典型であった。それに対して，第二次ズリンダ政権期の税制，社会保障，医療制度，労働

法改正などの問題では与党内の合意はほぼ一貫していた。その結果，実質的には与党議員数が議会の過半数を割っていたにもかかわらず，一連の法案は与党合意に沿って議会を通過したのである。

　この一連の新自由主義的改革の実現についてはさしあたり次のような説明が可能である。複数の分野にまたがる包括的な制度改革については，それを実施するための専門家の育成や政党レベルでの合意形成，さらには官僚を含む政府レベルでのかなり長い準備が必要となる。そのうえで，選挙直後から具体的な与党間での合意形成と迅速な立法が必要となる。次の選挙が近付くと，連立与党のそれぞれが選挙を意識して独自色を打ち出さざる得なくなるので，閣内不一致が増えるからである。大がかりな制度変更がこのような条件を満たすことは一般には困難である。

　スロヴァキアの場合，上で述べたように，体制変動直後の段階ではそのような専門家たちの数は少なく，また政党レベルでも，経済自由主義を支える勢力の形成は遅れていた。しかし，1998年までのメチアル政権時代にリベラル系のシンクタンクにおいて若手のエコノミストたちが社会経済制度改革について研究をし，ある種のコンセンサスを形成するようになっていたと考えられる。あえて言えば他のヴィシェグラード諸国が共産党時代に経験した西側経済学の受容が，スロヴァキアではようやくメチアル政権期に一世代若い層によって在野の空間でなされたともいえる。そしてミクロシュを含むこれらの若手エコノミストたちは，第一次ズリンダ政権発足と同時に，大臣，その補佐官，省庁の専門家グループなどさまざまな形で政府機構に取り込まれた[22]。それは，共産党体制崩壊直後に在野の専門家たちが一斉に政府に呼び込まれたチェコやポーランドの状況と似ている。またこの時期に欧州基準に沿った政治経済改革が進行したとみるなら，他のヴィシェグラード諸国で1990年代初めに実施された「第一世代改革」がようやく1998年からの第一次ズリンダ政権期にスロヴァキアでは実施されたとみることもできる。ただし，この政権は新自由主義的改革を実施に移す体制にはなかった。連立与党内の左派がそれに抵抗したからである。しかし，これらの若手専門家たちは政府の中で少なくとも制度変更の準備を始めることができた。

　このとき，これらの専門家たちを支えていたのは，スロヴァキア民主キリス

---

22) メチアル時代のシンクタンクとその後の若手専門家たちの政府入りについては，Fisher et al. [2007: 991-993] を参照。

ト教連合，キリスト教民主運動，ハンガリー人連立党の中道右派三党であったが，この3党はすべて2002年選挙後の第二次ズリンダ政権に横滑りで入閣した。別な言い方をすると，第二次ズリンダ政権はその発足時期から社会経済改革については実質的な下準備を終えていたといえる。スロヴァキア民主キリスト教連合とキリスト教民主運動の選挙綱領での均等税率がほぼ同じ数字であることは，そのことの反映と見ることもできる。またスロヴァキア民主キリスト教連合の選挙綱領で均等税率についてむしろ慎重な表現がなされていたことは，専門家たちが具体的な課題をかなり細部まで議論し，なお問題が残されていることを認識していたことを示唆している。こうして，第二次ズリンダ政権発足直後からあらかじめ合意されていたシナリオに従って，制度変更が着手されたのである。他方，第二次ズリンダ政権期の野党は，これに対抗するだけの専門知識の蓄積に欠けていた。最大野党のスメルの議員には与党議員としての経験を持つものがほとんどおらず，高度な専門的知識を前提とする社会政策や税制について，政権に対抗するだけの理論的支柱を欠いていたのである[23]。

　この第二次ズリンダ政権期の社会経済改革をスロヴァキアにおける「第二世代改革」と見るなら，スロヴァキアでは「第一世代改革」と「第二世代改革」が時を経ずに連続して進行したとみることもできる。スロヴァキアの新自由主義は他との比較でみると，遅れて現れた。しかし，遅れて現れた故に準備ができており，2002年に出現した好機をつかむことができた。それによって，他のヴィシェグラード諸国よりも，経済自由主義という観点で見るとこの時点では先を行くことにさえなったのである。

　最後に第二次ズリンダ政権以後の展開についても言及しておこう。2006年6月にスロヴァキア議会は選挙を迎え，第1党となったスメルが民主スロヴァキア運動，スロヴァキア国民党との連立で政権につき，スメルの党首であるフィツォが首相に就任した。連立与党は150議席中85議席を持ち，安定政権となった。4年間にわたる新自由主義政権の政策は一般には不人気な内容であり，それに対する「揺り戻し」が中道左派と伝統保守ないしナショナリズム派の連立

---

23) この野党の弱さを捉えて，オドワイヤらは「未熟な制度化」underinstitutionalization と呼び，制度変更を容易にした要因と指摘している [O'Dwyer and Kovalčík 2007]。スロヴァキアついて言うなら，その指摘は間違っていないが，新自由主義的改革が実現した最大の要因は第一次ズリンダ政権期から第二次ズリンダ政権期へ至る制度改革派のダイナミズムというべきであろう。

表 4-2 中道右派諸党の 2002 年選挙と 2006 年選挙結果の比較

	得票数		得票率（%）		議席数	
	2002	2006	2002	2006	2002	2006
スロヴァキア民主キリスト教連合[25]	433,953	422,815	15.09	18.35	28	31
ハンガリー人連立党	321,069	269,111	11.17	11.68	20	20
キリスト教民主運動	237,202	191,443	8.25	8.31	15	14
市民民主同盟	230,309	32,775	8.01	1.42	15	0
合計	1,222,533	916,144	42.52	39.76	78	65

出典：チェコ統計局・選挙結果ホームページ（http://www.volby.cz）から著者が体成

を可能にしたといえる[24]。

　しかし，次の点も確認しておく必要がある。表 4-2 は中道右派諸党の 2002 年選挙と 2006 年選挙における得票数と得票率を比較したものである。確かに 2006 年の中道右派 4 党の総得票数は 2002 年との比較で 25.1％減少している。2006 年の選挙の投票率は前の選挙との比較で 15.3％の減少なので，中道右派諸党の合計得票の減少はそれを上回っている。しかし，汚職などのスキャンダルで党が崩壊した市民民主同盟の得票の減少を別にすると，他の 3 党の得票の減少は投票率の減少より小さく，得票率で見るとこの 3 党は 2002 年選挙をいずれも上回っており，議席は合計で 2 議席であるが増えている。これを考慮に入れると，2002 年選挙で二つに分かれて戦ったスロヴァキア国民党が 2006 年選挙では統一を回復して 20 議席を得たことと，市民民主同盟が崩壊して議席を失ったことという二つの要因によって政権交代が起きたといってよい。別な言い方をすると，中道右派諸党については，市民民主同盟が忌避されたとはいえ，他の 3 党について有権者は否定的な評価を下さなかったといえる。

24) 2006 年選挙の詳しい分析は Mesežnikov [2006] を参照。
25) 2006 年にスロヴァキア民主キリスト教連合は民主党を吸収して，政党名を「スロヴァキア民主キリスト教連合＝民主党」スロヴァキア民主キリスト教連合 - 民主党と変更した。ただし，ここでは以下でもスロヴァキア民主キリスト教連合とする。

その4年後の2010選挙で中道右派はスロヴァキア民主キリスト教連合，キリスト教民主運動の二つの既成政党と，ポピュリスト型リベラル政党の自由と連帯（SaS）およびハンガリー系リベラル政党であるモスト＝ヒード（MOST-HÍD，スロヴァキア語のmostとハンガリー語のhídはともに「橋」を意味する）という二つの新党が議席を得て，合計79議席で再び中道右派連立政権が成立した。しかし，欧州懐疑主義に立つSaSが，2011年11月にギリシア経済危機に対応するための欧州金融安定ファシリティー拡充案に反対したことで連立政権は分裂した。政府は野党であるスメルの協力によってこの問題を乗り切ったが，任期満了前の選挙を要求するスメルの意向を受け入れて，2012年3月に選挙が実施された。
　この前倒し選挙でスメルは44.41％の得票で過半数の83議席をえて，政権に返り咲いた。他方，2000年の結党以後，中道右派諸党内で指導的役割を果たし，またスロヴァキアでの新自由主義の担い手であったスロヴァキア民主キリスト教連合は，選挙直前に党指導部の金銭スキャンダルを示唆する政府内情報が漏洩するという事件のあおりで支持を失い，選挙では11議席の獲得に終わった。しかし，スメル以外で議席を得た5政党はいずれも保守系，リベラル系の中道右派政党で，その合計の得票率は36.23％であった。
　このように2006年選挙以降でみると，一方でスメルが伝統保守派やナショナリズム派の票をも吸収しながら，中道左派の政治空間を単独で占めることになった。他方，中道右派の空間はそれまでの宗教やエスニックな要素による溝に加えて，欧州統合にかかわる溝も加わり，複数政党の併存という状態が継続している。とはいえ，全体としてみるなら中道左派と中道右派がそれぞれの社会経済政策を掲げて競い合い，2002年以後の選挙でみると，政権はその両者の間で行き来している。
　全体としてこの10年の流れを振り返るなら，新自由主義的な構造改革によって外資の導入を促進しようとする新自由主義路線はかなりの定着を見せたといえる。2012年選挙後，それまでの新自由主義の担い手であったスロヴァキア民主キリスト教連合の影響力は凋落したが，替わってSaSがその担い手として一定の議席を議会で保持している。輸出型の工業を基盤とする人口500万ほどの小国にはそれ以外の選択肢はないというのが中道右派の合意となっているが，この考え方はある程度中道左派のスメルも共有していると思われる。2006年選挙と2012年選挙で中道左派政権が誕生し，新自由主義改革の行き過

ぎを是正する制度修正は繰り返しなされているが，税制などの根幹には大きな変化はないからである。欧州統合やグローバリズムの流れの中では中道左派政権の持ちうる選択の幅は限られている。スロヴァキアの有権者は1998年以降，選挙のたびにある程度明瞭な意思表示を行い，国家の進路を選択してきたといえる。また，政党政治は確かに「変易性」volatilityが高く，不安定な要素を含むが，選挙ごとに有権者に明確な選択肢を提示し，その選択を可能にしてきたともいえる。そうした意味で，スロヴァキアの政党政治は機能しているし，有権者はその範囲で合理的選択を行っているとみることもできる。

参考文献

ANO [2002] *Volebný program: Aliancie nového občana.*
Aligica, Paul Dragos and Anthony J. Evans [2009] *The Neoliberal Revolution in Eastern Europe: Economic Ideas in the Transition from Communism.* Cheltenham: Edward Elgar.
Baturo, Alexander and Julia Gray [2009] "Flatliners: Ideology and Rational Learning in the Adoption of the Flat Tax." *European Journal of Political Research*, 48(1): 130–159.
Bockman, Johanna and Gil Eyal [2002] "Eastern Europe as a Laboratory for Economic Knowledge: The Transnational Roots of Neoliberalism." *American Journal of Sociology*, 108(2): 310–52.
Bockman, Johanna [2007] "The Origins of Neoliberalism between Soviet Socialism and Western Capitalism: 'A Galaxy without Borders.'" *Theory and Society*, 36(4): 343–371.
DS [1994] *Volebný program DS.* Bratislava.
Fisher, Sharon, John Gould and Tim Haughton [2007] "Slovakia's Neoliberal Turn." *Europe-Asia Studies*, 59: 977–998.
Hakel, Martin [2010] "Brigita Schmognerova." *SK Magazine*, August 22. [http://www.skmagazine.eu/en/article/read/464/brigita-schmognerova]（2012年9月3日閲覧）
Horváth, Július [2002] "Economics-Slovakia." [http://www.gesis.org/knowledgebase/archive/economics/slovakia/report1.html]（2012年9月3日閲覧）
KDH [2002] Volebný program [http://volby2002.kdh.sk/vprogram.htm]（2012年9月3日閲覧）
Kto je kto [1991] *Kto je kto na Slovensku 1991.* Bratislava: Konsorcium encyklopédia.
Mesežnikov, Grigorij et al. (ed.) [2006] *Slovenské vol'by 06: Výsledky, príčiny, súvislosti.* Bratislava: Inštitút pre vereiné otázky.
Mesežnikov, Grigorij et al. (eds.) [2003] *Slovak Elections 2002: Results, Implications, Context.* Bratisalava: Institute for Public Affairs.
Mesežnikov, Grigorij (ed.) [2002] *Vol'by 2002: Analýza volebných programov politicých stran a hnutí.* Bratislava: Inštitút pre vereiné otázky.
Mikloš, Ivan (Translated by Daniel Borský) [2001] *Rewriting the Rules: An Interview Performed by Štefan Hríb and Robert Žitňanský.* Bratislava: Kalligram Publishing House.
Moore, David [2005] *Slovakia's 2004 Tax and Welfare Reforms.* IMF Working Paper WP/05/133.

ODÚ [1992] *Cesta k úspechu ODÚ*. Bratislava.
O'Dwyer, Conor and Branislav Kovalčík [2007] "And the Last Shall be First: Party System Institutionalization and Second-Generation Economic Reform in Postcommunist Europe." *Studies in Comparative International Development*, 41(4): 3-26.
Pop-Eleches, Grigore [2009] *From Economic Crisis to Reform: IMF Programs in Latin America and Eastern Europe*. Princeton: Princeton University Press.
SDKÚ [2002] *Volebný manifest: Program pre voľ by do Národnej rady Slovenskej republiky 2002*. Batislava [http://www.sdku-ds.sk/data/MediaLibrary/146/volebny_manifestSDKU.doc]（2012年9月3日閲覧）
Slovnsko [2001] *Slovensko 2000: Súhrnná správa o stave spoločnosti*. Bratislava: Inštitút pre verejné otázky.
Slovnsko [2003] *Slovensko 2002: Súhrnná správa o stave spoločnosti*. Bratislava: Inštitút pre verejné otázky.
Slovnsko [2004] *Slovensko 2003: Súhrnná správa o stave spoločnosti*. Bratislava: Inštitút pre verejné otázky.
Slovnsko [2005] *Slovensko 2004: Súhrnná správa o stave spoločnosti*. Bratislava: Inštitút pre verejné otázky.
Slovakia [2001] *Slovakia 2002: Global Reporot on the State of Society*. Bratislava: Institute of Public Affairs.
Slovakia [2003] *Slovakia 2002: Global Reporot on the State of Society*. Bratislava: Institute of Public Affairs.
Slovakia [2004] *Slovakia 2003: Global Reporot on the State of Society*. Bratislava: Institute of Public Affairs.
Slovakia [2005] *Slovakia 2004: Global Reporot on the State of Society*. Bratislava: Institute of Public Affairs.
SMK [2002] *Program starany Mad'arskej koalície*.
Vláda SR [2002] Programové vyhlásenie vlády Slovenskej republiky (november 2002) [http://www.slovensko.sk/data/files/1022.rtf]（2012年9月3日閲覧）
田口雅弘［2005］『ポーランド体制転換論——システム崩壊と生成の政治経済学』御茶の水書房.
ハーヴェイ，デヴィド［2007］『新自由主義——その歴史的展開と現在』作品社.
林忠行［2010］「チェコ政党における新自由主義——ヴァーツラフ・クラウスとODS」『聖学院大学総合研究所紀要』47: 74-104.
林忠行［2009a］「スロヴァキア政党・選挙データ」ポスト社会主義諸国の政党・選挙データベース作成研究会編『社会主義諸国　政党・選挙ハンドブックⅠ』（CIAS Discussion Paper Series No. 9) 29-45 頁．［http://www.cias.kyoto-u.ac.jp/publish/files/2010/11/ciasdp09.pdf］（2012年9月3日閲覧）．
林忠行［2009b］「東中欧諸国における政党システム形成の比較——『基幹政党』の位置取りを中心にして」『比較経済研究』46(1): 1-15.
林忠行［2003a］「スロヴァキアの国内政治とEU加盟問題——1993-2002」『日本比較政治学会年報』5: 149-171.
林忠行［2003b］「スロヴァキアにおけるナショナリズムと政党政治——第三次メチアル政権におけるスロヴァキア国民党」帯谷知可・林忠行編『スラブ・ユーラシア世界における国

家とエスニシティ II』(JCAS-SRC Series II, JCAS Occasional Paper, No. 20) 国立民族学博物館・地域研究企画交流センター，27-36 頁.
バルツェロヴィチ，レシェク（家本博一・田口雅弘訳）[2000]『社会主義、資本主義、体制転換』多賀出版.
盛田常夫 [2009]「コルナイ経済学をどう理解するか」『比較経済研究』46(2): 1-10.

第5章

中東欧諸国における「ネオリベラリズム的改革」の実際
「さらなる改革」が求められるのはいかなる時か

仙石 学

I 中東欧諸国における「第 2 世代改革」[1]
——「市場経済への転換」を超えるネオリベラル的改革とは？

　中東欧諸国における「ネオリベラル的」な経済政策の実践としてまず想定されるのは，ポーランドのいわゆる「バルツェロヴィッチ・プラン」に代表されるような，社会主義体制が解体した直後に各国で経済の安定化と市場経済への移行のために実施された，価格統制の廃止や通貨の交換性回復，貿易の自由化，あるいは企業の民営化などの施策であろう。この時期に実施された経済政策については，当初はこれを IMF や世界銀行などの「国際金融機関」（Interantional Financial Institutions）が中東欧諸国に支援を行うための条件として各国に押しつけたものであるとする見方や，体制転換という急激な政治経済の変化に対応するための既存の処方箋として，ラテンアメリカ諸国などで行われていた構造改革をそのまま移植したものであるとする議論が一般的となっていた[2]。

　だが現在では，中東欧諸国における体制転換後の経済改革を「外部の要因」と結びつける見方に対しては，否定的な見解が提起されるようになっている。まず国際金融機関からの圧力という視点に関しては，確かに IMF や世界銀行は中東欧諸国に対して経済政策のアドバイスを行ってきたものの，国によってはそれに抵抗したり，あるいはその条件を緩和させることに成功してきたことが明らかとなっていることから，外的要因の役割を過度に強調するのは適切ではないという見解が，一般的になりつつある［Orenstein 2009; Myant and Drahokoupil 2011: chapter 5］。外部からのアイデアの移植という見方についても，実際には体制転換の初期に実施されたネオリベラル的政策のもとになるアイデアは，本書第 4 章などでも指摘されているように，研究者の学術交流や留学などを通して，社会主義の時代からすでに中東欧諸国の専門家に受容されていて，一部の国ではこれを利用する形で社会主義経済の再建策が検討されてい

---

1) ここにおいて中東欧諸国とは，広くは社会主義体制が解体したヨーロッパ諸国の中で EU に加盟した国（ブルガリア，チェコ，エストニア，ハンガリー，ラトヴィア，リトアニア，ポーランド，ルーマニア，スロヴァキア，スロヴェニア），および EU に加盟することが何らかの形で想定されている国（加盟候補国のクロアチア（2013 年 7 月に加盟予定）とマケドニア，並びに EU との安定化・連合協定に署名ずみないし署名のための交渉を行っているアルバニア，ボスニア・ヘルツェゴビナ，モンテネグロ，セルビアの各国）をさすものとする。ただし本章では，他の諸国より早く 2004 年に EU に加盟した 8 カ国を議論の対象としている。
2) そのためこれらの政策は時として，いわゆる「ワシントン・コンセンサス」と結びつくものとも考えられていた。ワシントン・コンセンサスについては，序章の説明を参照のこと。

たこと，およびそれゆえに，体制転換の直後の混乱した時期においてすみやかにかつ急速な経済改革を行うことが可能となったことが確認されていることから，そのアイデアの内生的な側面に注目する議論も増えてきている［Bockman and Eyal 2002；本書第4章］。このような状況を踏まえるならば，中東欧諸国におけるネオリベラル的政策について検討するのであれば，まずはこの体制転換前後の経済政策，特にその「中東欧的」特質について検討するというのが，一つの方向なのかもしれない。

　だが本章は，体制転換から20年以上を経た現在において，この時期の経済改革を中東欧におけるネオリベラル的政策の実践として取り上げることには，大きな意味はないという立場をとる。その理由としては，初期のネオリベラル的政策とみなされていたものは，あくまでも社会主義計画経済から市場経済への移行のための，価格の安定化と政府役割の削減（市場役割の拡大）という一般的な方向性を提起していたのみで，明確な政策のパッケージや経済システムの再編に関する具体的なプランを含むものではなかったこと［Myant and Drahokoupil 2011: 84］，およびまさにそのために，この時期の各国間の「改革」の形の相違から現在の各国の状況を説明することはできないことをあげることができる。

　体制転換の直後に問題となっていたのは実は改革の「内容」ではなく，改革を行う際の「実施の速度」，およびその際の「国家の関与の程度」をめぐる，二つの路線の間の対立であった。そこでは一方には，ネオリベラル的な政策と親和性があると考えられた「ショック療法」に基づく急速な改革を行うことで，経済領域における国家の役割を縮小し，かつ民間部門の育成と市場経済の活性化を追求するという路線があり，他方にはネオリベラル的な政策とは一線を画した，国家が改革において主体的な役割を果たし，社会に与えるダメージをコントロールしながら市場経済への漸進的，段階的な改革を進めることを求める路線が存在していた。そして一般には，ポーランドやチェコが前者のグループに，ハンガリーやスロヴェニアが後者のグループに属すると考えられていた。

　だが現在では，体制転換の直後に採択した改革の方向性とその後の民営化や自由化の進展との間には，ほとんど実質的な関係はないことが明らかとなっている［Orenstein 2009: 484-486］。この点については，表5-1にあげた欧州復興開発銀行（EBRD）の改革進展度に関する指標において，中東欧諸国はどの国もすでに高いレベルの民営化や自由化を達成していて，そのスコアに大きな差

表 5-1　中東欧諸国における改革進展の程度

	大企業民営化	中小企業民営化	価格自由化	貿易自由化	競争自由化	利子率自由化
エストニア	4　(1996)	1996	1993	2000	4⁻ (2005)	4　(2004)
ハンガリー	4　(1995)	1997	1991	1994	3⁺ (2004)	4　(1997)
ラトヴィア	4⁻ (2003)	2000	1993	1999	4　(2007)	3　(2002)
リトアニア	4　(2005)	1999	2002	2001	3⁺ (2005)	4⁻ (2005)
ポーランド	3⁺ (1997)	1996	1998	1996	3⁺ (2005)	4⁻ (2005)
スロヴァキア	4　(1997)	1996	2002	1996	3⁺ (2004)	4⁻ (2004)
スロヴェニア	3　(1997)	1996	4 (1998)	1996	3⁻ (2000)	3⁺ (1999)

出典：欧州復興開発銀行ホームページ〈http://www.ebrd.com/russian/pages/research/economics/data/macro.shtml〉
注：各指標において，年号のみが書いてある場合はその項目で改革の進展に関して最高値の 4＋ (1 がもっとも改革が進んでいない状態で，4＋がもっとも改革が進んだ状態を示す) に達した年，数値と年号が書いてある場合は，その項目でその国が判定されたもっとも高い程度，およびその値に達した年を示している。なおチェコについては，EBRD のデータがないため掲載していない。

がないことを確認すれば十分であろう。制度改革の方法やその速度にかかわらず，結果として同じ程度の，市場経済に適応するための制度変革が進められたということであれば，今の段階においてその相違を取り上げて論じることには，さほどの意味はないと考えられる。

　これに対して，本章が中東欧諸国における「ネオリベラル的」政策の実践の事例として注目するのは，21 世紀に入ってから中東欧諸国の一部で実施された，これまでの制度および政策の方向性を大きく変更するような，新たな形の経済・社会改革である。近年の中東欧においては，EU 加盟に伴う規制緩和の必要や [Bohle 2006]，西欧諸国からの直接投資の拡大への期待 [O'Dwyer and Kovalčík 2007]，あるいは経済のグローバル化の潮流の中で国家の歳入を確保する必要 [Appel 2006] といったことを理由として，企業活動を活性化させるための減税や規制緩和，あるいは福祉削減など，一般に「ネオリベラル的」とみなすことができる制度・政策の変更を実施する国がみられるようになってきた。このように企業・ビジネス部門を重視するような新たな改革を通して，従来の政策路線を大きく変更しようとする近年の動きについて，オドゥイヤーとコバルチークはこれを，先に述べた体制転換直後の市場経済への移行のため改革 (オドゥイヤーらはこれを「第 1 世代改革」と称している) とは区別される「第 2 世代改革」と規定し，そのポイントを以下の 4 点に整理した [O'Dwyer and

Kovalčík 2007: 4-5]。
1) 個人所得税・法人税の減税，および税制におけるいわゆる「フラット・タックス」制度の導入
2) 社会福祉関連の支出の削減
3) 労働者保護・労働規制の緩和
4) 海外からの直接投資に対する優遇策の導入

　ここで，第 1 世代改革が市場経済への移行のための「必要条件」的な要素が強く，そのために手法は国ごとに異なっていても，結果としてはどの国も同じような形の制度変革を進めたのに対して，2000 年代に実施された第 2 世代改革は，これを実施するならば外資をより有利な条件で誘致し，長期的には国の経済状況を好転させる可能性がある反面で，企業への優遇策は同時に，福祉削減や労働規制の緩和といった形で国内の労働者への負担を強いる側面もあることから，改革の実施には政治的な対立が生じる可能性が高く，そのためにこの改革は必ずしも全ての国において実施されるとは限らないという点で，第 1 世代改革とは明確な相違がある。そして実際に，第 2 世代改革に関してはこれを実施している国とその実施に慎重な国があることに着目したオドゥイヤーらは，中東欧諸国の間でそのような違いが現れた理由について分析を行っている。

　オドゥイヤーらの分析そのものは，後にみるようにさまざまな問題がある。だがそれでも，同じような環境におかれた中東欧諸国の間で，「市場経済への転換」を超えてネオリベラル的な性質を有する第 2 世代改革を実施した国とそうでない国が存在すること，および同じような環境におかれていたはずの諸国の間でそのような違いが生じた理由を検討することそのものは，中東欧諸国におけるネオリベラル的政策の特質を考える上で，重要なテーマとなると考えられる。そこから本章でも，この第 2 世代改革の存否にみられる違いに焦点を当てて，中東欧諸国におけるネオリベラル的改革の「実践」について議論していくこととしたい。

　本章の構成は，次の通りである。まず第 II 節ではオドゥイヤーらが提起した指標に依拠しながら，現在の中東欧諸国における第 2 世代改革の実施の状況，およびその国ごとの違いについての状況を整理し，そこから第 2 世代改革の実施状況に関しては，歴史的経緯や国際環境がより近いはずのヴィシェグラード 4 カ国（チェコ，ハンガリー，ポーランド，スロヴァキア）の間で違いが生じてい

ることを明らかにする[3]。次に第Ⅲ節では，この4カ国の間で第2世代改革の実施のあり方に違いが生じた理由について，これを分析するためには各国における政党政治，特にそこにおける「改革の争点化の形」の違いという視点が有効であることを整理した上で，この「改革の争点化の形」という視点を用いるならば，第2世代改革が実施された国では，リベラル・保守系の政党が，労働組合と結びついた社会民主主義系の政党に対抗する形でより包括的なネオリベラル的改革を実施したのに対して，第2世代改革が実施されなかった国では，社会主義期の支配政党の後継政党（ハンガリーの社会党とポーランドの民主左派同盟，本章では以下「後継政党」と記載する）がそれぞれの国の事情からすでにネオリベラル的な改革を部分的に実施していたために，リベラル・保守系の政党は「反ネオリベラル」の立場をとることでこれと対抗したことから，さらなるネオリベラル的な改革は実施されなかったというような形で，二つのグループの違いが説明できることを明らかにしていく。最後に第Ⅳ節では，本章の事例とラテンアメリカの事例との比較を通して，「改革の争点化の形」という視点を用いるならば，ネオリベラル的な政策の実践およびその帰結について，より体系的な知見を得られる可能性が高くなることをまとめていく。

Ⅱ 中東欧諸国における「第2世代改革」の実施状況
— 2000年代における政策変更に注目して

　前節であげたオドゥイヤーとコバルチークは，エストニア，ルーマニア，スロヴァキア，チェコ，およびハンガリーの5カ国を取り上げ，前の3カ国について第2世代改革を実施した諸国，チェコとハンガリーを第2世代改革を限定的にしか実施していない諸国として，両グループの比較を行っている［O'Dwyer and Kovalčík 2007］。だがオドゥイヤーとコバルチークの分析においては，事例の取り上げ方には具体的な基準がない上に，彼らが比較を行ったのは2005年前後の状況で，それ以降の数年間で各国の状況は大きく変わっている。この点を踏まえて本章では，国のおかれた環境や歴史的経緯をかなりの程度共有し

---

[3]　「ヴィシェグラード諸国（4カ国）」という名称は，1991年2月にハンガリー，ポーランド，および当時のチェコスロヴァキアの3カ国の首脳が，ハンガリーのヴィシェグラードで地域協力の枠組み形成を協議したことに由来する，チェコ，ハンガリー，ポーランド，スロヴァキアの4カ国を総称する際に用いる名称である。

表 5-2　中東欧諸国におけるフラット・タックス導入の有無および個人所得税率の変化

	フラット・タックス制（年号は導入年）	個人所得税率（2011）a)	過去の最高税率(*)か 2007 年の税率	フラットタックス導入時の税率
チェコ	○ (2008)	15%	32%	19%
エストニア	○ (1994)	21%	33%*	26%
ハンガリー	○ (2011)	16%	36%	16%
ラトヴィア	○ (1997)	25%	25%*	25%
リトアニア	○ (1994)	15% b)	33%*	33%
ポーランド	×	18/32%	19/30/40%	―
スロヴァキア	○ (2004)	19%	38%*	19%
スロヴェニア	×	16/27/41%	16/27/41%	―

出典："Taxes in Europe" Database〈http://ec.europa.eu/taxation_customs/tedb/taxSearch.html〉および Myant and Drahokoupil（2011: 180）。なおハンガリーについては，tax_news.com のホームページ〈http://www.tax_news.com/news/Hungarian_Parliament_Approves_2011_Tax_Bill_46438.html〉も参照した。
注：a) 税率が複数ある 2 カ国は累進課税制度を採用していて，左側が所得の低い場合，右側が高い場合の税率となる。b) 配当所得については税率 20%。

ている，2004 年に同時に EU に加盟した 8 カ国を事例として，オドゥイヤーらの指標に依拠しながら，これらの諸国が第 2 世代改革を実施したかどうかを，2012 年までの状況を踏まえつつ確認するところから，議論を始めることとしたい。

　第 I 節でも整理したように，ここで議論する第 2 世代改革とは，減税とフラット・タックス制度の導入，福祉支出の削減，労働規制の緩和，そして外資優遇措置の四つの項目における改革の実施を軸としている。それぞれの項目に関する中東欧諸国の現状は，以下に示す通りである。

　1）　減税とフラット・タックス制度の導入：中東欧諸国における個人所得税率の変化およびフラット・タックス制度の導入の状況は，表 5-2 に上げた通りである。現在の中東欧諸国では，ポーランドとスロヴェニアを除く 6 カ国がフラット・タックス制度を導入しているが，その中でもバルト 3 国は 1990 年代の第 1 世代改革の段階ですでにフラット・タックスを導入していたのに対して，ポーランドを除くヴィシェグラード諸国では 21 世紀に入ってからフラット・タックスが導入されたという違いがある。個人所得税の税率低減に関しては，チェコ，エストニア，ハンガリー，そしてスロヴァキアにおいて最高税率が最も高いときと比べて 10% 以上も低減されているが，ここでもエストニア

表5-3 中東欧諸国における社会政策関連全般の公的支出（対GDP比％）

	2000	2001	2002	2003	2004	2005	2006	2007	2008
チェコ	19.51	19.45	20.18	20.21	19.33	19.16	18.65	18.62	18.72
エストニア	13.86	13.00	12.66	12.54	13.00	12.56	12.13	12.29	15.05
ラトヴィア	15.38	14.50	14.09	13.93	13.13	12.67	12.59	11.24	12.62
リトアニア	15.80	14.77	14.09	13.57	13.44	13.29	13.43	14.48	16.16
ハンガリー	19.53	19.21	20.30	21.22	20.63	21.95	22.42	22.39	22.71
ポーランド	19.66	20.97	21.13	21.02	20.09	19.71	19.38	18.15	18.56
スロヴァキア	19.40	18.95	19.10	18.19	17.22	16.51	16.34	16.03	16.02
スロヴェニア	24.25	24.51	24.40	23.73	23.35	23.00	22.70	21.30	21.49

出典：Eurostat〈http://epp.eurostat.ec.europa.eu/portal/page/portal/eurostat/home〉

の税率は1994年のフラット・タックスの導入以後は緩やかに変化しているのに対して，他の3カ国はフラット・タックスを導入した際に大幅な減税を実施したという相違がある。この状況から判断するならば税制に関しては，ポーランド以外のヴィシェグラード諸国において，ここで議論する第2世代改革に相当する制度変革が実施されたとするのが適当であろう。

　2）福祉の削減：福祉に対する政府のコミットメントの削減については，一般論としては福祉における社会支出の削減およびそれに伴う各種給付の削減，あるいは社会保障費負担の政府および企業から被用者への移行などに現れる可能性が高いと考えられる。だがこれらの領域については，中東欧諸国で明確な福祉削減の傾向は現れていない。社会政策関連の公的支出の近年の傾向については表5-3にデータをあげているが，これによるとスロヴァキアやスロヴェニアなどで若干の支出比率の減少は見られるものの，基本的にGDP比で見た場合の2000年代における支出の割合に大きな変化はないことが確認できる。この点は社会保障費の負担比率に関しても同様で，表5-4にあげた社会保障費の負担比率に関する三つのデータからは，やはりほとんどの国で政労使の費用負担比率にこの数年で大きな変化はないことがわかる。この状況から判断するならば，中東欧諸国における福祉削減の動きは必ずしも明確ではないようにみえる[4]。

4）中東欧諸国の場合，ポーランドやリトアニアが福祉枠組みにおいて残余的な制度を形成していることは確認されているが，これはここで議論する第2世代改革とは関係なく，体制転換後のプロセスの中で形成されてきたものである。この点を含めた，中東欧諸国の福祉枠組みの現況につ

表 5-4 中東欧諸国における社会保障費の負担比率（％）

(1) 被用者の負担比率

	2000	2001	2002	2003	2004	2005	2006	2007	2008
チェコ	24.0	24.4	24.6	24.7	25.9	26.4	26.4	25.9	26.3
エストニア	0.0	0.0	0.0	0.6	0.6	0.4	0.3	0.4	1.0
ラトヴィア	15.9	16.1	16.5	16.8	17.1	16.5	16.4	16.9	16.8
リトアニア	5.9	6.2	6.1	6.1	5.9	6.0	6.0	6.1	6.1
ハンガリー	12.8	13.0	13.0	14.9	16.2	15.9	15.1	15.9	22.2
ポーランド	24.8	23.9	23.0	22.8	22.4	22.3	22.0	22.1	19.4
スロヴァキア	18.5	18.5	18.5	19.2	20.0	21.8	20.9	21.0	21.5
スロヴェニア	39.3	39.3	39.8	39.6	39.8	39.8	40.7	41.1	41.2

(2) 雇用者の負担比率

	2000	2001	2002	2003	2004	2005	2006	2007	2008
チェコ	49.8	50.3	50.4	50.9	53.3	54.2	53.8	52.3	53.1
エストニア	79.2	77.1	77.6	79.2	78.0	79.0	80.1	81.1	79.8
ラトヴィア	49.7	48.7	50.0	47.6	47.8	46.5	46.5	48.2	48.5
リトアニア	53.7	53.6	53.4	54.1	54.3	54.1	55.2	55.4	55.5
ハンガリー	47.0	45.3	42.7	43.5	42.8	42.0	37.6	42.1	38.0
ポーランド	30.5	28.6	26.2	27.2	26.6	28.0	26.7	27.0	23.4
スロヴァキア	48.3	46.6	46.2	49.0	48.8	46.4	43.1	44.2	46.1
スロヴェニア	27.0	26.5	26.6	27.1	27.0	27.3	27.1	27.4	28.1

(3) 政府の負担比率

	2000	2001	2002	2003	2004	2005	2006	2007	2008
チェコ	25.0	24.1	24.1	23.2	19.6	18.2	18.9	20.7	19.4
エストニア	20.6	22.7	22.2	20.1	21.2	20.4	19.5	18.4	19.1
ラトヴィア	34.4	35.1	33.5	35.6	35.0	36.4	36.6	34.5	34.5
リトアニア	38.9	39.1	39.6	39.4	39.3	39.3	38.2	37.8	37.5
ハンガリー	31.6	33.1	36.4	34.8	33.0	34.8	41.7	37.1	36.8
ポーランド	32.5	33.2	34.9	33.8	38.4	32.9	32.6	32.7	34.6
スロヴァキア	31.0	32.5	33.4	30.5	29.8	30.3	27.4	26.9	25.8
スロヴェニア	31.5	32.6	32.0	32.0	31.9	31.6	30.7	29.7	28.9

出典：Eurostat

表 5-5　社会的排除に関わる公的支出（対 GDP 比%）

	2000	2001	2002	2003	2004	2005	2006	2007	2008
チェコ	0.51	0.50	0.52	0.57	0.53	0.49	0.49	0.19	0.15
エストニア	0.28	0.29	0.25	0.20	0.14	0.12	0.08	0.07	0.08
ラトヴィア	0.10	0.10	0.10	0.12	0.18	0.14	0.12	0.11	0.11
リトアニア	0.51	0.46	0.47	0.43	0.33	0.22	0.21	0.18	0.20
ハンガリー	0.18	0.18	0.19	0.13	0.13	0.15	0.14	0.14	0.14
ポーランド	0.11	0.14	0.16	0.17	0.15	0.36	0.22	0.17	0.16
スロヴァキア	1.16	1.17	1.09	0.79	0.52	0.52	0.56	0.50	0.37
スロヴェニア	0.39	0.42	0.47	0.61	0.64	0.64	0.54	0.48	0.42

出典：Eurostat

　だが全般的な指標に変化がないということが，直ちに中東欧諸国において福祉の削減が行われていないということを意味するわけではない。ここで福祉に関して，第 2 世代改革との関連で特に検討する必要があるのは，最低生活保障を軸とする「社会的排除」に関わる領域での，支出削減や制度変革への動きである。福祉の中でも年金や医療保険，あるいは失業給付など「就労」と密接に結びついている領域では，労働組合など既得権を有するアクターが給付の削減に抵抗する可能性が高いのに対して，生活保障に関わる領域の給付削減に関しては，そもそもが社会的弱者を対象とする制度であることから，改革に対して政治的な抵抗が現れる可能性が低い上に，福祉への依存を削減するという改革そのものが，中間層など負担を求められる層からの政治的支持を獲得しやすくするという点で，ネオリベラル的な改革と親和性が強いという特質がある。実際，生活保障の領域に関する中東欧諸国の支出の動向を見ると，公的な社会政策支出全体の GDP 比は，表 5-3 でも見たように大きく変化していないにもかかわらず，表 5-5 にあげた社会的排除に関連する公的支出の GDP 比に関する変化を見ると，チェコ，エストニア，リトアニア，およびスロヴァキアの 4 カ国において，2000 年代に支出比率が当初の半分以下になっていることがわかる[5]。この生活保障に関わる領域の支出削減を本章では第 2 世代改革における

　　いて詳しくは，筆者の別稿［2011a; 2011b］を参照のこと。
[5]　厳密にはこの基準にはポーランドも含まれるが，ポーランドの場合は 2005-06 年の値のみが前後に比べて高くなっているため，これを「外れ値」として対象からは外している。この時期のポーランドで社会的排除に関する支出が増えた理由としては，当時の連立政権に参加していた，

福祉削減の近似値として扱い，そこから先の 4 カ国において第 2 世代改革的な福祉削減が行われたとみなすこととする[6]。

3) 労働規制の緩和：労働者の雇用保護や解雇規制に関しては，OECD が公表している「雇用保護法制インデックス」が一つの参照基準となる。これは規制の程度が最も高い場合を 6，規制が全くない場合を 0 として，各国における規制の程度を数値化したものである。ただしこのデータは，OECD に加盟しているヴィシェグラード 4 カ国については 1998 年以降の経年変化の指標があるものの，エストニアとスロヴェニアは 2008 年の指標のみが存在し，ラトヴィアとリトアニアについては現時点では OECD による計算指標がないため，この 4 カ国については他のデータを利用してその動向を検討することとしたい。またネオリベラル的な労働規制の緩和は，一般的に雇用の流動性を高めることを重視していることから，ここでは労働規制の中でも現在働いている人の雇用の維持・継続に関わる，常勤の労働者の雇用保護に関する指標，および集団解雇の規制に関する指標に注目して，その変化を確認することとしたい。

この常勤の労働者の保護に関する指標については，バルト 3 国とスロヴェニアに関しては入手できたデータで確認できる変化を表 5-6 に，ヴィシェグラード諸国に関しては 2000 年代のデータから確認できる変化を表 5-7 にまとめている。このデータからみると，2000 年代においてはスロヴァキアとエストニアにおいては労働規制の緩和が行われているのに対して（スロヴァキアに関しては 2008 年に再度強化されているが），ハンガリーとラトヴィアについては変化がなく，他の諸国については部分的な規制緩和が行われたことがわかる。

4) 外資優遇措置：中東欧諸国における外資に対する優遇策については，少し古いデータだが 2005 年段階とそれ以前との変化を表 5-8 に整理している。これに従うならば，外資の優遇に関しては，チェコ，ハンガリー，ポーランド，スロヴァキアのヴィシェグラード諸国が法人税率の削減や海外からの投資促進

低所得者層を主要な支持層とする「自衛」(Samoobrona) およびポーランド家族連盟 (LPR) が，政府に対して低所得層支援のための財政支出拡大の圧力をかけていたことが影響している [Millard 2010: 143–145]。

[6] ただしこの 4 カ国の間では，エストニアとリトアニアについては，最低生活保障の枠組みにおいて特別の理由なく，就労もしくは就労のための社会プログラムへの参加を拒絶した場合には給付が停止されるという「特定の制度の導入」が影響している可能性が高いのに対して [Trumm and Ainsaar 2009: 165]，チェコとスロヴァキアに関しては次節で論じるように，第 2 世代改革を実施した政権のもとでより包括的な福祉・社会保障のリベラル化，およびそれに伴う給付の削減が実施されたことが影響している可能性が高いという違いがある。

表 5-6　バルト 3 国およびスロヴェニアの雇用保護インデックスの変化

	2001-4 年の指標 a)		2005 年ないし 2008 年指標 b)		規制の変化	
	常勤雇用保護	集団解雇規制	常勤雇用保護	集団解雇規制	常勤雇用保護	集団解雇規制
エストニア	2.7	4	2.46	3.25	緩和	緩和
ラトヴィア	2.3	4	2.3	4	変化なし	変化なし
リトアニア	2.9	3.6	2.7	3.6	緩和	変化なし
スロヴェニア	2.7	3.3	3.15	2.88	強化	緩和

出典：2002 年の指標は Gebel (2008: 55)，ラトヴィアとリトアニアの 2005 年指標は Masso and Eamets (2007: 104)，エストニアとスロヴェニアの 2008 年の指標は OECD ホームページ〈http://www.oecd.org/employment/protection〉。

注：a) ラトヴィアのみ 2002 年の指標，b) エストニアとスロヴェニアは 2008 年，ラトヴィアとリトアニアは 2005 年の指標。

表 5-7　ヴィシェグラード 4 カ国の OECD 雇用保護インデックスの変化

	2000 年指標		2008 年指標		規制の変化と実施年	
	常勤雇用保護	集団解雇規制	常勤雇用保護	集団解雇規制	常勤雇用保護	集団解雇規制
チェコ	3.31	2.13	3.05	2.13	緩和 (2007)	変化なし
ハンガリー	1.92	2.88	1.92	2.88	変化なし	変化なし
ポーランド	2.06	4.13	2.06	3.63	変化なし	緩和 (2004)
スロヴァキア	2.47	4	2.5	3.75	緩和 (2003〈2.06〉) 強化 (2008〈2.5〉)	緩和 (2003)

出典：OECD ホームページ〈http://www.oecd.org/employment/protection〉

策を積極的に採用している一方で，バルト 3 国は法人税率の削減は行っているものの包括的な投資推進策の実施には必ずしも積極的な態度をとっているとは限らず[7]，そしてスロヴェニアは外資への優遇措置は他の諸国と比べて少ないことが確認できる。

　ここまで整理した四つの領域の状況を，オドゥイヤーとコバルチークの整理 [O'Dwyer and Kovalčík 2007: 11, Table 3] にならってまとめたものが表 5-9 である。オドゥイヤーとコバルチークは改革の進展の程度などについて明確な基準を提起していないが，ここでは表 5-9 に示した基準を一応の指標として，ネ

---

[7]　バルト 3 国に関しては，投資優遇策が特定の領域に集中していることで（エストニアは法人税減税，リトアニアは自由貿易地域，ラトヴィアは限定的な補助金や自由貿易地域設定），投資促進のスコアが低くなっているとされる [Cass 2007: 119-120]。

表 5-8　中東欧諸国における外資奨励の程度の変化

	1994-2003 年平均			2005 年段階		
	法人税率	インセンティヴスコア a)	プロモーションスコア a)	法人税率	インセンティヴスコア	プロモーションスコア
チェコ	36.5	3.00	3.37	26.0	4.00	3.67
エストニア	18.0	1.70	2.70	0.0 b)	2.00	3.00
ハンガリー	18.0	3.73	2.80	16.0	4.33	3.00
ラトヴィア	25.0	2.63	2.00	15.0	3.33	2.00
リトアニア	27.0	3.00	1.70	15.0	3.00	2.00
ポーランド	36.0	3.60	2.90	19.0	3.67	3.33
スロヴァキア	36.5	2.84	2.04	19.0	4.00	2.67
スロヴェニア	26.5	2.77	2.13	25.0	2.33	2.67

出典：Cass (2007: 122)
注：a)「インセンティヴスコア」および「プロモーションスコア」はキャスにより提起された指標である。インセンティヴスコアは法人税率やタックス・ホリデー，補助金，自由貿易地域の設置などにより規定される指標で，1 から 5 の値をとり，「プロモーションスコア」は各国の投資推進機構 (Investment Promotion Agiencies〈IPA〉) の活動に関する指標で，1 から 4 の値をとる。いずれも数値が高いほど，外資の受け入れに積極的な施策をとっていることを示す。
b) 内部留保分のみ。配当利益には 24％課税される

オリベラル的な改革が実施されたかどうかを判断している。これに従うならば，中東欧諸国における第 2 世代改革の実施に関しては，以下のような相違があることが確認できる。

　1) 　バルト諸国は 2000 年代にもネオリベラル的な変革を（ラトヴィアを除いては）実施しているが，これは 1990 年代からのネオリベラル的な経済政策を踏襲するもので，従来の路線を「変更」するものではない。他方でスロヴェニアは，基本的に体制転換の後もネオコーポラティズム的な経済運営に依拠していて，ネオリベラル的な経済政策とは距離を置いていたが，2000 年代に入ってもその傾向は大きく変わっていない。ここからこの 4 カ国については，それぞれ異なる理由からではあるが，本章が対象とする，従来の政策を大きく変更する第 2 世代改革に相当する変革は実施されていないとみるのが妥当であろう。

　2) 　他方のヴィシェグラード 4 カ国に関しては，チェコとスロヴァキアでのネオリベラリズム的変革の実施的度合が大きいのに対して，ハンガリーとポーランドではその程度は必ずしも大きくはないという相違がある。ここでこの 4

表 5-9 中東欧諸国の「第 2 世代改革」の程度比較

	税制改革	福祉削減	労働規制緩和	投資インセンティヴ	第 2 世代改革の程度
チェコ	○	○	△	○	高 (3.5)
エストニア		○	○	○	高 (3.0)
ハンガリー	○			○	中 (2.0)
ラトヴィア				△	低 (0.5)
リトアニア	△	○	△	△	中 (2.5)
ポーランド			△	○	低 (1.5)
スロヴァキア	○	○	○	○	高 (4.0)
スロヴェニア			△		低 (0.5)

出典：本文より著者作成
注：税制改革は，2000 年代にフラットタックスの導入と，最高税率の 10％以上削減の両方を行っている国を○，片方のみ行った国を△とする。
　　福祉削減は，社会的排除の支出が GDP 比率で 2000 年代に 50％以上減少した国を○としているが，ポーランドについては注 6 に記したように，2005-06 年の値を「外れ値」として対象から外している。
　　労働規制の緩和については，常勤規制保護と集団解雇規制の両方を実施していたら○，片方のみ実施の場合は△とする。
　　投資インセンティヴは，法人税率の削減と，インセンティヴスコアおよびプロモーションスコアの上昇の三つが全て確認できる場合を○，三つのうち二つが確認できる場合を△としている。
　　最後に第 2 世代改革の実施程度については，○を 1 ポイント，△を 0.5 ポイントとして各国のポイントを算出し，3 ポイント以上を「高」，2 ポイント未満を「低」として，その間に入る場合を「中」としている。

カ国については，2000 年代に入るまではバルト 3 国型のリベラルな政策とスロヴェニア型のコーポラティズム的な経済運営との中間的な，市場と社会保護の折り合いをつける「埋め込まれたリベラリズム」(Embedded Liberalism) とも称される政策が，程度の違いこそあれ同じように追求されていたことを考慮するならば [Bohle and Greskovits 2007: 443-445]，チェコとスロヴァキアは 2000 年代に，明確にそれまでの政策の方向性を修正するネオリベラル的な第 2 世代改革を実施したのに対して，ハンガリーとポーランドはそのような改革の実施には至っていないとみることができる。

　この結果を踏まえるならば，中東欧諸国の中で第 2 世代改革を本格的に実施したのは，これまでのところチェコとスロヴァキアの 2 カ国であるとみることができる。そうであるならば次の段階としては，「なぜこの 2 カ国で第 2 世代改革が実施されたのか」という問題について検討することになるが，これは同

時に,「同じような歴史的条件,あるいは国際環境におかれていて,また体制転換後しばらくの間は同様の経済政策を追求してきたヴィシェグラード4カ国の間で,第2世代改革を実施したか否かで違いが現れたのはなぜか」という問題に答えることともなる。次節ではこの問題を,改革をめぐる対立の「争点化の形」の違いという視点から検討していく。

III ネオリベラル的改革をめぐる対立の「争点化の形」
——「第2世代改革」の存否を分けるもの

　ここまでで何度か述べたように,第2世代改革の実施に関して中東欧諸国の間で相違があるという問題そのものは,オドゥイヤーとコバルチークがすでに論じている [O'Dwyer and Kovalčík 2007: 8-10]。オドゥイヤーらは2007年の論文で,第2世代改革が実施されるか否かが国ごとに異なるのは,各国における「政党システムの制度化」の程度の違いが作用しているという議論を提起している。彼らによると,政党システムの制度化が進展している国においては,有権者は選挙における政党の選択を通して政権および政策の選択が可能となり,その結果として自らに不利益が及ぶ政策に対しては選挙を通しての抵抗ができることから,ネオリベラル的な政策を支持する政党が選挙で勝利して与党となっても,次の選挙での敗北を恐れるためにネオリベラル的な改革を強行することは難しくなのに対して,政党システムが制度化されていない国においては,有権者による政党の選択が政権および政策の選択と直接は結びつかなくなり,その結果として選挙を通した「懲罰」を与えることが難しくなるため,選挙で勝利した政党がネオリベラル的な改革を実施することに対する障壁が低くなるとされる。

　だがオドゥイヤーらが政党システムの制度化が進んでいる事例の一つとしていたチェコについては,前節で確認したように現在では第2世代改革を実施している国として分類することが可能である一方で,オドゥイヤーらが取り上げなかったポーランドは,政党システムの制度化は遅れていたにもかかわらず [cf. 仙石 2008],第2世代改革に相当する変革はこれまでのところほとんど行われていない。そのため彼らの論文が公刊された後の状況をも含めて判断した場合,「政党システムの制度化」の相違という変数によりヴィシェグラード諸国の間の違いを説明することは,難しいと考えられる。

第2世代改革に限定せず,中東欧諸国における各種の経済改革の実施に関わる研究をみると,政治的要因よりも各国の経済状況,特に経済危機の程度が改革の実施と連関していることを提起する議論がいくつかある。例えばポップ・エルシェスはラテンアメリカと中東欧の事例の比較をもとに,ラテンアメリカでは基本的に経済状況よりも「右派」政権が与党か否かという政党の政治指向(政治的変数)が改革の実施と連関しているのに対して,中東欧諸国では政党の左右位置よりも経済危機の程度(経済的変数)の方が改革の実施と結びついているという議論を提起している[Pop-Eleches 2008]。またポーランド,ハンガリー,およびチェコの税制改革を比較したアペルも,現在の政府は財政均衡と景気対策を両立させる必要から,これらの諸国は与党の左右軸の位置にかかわらず,法人税減税と所得税の課税強化を一貫して実施してきたことを整理している[Appel 2006]。だがヴィシェグラード諸国の事例についてみた場合,スロヴァキアでフラット・タックスの導入や生活保障給付の大幅削減を軸とする第2世代改革を実施したのはリベラル系の政党を軸とした連立政権であるし[O'Dwyer and Kovalčík 2007: 13-15, 本書第4章も参照],チェコで同様の改革を実施したのもやはりリベラル系の市民民主党(ODS)主体の政権であるというように[Ripka and Mareš 2009: 103-104],基本的にはリベラル系の政党が与党に参加しているかどうかが,第2世代改革の実施と連関しているという事実はある。この点を踏まえるならば,党派性の問題を考慮しないわけにもいかないであろう。

　他方で改革を行った政党の党派性に注目する議論としては,中東欧諸国におけるフラット・タックスの導入に関する比較分析を行った,バトゥーロとグレイの議論がある[Baturo and Gray 2009]。バトゥーロらは中東欧を含むポスト社会主義国においてフラット・タックスが導入された事例の検討を通して,フラット・タックスが導入されるのは基本的に右派政権のとき,特に右派が他国の状況を検討し,先にフラット・タックスを導入した国が外資を引きつけていると判断した場合には,自国でもこれを導入する可能性が高いという議論を提起した。確かに表5-2と表5-10とを比較すると,スロヴァキアがフラット・タックスを導入する直前の2003年には,スロヴァキアへの外資流入が前年の16.9%から6.5%へと減少する一方で,フラット・タックスをすでに導入していたエストニアは4.0%から9.5%へと増加し,チェコがフラット・タックスを入れる前の2006年には,外資の流入が前年の9.4%から3.8%へと減少する

表 5-10　海外直接投資の動向（フローの対 GDP 比（%））

	2000	2001	2002	2003	2004	2005	2006	2007	2008	2009
チェコ	8.8	9.1	11.3	2.3	4.5	9.4	3.8	6.0	3.0	1.4
エストニア	7.0	8.7	4.0	9.5	8.0	20.8	10.9	13.0	7.4	8.9
ハンガリー	5.8	7.4	4.5	2.5	4.4	7.0	17.5	51.5	40.1	−4.3
ラトヴィア	5.3	1.6	2.7	2.7	4.6	4.4	8.3	8.1	3.7	0.3
リトアニア	3.3	3.7	5.1	1.0	3.4	4.0	6.0	5.2	3.9	0.9
ポーランド	5.5	3.0	2.1	2.1	5.1	3.4	5.7	5.5	2.8	2.6
スロヴァキア	9.5	7.5	16.9	6.5	7.2	5.1	8.4	4.8	3.6	−0.1
スロヴェニア	0.7	1.8	7.2	1.0	2.5	1.6	1.7	3.2	3.5	−0.1

出典：UNCTAD ホームページ〈http://unctadstat.unctad.org〉

　一方で，少し前にフラット・タックスを導入したスロヴァキアでは 5.1% から 8.4% へと増加しているというように，フラット・タックスが導入される直前の時期に海外直接投資のフローがそれ以前に比べて低くなっていること，および同じ時期に先にフラット・タックスを導入した国では外資の流入が増加していることを確認することができる[8]。だがこの議論だけだと今度は，2005 年以降経済的にはリベラル・市場指向の政党が中軸となる政権が続いていて，かつ海外直接投資のフローの比率が中東欧諸国の中でも低いままのポーランドが，フラット・タックスを導入しない理由を説明できないという問題が生じることとなる。

　これらの見方に対して本章では，第 2 世代改革が実施されるか否かについて，リベラル系の政権の存否に加えて，各国の政党政治において経済改革がいかなる形で「争点化」されたかという点に着目して，ヴィシェグラード 4 カ国の相違を説明することを試みたい。この「改革の争点化の形」という視点は，筆者がこれまで行ってきた，中東欧諸国における福祉制度再編に関わる政治の比較分析からえられた知見を元にしている。

　筆者は中東欧諸国における福祉枠組みの整備に関する比較分析を行い，そこ

---

[8]　2011 年のハンガリーに関しては，リーマン・ショックの後に外資の大規模な流出を経験したこと，およびその時期にすでにフラット・タックスを導入していたチェコやエストニアでは相対的に外資の流入の落ち込みが小さかったことが，ハンガリーにおけるフラット・タックス導入の一つの契機となったとみることは可能である。ただし以下に述べるように，ハンガリーのオルバーンはそのような見方を否定している。

から各国において福祉が政治的争点となっているか否か，および福祉が政治的争点となっている場合，どのような形で争点となっているかが，各国における福祉制度の整備のあり方と連関していることを明らかにしたが［仙石 2011a］，この視点は福祉政策と密接な連関を有する経済政策，例えば今回の第 2 世代改革の実施の存否に関する分析に対しても適用することが可能である。すなわち，ネオリベラル的な経済政策を推進することで主要なアクターの合意が存在するバルト 3 国では当初から一貫してリベラルな経済政策が実施され，逆にネオ・コーポラティズム的な国家主導による経済運営を行う点で主要なアクターの合意があるスロヴェニアではネオリベラル的な改革はほとんど実施されないというように[9]，それぞれ異なる理由ではあるが経済政策が政党政治の「争点」から外れていることで，どの政党が政権についても，それまでその国が採用してきた従来の経済政策からの大幅な逸脱となる改革が行われる可能性は低くなっている。これに対してヴィシェグラード諸国においては，経済政策が政党政治における「争点」の一つとなってきたことで，政権交代が第 2 世代改革のような，これまでの政策・制度を大きく変更するような改革の実施と結びつく可能性が，バルト 3 国やスロヴェニアと比べて高くなっている。ただし実際に従来の経済政策を変更するような政策が実施されるかどうかは，それぞれの国における「改革の争点化の形」に依拠していて，経済政策が争点化されていても，必ずしも第 2 世代改革が実施されるとは限らない。この「改革の争点化の形」の違いという視点を軸として，以下ではヴィシェグラード 4 カ国の間で第 2 世代改革の実施に違いが現れた理由を検討していくこととしたい[10]。

まずは第 2 世代改革を実施した，チェコとスロヴァキアの 2 カ国について検討する。先に改革を実施したのはスロヴァキアである。ここでは 2002 年の

---

9) この点について，近年ではスロヴェニアでも経済政策の指向性の違いが政党政治に現れているという議論はある［Guardiancich 2012］。ただし現在までのところ，スロヴェニアでネオリベラル的な政策や制度変更が実施されたということは確認できていない。

10) この分析枠組みに近い議論として，ポスト共産主義国における経済改革の形の相違を比較した，フライの研究がある［Frye 2010］。フライはその著書において，政党の間での政策距離が小さければ，政権が交代しても政策が大きく変更される可能性が低いことで政策の継続性への信頼が高まり，その結果として継続的な投資が行われ経済が安定するとともに，そのことがより政策の継続性を高めるというサイクルが形成されるのに対して，政党の間での政策距離が大きければ，政権交代による政策の変更への不安から投資控えが起こり，そのことが経済状況の悪化をもたらすのみならず，経済状況の悪化に対応するためにより急激な政策変更が行われる可能性も高くなるという議論を提起している。

写真5-1　日本の歴代首相と会談する東欧第2世代改革の中心人物たち。左上から右下へ、ズリンダ、トポラーネク、オルバーン、ベルカ。いずれも首相官邸ホームページより。

　選挙の後に第2期ズリンダ（Mikuláš Dzurinda）内閣が成立したことが、第2世代改革の実施と密接に連関している。1998年に成立した第1期のズリンダ内閣は、当時影響力を有していたメチアル（Vladimír Mečiar）を軸とするスロヴァキア民主運動（HZDS）に対抗するために形成されたもので、旧共産党の流れをくむ左派系の民主左翼党（SDL'）からキリスト教系、リベラル系、およびナショナリスト系の政党までを含む「国民連合」的な性格を有していた。だが様々な勢力から構成された故に明確な政策の方向性を提起することができなかった第1期のズリンダ内閣に対する有権者の評価は低く、そのため2002年の選挙においては連立政権に参加した諸政党が得票を減らす一方で、よりリベラルな政策を求める新市民同盟（ANO）と、逆により社会保護的な政策を求める左派の「方向」（Smer）が新たに議席を獲得することとなった。
　ここで当初は、人気を落としていたズリンダに代わり、「方向」を主体とする社会保護指向の政権が成立する可能性が高いと考えられていた［Učeň 2003:

1073]。だがズリンダは,ビジネス・中間層指向の強い新市民同盟を取り込むことでリベラルおよび中道政党による連立政権を形成すると,その政権において財務相となったミクロシュ(Ivan Mikloš),および財務省の若手官僚の主導のもと,左派勢力に対抗する形で2003年から2004年にかけて,フラット・タックス制度の導入,10年間のタックスホリデーを含む外資優遇策の実施,労働規制の緩和,および最低生活保障制度の改編など,第2世代改革に相当する諸改革を実施していった [O'Dwyer and Kovalčík 2007: 14; 本書第4章]。

　チェコの状況も,スロヴァキアの状況と近いものであった。1998年から2006年まで政権の座にあった社会民主党は,福祉国家を維持しながら経済成長を追求するという路線をとっていて,中東欧諸国の中でも相対的に順調な経済運営を行っていた。だが2004年のEU加盟の後は,政治スキャンダルなどに伴い短期間で首相が2回も交代したことや,2006年の選挙の直前に当時の首相と組織犯罪の関係を示すとされる文書が公開され,その後メディアなどを中心に反社会民主党キャンペーンが行われたことなどが作用して [Linek 2007: 933-934],2006年の選挙ではリベラル系の市民民主党に敗れることとなった。

　この選挙においては,フラット・タックスの導入や贈与税・相続税廃止,ビジネスにおける規制緩和などを提唱したトポラーネク(Mirek Topolánek)率いる市民民主党が第1党となったものの,選挙後の議会では与野党が同数となったために,トポラーネクが組閣した内閣は選挙後4カ月近く議会での承認が得られなかった。最終的に議会の信任をえられたのは2007年の1月で,しかもこの際は,野党となった社会民主党の議員2名が信任投票の際に退席するという非公式の協力を受けたものであった [Linek 2008: 947-949]。だがひとたび内閣が正式に発足すると,トポラーネクは野党のみならず政権内部からの抵抗にあいながらも,財政支出削減と経済の活性化を主たる目的として,社会福祉の削減やフラット・タックス制度の導入,法人税の減税と付加価値税の引き上げ,あるいは公務員数の削減など,社会民主党の路線に対抗する「税と社会の革命」を標語とする変革を実施していくこととなる [Linek 2008: 950-951; Švihlíková 2011: 191-193]。

　この状況から判断するならば,第2世代改革を実施した2カ国においては,政権基盤が必ずしも十分ではないリベラル・保守系の政党による政権が,労働組合との関係が強くネオリベラリズムには否定的な社会民主主義系の政党と対抗する中で,包括的なネオリベラル的改革による経済の回復を提起することで

支持を固めたことが，改革の実施と結びついたとみることができる。

　では他方の，包括的な第2世代改革には踏み込んでいないハンガリーとポーランドの2カ国は，どのような状況にあったのか。まずハンガリーでは，政党システムにおいては後継政党の社会党（MSZP）と保守・ナショナリスト系のフィデス＝ハンガリー市民同盟（Fidesz-MPSZ, 以下フィデスと記載）とが実質的な二大政党として対抗関係にあったが，ここでは社会党が経済危機への対応から緊縮財政を軸とする政策を実施してきたのに対して，フィデスの側がそれを批判するという，先の2カ国とは逆の経済政策に関する対立の構図が長年続いていた。ハンガリーでは，2002年から2010年の間政権を担当してきた社会党が，IMFやEUからの圧力もあり，財政赤字や経済危機へ対処するための緊縮的な経済政策を実施し，財産税の導入や課税対象の拡大をはじめとする税制の改革，あるいは年金支給の削減などの施策を実施してきた［Várnagy 2010: 1003-1007］。これに対して，2010年の選挙の結果8年ぶりに政権に復帰したフィデスのオルバーン（Viktor Orbán）は[11]，社会党が実施してきた緊縮財政を軸とするネオリベラル的な経済運営には批判的な立場をとり，経済政策の基本方針をまとめた「アクションプラン」において社会党の緊縮政策を批判すると同時に，国全体の利益にはならない利潤に対する課税を強化するといった形で，「公共の利益」を重視する政策を提起している[12]。またオルバーンは，2011年にフラット・タックスの制度を導入するが，これについても，税制を簡素化し財政赤字を削減するための手段ではあるが，ネオリベラル的な政策を実現するためのものではないということを強調している[13]。このような「改革の争点化」の構図のために，ハンガリーではパッケージとしての第2世代改革に相当するものが，これまでのところ実施されていないという状態にある。

　ポーランドもハンガリーと似たような状況にある。ハンガリーで社会党が緊縮財政を軸とするネオリベラル的な政策を実施したのと同様に，ポーランド

---

11) この政権交代に関しては，人々の間で「腐敗した共産主義とリベラル（社会党とリベラルの自由民主連盟を指す）」への反発が強くなっていたこと，およびオルバーンがアングロサクソン型のネオリベラル資本主義を批判し，これとは異なる「（キリスト教的）モラル」を強調したことも作用しているという見方がある［Fabry 2011: 208-213］。

12) そしてこの際に，IMFからのさらなる赤字削減の提案も拒絶している［Fabry 2011: 213］。

13) http://www.realdeal.hu/20100607/fidesz-weighs-flat-tax-for-personal-income および http://www.riskandforecast.com/post/in-depth-analysis/reform-plans-how-will-fidesz-spend-the-next-four-years-_597.html を参照（2012年12月20日に接続を確認）。

でも2000年代前半には，政権を担当していた後継政党の民主左派同盟（SLD）が，前政権のもとで悪化した財政の再建を主たる目的として，ネオリベラル的な政策を実施していた。この時期のポーランドでは，経済学者のベルカ（Marek Belka）が政策形成に大きな役割を果たしていた。ベルカは財務相の職にあった2001年には，中央政府の財政支出の伸びを「物価上昇率＋1％」以下に抑えることや，国の財政赤字額を所定の上限に抑えることとした「ベルカ・ルール（ベルカ・アンカーとも称される）」を提起し［Rutkowski 2007］，国が制限なく財政支出を行うことを困難にする仕組みを導入した[14]。またベルカは後に首相になると，今度は「ハウスナープラン」と称される[15]，財政支出削減や不採算産業の再編，あるいは労働規制緩和などネオリベラル的な内容を含む包括的な経済改革を実施した［Jasiewicz and Jasiewicz-Betkiewicz 2005: 1154-1155］。だが特にEU加盟前後の緊縮財政は国民の不評を買い，さらにこの時期には民主左派同盟の主要な政治家の多くが関与した汚職事件も明確になったことで，民主左派同盟への支持は大きく失われることとなった[16]。

　この状況で行われた2005年の選挙では，汚職およびネオリベラル的な経済への反発が争点となった。ここでは保守・ナショナリズム系の「法と正義」（PiS），ポピュリスト系の「自衛」（Samoobrona）および「ポーランド家族連盟」（LPR），そしてリベラル保守の「市民プラットフォーム」（PO）が，緊縮財政およびEU接近を進めた民主左派同盟に対抗して「反グローバル化（反ネオリベラル）およびナショナリズム」的な路線を強調し，その結果としてこれらの保守，リベラル，およびポピュリズム系の政党が議席を大幅に増やす一方で，民主左派同盟は得票を大きく減らして議会第4党にまで後退することとなった［Shields 2011: 175］。この選挙の後のポーランドでは，当初は「法と正義」およびポピュリスト系の政党による政権が成立し，ネオリベラル的な政策を修正する方向が打ち出された。だがこの政権のときには，EUとの関係から財政支出の抑制を考慮せざるをえなかった「法と正義」と，財政支出のさらなる拡

14）　なおポーランドでは，1997年に制定された憲法（216条5項）において，国家は国内総生産の5分の3を超える借り入れができないことが定められている。ベルカの施策は，この憲法の条項を実効的なものとすることも目的とされていたと考えられる。

15）　ベルカ内閣の経済労働相ハウスナー（Jerzy Krzysztof Hausner）の名前に由来する名称である。

16）　2002年の末に明らかになった，民主左派同盟に属する有力政治家の多くが関与した「リヴィン・ゲート」と称される汚職事件については，ひとまず著者別稿［仙石 2008: 320, 注12］を参照のこと。

大を求めた「自衛」および「家族連盟」との間での亀裂が次第に拡大し［Millard 2008: 75-81］，最終的にこの3党では政権を維持することができなくなった。その結果として2007年には議会が解散され新たに選挙が行われたが，この選挙では市民プラットフォームが勝利し，中道の農民党と連立政権を形成することとなった。この両党は，2011年の選挙後も引き続き政権を担当している。市民プラットフォームは本来はリベラルな経済政策を指向していて，例えば首相のトゥスク（Donald Tusk）は以前からフラット・タックスの導入を主張しているが，他方で公務員給与の引き上げや戦略的産業政策の実施なども求めているというように，支持基盤を広げるためにリベラルとは相反するナショナルな政策も主張していて［Shields 2011: 175］，やはり本格的なネオリベラル的改革には踏み込んではいないという状況にある。

　このような状況から判断するならば，本格的な第2世代改革に踏み込んでいない国においては，後継政党がそれぞれの国の事情から先にある程度のネオリベラル的な政策を実施したことが国内の反発を招き，その結果として「ネオリベラル的な左派」に対抗して保守系もしくはリベラル系の政党が「反ネオリベラル」的な政策を提示するという形で経済改革が争点化されたことが，包括的な改革の欠如と結びついているとみることができる［cf. Fabry 2011: 209-210; Shields 2011: 173-178］。

　以上の議論をまとめるならば，ヴィシェグラード諸国の間で第2世代改革の実施に相違が生じた理由は，4カ国における政党政治で，ネオリベラル的な経済政策をめぐる争点化の形が異なっていたこと，具体的には，チェコとスロヴァキアでは「ネオリベラル経済政策を求めるリベラル・保守政党」と「福祉・労働組合を重視する社会民主主義政党」の対抗関係があり，その中で第2世代改革の「実施」が争点化されたのに対して，ハンガリーとポーランドでは「ネオリベラル的な政策を実施してきた後継政党」と「ネオリベラルの行き過ぎを批判するリベラル・保守政党」という対抗関係が形成され，その中でネオリベラリズムの「行き過ぎ」の修正が争点化されたことが作用している，とみることができるであろう。

　ここで最後に，「改革の争点化の形」の違いと改革の存否に連関があるという議論を裏付ける一つのデータとして，2000年代のヴィシェグラード4カ国における政党の左右位置，および市場指向型の改革に対する立場の違いを，4カ国の間で比較してみることとしたい。ここでデータとして利用するのは，ベ

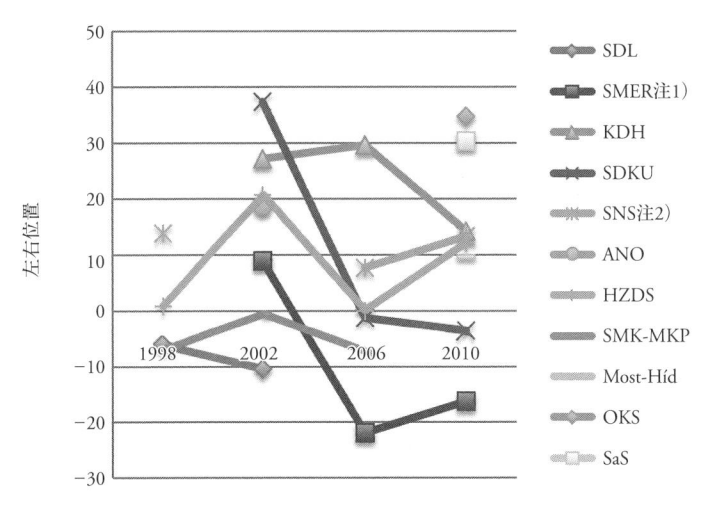

図5-1 スロヴァキアの政党の左右位置変化

○数値が高いほどより「右派」的，マイナスの数値は「左派」的であることを示す。
出典：Klingemann 2006 and Volkens 2010
注：1：2010年はSMER-SD。2：選挙で議席を獲得した政党のみデータが計算されているため，2002年のSNS（5％の阻止条項をクリアできず，議席を得られなかった）はデータが存在していない。

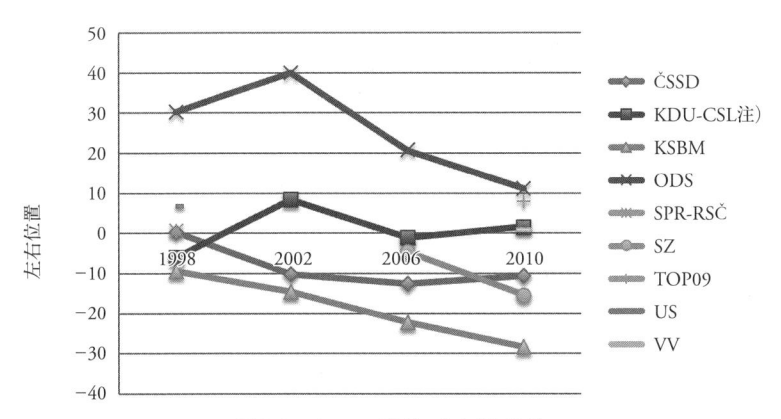

図5-2 チェコの政党の左右位置変化

出典：図5-1に同じ
注：KDU-CSLについては，2002年はKoalice Coalitionのデータを掲載している。

第5章 中東欧諸国における「ネオリベラリズム的改革」の実際 187

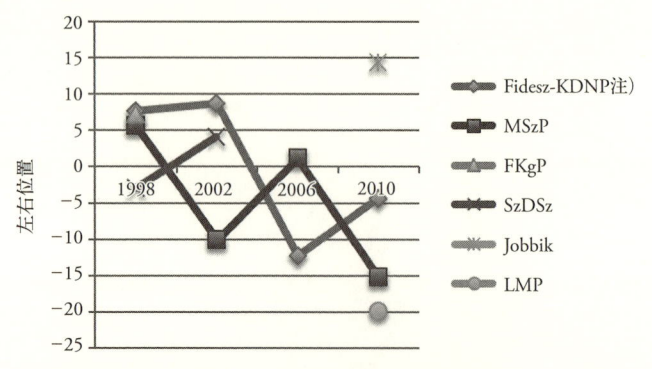

図5-3　ハンガリー政党の左右位置変化
出典：図5-1に同じ
注：Fidesz-KDNPは，2006年に形成された，Fidesz-MPSZとKDNPの選挙連合。2002年まではFideszのデータを掲載している。

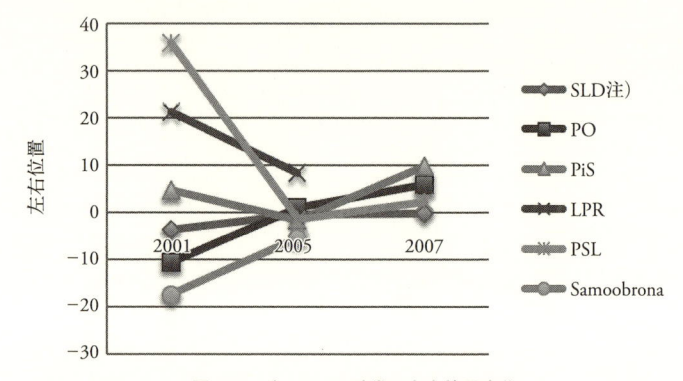

図5-4　ポーランド政党の左右位置変化
出典：図5-1に同じ
注：SLDについては，2001年は政党連合"SLD-UP"，2007年は政党連合"LiD"のデータを適用している。

ルリンの社会調査研究センター（Wissenschaftszentrum Berlin für Sozialforschung）を中心とする「比較マニフェストプロジェクト・マニフェスト調査グループ（Manifesto Research Group / Comparative Manifestos Project (MRG / CMP)）が作成した，各国の国政選挙における政党のマニフェストをコード化した指標である。このプロジェクトは1990年以降の中東欧諸国の政党のマニフェストもカバーしていて，現在では2000年代の政党の位置づけについても分析を行うことが可能となっている（Klingemann et al. 2006; Volkens et al. 2010）。ここではこの指標

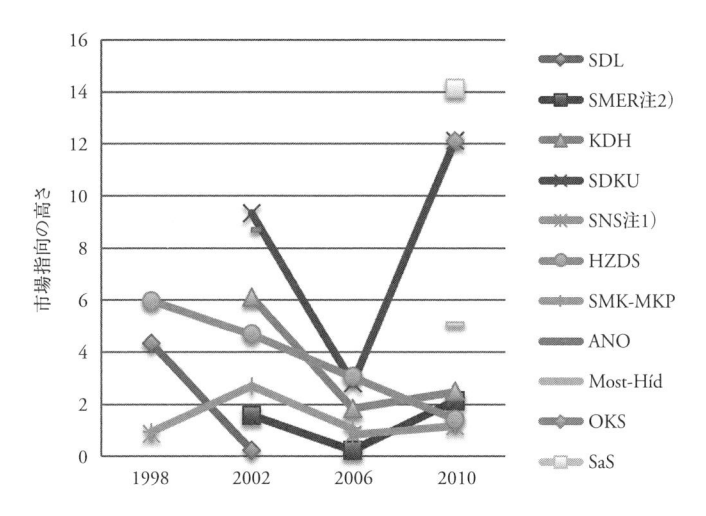

図5-5　スロヴァキアにおける政党の市場経済指向
○数値が高いほど市場経済指向が強いことを表す。
出典および注：図5-1を参照。

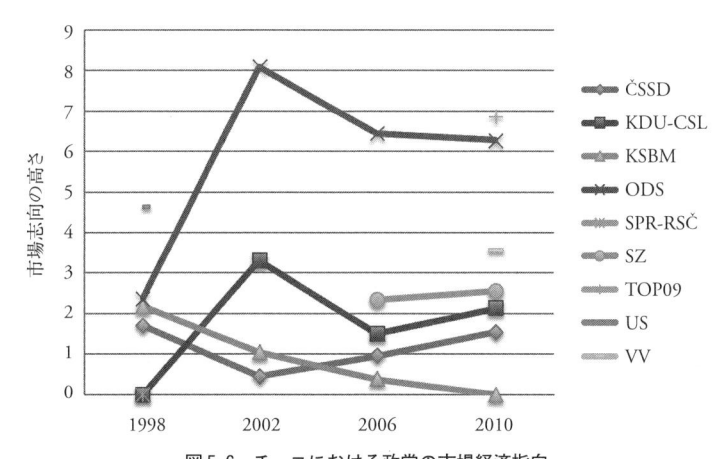

図5-6　チェコにおける政党の市場経済指向
出典および注：図5-2を参照

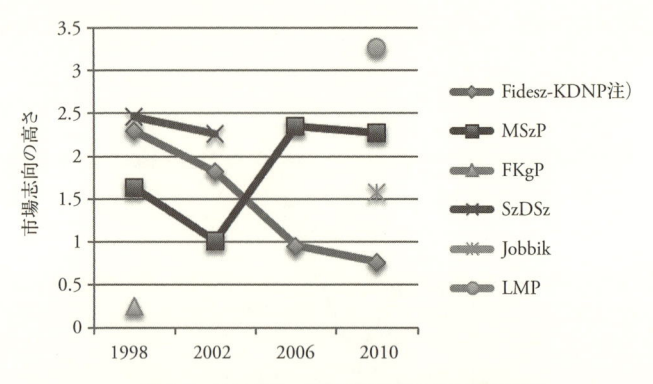

図5-7　ハンガリーにおける政党の市場経済指向
出典および注：図5-3を参照

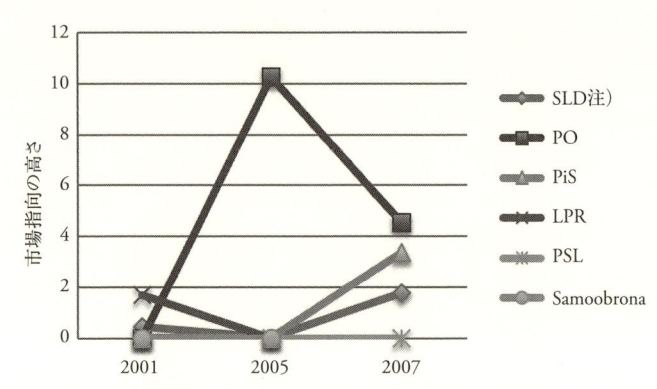

図5-8　ポーランドにおける政党の市場経済指向
出典および注：図5-4を参照

を利用して，ヴィシェグラード4カ国の比較を行っている。

　図5-1から図5-4は，4カ国の近年の選挙マニフェストにおける政党の左右距離の変化を，図5-5から図5-8は同じくマニフェストにおける政党の市場経済指向の変化を表すデータである。このデータからみると，第2世代改革が実施されたチェコおよびスロヴァキアと，旧支配政党の後継政党によりネオリベラル的な政策は実施されたが包括的な第2世代改革は実施されていないハンガリーおよびポーランドとの間には，明確な相違があることがわかる。まず第2世代改革が実施された2カ国においては，議会で議席を得た政党の間での左右位置の格差が大きく，また市場経済指向においても，ズリンダの改革への反

動が生じたスロヴァキアの 2006 年選挙を除いては[17]，政党間の市場指向の違いが明確に離れている。これに対してハンガリーおよびポーランドでは，政党間の左右位置の差は基本的に小さく，また市場経済指向も全体として弱いことがみてとれる[18]。

これはすなわち，先に後継政党がネオリベラル的な改革を実施した国においては，保守・リベラル系の政党がこれに対抗することでその後はネオリベラル的な政策がアピールを持たなくなり，その結果として選挙で市場指向の改革が争点とならなくなる，すなわち第 2 世代改革の実施が行われにくくなるのに対して，ネオリベラル的な政策が十分に実施されていなかった諸国では第 2 世代改革の実施が争点となると同時に，実際に改革が行われた結果，その恩恵を受ける層と不利益を被る層が分かれたことで，その後もネオリベラル的な政策が引き続き争点となっている状況にあることを表していると考えられる。このようなデータは，ネオリベラル的な経済政策をめぐる「改革の争点化の形」の違いが改革の実施の有無と連関しているという本章の議論をサポートする，一つの材料となるであろう。

IV 「改革の争点化の形」という視点の有効性
—— ラテンアメリカとの比較から

以上本章では，中東欧諸国におけるネオリベラル的な経済政策の動向を「第 2 世代改革」を軸として整理を行い，そこから現在のところ，ネオリベラル的な第 2 世代改革が議論の対象となるのはヴィシェグラード 4 カ国であること，およびこの 4 カ国の間で第 2 世代改革の実施に関して違いがあるのは，各国における政党間の「改革の争点化の形」の違いが作用していること —— チェコとスロヴァキアでは「ネオリベラル経済政策を求めるリベラル・保守政党」対「これに反発する社会民主主義政党」という対抗関係が，政権交代を契機とす

---

17) スロヴァキアの 2006 年の選挙の際には，左右の距離は引き続き大きいものの，「方向」およびスロヴァキア民主・キリスト教連合は政策面において「左寄り」指向を強め，また主な政党は全て市場経済指向を弱めているというように，第 2 世代改革に対する「反動」を確認することができる。実際に 2006 年の選挙で勝利した「方向」は，その後労働規制の再強化や社会保障制度の再改革など，ネオリベラル的な改革を修正する政策を進めることとなる。
18) 先に述べた，ポーランドにおける市民プラットフォームの市場指向の弱まりも，このデータから確認することができる。

第 5 章　中東欧諸国における「ネオリベラリズム的改革」の実際　191

る第2世代改革の実施と結びついているのに対して，ハンガリーとポーランドでは「ネオリベラル的な政策を実施してきた後継政党」対「これに抵抗するリベラル・保守政党」という対抗関係が，リベラル・保守政党によるさらなるネオリベラル的な政策の実施に歯止めをかけていること —— を明らかにした。中東欧諸国における各種の政策の実施に関しては，本章で検討したような研究をのぞくと，これまではエリート主導という視点で議論されることが多かった［Bohle 2006 など］。だが現在の中東欧諸国に関しては，政党政治および選挙との連関を抜きにして政策にかかわる議論を行うことは難しい状況にある。この点で今回利用した「改革の争点化」という視点は，有権者の指向および政党政治と政策との連関をみる上でも，有効な視点となるはずである。

　最後に，「ネオリベラリズムの実践」という視点から，本章の議論をラテンアメリカの事例と比較した場合にどのようなことがわかるかということについて，簡単に整理しておきたい。まず最初にポイントとなるのが，いずれの地域においても，早い時期にネオリベラル的な改革を実施した国では，後になってより急進的な第2世代改革の実施が政治的争点となることがなかったのに対して，ネオリベラル的な改革の実施が遅れた国では，より急進的な改革が実施され，それが政治の不安定化と結びついているという点では共通しているということがある。この点については，第6章の村上の議論が参考となる。村上は，ラテンアメリカの諸国において，ネオリベラル的な改革が民主化以前に実施された諸国においては，移行の過程で左派政党が民政移管を推進する勢力の一部として地位を固め，その結果として民政移管後に政党システムの一部を形成することとなったことから，左派政党が穏健左派としてネオリアリズム批判の「受け皿」となったのに対して，民政移管後にネオリベラル的な改革が行われた諸国ではそのような「受け皿」となる政党が形成されず，政党システムが不安定化したという対比が現れたことを整理している。この議論を本章の事例と対比させるならば，政党システムというよりはむしろ政策の揺れの大きさの問題として，社会主義の時代から当時の支配政党がネオリベラル的な要素を含む経済改革を実施し，体制転換後にも自らがネオリベラル的な改革に取り組んだハンガリーとポーランドでは，ネオリベラル的な改革がその後は争点化せず政策の方向性が一応収斂の方向に向かったのに対して，社会主義期の経済改革および体制転換後におけるネオリベラル的な政策の実施が十分ではなかったチェコとスロヴァキアでは，ネオリベラル的な第2世代改革が政治的な争点となり，

これが政権交代ごとの政策転換あるいは政策のぶれの大きさと結びついているという，先の村上の議論と同じような見方を提起することができる。この両方の事例の比較からは，新興民主主義国においては，早い段階で経済の安定化を進めるならば，後になってより急進的でマイナスの側面も大きい第2世代改革を行うよりも政治および経済の安定度を高めることが可能となる，といった議論を提起することが可能となるかもしれない。

また別の視点として，有権者は必ずしも感情や政党の宣伝に動かされて投票行動を行っているわけではなく，政権の過去の政策などをも判断材料としながら合理的に投票行動を行い，その結果として主要な政党の政策はある程度収斂の方向に向かいつつあるという点でも，両地域にはある程度の共通性があることを確認することができる。この点を指摘しているのは，第7章の上谷の議論である。上谷はラテンアメリカの「左傾化」に関する従来の議論のサーベイを通して，有権者の側は新自由主義であれ国家介入型であれ「極端な」政策を嫌い，過去の政策に対する評価から中道的で穏健な政策を求めるようになっていること，他方の左派政党の側も，「左傾化の時代」の中でも実際に政権に就いた左派はよりプラグマティックな対応をとるようになり，その結果として政策の方向性が右派とも収斂しつつあることを指摘している。この点については，ヴィシェグラード諸国の事例に関しても同様のことが指摘できる。すなわち，第2世代改革を実施していないハンガリーとポーランドでは，先のマニフェストデータにもみられるようにすでに政策の方向性は収斂しつつあるし，第2世代改革を実施した諸国においても，スロヴァキアでは改革で不利益を受けた低所得者層および労働組合の不満が高まり，その結果として次の選挙では与党が敗北し左派系の「方向」を中心とする連立政権が改革の「修正」を実施することになった点[19]，あるいはチェコにおいてフラット・タックスの導入が直接的な減税とは結びつかなかった中間層の不満から内閣への支持が低下し[20]，その結

---

19) ここにおいて「方向」のフィツォ（Robert Fico）を首相とする連立政権は，例えば労働規制の緩和や医療保険の窓口一部負担導入など労働者に不評な政策の一部は停止もしくは修正したが，生活保護の削減や基金型年金制度の導入，あるいはフラット・タックス制度の維持など，前政権の改革をそのまま残した部分もかなり存在していた［仙石 2010: 78］。この点でフィツォ政権の政策は，改革の「後退」ではなく「修正」とみることも可能である。

20) チェコに関しては，フラット・タックス導入当初の個人所得税の税率は19％であったが，それ以前は12％，19％，25％，および32％の累進課税で，多数派は12％ないし19％の税率が適用されていたため，実質的には税負担が変わらないか，増税になった層も多かったことが指摘されている［cf. Švihlíková 2011: 192］。

果として議会での内閣不信任案可決によりトポラーネク内閣が倒壊するという事態が生じたというように，政策の行き過ぎに対してはこれを抑制する動きをみることができる [Myant and Drahokoupil 2011: 182][21)]。人々の支持が得られない政策は，いかにそれが必要とされるものであってもそれを継続的に実施することは不可能であり，逆に政策が安定的に実施されるにはある程度の有権者の支持が不可欠であるということ，またその結果として極端な方向の政策を実施することは，仮にそれぞれの政策にある程度の支持がある場合でも次第に難しくなり，その結果として主要な政党の政策は収斂してくることも，これらの事例から確認することができるであろう。

　もちろんこのような地域の異なる事例の並列に関しては，ラテンアメリカ諸国であれば，新自由主義への傾倒とそれへの反発という地域の多くの国に作用した一つの「潮流」が存在し，その潮流の作用の仕方が国ごとに異なっているという点 ── 早期からネオリベラル的政策を実施したか，あるいは民主化の後にこれを実施したか ── がポイントとなっているのに対して，中東欧諸国の場合にはこのような明確な潮流が存在せず，そもそもネオリベラル的な改革を行ったかどうかという出発点そのものに相違があることから，これを同列に論じるのは適切ではないという議論もありえる。だがトレンドの有無などの相違があることを踏まえても，中東欧とラテンアメリカはいずれも非民主主義体制から民主主義体制への転換過程において経済の安定化の必要に迫られ，そしてその過程でネオリベラル的な政策の実施という選択肢を提起されたこと，だが実際にそのような政策が実施されたかどうか，および政策が実施された結果どのような事態が生じたかということについては地域内でも国ごとに明らかな違いがあり，これを地域の枠でくくることができないことを踏まえるならば，逆に同じような環境におかれた事例を地域を越えて比較を行い，そこから得られた知見をもとにさらなる研究を進めていくことには，十分な意味があると考えられる。今後はラテンアメリカと中東欧の両方を同じような形で分析していくこと，およびそのような分析が可能となる，有効な分析枠組みを構築していくことが，課題となると考えられる。

---

21) ただしこのことは，両国においてネオリベラル的な政策への支持が弱まったことを必ずしも意味するわけではない。マニフェストのデータからも見られるように，その後の選挙でも両国には強い市場指向を示す政党が存在し続けていて，かつこれが一定の支持を獲得していることには，注目する必要がある。この点についても，第4章の林論文を参照のこと。

* 本稿は「はしがき」にあげた各資金のほか，著者が研究代表者である科学研究費補助金「中東欧諸国における福祉と経済との連関の比較分析」（基盤研究（C），課題番号24530163，2012～2014年度），および北海道大学スラブ研究センター客員教授制度（2011年度）の成果の一部である。

参考文献

Appel, Hilary [2006] "International imperatives and tax reform: lessons from postcommnist Europe." *Comparative Politics*, 39(1): 43-62.

Baturo, Alexander and Julia Gray [2009] "Flatliners: ideology and rational learning in the adoption of the flat tax." *European Journal of Political Research*, 48(1): 130-159.

Bockman, Johanna and Gil Eyal [2002] "Eastern Europe as a laboratory for economic knowledge: the transnational roots of neoliberalism." *American Journal of Sociology*, 108(2): 310-352.

Bohle, Dorothee [2006] "Neoliberal hegemony, transnational capital and the terms of the EU's eastward expansion." *Capital and Class*, 88: 57-88.

Bohle, Dorothee and Bela Greskovits [2007] "Neoliberalism, embedded neoliberalism and neocorporatism: towards transnational capitalism in Central-Eastern Europe." *West European Politics*, 30(3): 443-446.

Cass, Fergus [2007] "Attracting FDI to transition countries: the use of incentives and promotion agencies." *Transnational Corporations*, 16(2): 77-122.

Fabry, Adam [2011] "From poster boy of neoliberal transformation to basket case: Hungary and the Global economic crisis." In: Gareth Dale (ed.) *First the transition, then the crash: Eastern Europe in the 2000s*. London: Pluto Press, pp. 203-228.

Frye, Timothy [2010] *Building state and markets after communism: the perils of polarized democracy*. Cambridge: Cambridge University Press.

Gebel, Michael [2008] "Labour markets in Central and Eastern Europe." In: Irena Kogan, Michael Gebel and Clemens Noelke (eds.) *Europe enlarged: a handbook of education, labour and welfare regimes in Central and Eastern Europe*. Bristol: Polity Press, pp. 35-62.

Guardiancich, Igor [2012] "The uncertain future of Slovenia exceptionalism." *East European Politics and Societies*, 26(2): 380-399.

Jasiewicz, Krzysztow and Agnieszka Jasiewicz-Betkiewicz [2005] "Poland." *European Journal of Political Research*, 44(7-8): 1147-1157.

Klingemann, Hans-Dieter, Andrea Volkens, Judith Bara, Ian Budge and Michael McDonald [2006] *Mapping Policy Preferences II. Estimates for Parties, Electors, and Governments in Eastern Europe, the European Union and the OECD, 1990-2003*. Oxford: Oxford University Press.

Linek, Lukáš [2007] "Czech Republic." *European Journal of Political Research*. 46(7-8): 929-937.

Linek, Lukáš [2008] "Czech Republic." *European Journal of Political Research*. 47(7-8): 947-951.

Masso, Jaan and Raul Eamets [2007] "Macro-level labour market flexibility in the Baltic states." In: Tiiu Paas and Raul Eamets (eds.) *Labor market flexibility, flexicurity and employment: lessons of the Baltic states*. New York: Nova Science Publishers, Inc., pp. 101-142.

Millard, Frances [2008] "Party politics in Poland after the 2005 election." In: Martin Myand and

Terry Cox (eds.) *Reinventing Poland: economic and political transformation and evolving national identity*. Abingdon: Routledge, pp. 71-90.
Millard, Frances [2010] *Democratic elections in Poland, 1991-2007*. London: Routledge.
Myant, Martin and Jan Drahokoupil [2011] *Transition economies: political economy in Russia, Eastern Europe, and Central Asia*. Hoboken: John Wiley and Sons, Inc.
O'Dwyer, Conor, and Branislav Kovalčík [2007] "And the last shall be the first: party system institutionalization and second-generation economic reform in Postcommunist Europe." *Studies in Comparative International Development*, 41(4): 3-26.
OECD [2007] *International Investment Perspectives: Freedom of Investment in a Changing World*. Paris: OECD.
Orenstein, Mitchell A. [2009] "What happened in East European (political) economies?: a balance sheet for neoliberal reform." *East European Politics and Societies*, 23(4): 479-490.
Pop-Eleches, Grigore [2008] "Crisis in the eye of the beholder: economic crisis and partisan politics in Latin America and East European International Monetary Fund programs." *Comparative Political Studies*, 41(9): 1179-1211.
Rat, Cristina [2009] "The impact of minimum income guarantee schemes in Central and Eastern Europe." In: Alfio Cerami and Pieter Vanhuysse (eds.) *Post-Communist welfare pathways: theorizing social policy transformations in Central and Eastern Europe*. Basingstoke: Palgrave Macmillan, pp. 164-180.
Ripka, Vojtěch and Miroslav Mareš [2009] "The Czech welfare system." Klaus Schubert, Simon Hegelich and Ursula Bazant (eds.) *The handbook of European welfare systems*. London: Routledge, pp. 101-119.
Rutkowski, Aleksander [2007] "Ceilings and anchors: fiscal rules for Poland." *ECFIN Country Focus*, 4(4): 1-6. <http://ec.europa.eu/economy_finance/publications/publication10063_en.pdf>.
Shields, Stuart [2011] "Poland and the global political economy: from neoliberalism to populism (and back again)." In: Gareth Dale (ed.) *First the transition, then the crash: Eastern Europe in the 2000s*. London: Pluto Press, pp. 169-186.
Švihlíková Ilona [2011] "The Czech Republic: neoliberal reform and economic crisis." In: Gareth Dale (ed.) *First the transition, then the crash: Eastern Europe in the 2000s*. London: Pluto Press, pp. 187-202.
Trumm, Avo and Mare Ainsaar [2009] "The welfare system of Estonia: past, present and future." In: Klaus Schubert, Simon Hegelich and Ursula Bazant (eds.) *The handbook of European welfare systems*. London: Routledge, pp. 153-170.
Učeň, Peter [2003] "Slovakia." *European Journal of Political Research*, 42(7-8): 1067-1077.
Várnagy, Réka [2010] "Hungary." *European Journal of Political Research*, 49(7-8): 1001-1008.
Volkens, Andrea, Onawa Lacewell, Sven Regel, Henrike Schultze and Annika Werner [2010] *The Manifesto Data Collection. Manifesto Project (MRG/CMP/MARPOR)*. Berlin: Wissenschaftszentrum Berlin für Sozialforschung (WZB) <http://manifestoproject.wzb.eu/>.
仙石学［2008］「体制転換期の中東欧における政治腐敗―ポーランドとスロヴァキアの事例から」河田潤一編『汚職・腐敗・クライエンテリズムの政治学』ミネルヴァ書房，300-325頁．
仙石学［2010］「中東欧諸国における福祉枠組みの再編―政党政治の視点から」仙石学・林忠

行編『体制転換研究の先端的議論』北海道大学スラブ研究センター,63-90頁.
仙石学[2011a]「ポスト社会主義の中東欧諸国における福祉制度の多様性—あるいは『体制転換研究』と『福祉政治研究』の架橋の試み」仙石学・林忠行編『ポスト社会主義期の政治と経済—旧ソ連・中東欧の比較』(スラブ・ユーラシア叢書9)北海道大学出版会,263-299頁.
仙石学[2011b]「中東欧諸国におけるケア枠組みのジェンダー的側面—女性に期待される役割が国により異なるのはなぜか」日本比較政治学会編『ジェンダーと比較政治学』(日本比較政治学会年報13号)ミネルヴァ書房,1-32頁.

第6章

ネオリベラリズムと政党
ラテンアメリカの政治変動

村上勇介

I　ネオリベラリズムの浸透と政治への影響

　本章は，1980年前後からラテンアメリカで進められたネオリベラリズム改革が政治変動に与えた影響について，政党システム[1]に焦点を合わせて分析する。ネオリベラリズムの推進が政党システムに変動をもたらしたのか。もたらしたとすれば，それはどのような変動だったのか。そして，それは，1990年代終わり以降に強まってきたネオリベラリズム批判の風潮の中で起きた「ラテンアメリカの左旋回」にも影響しているのか。こうした疑問について，20世紀のラテンアメリカで比較的早い時期から工業化が進んだ先発工業化国のアルゼンチン，ブラジル，チリ，メキシコ，ウルグアイの5カ国，ならびに残りの後発工業化国の例として，ボリビア，コロンビア，エクアドル，ペルー，ベネズエラのアンデス5カ国を対象に，考察を加える[2]。

1　ラテンアメリカの歴史的転換

　ラテンアメリカは，1980年代から90年代に，歴史的転換と呼ぶべき変化を経験した。それは，「民主化」と一括される民主主義への移行とネオリベラリズム経済路線の導入である。非民主的だった旧来の政治支配の崩壊以降，民主主義の経験に乏しい国の多いラテンアメリカは，政党政治による民主主義の定着という課題に取り組んできた。他方，ネオリベラリズム路線の拡大と推進は，それまでの国家機能を縮減させ，1930年代前後以降に追求されてきた「国家中心型マトリクス」から「市場中心型マトリクス」への転換をもたらした［Garretón 2003; Gwynne and Kay 1999; 細野・恒川 1986; 小池・西島 1997; 西島・細野 2002］。

　「民主化」に関しては，1970年代末以降，軍事政権から民政への移管が起こり始め，1990年の時点で，選挙の洗礼を経ない政府は稀となった。本章の対象とする10カ国では，まず1979年にエクアドルで，翌1980年にペルーで民政移管が実現した。そして，1982年にボリビア，1983年にアルゼンチン，

---

1) 本章では，Mainwaring and Torcal［2006: 222 (note 4)］と同じく，複数の政党が結成する連合も，一つの政党としている。
2) 先発工業化国は，後述の国家中心型マトリクスのもとで進められた輸入代替工業化政策により，国内総生産に占める製造業の割合が高い国々である［Thorp 1998: 161-162］。

1985年にブラジルとウルグアイ，と続き，1990年にチリが民政移管した。メキシコでは，71年続いた文民による権威主義体制が2000年に終焉を迎え民主主義へ移行した[3]。民主主義への移行には，国により，様々な背景があるが，以下で述べる，1960年代まで支配的であった，国家中心型マトリクスの限界が重要であった点では共通している。

　国家中心型マトリクスは，ラテンアメリカにおいて，1930年代頃から各国で推進された「国民国家」形成の基軸であった。それまでは，国際的な自由主義経済体制のもと，19世紀後半に発展した，欧米向けの第一次産品輸出経済を背景に寡頭支配層が政治を握っていた。その寡頭支配層に対抗し，中間層や労働者などの下層を支持基盤とする政治勢力が，「国民国家」形成の過程を進めた。中間層や下層の人々は，自由主義経済のもとで拡大する格差と貧困を前に覚醒し，自らの経済的社会的要求を実現するため，それまで閉ざされていた政治の世界へ飛び込んだ。

　国家中心型マトリクスでは，国家が主導した輸入代替工業化によって経済発展が推進された。この時期，国家は，経済面に加え，「国民統合」に向けて社会や文化の面でも大きな役割を担った。1930年代前後以降，ラテンアメリカの多くの国では民主主義が定着しなかったものの，軍事政権など非民主的な政権でも，国家中心型マトリクスは基本となっていた。

　1970年代になると，それまで進められてきた国家中心型マトリクスの限界が経済面を中心に明らかとなった。輸入代替工業化は，大きな格差を背景とする偏狭な国内市場を満たしてからは，発展が続かなかった。国内の資本不足を補い中下層の諸要求に応えるため借り入れられた対外債務も，限界に達していた。1970年代に発生した国際的な経済危機により，前述の状況が悪化し，1980年代に超高率インフレを引き起こす下地となった。幾つかの国では，インフレ率が1980年代に4桁から5桁に達した。

　経済的困難に直面したラテンアメリカ諸国は，ネオリベラリズム路線に従って，国家中心型マトリクスを転換し構造改革による経済調整と市場志向の経済運営を進めることを余儀なくされる。歳出と歳入を均衡させるため，下層の人々の生活を支える目的の補助金などを含め，歳出が削られた。国家による経

---

[3] 後述のように，ブラジルの民政移管は1985年だが，1990年までは軍の影響力が強く残っていた。また，コロンビアとベネズエラでは，1950年代に二大政党制が定着し，民主的な政治体制が維持されてきた。

済や市場の統制は緩和ないし撤廃され，国営企業の民営化，外国資本や民間資本による投資が促進された。それらの政策により，国家の役割と規模は以前と比べると大幅に縮小した[4]。

2　ネオリベラリズム改革の政治への影響

　国家中心型マトリクスから市場中心型マトリクスへの転換は，それまでの利益代表あるいは利益媒介のあり方や考え方にも変化をもたらした。その代表的な分析は，国家中心型マトリクスにおいて，コーポラティスト的[5]なあり方や考え方が基本にあったことを出発点とする。つまり，個々の利益は，労働組合，農民組合，貧困地域の住民組織といった組織が代表，表出していた。そうした組織を支持基盤として政党が作られ，政党政治が展開した。国家はその要求に応え，様々な機能を果たした。

　だが，国家中心型マトリクスが危機に陥ると，コーポラティスト的な利益代表や利益媒介が凋落する。それは，国家が財政面を中心に限界に達し，それまでの機能を果たせなくなるためである。利益を代表ないし媒介してきた前述の組織もその存在意義が薄れる。組織自体も，メンバーの減少などにより脆弱化する。典型は労働組合である。拡大する，インフォーマルセクターの労働者の規模に比して，法律に守られた労働組合は，一種の少数者の「特権の孤島」と化し，労働者全体の代表機能を果たせなくなる。さらに，市場中心マトリクスは，個人主義的なあり方や考え方を強調し，利益代表媒介組織の解体に拍車をかける［Garretón 2001, 2003; Haggard and Kaufman 1995; Hagopian 1998; Kingstone 2011; Murillo 2001; Oxhorn 1998; Oxhorn and Cucatenzeiler 1998; Stokes 2001; Teichman 2001; Weyland 2002, 2004; Yashar 2005］。

　ネオリベラリズム期における上述の状況において，政党と政党システムも変貌を余儀なくされてきた。政党と政党システムをめぐる研究では，ロバーツ［Roberts 2002］が最も体系的な議論を提示している［出岡 2008: 166］。その主

---

4)　後述するように，民主化とネオリベラリズムの導入時期は国により異なる。民主化が先行し，ネオリベラリズム改革の開始が後になった場合がある一方，民主化の前からネオリベラリズム改革が進められた国もある。

5)　ラテンアメリカのコーポラティズムは，ヨーロッパでみられるような，国家に対し社会が独立的な「社会コーポラティズム」（societal corporatism）ではなく，社会が国家に従属的な「国家コーポラティズム」（state corporatism）である。

眼は，ネオリベラリズムの浸透を契機に，主に労働組合に支持基盤をおいてきた政党が勢力を弱め，政党システムの変容をもたらしたとする議論である。

ロバーツは，ラテンアメリカの政党システムの最初の転機は1940年代前後で，輸入代替を柱とする工業化政策が各国でとられ始めた時期であるとする。労働者，また国によっては農民の政治化に着目し，二つのタイプの政党システムが現れたと考える。最初のタイプは，20世紀に強力な労働運動，そして場合によっては農民運動が存在したことを背景に，階層の亀裂（cleavages）がより鮮明に現れた政党システムである。ロバーツは，アルゼンチン，ボリビア，ブラジル，チリ，メキシコ，ニカラグア，ペルー，ベネズエラの8カ国をこのシステムに分類し，労働動員型（labor-mobilizing parties）と呼んでいる。もう一つのタイプは，労働運動を主とする大衆動員が最初のタイプほど強力ではなく，それまで存在してきた垂直的，階層横断的，あるいは個人主義的な色彩の濃い政党が引き続き優位にあった政党システムで，エリート型（elite-based/elitist parties）としている。具体的には，コロンビア，コスタリカ，ドミニカ共和国，エクアドル，ホンジュラス，パナマ，パラグアイ，ウルグアイの8カ国を挙げている。そして，ネオリベラリズムのもとでは，労働動員型の政党がその支持基盤を失って衰え，既に消滅した例もあると指摘する。労働動員型の政党システムが消滅する傾向が顕著で，政党システムがエリート型に収斂すると分析した。

3　ネオリベラリズム改革の開始時期の差

ロバーツの所論は一般論として整然としており，理解もしやすい。だが，ネオリベラリズムの影響で政党が脆弱化し，政党システムが不安定化するという因果関係については，改めて検証する余地がある。出岡［2008: 166-167］は，南米南部地域のアルゼンチン，ブラジル，チリ，ウルグアイの民政移管後の政党システムに関する研究を整理し，労働動員型の政党システムが解体するとしたロバーツの分析とは異なり，ブラジルについては階層的な亀裂にそった政党システムが形成され安定化してきたことを指摘している。また，アルゼンチンについても，ネオリベラリズムのもとでより政党システムが流動化したものの，労働動員型とされた政党が依然として有力な政党として存在し続けていることに注目している。

本章で述べるように，ネオリベラリズム期以降，ブラジルに加え，チリ，メキシコ，ウルグアイでは，政党システムが安定する傾向にある。その水準は，西ヨーロッパ諸国とほぼ並ぶレベルである。ネオリベラル政策が実施されて以降，ロバーツの分類で労働動員型に入る国でも，政党システムが安定化する事例が観察されるのである。

　他方，多く国が民主主義へ移行した後のラテンアメリカにおいて最も早く政党システムが崩壊した二つの事例であるペルーとベネズエラ（各々1995年と1998-2000年に崩壊）についてみると，崩壊自体は，ネオリベラリズムの施行時期である1990年代前半と一致している。しかし，崩壊した政党システムを形作っていた政党が凋落した1980年代の過程は，ネオリベラリズムとは関係なく，それまでの国家中心型マトリクスの限界に起因する。両国の政党崩壊はネオリベラル改革によって加速されたことは事実であるが，その推進が直接的に生んだ結果ではなかった［村上 2009］[6]。

　つまり，ラテンアメリカに市場経済改革が導入されたこの20年以上の間に，政党システムが変動するにしても，対照的な事例が存在している。崩壊する事例がある一方で，安定化したあるいは安定化しつつある事例も観察されるのである。こうした対照的な事象が生じた過程において政党が直面した条件や状況を精査し，原因を究明することが必要である。

　別の観点から述べれば，先行研究では，ラテンアメリカ諸国で実施されたネオリベラリズム改革には，いくつかの点で相違が観察された点に，十分な注意が払われていない。改革の開始時期，推進した主体，進展度などにおける違いである[7]。

　とりわけ，本章の課題である政党システムへの影響と関連して注目しなければならないのは，ネオリベラリズム改革の開始時期である。それは，ネオリベラリズムを推進した主体，ならびにその負の帰結を批判する政党勢力のあり方

---

6) ペルーに関しては，政党凋落の副次的原因として，反政府武装集団によるテロや汚職などの問題が存在していた。ベネズエラについても，汚職や二大政党制による政治の寡占への批判が存在した。

7) 経済専門家の間では，ネオリベラリズム改革の相違に関心を寄せた研究が存在する。改革の進展の速さ，開始時期とその時点における経済状況から「急速改革国」と「慎重改革国」に分類したり，1980年代と90年代半ばのネオリベラリズム改革指標を比較し，いずれについても平均より高い「早期改革国」，いずれも低い「改革遅延国」，低い水準から高い水準となった「短期集中改革国」，高い水準から逆に低い水準に低下した「漸進改革国」の四つに分けたりする［西島・細野 2002］。

と関連しているためである。具体的には，ネオリベラリズム改革が民政移管前から，つまり軍政など非民主的な政治のもとで実施された場合と，民政移管後に行われた場合とでは，同改革に異を唱える左派政党のあり方に相違がみられる。こうした点を考慮しながら，ネオリベラリズムの影響を分析しなければならない。

次節以降においてネオリベラリズムの政党システムへの影響に関する分析を進める。まず，ネオリベラリズム改革の実施状況とそのあり方の違いを確認した上で，その帰結について述べる。続いて，市場経済改革の前から後にかけて，政党システムがどう変化したかを分析する。

行論の前に，本章が出発点とする，分析対象の政党システムについて述べておく。紙幅の都合で詳細に検討する余地はないが，取り掛かりとして，メインウェリングとスカリが制度化の観点から提示した分類［Mainwaring and Scully 1995］の修正版を据える。

両者は，1970年代から80年代までの状況を分析し，制度化の度合により，制度化した政党システム，制度化していないシステム，そしてこの二つの中間として転換期にある覇権政党システムの三つに分けた。制度化の基準は，政党間の競争関係の安定性，社会における政党の定着度，自由な選挙の存続の程度，独自のダイナミズムを持つ組織としての政党の確立度の四つである。これによると，本章の対象国に関しては，制度化したシステムとして，アルゼンチン，コロンビア，チリ，ウルグアイ，ベネズエラがある。制度化していないシステムは，ボリビア，ブラジル，エクアドル，ペルーである。そして，覇権政党システムがメキシコである。ただ，メキシコについては，本章では，制度化された政党システムに加えて分析を行う。2000年まで一つの政党が優位にあった権威主義体制で，その終焉段階の1980年代半ば以降から民政移管を経て今日まで，主要3党の政党システムが成立しているためである。

II　ネオリベラリズムの浸透とその帰結

1　経済不安定化の拡大

国家中心マトリクスの限界に国際的な経済危機が相まって，1980年代に入るとラテンアメリカ諸国は大きく動揺し，社会が不安定化した。当時の極めて

表6-1 インフレ率（%）

	1981-85	1986-90	1991-95	1996-2000	2001-05
アルゼンチン	382.4	1191.6	44.5	−0.1	10.5
ブラジル	151.1	1076.6	1113.8	7.6	8.7
チリ	21.5	19.4	13.9	5.2	2.6
メキシコ	62.4	75.8	18	19.4	4.9
ウルグアイ	46	79	62.3	13.9	10.3
ボリビア	2692.4	67.2	12.2	6.3	3.1
コロンビア	22.4	25.1	24.7	15.6	6.5
エクアドル	28.1	47	39.7	47.9	12.6
ペルー	104.9	2342.1	113.3	6.9	1.9
ベネズエラ	11.1	38.9	44.9	45.1	20.8

出典：IMF [2008] を基に筆者作成。

不安定な状況は，超高率インフレに象徴される。年率のインフレが2桁，3桁の数字を示すことが普通であった。幾つかの国では，4桁に達し，1985年のボリビアに至っては約1万2000%と，5桁の数字を記録した。

表6-1は，本章の研究対象である10カ国について，1981年から2005年までの間の年率インフレを5年毎に平均したものである。1980年代に入って，急速にインフレが悪化したのはボリビアであった[8]。1980年代前半には，他国に先駆けて，年率のインフレの平均が4桁に達している。他の国に関しては，チリとコロンビアを除いた7カ国で，1980年代を通じ，インフレが徐々に高まった。1980年代の後半に，より高いインフレを経験したのである。1980年代を通じてインフレが次第に高まる国の中では，アルゼンチン，ブラジル，ペルーのインフレのレベルが，残りの国よりも高かった。この3カ国のインフレの平均は4桁となっている。例外的に，チリとコロンビアでは，1980年代を通じて，他の国ほど高くないインフレのレベルを維持した。

2　ネオリベラリズム改革の進展

経済が不安定化する中，ラテンアメリカ諸国はネオリベラリズム改革を推進

---

8) ラテンアメリカ全体でも，ボリビアの悪化は急速で最初のケースであった。

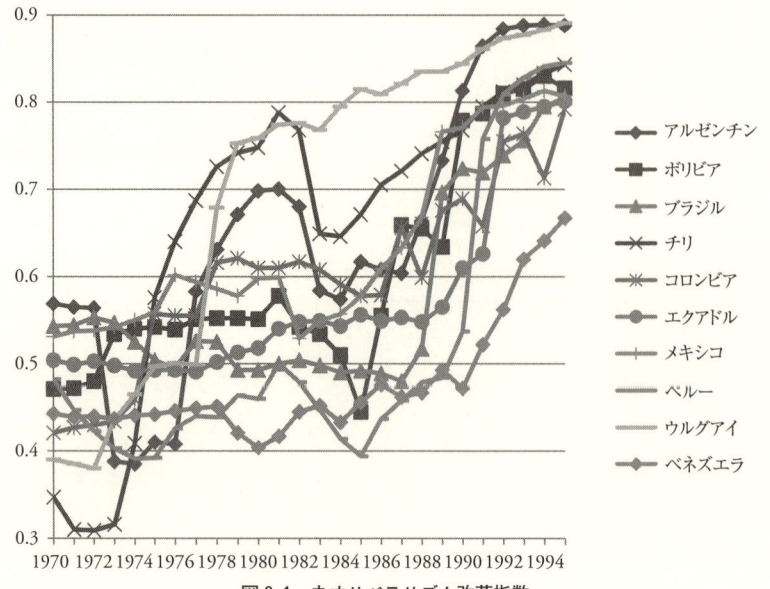

図 6-1 ネオリベラリズム改革指数

出典：Morley, et al. [1999: 24] を基に筆者作成。

した。図 6-1 グラフ 1 は，ネオリベラリズム改革について，市場開放，金融改革，外資規制緩和，民営化，税制改革の 5 項目の改革度を指標化し，全体を各国毎に平均した改革の進展度を表している。1 に近いほど，ネオリベラリズム改革が進んだことを示している。全体的にみると，1990 年代半ばまでには，ベネズエラを除く全ての国で，指標値 0.8 前後以上のレベルにまで達したことが分かる[9]。

幾つかの国では，既に 1970 年代，特にその後半に，市場経済原理を貫徹する政策がとられていた。1980 年の数値をみると，チリとコロンビア，そして程度は若干弱まるがアルゼンチンが，1990 年代に達成されるレベルと同等の

---

[9] ネオリベラリズム改革の程度と，世界的な基準からみた経済の自由度には差が生ずること［本書第 7 章］はあり得る。ラテンアメリカでは，労働市場の改革はほとんど進展しなかったし，国によっては基幹産業の国営企業を民営化しなかった［本書序章］。ヘリテジ財団の経済自由度指標では，司法の独立性や機能，汚職といった要素も加えられており，「第二世代改革」まで到達しなかった国が多いこともある。ただ，本章は，ネオリベラリズム改革の実施をめぐる対立や困難があったことに鑑み，そしてそれが政党と政党システムに影響を及ぼしたことから，ネオリベラリズム改革の度合いに注目する。

レベルにあった。それが，ウルグアイとベネズエラを例外として，1982年のメキシコ金融危機を境に，80年代半ばには，経済自由化傾向が逆転する。だがその効果は一時的で，1980年代後半以降，ネオリベラリズム改革が本格化し，1990年代半ばまでには支配的となった。その中で，ベネズエラの改革のレベルは，低いレベルにとどまったことは記憶されておいてよい。

　不安定化度の違いにより，ネオリベラリズム改革が本格化する時期に違いがみられる。1980年代前半に，年平均4桁と最も激しい超高率インフレを経験したボリビアは，同年代後半において最も急速にネオリベラリズム改革を進めた。

　1980年代前半にボリビアに次いで強い3桁のインフレを経験したのはアルゼンチン，ブラジル，ペルーである。この3カ国でネオリベラリズム改革が本格化するのは，ボリビアよりも遅れて，1980年代末から1990年代に入ってからである。いずれの国でも，1980年代半ばから，経済の不安定化をヘテロドクス的（異端派的）な政策により克服しようとしたことで共通している。ヘテロドクス的政策とは，総需要の抑制や財政支出の削減などを行うネオリベラリズム的なオーソドックス（正統派）政策を嫌い，価格凍結によるインフレの抑制により消費と投資を活性化させることを目標とする政策である。しかし，インフレの昂進にみられるように，経済が一層不安定化する結果となり，ネオリベラリズム路線をとらざるを得なくなる。

　1980年代のインフレのレベルが相対的に低かった他の国では，チリ，メキシコ，ウルグアイにおいて，1980年代前半からネオリベラリズム改革が漸進的に進展した。他方，コロンビア，エクアドル，ベネズエラでは，1980年代末から1990年代の初めにかけての時期にネオリベラリズム改革がより積極的に推進された。

　1995年時点で，ベネズエラを除き，市場経済原理の貫徹がかなりのレベルに達していたが，ネオリベラリズム改革の進展度には違いが観察された。ネオリベラリズム改革が始まる時点で，経済の自由化度に既に相違が存在したためである。

　図6-2は，1980年以降の各国の改革指標について，最低値，ならびに最低値と最大値の差を改革進展度として示している。1970年代にネオリベラリズム改革が行われたウルグアイとチリは，1980年代以降の改革の程度は他国と比較すると小さかった。逆に，ブラジル，ボリビア，ペルー，ベネズエラは経

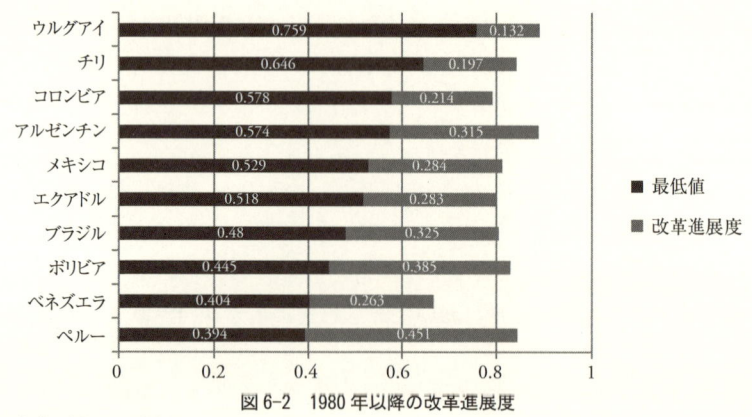

ウルグアイ	0.759	0.132
チリ	0.646	0.197
コロンビア	0.578	0.214
アルゼンチン	0.574	0.315
メキシコ	0.529	0.284
エクアドル	0.518	0.283
ブラジル	0.48	0.325
ボリビア	0.445	0.385
ベネズエラ	0.404	0.263
ペルー	0.394	0.451

■ 最低値
■ 改革進展度

図6-2　1980年以降の改革進展度

出典：図6-1に同じ。

済の自由化度が低く，ベネズエラネを除き，改革指標は0.3ポイント台の高い数値を示した。ベネズエラでの改革は，0.2ポイント台で中規模にとどまった。

　他方，コロンビア，アルゼンチン，メキシコ，エクアドルは1980年代のネオリベラリズム改革の出発点が中程度で，改革の高い進展度を示したアルゼンチンを除き，改革の進展度も中規模であった。

　総じて，ネオリベラリズム改革は，超高率インフレを低下させ，経済を安定化させた。1990年代半ばからは，ほとんどのラテンアメリカ諸国で年率のインフレが1桁の数字を記録し，経済は成長を取り戻した。

　対照的に，ミクロ経済的，構造的な問題については，肯定的な成果がみられなかった。ネオリベラリズム路線が導入されてから，例えば，ジニ係数は悪化する傾向が一般的である（表6-2）。改革の指標が0.3台や0.2台の大・中規模進展国では，ブラジルを除き，格差が拡大した。これほどの拡大は，小規模進展国ではみられない。

　別の負の結果の例は，都市労働力におけるインフォーマルセクターの増加である。ボリビア，エクアドル，コロンビアを除き，総じて1990年代の状況は悪化傾向を示した。

　超高率インフレに象徴される経済の不安定性が克服され，暫くして人々が安定化を当然のこととして捉えるようになると，格差，雇用，貧困など，以前から続いている，あるいは悪化しているミクロ経済的，構造的な問題に関心が向くようになる。1990年代後半には，別の国際経済危機が発生し，これを契機に，

表 6-2 ジニ係数とインフォーマルセクター

	改革進展度	ジニ係数の変化	インフォーマルセクター
ペルー	0.451	5.95	51.8%→59.3%
ボリビア	0.385	6.11	56.9%→56.6%
ブラジル	0.325	−0.06	52.0%→60.4%
アルゼンチン	0.315	5.33	47.5%→53.8%
メキシコ	0.284	5.61	55.5%→59.4%
エクアドル	0.283	3.06	53.4%→53.2%
ベネズエラ	0.263	5.45	38.8%→48.1%
コロンビア	0.214	4.39	55.2%→54.7%
チリ	0.197	−1.07	49.9%→51.3%
ウルグアイ	0.132	0.91	36.3%→37.1%

出典：改革進展度はグラフ 1，ジニ係数は CEPAL [2008; 2009]，インフォーマルセクターは Thomas [2002]
注：ジニ係数は，国により異なるが，1985 年前後と 2000 年前後の比較．インフォーマルセクターは 1990 年から 97 年の変化．

ラテンアメリカ諸国の中でネオリベラリズムへの批判が高まった。

III 政党への影響

1 ネオリベラリズム改革と政党システムの安定性

　続いて，ネオリベラリズム改革の政党システムに対する影響を分析する。まず指摘すべき点は，ネオリベラリズム改革が軍政といった非民主的な政治のもとで実施された国が存在することである。図 6-3 は，ネオリベラリズム改革が，民政移管後に進展した度合いを示している。軍政を経験しなかったコロンビア，メキシコ，ベネズエラについては，1980 年からの進展度を示している。国名の後ろに括弧書きされているのが民政移管の年である。メキシコについては，文民勢力による権威主義体制が終焉を迎えた年を示している。2 度名前が出ているブラジルに関しては後で説明する。

　民政移管後に推進したネオリベラリズム改革が大きな規模ではなかった例は，チリとウルグアイである。両国では，ネオリベラリズム改革が軍政によって推進された部分がかなり大きい。反対に，ペルー，ボリビア，アルゼンチン

チリ (1990)	0.075
ブラジル (1990)	0.081
ウルグアイ (1985)	0.082
コロンビア	0.214
ベネズエラ	0.263
メキシコ [2000]	0.284
エクアドル (1979)	0.288
アルゼンチン (1983)	0.315
ブラジル (1985)	0.325
ボリビア (1982)	0.385
ペルー (1980)	0.451

■ 民政下での進展度
■ 非民政下での／1970年代の進展度

図6-3　民政下でのネオリベラリズム改革

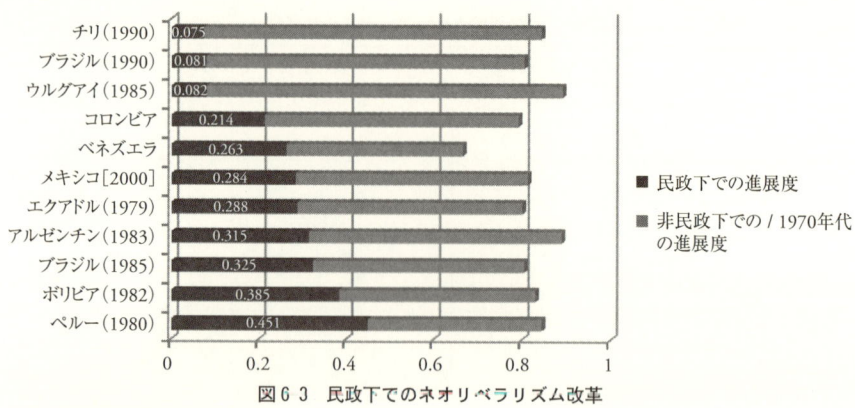

出典：図6-1に同じ。

写真6-1　アンデス高地の選挙運動（ペルー　2010年）

は，民政移管後に進めたネオリベラリズム改革の占める規模が他の国と比較して大きい。両者の中間に位置するのがエクアドルである。

本章の対象国の中でブラジルは特異な例である。ブラジルは1985年に民政移管した。だが，1990年までは，民政移行期と呼べる時期が続いた。それは，民政移管直後，閣僚の約4分の1が三軍の司令官を含む現役軍人だったことに象徴されるように，軍の強い影響のもとで文民政権時代が幕を開けたためである。こうした軍の影響や政治における直接的な存在は1990年までに徐々に解消されてゆく。その意味では，本格的な文民政権が始まったのは1990年からと見なすことができる[10]。

ブラジルは，1985年から実施されたネオリベラリズム改革の規模でみると，ペルー，ボリビア，アルゼンチンの大きな規模の改革が行われた国になる。しかし，軍の直接的な影響が消えた1990年以降の改革の規模は，チリ，ウルグアイと同程度の小さいものであった。

前述の点を念頭に置きつつ，続いて政党と政党システムの変化について概観する。ここで注目するのは，選挙変易性 (electoral volatility) である。選挙変易性は，ある選挙とその前に実施された選挙の得票率の差を基に計算され[11]，特定の政党が一定の支持を続けて得ていれば数値が低くなり，支持を失うなどして選挙毎に大きく得票率が異なると数値が高くなる。つまり，政党への支持が一定の範囲で安定していれば数値は小さくなるのである。

10カ国の選挙変易性をみると（図6-4），全体的には，2000年以降，数値30以下と比較的低い水準で，安定化傾向を示しているブラジル，チリ，メキシコ，ウルグアイのグループと，それ以外の国で数値30よりも高いレベルにある不安定なグループに大別することができる。

安定化傾向を示している4カ国のうち，チリ，ウルグアイは，民政移管後に進められたネオリベラリズム改革の規模が小さい国であった。ブラジルについても，本格的な文民政権が登場した1990年以降についてみると，ネオリベラリズム改革の規模は小さかった。メキシコに関しては，2000年まで続いた権

---

10) ブラジルで直接選挙により選出された大統領が就任したのも1985年ではなく1990年であった。1985年には軍政に反対していた勢力が与党になったものの，大統領選挙は間接選挙であった。つまり，議会選挙が実施されただけで，議員が大統領を選出した。

11) 本章の選挙変易性は，メインウェリングとスカリの研究 [Mainwaring and Scully 1995] に従い，差の絶対値を合計した和を2で割った値を大統領選挙と議会選挙（二院制の場合は下院議会選挙）各々について求め，その平均の数値を使っている。

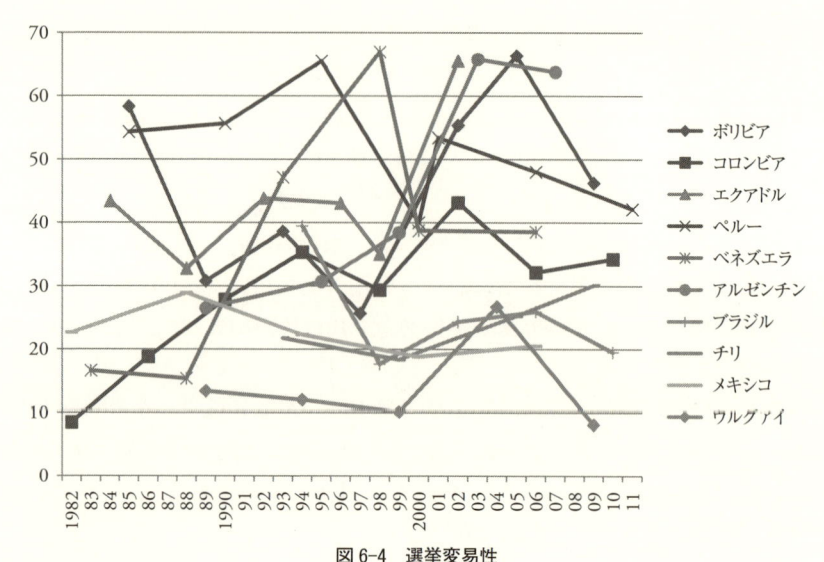

図 6-4 選挙変易性
出典：Nohlen [2005a; 2005b] ならびに各国の選挙管理機関のホームページに基づき筆者作成。

威主義体制のもとでネオリベラリズム改革が推進された経緯がある。残りの6カ国は選挙変易性が高いグループである。いずれも，ネオリベラリズム改革の進展度が高いか中レベルの国である。

2 安定化と不安定化の過程

ネオリベラリズム改革の影響についてより詳しく分析するため，各国の状況を述べる。最初に2000年以降に安定化傾向を示している4カ国を取り上げ，続いて不安定な6カ国について述べる[12]。

---

12) 本項における各国の政党政治については，煩雑さを避けるため細かく注記しない。主として依拠している文献は，Agüero and Stark (eds.) [1998]，Black [2011]，細野・恒川 [1986]，出岡 [2008]，Domínguez and Shifter (eds.) [2008]，Garreón and Newman (eds.) [2001]，Hagopian and Mainwaring (eds.) [2005]，加茂編 [2005]，Mainwaring and Scully (eds.) [1995]，村上 [2004]，村上・遅野井編 [2009]，Murillo [2001]，西島・細野 [2002]，Oxhorn and Cucatenzeiler (eds.) [1998]，Silva [2009]，Stokes [2001]，Teichman [2001]，Vanden and Prevost [2006]，Weyland [2001]，Wiarda and Kline (eds.) [2007]，Yashar [2005] である。

安定化傾向の4カ国

　最初に提示した政党システムの分類では，安定化傾向を示している4カ国では，ウルグアイ，チリ，メキシコが制度化された政党システム，ブラジルが制度化されていないシステムであった。

　ウルグアイは，19世紀初頭の独立以降，コロラド党と国民党の二大政党制が続いてきた。20世紀には，コロラド党が労働者など下層の利益を代表する役割を果たし，政党制の安定を保った。キューバ革命の影響を受け活発化したゲリラ運動の拡大に危機感を抱いた軍が1973年から1985年まで政権を握る。この間，かなりの程度のネオリベラリズム改革が進められた。1985年の民政移管後も，伝統的な二大政党のもとで同改革が進められた。1990年から95年の国民党政権を除き，コロラド党政権であった。特筆すべきは，民政移管後，軍政前に結成されていた左翼政党の連合組織，拡大戦線が，ネオリベラリズムに対する不満の受け皿として勢力を徐々に拡大し，議会での存在を高めていたことである。2005年に，拡大戦線はコロラド党に代わって二大政党制の一翼となり，政権の座に就いた。拡大戦線の政権は，市場経済原理への根本的な批判に基づく国家主義への回帰を目指すベネズエラなどの急進左派ではなく，財政均衡や輸出振興などネオリベラル的なマクロ経済運営を行うとともに貧困や格差といったネオリベラリズムの負の側面を是正する政策にも重心を置く穏健左派の路線を歩んでいる。

　チリでは，19世紀初頭の独立以降，保守党，自由党，急進党，キリスト教民主党，社会党，共産党といった政党が結成されるが，議会において，右派（保守党，自由党），中道（最初に急進党，後にキリスト教民主党），左派（社会党，共産党）の3勢力が結成され，安定した政党システムが続いてきた。1973年に，選挙によって成立した左派のアジェンデ政権に対するクーデタで軍政が成立し，1990年まで続く。軍政下で大規模なネオリベラリズム改革が行われた。民政移管を求める過程では，軍政前には右派寄りだった中道勢力が左派勢力と合流し，コンセルタシオン（盟約）という連合組織を作った。一方，右派勢力は同じく連合組織アリアンサ（同盟）を創設し，民政移管後は，コンセルタシオンとアリアンサの二大勢力がチリ政治を支えてきた。民政移管から2010年まで，コンセルタシオンが政権を独占し，ネオリベラリズム路線，特にそのマクロ経済的な均衡や輸出振興を引き続き維持するとともに，同路線の負の側面，格差や貧困を緩和する措置を継続的に実施してきた。穏健左派の路線であった。

2010年には，アリアンサの後継組織，変革同盟が選挙で勝利し，政権交代が起きた。

他方，メキシコでは，20世紀初頭に起きたメキシコ革命（1910～20年）で台頭した勢力が結集した政党，制度革命党が優位を占める権威主義体制が1929年から2000年まで継続した。この権威主義体制のもと，1982年のメキシコ金融危機を契機に，ネオリベラリズム改革が導入された。ネオリベラリズムを進めた制度革命党は，権威主義体制に対する批判などもあり，次第に支持を失う。1988年には，同党の左派が内部対立から分離して民主革命党を結成し，ネオリベラリズム路線に不満を持つ人々の支持を集めた。他方，1980年代には，中道右派の国民行動党が，権威主義体制に反対する企業家などの支持を得た。国民行動党は，メキシコ革命で台頭した勢力に反発した勢力によって1939年に結成され，権威主義体制のもとで，野党として存続してきた。以上の3党が，2000年の民政移管前後のメキシコ政治を支える勢力となった。2000年には，制度革命党が71年ぶりに政権の座から去り，国民行動党政権が誕生した。2006年の選挙でも同党の候補が再選された。国民行動党政権のもとでは，ネオリベラリズム路線が継承された。

ブラジルは，このグループの中では，唯一，制度化しない政党システムが存在してきた国である。政党は，クライエンテリズムによる個人的なネットワークを張り巡らし，所属先を頻繁に変えることも厭わない政治家の集まりで，政党自体の存在も，また政党間関係も不安定であった。この状態は，民政移管直後も続いた。ブラジルは，前述のように，民政移管後の軍の影響力が強かった時期，ヘテロドクス政策を進めたため，超高率インフレを抑えられないでいた。1990年に直接選挙で選ばれたフェルナンド・コロル大統領は，最初，ネオリベラリズム路線を取り始めたが，期待したほどインフレが抑えられず，その路線を後退させた。コロルは汚職で1992年に失脚し，その跡を継いだ暫定政権がネオリベラリズム改革に改めて着手した。そして，暫定政権で財務大臣などを務め1994年に政権に就いたエンリケ・カルドゾ大統領（1998年に再選され2002年まで在任）のもとで，ネオリベラリズム路線が本格的に推進され，超高率インフレは終息に向かった。この過程で，カルドゾは，議会において中道左派から右派の勢力との連合政治を展開しながら同路線を進めた。その一方，軍政下の1980年にルイスイグナシオ・ルーラを中心に結成され，下層の支持を得て議会選挙で徐々に勢力を拡大していた左派の労働者党が，ネオリベラリズ

ム路線に対する批判の受け皿となった。2003年からは，労働者党が政権に就き，穏健左派の路線を進んできた（ブラジルについては第9章も参照）。

不安定なボリビア，エクアドル，ペルー

　今世紀に入って政党システムが不安定な状態にあるアルゼンチン，ボリビア，コロンビア，エクアドル，ペルー，ベネズエラであるが，全ての国が1990年代までも同様の状態にあったわけではない。ペルーは，民政移管後から不安定な状態にあった。ペルーと同様に制度化していない政党システムとされるボリビアとエクアドルも不安定だったが，ペルーほど不安定ではなかった。制度化された政党システムのアルゼンチン，コロンビア，ベネズエラについては，1980年代には安定していて，アルゼンチンとコロンビアは，1990年代前半でも未だ安定していた。

　まず制度化していないシステムの3カ国について述べる。ボリビア，エクアドル，ペルーのいずれも，1970年代まで，全国レベルに広がる組織的基盤を持つ政党が成立したことがないか，成立した場合でもその力を民政移管まで維持できなかった。ペルーは全国に根を張った政党が成立したことがない例である。ペルーの政党では，労働者に基盤を置くアプラ党が最も組織的基盤を持つが，その存在はペルーの一部地域，海岸地域[13]の北部と中部に限られる。

　ボリビアとエクアドルでは，全国レベルのプレゼンスを持つ有力な政党，勢力が現れたものの，1980年代までその力を維持できなかった。ボリビアは，隣国パラグアイとのチャコ戦争（1932～35年）の敗北を機に，改革政治を求める国民革命運動が生まれ，中下層や軍の一部の支持を受けて勢力を拡大した。そして，1952年から64年まで政権の座にあった。また，エクアドルでは，カリスマ的な政治家，ホセ・マリア・ベラスコ・イバラの率いた運動が力を得て，ベラスコは5度にわたり大統領の座に着いた[14]。しかし，1980年代入ると，いずれもかつての力を失っていた。国民革命運動は，この時期のボリビアの主要政党の一つに過ぎなかった。ベラスコは1979年に死去し，その支持者は霧散した。

13）　ペルーは，太平洋岸の海抜800～1,000 mまでの海岸地域，海抜800～1,000 m以上のアンデス高地，アンデス高地の東側に広がるアマゾン地域の三つに大きく分けられる。

14）　1933年，1940年，1952年，1960年，1968年。ただし，任期を全うできたのは1952年のみ（1956年まで）。これ以外は，任期途中でクーデタにより政権を追われた。

また，3カ国の政党間の関係も，1970年代までは，合意形成や意思決定の点で制度化[15]が見られなかった。各々の政党は，他の政党を，協力者ではなく，ライバルとして個々のクライアント達に分配する「財」をめぐって争っていると見なした。政党間の関係は対立が基調となり，政党システムは安定化しなかった。

　1980年前後に民政移管した3カ国には，いずれも三つないし四つの主要な政党勢力が存在した。いずれも全国レベルの組織的基盤を持ってはいなかった。ボリビアでは，左派の人民民主連合が最初の政権（1982年〜85年）となったが，経済運営に失敗し，支持を失った。その後は，国民革命運動の他，民族民主行動党と，人民民主連合の流れを汲む一派が結成した左翼革命運動の二つが主要政党として存在した。エクアドルでは，キリスト教社会党，ロルドス党，左翼民主党，人民民主党の4政党が政治を支えた。ペルーでは，人民行動党，キリスト教人民党，アプラ党，統一左翼の四つが主要政党であった。

　前述の通り，1980年代の経済危機の現れ方は3カ国で異なっていた。ボリビアは最初の左派文民政権が国家中心型マトリクスを続けたことを背景に急速に経済危機が拡大し，1980年代前半に混沌状況に陥った。エクアドルとペルーも1980年代前半に世界的な経済危機の影響は受けたが，ボリビアほどの状況にはならなかった。ペルーでは，1980年代を通じて状況が次第に悪化した。他方，エクアドルでは，急速に悪化したり，深刻度が増大することはなかった。

　こうした状況において，二つの異なった展開が見られた。一つはペルーの辿った道で，政党勢力の衰退とそれとは無関係だった「アウトサイダー」によるネオリベラリズム改革の推進である。

　1980年の民政移管後，ペルーでは最初に中道右派の人民行動党，続いて中道左派のアプラ党が政権に就いた（1980年〜85年と85年〜90年）。いずれも，ネオリベラル改革を本格化させることはなかった。人民行動党政権は初期に示した経済自由化政策を貫徹できなかった。アプラ党政権は，ヘテロドックス政策を進めた。そのため，両政権とも不安定な状況を収拾するのに失敗した。特にアプラ党政権のヘテロドックス政策は事態を深刻化させた。そうした中，政党は国民の支持と信頼を失った。右派のキリスト教人民党も，人民行動党を支

---

15) ここで言う制度化とは，構成員の間で正統であると承認，共有ないし黙認される行動定型やルール規範，了解・合意事項のことである［村上 2004: 28-30］。

写真 6-2　フジモリ派の選挙運動（2000 年）

持したことから，また，統一左翼も，アプラ党への支持に内部対立と分裂が重なり，国民から背を向けられた。

　主要政党が支持を失う中，それらとは関係せず独立した形で政治活動をする「アウトサイダー」が台頭する。1990 年に「アウトサイダー」のフジモリが大統領に選出され，ネオリベラリズム改革を自らのイニシアティブで積極的に，しばしば強引に，推し進めた。状況は徐々に安定化し，フジモリは国民の間で支持を伸ばした。反対に，かつての主要政党だった勢力は，国民からの支持を失い続けた。フジモリ自身は，第二期政権（1995 年～2000 年）で権威主義性を強め，貧困，格差といったミクロ経済的，構造的問題を解決できずに支持を低下させる。フジモリ後に選挙で成立した二つの政権は，ネオリベラリズム路線を継承した。それに対する不満は，軍人出身で急進左派を掲げたオジャンタ・ウマラが受け止めた。ウマラは，2011 年の選挙で当選する[16]。

　ボリビアとエクアドルでは，ペルーと異なり，ネオリベラリズム改革を推進する連合形成が観察された。前者では，1980 年代前半の深刻で混沌とした状況を前に，国民革命運動が民族民主行動党と連合し，「新経済政策」と呼ばれる経済構造調整を 1985 年に実施した。その後の選挙（1989 年，93 年，97 年）では，連合政治が続き，ネオリベラリズム路線が維持される。左翼革命運動も，1989 年には主導するアクターとして，また 97 年には連合の一角として，連合政治に参加した。

　エクアドルでの連合政治は形が異なっていた。その中心となったのは，議会における秘密裏の連合形成である。そのため，「幽霊連合」（"ghost coalitions"）

16）　ただし，ウマラは，選挙運動中に，急進左派の選挙綱領を穏健左派に修正することを提案し，当選した。

と呼ばれた。このタイプの連合は，1981年から84年のウルタド政権，92年から96年のドゥランバジェン政権，98年から2000年のマワ政権でみられた。他方，84年から88年のフェブレス政権は，選挙を契機とした公の連合からなっていた。88年から92年のボルハ政権の最初の2年も，選挙連合であった。こうした連合の中でも，1990年代に成立したドゥランバジェン政権とマワ政権がネオリベラリズム改革を積極的に進めた。中道左派だったボルハ政権も，ネオリベラリズム路線を前進させる一定の政策をとった。

こうして，ボリビアとエクアドルは，市場経済原理の貫徹が主要政党の間で展開した連合政治のダイナミズムのもとでなされた。それにより，ボリビアでは社会経済的安定がもたらされ，エクアドルでは相対的な社会の安定が維持された。同時に，政党システムが相対的に安定化した。この頃の両国の選挙変易性は，全体の中では高い方だったが，ペルーよりは低い水準を示した。

相対的な安定化がみられたものの，貧困や格差などのミクロ経済的，構造的な問題は解消されずに残った。そうした問題は，ボリビア，エクアドルのいずれにおいても，時間の経過とともに，より厳しく問われることとなった。その批判は，ネオリベラリズム路線を推進した主要政党に向けられ，それらは国民の支持を失う。

ボリビアとエクアドルでは，ネオリベラリズムに対する批判が，先住民運動という形で活発に表出された。1980年代に支持を失ったり連合政治に参加した両国の左派政党は，先立つ70年代には，天然資源開発の現場で働く労働者により重点を置いて活動を展開していた。その分，農民は「忘れられた」存在となった。そうした中，農民のほとんどは先住民だったことから，先住民としてのアイデンティティを前面に出して政治活動を始めた。先住民運動による活発な政治活動は，まず1990年代のエクアドルで，続いて同年代終わりからボリビアで観察された。ボリビアでは，この動きから，急進左派のモラレス政権が2006年に誕生した。他方，エクアドルでは，政権連合を組んだ勢力の失墜により，先住民運動は分裂して力を失うが，分散した先住民勢力を含むネオリベラリズム路線に対する批判の声を結集したラファエル・コレアが2007年に政権に就き，急進路線を標榜して今日に至っている。

制度化していた政党システムのアルゼンチン，コロンビア，ベネズエラ

今世紀に入って不安定な政党システムの状態にある6カ国のうち，アルゼン

チン，コロンビア，ベネズエラでは，1980年代には，ボリビア，エクアドル，ペルーよりは広い組織的基盤を持つ二大政党が存在し，各々が単独で，有権者の過半数前後の支持を集めることができた。コロンビアとベネズエラでは，政党間の関係も高度に制度化されていて，両党の間で公職や利益の分配に関する合意や了解が存在していた。

　コロンビアとベネズエラの二大政党制は，各々1940年代と50年代に起きた激しい国内の対立に起因している。コロンビアでは，19世紀初頭の独立後に結成された保守党と自由党が暴力も辞さない対立を展開した。その政治的混乱は，独裁政権の成立を許し，ついには両党の存在が脅かされた。そこで，両党は1957年に，国民戦線を結成しその優位性を保つこととした。国民戦線は，1978年まで続くことが合意されていたが，現実には，公職の平等配分などの合意内容は86年まで維持された。

　国民戦線はコロンビアの安定を保証し，二大政党の間での平和的な政権交代を実現した。しかし，その代償は，競争と実効的な政治参加の欠如した政治に対する無関心の増大であった。同時に，クリエンテリズムと派閥がいずれの政党でも強くなる一方，二大政党とは関係のない政治社会勢力の疎外と急進化が起きた。1960年代にゲリラ勢力が武力闘争を開始し，今日までその勢力を保っている。

　他方，ベネズエラでは，石油輸出経済の発展に伴い，中間層や下層を基盤とした政党が台頭した。そうした政党間のライバル意識が対立と混乱を招き，軍の政治介入を招いた。そこで，コロンビアと同様，1958年にキリスト教社会党と社会民主主義系の民主行動党が，政党に政権を取り戻すためのプントフィホ協定を締結した。この協定は，1964年まで続く約束であったが，80年代までその内容は二大政党の間で遵守され続けた。二大政党制のもとで，ベネズエラの人々は，石油収入を元手にした補助金に基づく比較的水準の高い生活と消費活動を享受した。

　1980年代から90年代にかけて，コロンビアとベネズエラは，ボリビアやペルーほどの経済的な不安定は経験しなかった。加えて，コロンビアの場合，その経済は元来，自由主義的であった。両国とも，1980年代末に国庫の状況が限界に至るまでは，ネオリベラル改革に着手しようとはしなかった。他方，両国でも貧困や格差の問題は存在し，下層の人々が二大政党から次第に距離を置くようになる。1980年代に入ると，両国の選挙変易性が上昇し始め，1990年

代にはその増加に歯止めがかからなくなった。同年代末には，両国の二大政党制が崩れる。

コロンビアでは，二大政党に属していた有力政治家が離籍し，独自の勢力を作って台頭する政治が生まれた。1998年から2002年に大統領に在任したパストラナは保守党出身，2002年から10年まで在任した（06年に再選）ウリベと現在のサントスは自由党出身である。左翼ゲリラが活発に活動していることから，国民の間に左派に対する警戒心が強く，左派系の勢力は政権に就いていない。

ベネズエラでは，1989年から93年の民主行動党政権がネオリベラリズム改革を開始するが，それまで享受してきた生活を手放すことを強いられる国民から大きな反発を受けた。そうした最中，後に大統領に当選するチャベスを中心に軍の一部がクーデタ未遂事件を起こした。続いて，キリスト教社会党から離党し大統領に当選したカルデラが，ネオリベラリズムを一定程度進めたが，多くの国民の批判は続いた。そうしたネオリベラリズム路線への批判が，軍を退いて政界に身を投じたチャベスに結集し，1998年にチャベス政権が発足する。二大政党とは無関係の「アウトサイダー」であるチャベスは急進左派の考えを持ち，ネオリベラリズムからの脱却と「21世紀の社会主義」の実現を訴えている。

最後に，アルゼンチンに関してみる。コロンビア，ベネズエラと同様に，アルゼンチンも1980年代には広い組織的基盤を持つ二つの主要政党を有していた。その一つは中間層を基盤とした急進党で，その起源は1880年代まで遡る。もう一つは労働者を支持基盤とする正義党で，ファン・ペロンを起源とすることからペロニスタ党が通称となっている。コロンビア，ベネズエラの場合と異なるのは，アルゼンチンでは，二大政党間の関係が，ペロン支持者とペロン批判者の間の厳しい対立により，制度化されなかったことである。いずれにせよ，1983年にアルゼンチンが民政移管した際，両党とも有権者の過半数の支持を争うことができる力は有していた。

1983年に急進党，89年にペロニスタ党が各々政権に就く。そして経済情勢が厳しさを増す中，経済改革の実施を迫られた。アルゼンチン経済は，軍政末期，マルビナス（フォークランド）諸島をめぐり戦争を起こしたことから戦時経済に移行したこともあり，自由主義経済とは反対の方向に向いていた。

民政移管後，最初の政権を握った急進党は，ネオリベラリズム改革の推進を

拒否し，ヘテロドクス政策を採用した。ペルーやブラジルと同様に，その適用は状況を悪化させ，超高率インフレや一層の経済不況をもたらし，急進党への支持を急落させた。こうした状況の中，メネム率いるペロニスタ党が1989年に政権に就き，徹底したネオリベラリズム改革を推進した。メネムは，ネオリベラリズム路線を進めるに当たり，議会を通じて実現を図るなど，ペルーのフジモリのような，強引な形では進めなかった。いずれにせよ，その結果，経済は安定化し，1990年代には回復基調となった。1995年にメネムは再選される。

しかし，貧困や格差といったミクロ経済的，構造的問題は存在し続けた。1990年代後半の国際的な危機は，状況を一層悪化させた。1999年の選挙でペロニスタ党が敗北して以降，アルゼンチンの選挙変易性は高い値を示している。1999年の選挙では，急進党も参加した中道左派の連合勢力が勝利し，ネオリベラリズム路線を継承した。すると，人々の不満は一層高まった。2001年には，政府が発した銀行業務停止宣言を契機に各地で暴動が発生する騒ぎとなった。社会的に不安定な状況は，政治危機にも繋がり，短期のうちに3名の暫定大統領が相次いで登場する始末であった。新たな不安定化はペロニスタ党の結束にも影響し，その分裂を惹起した。2003年の選挙では，ペロニスタ党の候補者以外に，2名のペロニスタ党出身者が大統領選挙に立候補し，そのうちの一人，キチネルが当選した。2007年の選挙ではキチネルの配偶者，フェルナンデスが大統領に当選した。キチネル政権からは，ネオリベラリズム路線の見直しが進められている。その方向性は，急進左派と穏健左派の中間に位置するとされる。

3　安定化と不安定化を分けるもの

以上の事例から，ネオリベラリズムの進展による政党システムへの影響について整理する。

まず，民政移管後の民主政治を担った政党が衰退し政党システムが不安定となった場合でも，ネオリベラリズム改革が直接的な原因となっていない場合がある。本論の事例ではペルーとベネズエラがこれに当たる。両国の主要政党が衰退した直接の原因は，程度の違いはあれ，国家中心型マトリクスの限界による経済や社会の不安定化にあった。その後，主要政党とは無関係の「アウトサイダー」が政権に就き，政策を遂行する中で主要政党が力を失い政党システム

が崩壊した。ただ，経済路線は正反対であった。ペルーではネオリベラリズム改革が強力に推進されたのに対し，ベネズエラではネオリベラリズム改革に対する批判が優越した。

ネオリベラリズム改革の帰結として民政移管後の政党システムが動揺したことが明確であるのは，ボリビア，アルゼンチン，エクアドル，コロンビアである。ボリビアは政党間の連合政治によって，アルゼンチンはペロニスタ党政権によって，ネオリベラリズム改革が進められ，その成果により多くの国民はこれを当初は支持した。しかし，貧困や格差などのミクロ的，構造的な問題が改めて認識され，1990年代終わりの国際的な危機もあり，民政移管後の主要政党は国民の支持を失った。エクアドルは，社会の不安定化が深刻でなかったことからネオリベラリズム改革の推進は遅れて始まったが，ボリビアのように連合政治で進められた。その後，ネオリベラリズム改革を進めた政党政治に対する批判が起こり，それを支えた政党は衰退した。コロンビアでも，伝統的な二大政党制のもとで徐々にネオリベラリズム改革が進められ，1990年代終わりにはその二大政党制が崩れた。

他方，本章が対象とする残りの4カ国は，ネオリベラリズム改革の進展過程を経ても安定化傾向を示してきた。ウルグアイでは，ネオリベラリズム改革推進の中心となったコロラド党の力が衰えたものの，その代わりに，議会で着実に勢力を伸ばし政権に就いた左派の拡大戦線が二大政党制の一翼となって，政党システムの安定基調を崩さなかった。ペルーなどとともに制度化していない政党システムであったブラジルでも，ネオリベラリズムを進める過程で，議会を舞台に，右派から中道左派までの推進派勢力と，徐々に勢力を拡大してきた労働者党を中心とする批判派の，二大勢力化が起こり，政党システムは安定化した。また，チリとメキシコでは，ネオリベラリズム改革を実施した非民主的な政治支配（前者は軍事政権，後者は権威主義体制）のもとで勢力を伸ばした連合組織や政党が定着した。

ブラジルとウルグアイの展開について，社会的亀裂の表出を重視する出岡［2008: 156-157］は，民政移管後，低所得者層を代表する政党が現れ，左右の軸で政党間関係が単純化し，両勢力の間でネオリベラリズム改革が徐々に進められ，その不満を梃子に現れた左派も穏健となった，と整理している。

別の言い方をすれば，ネオリベラリズムという争点を軸として，政党システムの制度化が進んだのである。

この制度化で重要なのは，ネオリベラリズム改革が進められる過程において，それに批判的な人々の受け皿となり，かつ議会で徐々に勢力を伸ばすか継続的に一定の勢力を保持できる能力を持つ左派政党の存在である。チリとメキシコでも，受け皿となる連合や政党の継続的な存在が観察された。

　これは，不安定化した6カ国と比較するとより明らかとなる。ブラジルと同じように連合政治のもとでネオリベラリズム改革が進んだボリビアとエクアドルの例では，先住民運動など社会運動としては批判が表出されたが，議会で一定の勢力を誇示できる存在となるには時差が伴った。「アウトサイダー」のもとでネオリベラリズム改革が行われたペルーや，二大政党や二大政党と関係した人物のもとで同改革が進められたコロンビア，ベネズエラでも，そうした左派政党の存在はなかった。ペロニスタ党が主な推進主体だったアルゼンチンでも，継続的なプレゼンスを有する，不満や批判の受け皿となる政党勢力は誕生しなかった。

　これは，ネオリベラリズム改革を推進した政党や勢力，人物の政治的力がそれだけ大きかったことを意味する。他方，それは，ネオリベラリズムへの強い反発を生む土壌ともなった。安定化傾向の4カ国と比べて，不安定化した国では，より短期間でネオリベラリズム批判勢力が伸張し，急進化の例も見られた[17]。

---

17) これら6カ国のうち，ベネズエラ，ボリビア，エクアドルで，急進左派勢力が民意により政権に就いた（当選年は，各々，1998年，2006年，2007年）。アルゼンチンでは，2003年から，急進左派と穏健左派の間の中間派の左派政権となっている。本章の議論からすれば，これは，ベネズエラなど急進左派が政権に就いた場合と比較して，既存政党の一つだったペロニスタ党が分裂し，不満の受け皿となる勢力となったことと関係している。つまり，安定した諸国の例では，メキシコのケースと似た展開をアルゼンチンが経たことが，急進左派政権が誕生した例と異なっている。また，ペルーでは，急進左派勢力として民族主義党が現われ，2006年の選挙で台頭し，2011年の選挙で政権に就いた。しかし，パトロン・クライント関係に基づいて有力者が組織する政党による非協力的な政党間関係が支配的となる「制度化しない政治」によって小党分裂化傾向が進む中，ペルーの政治社会全体で各々の左派勢力が少数勢力を形成しているに過ぎず［村上 2004］，民族主義党も例外ではない。このため，議会でも少数与党であり，選挙公約を難なく実行できるほどの支持基盤を有しておらず，政権に就いても，選挙公約とは異なり，新自由主義経済路線を基本的に維持する現実主義路線を歩んでいる。別の観点からいえば，新自由主義路線を支える勢力は，財界や専門家，受益しているコスタの北部・中部地域の多数派住民を中心に，一定のプレゼンスを有し，同路線を変えようとする行為には抵抗できる力を有しているのである。同時に，社会政策を展開する財源として，最も手っ取り早い外資による鉱業開発から得られる税収増をあてにする「現実主義的判断」の結果でもある。同様の状態のため，2006年に政権に就いた穏健左派のアプラ党も，新自由主義路線を基本とする現実主義的な姿勢を貫いた。

別の観点からすれば，次のように言える。超高率インフレ対策など経済安定化のためにネオリベラリズム改革が必要だった時期には，それを推進する勢力の存在で十分であった[18]。その目的が達成され，ネオリベラリズム改革の負の面が強く認識されるようになる次の段階で，同改革への不満や批判を吸収し表出できる政党が存在する，ないしは次第に勢力を拡大する，という条件が満たされるか否かが，分かれ目となった。

IV　政党政治の定着へ向けて

そのような分かれ目に作用した要因は何か。本章の分析からは，ネオリベラリズム改革の開始時期の差が，それを考える取り掛かりになる。つまり，政党システムが安定傾向にあるブラジル，チリ，メキシコ，ウルグアイの4カ国では，ネオリベラリズム改革が，民主主義に先立つ非民主的な政権や体制（軍事政権や権威主義体制）のもとでかなりの程度にわたり進められた[19]。ネオリベラリズム改革が，民主主義への移行の前に始まっていたのである。移行の過程で，ネオリベラリズムへの批判の受け皿となる左派政党が，民政移管推進の勢力の一部として地歩を固め，民政移管後に政党システムの一部を形成することとなった。そうした左派政党は，ネオリベラリズム批判の文脈では，穏健左派である[20]。

これに対し，不安定化した6カ国では，民政移管後，あるいは長く続いてきた二大政党制のもとで，かなりの程度のネオリベラリズム改革を推進する必要性に迫られた。政党政治が，その課題に直面したのである[21]。そして，ネオリベラリズム改革が進められ一段落した段階でそれに対する不満や批判が拡大し始めた時，その受け皿となる左派政党は存在しなかった。これらの国では，左派政党は，国家中心型マトリクスの限界の中でネオリベラリズム改革実施の前までに衰退した（ボリビア，ペルー）か，ネオリベラリズム改革を推進ないし継

---

18) その勢力には，連合政治を支えた政党から権威主義的な大統領まで，バリエーションがある。
19) ブラジルの場合，政権を明け渡した後で，軍が影響力を持っていた時期を含む。
20) 本項で示した議論を含め本章の分析は，2009年1月の国際研究集会に提出したペーパーで提示した［Murakami 2009］。左派政権が誕生した国に限り，強調点は異なるものの同様の議論は，後に，「左旋回」を分析する中でLevitsky and Roberts［2011a: 16-19; 2011b: 403-412］もしている。
21) ペルーの場合は，ネオリベラリズム改革を推進する前に，主要政党に対する国民の支持と信頼が失われていた。

写真6-3 支持者の前で演説する，急進左派のひとり，ボリビアのモラレス大統領（2008年）

承した連合政治の一翼だったため信頼を失った（エクアドル，ボリビア，アルゼンチン）か，二大政党を前に存在が薄かった（コロンビア，ベネズエラ）[22]。そうした中から，急進左派が登場した。

　言い換えると，民政移管以前にネオリベラリズム改革が行われた諸国では，同政策の実施の是非が政党政治の争点となることはなく，政党システムの安定を帰結している。この点は，政党政治におけるネオリベラリズム改革の争点化の有無がヴィシェグラード諸国における第二世代改革の実施度を分ける要因となっていることを指摘した第5章の分析に通底している。つまり，同諸国のハンガリーとポーランドにおいて，第二世代改革の実施が進んでいない背景とし

---

[22] ボリビアでは，民政移管直後に政権に就いた左派政党が失墜し，その政党から離脱した勢力が作った左派政党がネオリベラリズム改革を進める連合政治の一翼となった。ベネズエラでは，ネオリベラリズム改革に対する不満が小さな左派政党に集まる現象がみられたこともあった。だが，その勢力は特定の地方に留まり，全国レベルでは影が薄かった。アルゼンチンでは，左派政党が中道右派と連合し政権に就いたものの，ネオリベラリズムを継承するうちに危機に陥り，失墜した。コロンビアでは，左翼ゲリラによるテロに対する批判が強く，左派政党が支持を集め難い。

第6章　ネオリベラリズムと政党

て，旧共産党の後継政党が早い段階でネオリベラリズム政策を実施したことから，同改革が政党政治の争点から外れることとなった。

　本章で分析した，民政移管過程とネオリベラリズム改革の進行が一致せずに不安定化した6カ国には，安定化の方向に歩みだす道はあるのか。そのヒントは，安定化傾向を示す4カ国が提示する，争点を軸とした制度化にある。不安定化した6カ国でも，ネオリベラリズム改革について政党間の合意や了解ができたボリビアやエクアドルでは，相対的に安定化した時期があったことを指摘した。ネオリベラリズム自体の持つ限界により，その後は不安定化することになったが，そうした例からしても，ポストネオリベラリズムの現在の課題である，格差や貧困の解消に向けて，主要政党の間で，一定の方向性と実効的かつ具体的な道筋について合意ないし了解を形成することが安定化への第一歩になるのである。主要政党が相互にそうした合意や了解の形成に踏み出すことができるか否かが，重要な分岐点となる。

　ネオリベラリズム改革の推進は，ラテンアメリカの政党システムに変動をもたらした。その変動には，安定化と不安定化の二つの傾向が存在する。本章の分析は，二つに分かれた背景には，ネオリベラリズムに対する批判が高まる極面において，その批判の受け皿となり，継続的なプレゼンスを有する左派政党が存在したか否かが決定的であったことを示した。さらに，そうした左派政党の存在は，民政移管の過程と密接に関係しており，同時に，ポストネオリベラリズム期において穏健な左派路線をとる条件ともなっていることを指摘した。

参考文献

Agüero, Felipe and Jeffrey Stark (eds.) [1998] *Fault Lines of Democracy in Post-Transition Latin America*. Miami: North South Center Press, University of Miami.

Black, Jan Knippers (ed.) [2011] *Latin America, Its Problems and Its Promise: A Multidisciplinary Introduction*. Boulder, Colorado: Westview Press.

Cavarozzi, Marcelo, y Esperanza Casullo [2002] "Los partidos politicos en América Latina hoy: ¿consloidación o crisis?" En: Marcelo Cavarozzi, y Juan Manuel Abal Medina (h.) (eds.) *El asedio a la política: los partidos latinoamericanos en la era neoliberal*. Rosario, Argentina: Homo Sapiens Ediciones, pp. 9–30.

CEPAL (Comisión Económica para América Latina y el Caribe) [2008] *Panorama social de América Latina 2008*. Santiago: CEPAL.

CEPAL (Comisión Económica para América Latina y el Caribe) [2009] *Panorama social de América Latina 2009*. Santiago: CEPAL.

Domínguez, Jorge I. and Michael Shifter (eds.) [2008] *Constructing Democratic Governance in Latin America*. Boltimore: The Johns Hopkins University Press.
Garreón, Manuel Antonio [2001] "The New Socio-political Matrix." In: Manuel Antonio Garreón M. and Edward Newman (eds.) *Democracy in Latin America: (Re)Constructing Political Society*. New York: United Nations University Press, pp. 220–248.
Garreón, Manuel Antonio [2003] *Incomplete Democracy: Political Democratization in Chile and Latin America*. Chapel Hill: The University of North Carolina Press.
Garreón M., Manuel Antonio and Edward Newman (eds.) [2001] *Democracy in Latin America: (Re)Constructing Political Society*. New York: United Nations University Press.
Gwynne, Robert N. and Crisóbal Kay [1999] "Latin America Transformed: Changing Paradigms, Debates and Alternatives." In: Robert N. Gwynne and Crisóbal Kay (eds.) *Latin America Transformed: Globalization and Modernity*. London: Arnold, pp. 2–30.
Haggard, Stephan and Robert Kaufman [1995] *The Political Economy of Democratic Transitions*. Princeton: Princeton University Press.
Hagopian, Frances [1998] "Democracy and Political Representation in Latin America in the 1990s: Pause, Reorganization, or Decline?" In: Felipe Agüero and Jeffrey Stark (eds.) *Fault Lines of Democracy in Post-Transition Latin America*. Miami: North South Center Press, University of Miami, pp. 99–143.
Hagopian, Frances and Scott P. Mainwaring (eds.) [2005] *The Third Wave of Democratization in Latin America: Advances and Setbacks*. New York: Cambridge University Press.
IMF (International Monetary Fund) [2008] "World Economic Outlook Database". April 2008 Edition (http://www.imf.org/external/pubs/ft/weo/2008/01/weodata/index.aspx, 20/V/2008).
Kingstone, Peter [2011] *The Political Economy of Latin America: Reflections on Neoliberalism and Development*. New York: Routledge.
Levitsky, Steven and Kenneth M. Roberts [2011a] "Introduction: Latin America's 'Left Turn': A Framework for Analysis." In: Steven Levitsky and Kenneth M. Roberts (eds.) *The Resurgence of the Latin American Left*. Baltimore: John Hopkins University Press, pp. 1–28.
Levitsky, Steven and Kenneth M. Roberts [2011b] "Conclusion: Democracy, Development, and the Left." In: Steven Levitsky and Kenneth M. Roberts (eds.) *The Resurgence of the Latin American Left*. Baltimore: John Hopkins University Press, pp. 399–427.
Levitsky, Steven and Kenneth M. Roberts (eds.) [2011] *The Resurgence of the Latin American Left*. Baltimore: The Johns Hopkins University Press.
Mainwaring, Scott and Timothy R. Scully [1995] "Introduction: Party Systems in Latin America". In: Scott Mainwaring and Timothy R. Scully (eds.) *Building Democratic Institutions: Party Systems in Latin America*. Stanford: Stanford University Press, pp. 1–34.
Mainwaring, Scott, and Timothy R. Scully (eds.) [1995] *Building Democratic Institutions: Party Systems in Latin America*. Stanford: Stanford University Press.
Mainwaring, Scott and Mariano Torcal [2006] "Party System Institutionalization and Party System Theory after the Third Wave of Democratization." In: Richard S. Katz and William Crotty (eds.) *Handbook of Party Politics*. London: Sage Publications Ltd., pp. 204–227.
McDonald, Ronaldo H. and J. Mark Ruhl [1989] *Party Politics and Elections in Latin America*. Boulder, Colorado: Westview Press.

Morley, Samuel A., Roberto Machado and Stafano Pettinato [1999] *Indexes of Structural Reform in Latin America* (Reformas económicas 12). Santiago: Economic Commission for Latin America y the Caribbean.

Murakami, Yusuke [2009] "Changes of Party Systems in Post-neoliberal Latin America". (Paper presented at International Conference "Linkage of Disparities: Reorganization of Power and Opportunities in the Globalized World," organized by Center for Integrated Area Studies, Kyoto University, in Inamori Center, Kyoto University, January 30−Febrary 1, 2009, 21p.)

Murillo, María Victoria [2001] *Labor Unions, Partisan Coalitions, and Market Reforms in Latin America*. Cambridge: Cambridge University Press.

Nohlen, Dieter (ed.) [2005a] *Elections in the Americas: A Data Handbook, Volumen I, North America, Central America, and the Caribbean*. Nueva York: Oxford University Press.

Nohlen, Dieter (ed.) [2005b] *Elections in the Americas: A Data Handbook, Volumen II, South America*. Nueva York: Oxford University Press.

Oxhorn, Philip D. [1998] "Is the Century of Corporatism Over?: Neoliberalism and the Rise of Neopluralism." In: Philip D. Oxhorn and Graciela Cucatenzeiler (eds.) *What Kind of Democracy? What Kind of Market?: Latin America in the Age of Neoliberalism*. University Park, Pennsylvania: The Pennsylvania State University Press pp. 195−217.

Oxhorn, Philip D. and Graciela Cucatenzeiler [1998] "Economic Reform and Democratization in Latin America." In: Philip D. Oxhorn and Graciela Cucatenzeiler (eds.) *What Kind of Democracy? What Kind of Market?: Latin America in the Age of Neoliberalism*. University Park, Pennsylvania: The Pennsylvania State University Press, pp. 3−19.

Oxhorn, Philip D. and Graciela Cucatenzeiler (eds.) [1998] *What Kind of Democracy? What Kind of Market?: Latin America in the Age of Neoliberalism*. University Park, Pennsylvania: The Pennsylvania State University Press.

Roberts, Kenneth M. [2002] "Social Inequalities without Class Cleavages in Latin America." *Studies in Comparative International Development*, 36(4): 3−33.

Silva, Eduardo [2009] *Challenging Neoliberalism in Latin America*. New York: Cambridge University Press.

Stokes, Susan [2001] *Mandates and Democracy: Neoliberalism by Surprise in Latin America*. Cambridge: Cambridge University Press.

Teichman, Judith [2001] *The Politics of Freeing Markets in Latin America: Chile, Argentina, and Mexico*. Chapel Hill: University of North Carolina Press.

Thomas, Jim [2002] *Decent Work in Latin America*. Geneva: International Labour Organization.

Thorp, Rosemary [1998] *Progress, Poverty and Exclusion: An Economic History of Latin America in the 20th Century*. Washington, D.C.: Inter-American Development Bank.

Vanden, Hary E. and Gary Prevost [2006] *Politics of Latin America: The Power Game*. New York: Oxford University Press.

Wiarda, Howard J. and Harvey F. Kline (eds.) [2007] *Latin American Politics and Development*. Boulder, Colorado: Westview Press.

Weyland, Kurt [2002] *The Politics of Market Reform in Fragile Democracies: Argentina, Brazil, Peru, and Venezuela*. Princeton: Princeton University Press.

Weyland, Kurt [2004] "Neoliberalism and democracy in Latin America: A Mixed Record." *Latin*

American Politics and Society, 46(1): 135-157.

Yashar, Deborah J. [2005] *Contesting Citizenship in Latin America: The Rise of Indigenous Movements and the Postliberal Challenge*. Cambridge: Cambridge University Press.

出岡直也［2008］「南米南部諸国におけるネオリベラル期民主主義の政党システムを分析するための予備的考察」佐藤章編『政治変動下の発展途上国の政党―地域横断的研究』（調査研究報告書　2007-Ⅳ-15）日本貿易振興機構アジア経済研究所，119-173頁.

加茂雄三編［2005］『ラテンアメリカ』自由国民社.

小池洋一・西島章次編［1997］『市場と政府―ラテンアメリカの新たな開発枠組み』アジア経済研究所.

西島章次・細野昭雄編［2002］『ラテンアメリカにおける政策改革の研究』（神戸大学経済経営研究所双書　No.62）神戸大学経済経営研究所.

細野昭雄・恒川惠市［1986］『ラテンアメリカ危機の構図―累積債務と民主化のゆくえ』（有斐閣選書　124）有斐閣.

村上勇介［2004］『フジモリ時代のペルー―救世主を求める人々、制度化しない政治』平凡社.

村上勇介［2009］「政党崩壊あるいは「アウトサイダー」の政治学―ペルーのフジモリとベネズエラのチャベスの比較分析」村上勇介・遅野井茂雄編『現代アンデス諸国の政治変動―ガバナビリティの模索』明石書店，161-197頁.

村上勇介・遅野井茂雄編［2009］『現代アンデス諸国の政治変動―ガバナビリティの模索』明石書店.

第7章

新自由主義の功罪と「左傾化」
背景と実際

上谷直克

I　ラテンアメリカにおける「左傾化」

　21世紀初頭のラテンアメリカで最も注目を集めた政治事象の一つは，いわゆる左派の政治勢力の台頭，すなわち「左傾化」(left turns) である。これはつい数年前まで，冷戦の終結と新自由主義の盛隆によって，この地域での左派の退潮が囁かれていただけに，多くの人びとを驚愕させた。実際，2012年初頭の時点でこの地域の主要18カ国中10カ国，人口で約3分の2の人びとが左派政権のもとで暮らしていることになる（図7-1）。こうした左傾化については，これまでその背景や意義の探求だけでなく，各大統領の政治指向やリーダーシップのスタイルおよび政治手法などが注目を集め，これらを論じた事例研究はすでに一定の蓄積がある［遅野井・宇佐見 2008］。しかし，左傾化の嚆矢とされるベネズエラ・チャベス政権の成立から10年以上が経過し，国によっては左派政権が二巡目，三巡目を迎えている中で，最近の研究では各左派政権の実態がより詳細に解明されつつある。

　本章の目的は，こうした左傾化をめぐる最近の研究を取り上げ，そこで展開されているさまざまな議論を概観することにある。まず第I節で，近年のラテンアメリカにおける「左傾化」を大雑把に振り返り，第II節でそれに先行した「新自由主義の時代」の，いわば政治的遺制についての議論を再検討する。ただし，そこでは多様な経済・社会指標に基づいた，新自由主義諸政策による経済・社会への直接的な効果云々ではなく，それらの，または，それらが媒介となったと想定される政治的インパクトに焦点を当てる。そして第III節では「左傾化の理由」についてのさまざまな見解を，そして，第IV節では各国の左派政権の経済・社会政策やそのパフォーマンスについての議論を紹介する。こうした「左傾化」をめぐる議論の検討を通じて，いかなる形で新自由主義が当地域各国の政治過程に影響を及ぼしているのかが浮かび上がることになるだろう。

　およそ1980年代中ごろまでに，体制転換という政治的大イベントのすえ成立した各国の民主政権は，移行後の陶酔感もつかの間，経済的現実を直視することを余儀なくされた。そして80年代の後半にかけて多くの国で債務危機や経済不況が深刻度を増すと，その特効薬として新自由主義的諸改革が着手された。それはインフレの抑制や経済成長に一定の効果を表したが，一方で大規模な失業やインフォーマル労働の増大，所得格差の拡大，賃金や生活水準の低下などをもたらした［Kurtz 2004: 271-272］。例えば労働の現場で正規雇用の

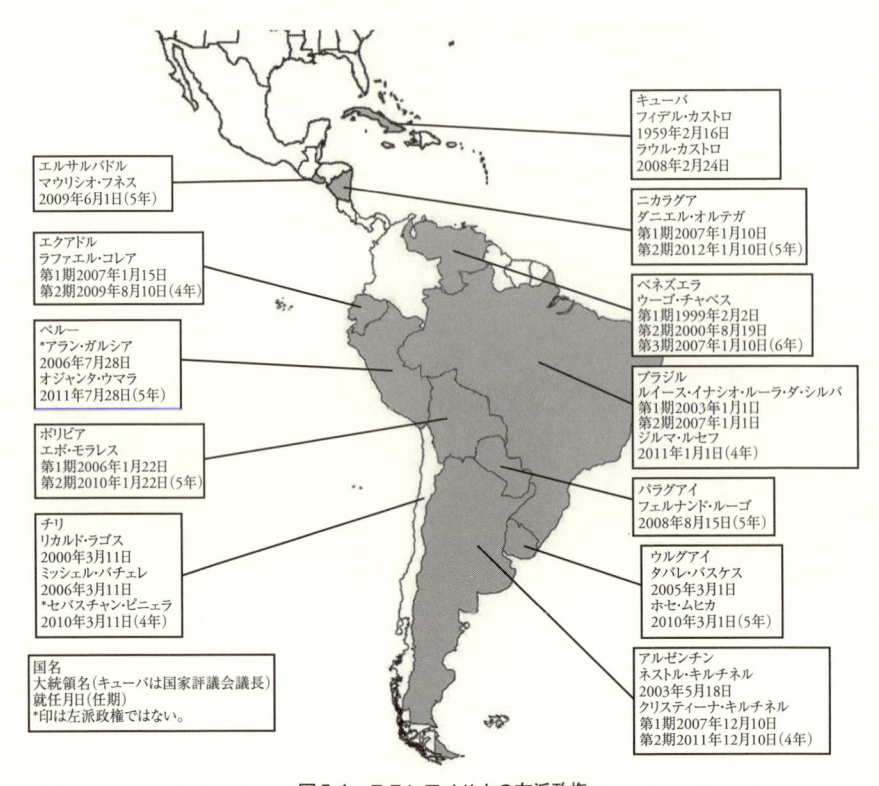

図7-1 ラテンアメリカの左派政権

キューバ
フィデル・カストロ
1959年2月16日
ラウル・カストロ
2008年2月24日

ニカラグア
ダニエル・オルテガ
第1期2007年1月10日
第2期2012年1月10日(5年)

エルサルバドル
マウリシオ・フネス
2009年6月1日(5年)

ベネズエラ
ウーゴ・チャベス
第1期1999年2月5日
第2期2000年8月19日
第3期2007年1月10日(6年)

エクアドル
ラファエル・コレア
第1期2007年1月15日
第2期2009年8月10日(4年)

ペルー
*アラン・ガルシア
2006年7月28日
オジャンタ・ウマラ
2011年7月28日(5年)

ブラジル
ルイース・イナシオ・ルーラ・ダ・シルバ
第1期2003年1月1日
第2期2007年1月1日
ジルマ・ルセフ
2011年1月1日(4年)

ボリビア
エボ・モラレス
第1期2006年1月22日
第2期2010年1月22日(5年)

パラグアイ
フェルナンド・ルーゴ
2008年8月15日(5年)

チリ
リカルド・ラゴス
2000年3月11日
ミッシェル・バチェレ
2006年3月11日
*セバスチャン・ピニェラ
2010年3月11日(4年)

ウルグアイ
タバレ・バスケス
2005年3月1日
ホセ・ムヒカ
2010年3月1日(5年)

国名
大統領名(キューバは国家評議会議長)
就任日(任期)
*印は左派政権ではない。

アルゼンチン
ネストル・キルチネル
2003年5月18日
クリスティーナ・キルチネル
第1期2007年12月10日
第2期2011年12月10日(4年)

出典：遅野井・宇佐見編［2008：iii］を筆者が更新。
注：グレーは2012年1月時点での左派政権国

法的枠組みが柔軟化されると，非正規雇用(請負や短期雇用)への急激で大幅なシフトだけでなく，大規模な解雇も容易となり，フォーマル労働者の規模が縮小(＝インフォーマル労働者が増大)した［Corrales 2008: 50-52］。これは同時に，比較的同質的な人びととの，労働者としての階級意識に依拠した旧来の労働組織のあり方が成立しにくくなることを意味した。また貿易の自由化によって，もともと労働者の強力な組織化が進んでいた製造業がダメージを受け，労働運動が劣勢に立たされた一方[1]，国家の縮小と社会サービスの民営化は，それに従事する公務員組合の脆弱化を招いた[2]。国内市場の開放は，労働者のあいだ，

1) 逆に，雇用が伸びたのはサービス業や輸出業など，労働者の組織化が比較的難しいセクターであった。
2) 特に国営企業や社会福祉関連の職員らによる組合など。

写真7-1 ヒラリー・クリントン米国務長官と抱擁するエクアドルの「急進左派」コレア大統領（写真：AP／アフロ）

特に輸出関連セクターとそれ以外のセクター，また，競争力のある企業とそうでない企業の就業者のあいだの相違を精鋭化させ，元来水平的連帯に基づいた労働者の組織化をさらに困難にした［Murillo 2003: 105］。また地方でも，農地の細分化や農法の近代化と市場論理の浸透により，農民は土地だけでなく作物をさばく市場をも失い，季節労働や出稼ぎ労働に活路を見出すようになったため，旧来の村落共同体やそこでの紐帯が破壊的な打撃を受けた。

　こうした新自由主義改革全盛の時代にあって，とりわけ労働者や農民を支持基盤とする左派の政治勢力は極めて脆弱な立場にあるように見えた。しかしこうした逆境にもかかわらず，90年代の後半から，各国の左派勢力が次々と大統領選で勝利し，「左傾化」というトレンドがこの地域を席巻する。この流れは，ベネズエラでのチャベスの勝利（1998年，2000年，06年）を皮切りに，チリ（2000年，06年），ブラジル（2002年，06年，10年），アルゼンチン（2003年，07年，11年），ウルグアイ（2004年，09年），ボリビア（2005，09），ニカラグア（2006年，11年），エクアドル（2006年，09年），パラグアイ（2008年），エルサルバドル（2009年），ペルー（2011年）へとラテンアメリカ全域へと波及し，しかも多くの国で同じ勢力が再選を果たしてきた。

このような左派の興隆を目の当たりにし，まず専門家らの関心を引いたのは地域大の左傾化という大きな流れの中に見出される多様な左派の存在であった。そしてこの多様な左派のありようを「良い左翼／悪い左翼」という「二つの左翼」としてまとめ上げ，ラテンアメリカウォッチャーの心を掴んだのがJ.カスタニェーダの研究であった［Castañeda 2006］。その後，左傾化の類型論はカスタニェーダの枠組みをベースに展開されるが，それらは概して，彼の2類型を踏襲しつつ，その有効性を追認する議論（穏健／急進，社会民主主義／ポピュリスト，菜食／肉食など）か，または，新たな軸を追加することでそうした二分法の持つ限界の克服を試みる議論かに分かれる。

　例えばカスタニェーダの発想を忠実に踏襲する議論としてはK.ウェイランドらの研究が挙げられる。最近の研究でも彼らは，ベネズエラとボリビアの「抗争的な左派」（Contestatory Left）とチリやブラジルにおける「穏健な左派」（Moderate Left）とを対置し，各政権の政治戦略や経済・社会政策の業績の相違および問題点を指摘する。その上で，現在のブラジルや特にチリの穏健左派政権は「すばらしく機能する民主主義のもとで，長い目で見てより大きな経済・社会的進歩をもたらしうる有望かつ持続可能なコースを辿って」おり［Weyland et al. 2010: 180］，抗争的な左派ではなく，穏健な左派政権という「特定のタイプの左派政権こそが，市民にとってより良い成果をもたらす」という結論に至るのである。

　一方，急進左派の代表格としてベネズエラ・チャベス政権が注目を集め，それと同様に分類されるいくつかの事例（ボリビアやアルゼンチン）の収まりの悪さが意識されるにつれ，新たに，各政権が依拠する組織基盤（政党または政治運動）の側面を加味した3類型が提起された［Schamis 2006; Roberts 2007a; 遅野井・宇佐見 2008: 5-9］。

　そしてさらにこの観点を発展させたのがS.レヴィツキとK.ロバーツの類型である。彼らは，カスタニェーダ流の2類型では各政権の志向性だけでなくその組織的特徴や経済政策など多面的な側面が一括りにされてしまうため，当地域の多様な左翼の姿が捉えきれなくなるとする。そこでとりあえずは各政権下における政治の組織的特性のみに着目し，各政権の与党が既存の政党か否かと関わる「政党の制度化の程度」と，同じく与党内で権力がリーダー（＝大統領）に集中しているか否かという「政治的権威の所在」という二つの軸から四つの理念型を設定する［Levitsky and Roberts 2011: 11-16 および Fig.I.I］。つまりこ

表7-1 「左傾化」をめぐる類型論

	カスタニェーダ [2006]; ウェイランドほか [2010] など多数	シャミス [2006]	レヴィツキ＆ロバーツ [2011]	ルナ [2010]
ブラジル	良い/社会民主主義/穏健/菜食	制度化された政党政治		―
チリ			制度化した政党型	改良主義・制約レベル低
ウルグアイ				改良主義・制約レベル高
ボリビア	悪い/ポピュリスト/急進/肉食/抗争的	資源依存型左翼 (The Petro-Left)	運動型	急進主義・制約レベル高
ベネズエラ			ポピュリスト型	急進主義・制約レベル低
エクアドル				―
ニカラグア		―	ポピュリスト・マシーン型（ただし，ペルーは非左派政権）	―
アルゼンチン		バラバラな政党政治		―
（ペルー）	―			―

出典：筆者作成。

の類型は，各政権与党とその支持の源泉となる社会団体や社会運動との結びつきの程度と，与党（連合）内における権力の多元性の程度から規定されるのである。また，こうしたレヴィツキらの類型における二つの軸（要素）を，与党の内的・外的制約（いわば拒否点）の程度へと集約し，それと「左派的プロジェクトによる変化の性質（改良主義・制度的/急進主義・憲法的）」という政策志向とをクロスさせたのがP. ルナの4類型である。こうしたルナの議論は，旧来の議論では決まってブラジル，チリ，ウルグアイが同じ類型（穏健左派）に属するとされ，往々にして急進左派に属する事例をめぐって類型の追加・修正がなされたのに対し，新たな軸を設定することで，穏健左派の事例も細分化されうることを示した点で新しい [Luna 2010: 25-37]。なお，ここで紹介したいくつかの類型とそれに基づく各左派政権の当てはめに関しては上の表7-1に示した通りである。

もちろん最近では，もはやかつてのように「良い/悪い」や「社会民主主義的/ポピュリスト的」といった各政権の色分け（のみ）を半ば目的とした議論はほとんど見られなくなっている [Barrett, et al. 2008]。とはいえ，分類軸や類型の数にバリエーションが生じ，依然として類型化をめぐる論争も散見されるように [Castañeda and Morales 2008: 9-11]，特に地域全体を視野に入れた議論で

は，必ずしも明示的でないにせよ各者一定の基準から何らかの分類に基づいて左傾化が語られるのも事実である［Cameron 2009; 上谷 2010］。いずれにせよこうした類型論は左傾化の解明の糸口に過ぎず，細かな分類基準の差異に囚われて類型論に拘泥し，ましてそれが単なるレッテル貼りに終始するのであれば，学術的になんら生産的ではない。従って現段階で精査されるべきは，左傾化現象そのものだけでなく，各国の左派政権の実態やその多様性の原因である。そして以下（第Ⅲおよび Ⅳ 節）で見るように，すでにこうした作業は本格的に始まっている。

II　左傾化の政治的背景を探る
―― 新自由主義は民主政治にいかなるインパクトを与えたのか？

　さて，左傾化をめぐる議論に立ち入る前に，それに先行する「新自由主義の時代」に実施された改革やそこでの政治のあり方が，後にいかなる政治的刻印を残したとされているのか少し見てみる。こうした作業は，現在各国の左派政権の新奇さや意義について評価するのに役立つであろう。

　新自由主義の政治的効果について検討する際には，各局面において異論が存在するため，いくつかの段階に分けて考えてみると理解しやすい（図7-2）。まず大前提として，80年代後半から90年代全般にかけてのラテンアメリカが，実際どれほどまで新自由主義の時代と呼ばれうるのかという問いが設定できる。そもそも新自由主義的とされる一連の改革には，付加価値税（VAT）の導入や税体系の簡素化などの税制改革（87年頃～），貿易の自由化（88年頃～），金融の自由化（88年頃～），資本の自由化（89年頃～），国営企業の民営化（93年頃～）や規制緩和，さらに年金システム改革，労働の柔軟化，価格統制の解除，公的支出（社会支出や補助金）の縮減などが含まれる。一般的にこの地域でこうした改革が着手されだしたのはおおよそ87年から89年頃とされるが，例えばボリビア（85年），パラグアイ（89年），ペルー（90年），ベネズエラ（89年）に関しては一定のコンセンサスが得られているものの，それ以外の国については専門家のあいだでも意見が分かれる［Arce and Bellinger 2007: 103］[3]。

---

3)　ただしこうした意見が分かれる事例について，本章の議論では，各国の専門家の見解に従い，アルゼンチン（91年），ブラジル（94年），チリ（85年），エクアドル（84年），メキシコ（88年），ウルグアイ（91年）のように想定している。

図7-2 新自由主義の政治的影響

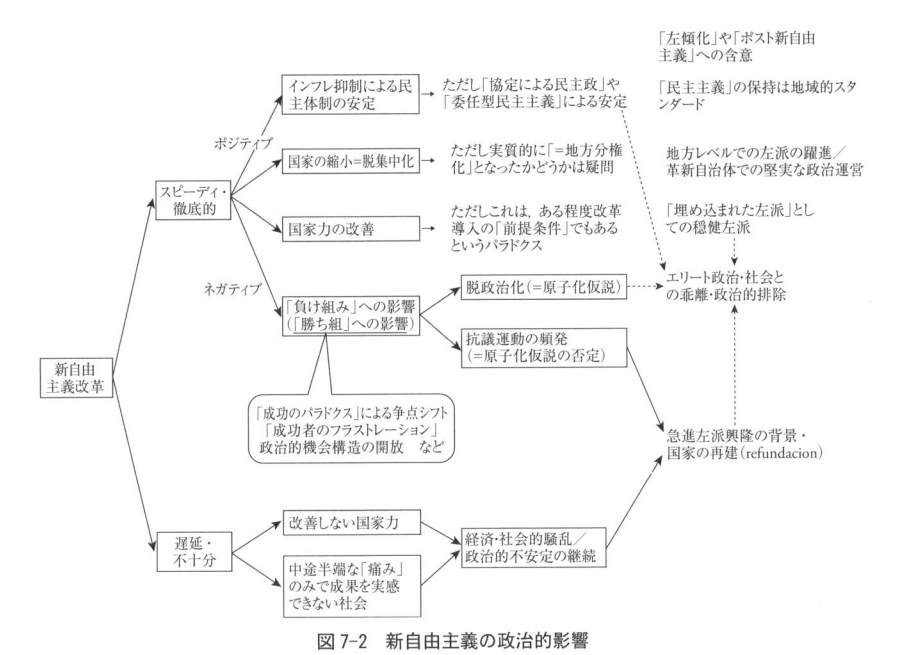

出典：筆者作成。

　また，改革の開始時期とも関連して，各国における改革の進度（深度）を測る指標やランクづけをめぐってもさまざまな議論が存在する［Morley et al. 1999; Lora 2001; Escaith and Paunovic 2004; Stallings and Peres 2011］。例えば，おそらくこの種の指標の中で最も引用される E. ロラの構造改革指標（structural reforms index）によると，チリを例外とすれば，ちょうど80年代と90年代の境目あたりからアルゼンチン，ボリビア，コロンビア，パラグアイで構造改革の効果が現れはじめ，少し遅れてだが急速にペルーの改革が進んだことが見て取れる（表7-2）。一方，J. コラレスは，こうした従来の指標や事例の当てはめの不適切さを考慮し，カバーされている国と年次の多さや，評価の基準がワシントン・コンセンサスで重視された項目と類似していること，そしてこの指標の程度と経済成長とが有意に相関しているといった理由から，Heritage Foundation の *Index of Economic Freedom* を用いる（表7-3, ［Corrales 2008: Table 3.2］）。表7-3中の薄いグレーは，域内で最も改革が進んでいるとされるチリの95年時点でのスコアと同じかそれ以下の数値を示す国（年次）に，また，濃いグレーは同じく域内で最も改革が遅れているとされるベネズエラの95年時点での数値と

表 7-2　構造改革指標

	1985	1986	1987	1988	1989	1990	1991	1992	1993	1994	1995	1996	1997	1998	1999
アルゼンチン	0.338	0.326	0.327	0.311	0.366	0.468	0.551	0.574	0.602	0.598	0.595	0.597	0.607	0.604	0.616
ボリビア		0.29	0.348	0.39	0.406	0.403	0.466	0.487	0.485	0.474	0.475	0.614	0.711	0.705	0.699	0.69
ブラジル	0.259	0.301	0.301	0.344	0.419	0.43	0.431	0.449	0.468	0.489	0.515	0.53	0.551	0.58	0.61
チリ	0.488	0.512	0.513	0.549	0.58	0.57	0.572	0.564	0.565	0.57	0.577	0.586	0.585	0.585	0.606
コロンビア	0.291	0.386	0.386	0.383	0.383	0.413	0.477	0.54	0.525	0.534	0.524	0.529	0.555	0.56	0.562
エクアドル	0.309	0.317	0.32	0.321	0.323	0.405	0.399	0.456	0.461	0.484	0.536	0.535	0.539	0.536	0.528
メキシコ		0.29	0.308	0.34	0.392	0.403	0.424	0.453	0.479	0.474	0.54	0.531	0.5	0.51	0.501	0.511
パラグアイ	0.355	0.351	0.35	0.348	0.371	0.437	0.51	0.542	0.555	0.562	0.563	0.562	0.564	0.563	0.566
ペルー	0.279	0.313	0.308	0.295	0.286	0.335	0.399	0.459	0.526	0.59	0.598	0.632	0.625	0.643	0.659
ウルグアイ	0.369	0.346	0.345	0.363	0.361	0.372	0.375	0.434	0.437	0.442	0.451	0.452	0.46	0.46	0.477
ベネズエラ	0.284	0.27	0.27	0.265	0.289	0.343	0.37	0.384	0.461	0.48	0.477	0.504	0.501	0.516	0.514
コスタリカ	0.306	0.387	0.428	0.421	0.42	0.425	0.42	0.44	0.446	0.453	0.536	0.533	0.542	0.557	0.557
エルサルバドル	0.349	0.353	0.351	0.348	0.362	0.399	0.401	0.416	0.494	0.505	0.488	0.497	0.489	0.572	0.566
グアテマラ	0.344	0.344	0.41	0.425	0.447	0.445	0.444	0.45	0.462	0.475	0.513	0.505	0.509	0.57	0.592
ホンジュラス					0.354					0.489	0.5	0.49	0.54	0.511
ニカラグア										0.574	0.574	0.58	0.623	0.617	0.598
地域平均	0.341	0.36	0.377	0.384	0.399	0.436	0.455	0.484	0.503	0.522	0.539	0.548	0.554	0.573	0.583

出典：Lora [2001：30] に筆者が加筆修正。
注：数値が大きいほど改革が進んでいる。なお，網かけは地域平均値より高い数値に付した。

同じかそれ以上の国（年次）に付されている[4]。この表からコラレスは以下のような知見を引き出した。すなわち，①この地域で改革先進国（薄いグレー）の数がピークに達するのは 01 年（26 か国中 9 カ国）であるが，全般的に見てもそれに属する国・年次がそれほど多いというわけでは決してない[5]。② 01 年のピーク時でさえ，改革遅延国（濃いグレー）の数も同じ割合で存在する（26 か国中 9 カ国）。③少なくとも 06 年までに改革先進国の数が半減したのに対し，遅延国は一カ国減少したに過ぎない。そして以上の知見から「少なくとも 96 年から 06 年までのラテンアメリカ地域の全般的な経済業績から新自由主義の効果のほどを評価するのは不可能であり，従ってこの地域は全く新自由主義的でない

---

4) なお，この表では数値が低いほど経済的自由化が進んでいることを示している。また以下では，前者に属する国を改革先進国，後者を改革遅延国と呼ぶ。

5) ちなみに，表 7-3 において白：薄グレー：濃いグレーの比率は 43：23：34 である。なお，過去の研究で彼は，最も急激に改革が進んだ国としてアルゼンチン，チリ，メキシコ，ペルーを挙げ，逆に最も改革のペースが遅い国としてエクアドル，ベネズエラ，パラグアイなどを挙げていた［Corrales 2003］。

表 7-3　経済的自由指標

国名	1995	1996	1997	1998	1999	2000	2001	2002	2003	2004	2005	2006	1995-2002 までの変化	2002-2006 までの変化
アルゼンチン	2.85	2.58	2.70	2.48	2.23	2.28	2.29	2.63	3.09	3.43	3.49	3.30	-0.22	0.67
バハマ	2.36	2.09	2.05	2.16	2.16	2.23	2.23	2.06	2.15	2.25	2.25	2.26	-0.67	-0.23
バルバドス	NA	3.15	2.98	2.63	2.86	2.74	2.59	2.48	2.24	2.41	2.35	2.25	-0.11	0.04
ベリーズ	2.85	2.74	2.71	2.96	2.76	2.84	2.64	2.74	2.69	2.69	2.71	2.78	-0.50	0.30
ボリビア	3.16	2.56	2.51	2.61	2.61	2.56	2.31	2.66	2.54	2.64	2.75	2.96	-0.30	-0.03
ブラジル	3.41	3.61	3.33	3.41	3.24	3.46	3.26	3.11	3.06	3.10	3.20	3.08	-0.72	0.00
チリ	2.60	2.56	2.26	2.10	2.13	2.04	2.03	1.88	2.06	1.91	1.86	1.88	-0.06	0.17
コロンビア	3.05	3.10	3.23	3.19	3.09	3.14	3.05	2.99	3.10	3.13	3.21	3.16	-0.31	-0.04
コスタリカ	3.04	3.00	3.03	3.00	3.00	2.83	2.84	2.73	2.76	2.66	2.76	2.69	-0.12	-0.73
キューバ	4.95	4.95	4.85	4.90	4.85	4.83	4.83	4.83	4.48	4.13	4.24	4.10	-0.44	0.20
ドミニカ共和国	3.63	3.34	3.24	3.26	3.20	3.80	3.09	3.19	3.29	3.51	3.54	3.39	-0.47	0.13
エクアドル	3.39	3.33	3.26	3.15	3.14	3.19	3.56	3.60	3.58	3.60	3.49	3.30	0.21	-0.30
エルサルバドル	2.89	2.68	2.55	2.61	2.38	2.10	2.21	2.28	2.35	2.24	2.20	2.35	-0.61	0.07
グアテマラ	3.36	3.10	2.94	2.96	2.94	2.91	2.88	3.00	3.01	3.16	3.18	3.01	-0.36	0.01
ガイアナ	3.70	3.38	3.40	3.55	3.30	3.35	3.35	3.23	3.15	3.08	3.08	3.11	-0.20	-0.10
ホンジュラス	3.58	3.58	3.58	3.51	3.71	3.51	3.50	3.38	3.24	3.53	3.43	3.28	-0.15	-0.20
ジャマイカ	3.11	2.94	2.91	2.94	2.96	2.66	2.96	2.96	2.68	2.81	2.76	2.76	-0.09	-0.13
メキシコ	3.05	3.31	3.35	3.41	3.30	3.09	3.05	2.96	2.81	2.90	2.84	2.83	-0.85	-0.18
ニカラグア	4.08	3.65	3.75	3.68	3.65	3.65	3.49	3.23	3.14	2.99	2.90	3.05	-0.02	0.02
パナマ	2.70	2.55	2.49	2.50	2.48	2.61	2.58	2.68	2.64	2.83	2.74	2.70	0.34	-0.02
パラグアイ	2.99	2.94	2.96	3.09	2.95	3.06	3.34	3.33	3.40	3.44	3.45	3.31	-0.71	-0.02
ペルー	3.59	3.01	3.08	2.91	2.61	2.69	2.56	2.88	2.91	2.88	2.83	2.86	-0.20	0.01
スリナム	NA	4.10	4.00	4.10	4.08	3.98	3.98	3.98	4.01	3.96	3.93	3.60	0.70	0.23
トリニダード・トバゴ	NA	2.69	2.63	2.60	2.49	2.43	2.59	2.49	2.54	2.40	2.54	2.50	-0.22	0.67
ウルグアイ	3.03	2.85	2.65	2.59	2.60	2.50	2.35	2.56	2.50	2.55	2.60	2.69	-0.67	-0.23
ベネズエラ	3.23	3.58	3.53	3.48	3.43	3.38	3.78	3.93	3.76	4.23	4.09	4.16	-0.11	0.04

出典：Corrales [2008: Table 3.2] を筆者が修正。
注：数値が小さいほど自由度が高い。なお、網かけのルールに関しては本文参照。

第7章　新自由主義の功罪と「左傾化」　243

とも，一貫してそうだともどちらとも言えないとしておけば十分である」と述べる［Corrales 2008: 46-49］[6]。とはいえ，コラレス自身も認めるように，確かに各国での改革の深度には相違がみられたものの，例えば経済安定化と構造調整策が，それまで当地域の人びと，特に貧困者や社会的弱者を悩ませ続けてきたインフレーションの抑制や貧困率の低下に一定の効果があったとする意見が研究者のあいだで大勢を占めるのも事実である[7]。

では次に，80年代後半から90年代にかけて名実ともに新自由主義の時代であったとした上で，それに沿ったさまざまな改革がいかなる政治的な含意や影響をもたらしたのか考えてみる。実は今触れた改革遅延国と改革先進国では，そうした改革がもたらす政治的効果や帰結においても大きな相違が見られた。

まず改革遅延国（ベネズエラ，エクアドルなど）では，まさにそうした改革の中途半端さや失策がきっかけで断続的な経済危機が生じ，また新自由主義改革を契機に改善するとみられた国家力（stateness）も終始脆弱なままであった[8]。しかも，中途半端に痛みを強いられ遅々として成果を実感できない社会の側では，あらゆる方面から不満が噴出し，結果的に「のろまな改革者が国家力の欠如という問題の解決にまごつく限り，社会的騒乱や政治的不安定に苛まれ続ける」こととなった［Corrales 2003: 94-95］。

一方，改革先進国では，遅延国とは異なった形で，新自由主義が政治のあり方に影響を与えた。それはポジティブなものとネガティブなものに大別できる[9]。まずこれは地域全般的な傾向とも言えるが，インフレの抑制が政治的安定にプラスに作用したとする議論があり，少なくとも（ハイパー）インフレに端を発する経済的不安定や，それが惹起しうる権威主義への退行からこの地域

---

6) ただしStallingsらによる最新の研究では，地域的傾向として概して税制改革が遅れ，また国によっては民営化の「揺り戻し（＝国有化）」が生じているものの，貿易・国内金融・資本勘定の三つの分野の改革については，概して90年代中ごろにピークに達し，その時点から非常に高い値で推移しているだけでなく，各国間の「改革の程度」のバラつきも縮小しているという［Stallings and Peres 2011: 762-771］。

7) ただし，経済成長や経済格差の縮減については依然として検証の余地が多分にある。

8) Corralesによると「国家力」（stateness）とは，①官僚機構の一貫性や専門性，②徴税能力，③他国と協調する能力，および，④その時々の経済問題に応じて適切な政策を立案・実施できる能力を総合したものを指す。なお，国家主義（statism）とは，国家が経済領域に介入する性向（の強さ）のことである［Corrales 2003: 75-76］。

9) ここでは，新自由主義のロジックからすると順当であったものを「ポジティブ」と表現し，そうでなかった帰結を「ネガティブ」と表現する。

244　第2部　政治過程に対するネオリベラリズムの影響

を救ったという意味で，新自由主義がラテンアメリカ諸国の民主制を守ったと言明する論者もいる［Weyland 2004］[10]。また，新自由主義的なロジックに沿った，国家（中央政府）による市場介入の抑制や産業規制の撤廃，またはより直接的には公務員のリストラおよび国有企業や公共サービスの民営化は，うまく行けば国家の縮小や効率化に寄与しうるのであり，実際ある程度それを実現したとされる事例も存在する（チリ，ボリビア，アルゼンチン，ペルーなど）。さらにこれと関連して，それまで中央政府に集中していた資源や権限がそれ以外の政治・経済主体へと移譲されたという意味で「脱集中化」を加速させたという効果も指摘される。むろん，脱集中化の実際の政治的・経済的効果や，また，中央政府の権限や業務・サービスの移譲先が必ずしも地方自治体とは限らなかったこと（この場合，≠地方分権化）など，こうした現象をどの程度までポジティブに評価しうるのかは議論の余地はある。しかしこの脱集中化と，80年代からの民主化の流れ（地方自治体の首長や議会の直接選挙など）とが合わさって，多かれ少なかれ，この時期にラテンアメリカの地方分権化が進んだことに疑問の余地はないだろう。

　一方，新自由主義改革による，またはそれに付随した政治へのネガティブな効果については，まさにいま述べたこの時期の民主制の安定と関連している。経済状況が切迫する中，新自由主義的諸政策を断行するに当たっては，政治家や政策担当者の間で「テクノクラティックな合意」が存在したといわれるが，こうした合意こそが「協定による民主制」を裏づけ（ボリビアやチリ），また執政府が主導権を握る場合には「委任型民主主義」的な統治スタイルを正当化した（アルゼンチンやペルー）[11]。むろんこの時期，社会の側でも，喫緊する経済状況の打開に向けて，ある程度の痛みを伴う上意下達式の改革を甘受せざるをえない空気が流れていたし，実際，改革が断行される分野次第では，当初の予想とは大きく異なって，利害勢力からの抵抗もほとんど見られなかったという［Schneider 2004］。しかし，こうして実施に移された市場化・民営化に付随して，政府から特定の人びとに利益や便益（レント）が供与されただけでなく，市場競争に恣意的な制約や不透明なルールが課されるなど旧態依然とした政治慣行が温存される場合が多々あったのも事実である［Corrales 2003: 74］。そし

---

10) これは遅延国にもある程度当てはまる。
11) この時期「特に政策志向においてだけでなく，統治に関わる政策決定の仕方においても右派が（左派を）凌駕していたようである［Weyland 2009: 145］」。

て，為政者らによる排他的な統治スタイルや，政治・経済エリートのあいだでの馴れ合いという政治的悪習は，一方で，いわゆる「代表制民主主義の危機」[Mainwaring et al. 2006] を惹起し，またもう一方で，国民の中に，市場化や民営化を本来の意味ではなく「単に特定の者のみを潤すもの」とする否定的なイメージを醸成することに繋がった。さらに，以上の議論とは異なる観点から，新自由主義改革のネガティブな政治的影響を論じるものとしては，いわゆる「原子化仮説」に依った議論が挙げられる[12]。かつて筆者は，この議論で想定される新自由主義の政治的帰結について，さまざまな議論を参考に以下のようにまとめた。

　　　ワシントン・コンセンサスに基づく市場志向の諸改革は，諸個人を市場で占める位置からのみで評価し，順序づけ，社会関係を商品化 (commodification) する。よって社会の個体化はますます促進され，生活にまつわる様々な問題の解決も個別化し，個人レベルでの排除やアノミーが深刻化する一方，社会的紐帯は寸断され，既存の社会集団は溶解する。(中略) こうした状況では，集合的な政治活動の前提となる，人々が参集する契機が失われるだけでなく，いわゆる集合行為問題が惹き起こされることになりやすい。またこれらの改革によって，従来，集合的活動へのインセンティブや資源を供給してきた様々な諸制度 (国家コーポラティズム構造など) も解体され，少なくともコミュニティーレベルでの自助的活動を超える範囲での集合行為はさらに困難となった。つまりこの時期には，社会の脱政治化と動員解除によって政治的な無関心・孤立・黙認・無活動が広範化し，政治的な活動が「個々の有権者による投票」というレベルにまで矮小化された。その一方で，例えば，全国民的な争点を掲げた，労働運動など伝統的な社会運動による全国規模での動員力は著しく低下し，概して抵抗運動の衰弱が引き起こされたのである [上谷 2010]。

しかし，少なくとも新自由主義に端を発する原子化仮説およびその政治的帰結の妥当性については異論が出されており，最近では M. クルツと M. アルスらのあいだでの論争が注目される [Kurtz 2004; Arce and Bellinger 2007]。両者の見解の相違はまず「経済的自由化が進むと，社会は粉砕され，そこでの抗議活動は低下する」という仮説の真偽をめぐって生じた。これについて，クルツ

---

12) このテーマはとりわけ社会学の分野でたびたび論じられてきたが，決して新自由主義期に特有のものではなく，より広く産業の高度化・都市化・市場化および大衆社会の帰結として，もはや通念となっているといっても過言ではない。序章参照。

が自らのモデルの検証を通じて「開かれた民主政治の文脈において，経済改革は政治的抗議活動の実質的な低下と相関している」[Kurtz 2004: 294] と結論づけたのに対し，アルスらは，クルツによる検証手法の誤りを指摘しつつ[13]，そうした欠陥を修正したモデルでの再検証を試みた。そして「開かれた民主政治のもとでの経済的自由化は，政治的抗議活動を大いに活性化させる」[Arce and Bellinger 2007: 118] との結論を得たのである。またこの仮説で想定される，いわば政治的な去勢は個人レベルでも生じると考えられるため，同じく両者は「経済的自由化が進むと，政治的無関心や無活動が進み，個々の有権者による選挙への参加（投票率）も低下する」という仮説の検証も行い，再度，互いに相反する結論を導いた。すなわち，クルツが「経済的自由化のレベルが上がるにつれて，個人の政治参加（投票率）は著しく低下する」[Kurt 2004: 299] としたのに対し，アルスらは「議会選であれ大統領選であれ投票率でみた場合，経済的自由化は個人の政治参加になんら影響を与えない [Arce and Bellinger 2007: 118]」と結論づけたのである[14]。ただし，コラレスのように，新自由主義改革が社会における抗議活動を活発化させたという結論はアルスらと共有しながらも，そこで活性化した政治主体やロジックが異なるとしている点は注意が必要である。すなわち彼は，ポスト新自由主義期における主要な抗議主体は，むしろ新自由主義改革で恩恵を受けた者（勝ち組）だったのであり，そのロジックも，いわゆる「成功のパラドクス」による争点のシフトや「成功者のフラストレーション」と呼ばれるものであったとする [Corrales 2008: 52-54]。

　以上のように，80 年代からの経済危機と新自由主義改革という一連の出来事は，ポジティブなものであれネガティブなものであれ，その後のこの地域の政治のあり方にさまざまな爪痕を残した。そして実際，各国におけるこうした痕跡の違いこそが，後の左派政権成立への軌跡だけでなく，各政権の性質や政策オプションの違いにも密接に関連してくることとなる。

---

13) Kurt が利用したデータ範囲（1970 年から 90 年）の不適切さや，「民主主義の程度」や「投票率」といった変数の操作化の問題など。
14) この論争の詳細については上谷 [2010]。

III 「左傾化」現象は，人びとのいかなる心情や態度を反映しているのか？――「左傾化の理由」をめぐって

まず，地域的潮流としての左傾化の実態に関しては，比較的早い時期から，クロスナショナルな議会選挙の結果や世論調査を分析した研究において，昨今の「左傾化」がやや誇張されているとの指摘がなされていた［上谷 2006; 恒川 2007］。最近でも，例えば F. パニッツァは，世論調査 Latinobaròmetro［2008］の結果を踏まえ，「ラテンアメリカの人びとの政治信条が近年著しく左方向へシフトした証拠など存在しない。（中略）それどころか，平均的な人のそれは，わずかながら中央より右に位置している」とし，同じく M. セリグソンも世界価値観調査（WVS）や LAPOP の分析結果からこれと似た結論を導き出している［Panizza 2009; Seligson 2007］[15]。すなわち，確かに「1995 年から 2008 年までの間に（中道）左派の大統領候補の得票が増加したことに違いない」が，有権者の平均的な選好からすると「ラテンアメリカにおける実際の"左傾化"とは，中道右派の候補者から中道の候補者へ」つまり「左へ（to the left）というよりも左の方へ」（toward the left）の選好の変化に過ぎないのである［Baker and Greene 2011: 49 (Figure 1b), 50,］[16]。

事実，例えばアルゼンチン（03）やニカラグア（06）での左派の勝利は，決選投票直前での有力対立候補の選挙戦からの離脱や右派勢力の連携ミスなどで「棚ぼた」的にもたらされたし，また，メキシコ，コロンビア，コスタリカ，ホンジュラス，ドミニカ共和国，パナマ，ごく最近までのペルーなど，左派本命の候補が勝利していない事例も勘案すると，地域大での左傾化をあまり強調できない理由もある［Baker and Greene 2011: 46］。さらに，左か右かというイデオロギー上の立ち位置は，ジャーナリストや活動家にとっては重大であり続けているが，もはやそれは「市民が政治的アイデンティティを構築する際に重要な役割を担っていないようであり。（中略）有権者のあいだでの政治的購買力（political purchase）を失っている」との見解も存在する［Arditi 2010: 146］。

では，「左傾化」にせよ実際には「中道化」にせよ，そもそもなぜこのタイミ

---

15) また Arnold らは Latinobaròmetro の時系列分析から，96 年から 01 年までに当地域の人びとのイデオロギー上の自己認識は「右」の方向に動いたとし，さらにこうした傾向は 01 年から 05 年のあいだにむしろ確固たるものとなったとしている［Arnold and Samuels 2011］。

16) 同様の見解として Murillo et al［2010: 89–90］および Arnold and Samuels［2011］。

ングでこのようなトレンドが生じたのであろうか。こうした「左傾化の理由」については，すでに言及した類型化と並んで，従来の左傾化論で活発に論じられてきたトピックである。

例えば政治的側面では，冷戦終結によるイデオロギー対立の沈静化，民主体制の常態化と左派政党の穏健化や現実路線へのシフト，軍部の政治的プレゼンスの低下や右派勢力の軟化，いわゆる「代表制民主主義の危機」[Mainwaring et al. 2006]や先住民運動の台頭，労働組合などの大衆動員構造の有無，そして革新自治体での左派勢力による堅実な政治運営などが，その理由として挙げられている[Castañeda 2006; Cleary 2006; Roberts 2007b]。また，経済・社会的な側面でも，グローバリゼーションや新自由主義諸政策への幻滅や反発，貧困や格差の深化と拡大，社会的排除の広範化といった中長期的なものから，有権者の「ふところ事情」(pocketbook issues)といった短期的なものまで，多岐にわたる理由が想定される[Stokes2009; Mareno-Brid and Paunovic 2010: 194-196; Debs and Helmke 2010]。さらに，ラテンアメリカ地域としての対米関係の変容や，資源価格の高騰に触発された資源ナショナリズムの高揚など，この地域を取り巻く国際環境の変容も重要な要因として指摘されることが多い[Corrales 2008]。

こうした「理由」については，最近の研究でレヴィツキとロバーツが非常に明快にまとめている。彼らは左傾化の要因を，①それを直接惹き起こすわけではないが容易にするような長期的な構造要因，②90年代後半から00年代初頭にかける一連の左派の勝利の引き金となった状況依存的な要因，そして，③こうして生じた左傾化の波が00年半ば以降さらに波及・深化するのを促進した環境要因の三つに分け，順を追ってそのロジックを説明する。まず①の構造要因としては「不平等」と「選挙競合の制度化」が挙げられる。すなわち，この地域で相変わらず続く不平等や貧困状態が，左派にとっては，再分配や社会権の拡張という要求のもとに動員できる，大規模で潜在的な支持層を醸成した。また後者の要因により，地域史上初めて，左派勢力が正当な競合者として選挙を戦えるだけでなく，実現可能な選択肢として見なされるようになった。しかし，近年の左傾化のタイミングを説明するには，①の構造要因を背景とする上記②の短期的要因，つまり80年代から90年代にかけての「新自由主義」と98年から02年までの「経済危機」を考慮せねばならない。実際，上で言及した不平等状況は新自由主義のもとで改善されるどころかますます深刻化し，そこに生じた98年-02年の経済危機（マイナス成長，貧困率や失業率の上昇）が，左

傾化の波の決定的な発端となった。すなわちこの経済危機こそが、新自由主義を推進した現職者（概して右派）の立場を弱めるだけでなく、その主義や政策への国民の期待と支持を揺るがし、オルタナティブとしての左派の候補者に有利に作用したのである[17]。さらに、こうして経済危機が引き金となって生じた左傾化の流れを地域大に波及させ、より確かなものとしたのが上記③の環境要因、すなわち02年以降の「コモディティ・ブーム」と「拡散効果」であった。特に前者のコモディティ・ブームは、年平均5.5％もの急激な成長をこの地域にもたらしたため、現職左派政権の再選に利しただけでなく[18]、国家収入の増大によって、より国家主義的で寛大な再分配政策の実現の可能性を高めたことで、左傾化の拡大をも促したのである[19][Levitsky and Roberts 2011: 7-11]。

さて、こうした旧来の叙述的な理由の説明だけではなく、最近の左傾化論で特筆しておくべきは、これまでの研究で半ば通念とされてきた「理由」の真偽をも検証の俎上にのせ、それらを計量的に検証する研究が数多く生み出されている点である [Stokes 2009; Debs and Helmke 2008, 2010; Murillo et al 2010; Baker and Greene 2011 など]。むろん、各論者が依拠するデータや変数の操作化、およびそれに応じたパラメータの推定手法の違いから、時に相矛盾する結論が導き出されるが、すでにみたレヴィツキらが列挙したポイントに沿って各論者の主張をまとめれば以下のようになる。

まずレヴィツキらが長期的な構造要因の一つとして挙げた「不平等」や貧困については、A. デブスとG. ヘルムケが、不平等度を測るいくつかの指標（UNU-WIDER 指標やジニ係数など）の大きさと左派勢力の伸張とを関連づける「所得の不平等」仮説の検証を行い、唯一「不平等」変数が一貫して統計的に有意であったことを示した [Debs and Helmke 2008, 2010][20]。しかし、その後 M. ムリージョや A. ベイカーらがこの仮説の再検証を行ったが、いずれの研究においてもデブスらが主張するような有意さは認められなかった [Murillo et

---

17) ベネズエラ (98)、チリ (00)、ブラジル (02)、アルゼンチン (03)、ウルグアイ (04)、ボリビア (05) など。
18) ベネズエラ (06)、チリ (06)、ブラジル (06)、アルゼンチン (07)、ウルグアイ (09)、ボリビア (09) など。
19) エクアドル (06)、ニカラグア (06)、パラグアイ (08)、エルサルバドル (09)、ペルー (11) など。
20) 厳密に言えば Debs らが主張し統計的な有意が認められたのは、「所得分配が不平等になるにつれ左派が伸張する」という（単）線形モデルではなく、途中までは単線的だが「所得分配の偏りがある閾値を超えたところで再び左派の得票率が下降する」という逆U字形モデルである [Debs and Helmke 2008, 2010]

al 2010: 101-102; Baker and Greene 2011: 68]。こうした結果の違いは，デブスらの研究とそれ以外の研究での従属変数の形（尺度）やパラメータの推計手法が異なることにも由来していようが，ムリージョらが指摘するように，最近では不平等の程度と選挙での左派への支持（より一般的には政党ごとの得票率）との関連を疑問視する研究が増えているようである [Lora and Olivera#2005; Kaufman 2009]。

また，もう一つの長期的要因とされる「選挙競合の制度化」については，従来の議論では，この地域での民主政治の常態化や，正当な政治アクターとしての左派勢力の受け入れとして捉えられてきたものであり，計量分析に際しては「民主主義の経験年数」という統制変数としてモデルに投入されることが多い。しかし，この変数を含めて分析を行ったいずれの研究においても，「民主主義の経験年数」もまたは単なる「時間的経過」も，選挙での左派の成功にほとんど影響を及ぼさないとする点で一致している [Stokes2009: 22; Debs and Helmke 2010: 230-231; Murillo et al 2010: 108 (Tabale. 1); Baker and Greene 2011: 68]。

では，レヴィツキらが短期的要因としてあげる 80 年代から 90 年代にかけての「新自由主義」と 98 年から 02 年までの「経済危機」についてはどのような解析結果が出ているだろうか。前者の「新自由主義」がいかに左派の興隆のバックグラウンドを形成したのかについては，その具体的な政策効果として生じた経済・社会状況の変化や，これら一連の出来事を踏まえた上での，市民のあいだでの新自由主義理念の受容度の変化などが想定されうる。

まず政策効果として，例えば S. ストークスは 90 年代の新自由主義のもとで加速したグローバリゼーションや国家の経済・社会的なプレゼンスの縮小が，左派の得票率にいかなる効果をもつのか検証した。まず彼女が「グローバリゼーション」の代理変数とした「資本市場の開放度」と「GDP に占める貿易総額割合」について，右派政権下で資本市場の開放度が高まると，後の選挙で左派が票を伸ばす一方，左派政権下で国際貿易が拡大すると，それを抑制できなかった罰として左派が票を減らすことになるという。一方，国家のプレゼンスの増減を示す「GDP に占める政府支出」については，現職の党派を問わず，新自由主義政策によりそれが縮小する場合に有権者は左派を指向し，特に右派政権下でそうした縮減が生じる場合には，後の選挙で右派が得票を減

らすことが示された[21]。以上の分析から彼女は，新自由主義政策は右派政権にとっては危険な賭けであり，左派政権の場合には，新自由主義政策一般というよりも「貿易の自由化」がその政治生命に危険をもたらしうると結論づけた[Stokes 2009]。これに関してはムリージュらも，貿易や資本の開放度や政府支出の大きさが左派の躍進に非常に僅かながらプラスに作用することを認めるが[Murillo et al 2010: 103]，ベイカーらは「貿易変数も，国家の規模を示す変数も統計的に有意ではないため，経済的リスクや市場の変動に身を晒すことへの反動として，有権者が左派を選んだとする議論はデータからは裏付けられない」としてストークスらの主張を退けている[Baker and Greene 2011: 68]。

　一方，市民のあいだでの新自由主義理念の受容度（の変化）を左傾化の要因として重要視しているのは，まさにこのベイカーらである。彼らは，各国国民が示す，市場経済化特に民営化やグローバリゼーションへの支持や期待の低下こそが，左派勢力の興隆に利したとする「穏健な政策委任」(moderate policy mandate) アプローチを掲げ[22]，その妥当性を検証する。その結果，新自由主義改革への大衆の熱意が増すほど左派の得票は減少し，反米感情が高まるほどそれは増加するという，自らの「穏健な政策委任」を裏づける有意な数値を得た。特に「有権者のあいだでの市場への支持」変数は，他の変数でコントロールしたどのモデルでも一貫して有意であり，これは「民衆の"市場政策への態度"が，単に回顧的な経済評価を足し合わせたものではなく，政府が取るべきベストな政策という深い信念を反映している」からだとする。すなわち，以下で述

---

21) ただし左派政権下で政府支出が削減されても左派は罰せられることはなく，むしろ左派票が増えるという。
22) 彼らによれば，従来の「左傾化の理由」をめぐる議論は，概して，政策委任 (policy mandate) アプローチと業績委任 (performance mandate) アプローチとに分類できるという。前者の政策委任アプローチ，特に急進的なそれ (radical policy mandate) を唱導する論者によれば，近年の左傾化は，新自由主義に疲弊した国民が左派勢力に対し，その修正ではなく，ワシントン・コンセンサスそのものを覆すような急進的な政策を求めたことに起因する。これに対し，後述する業績委任アプローチ（すなわち業績/懲罰投票モデル）では，左派勢力の勝利は，それらが掲げる政策理念が積極的に支持されたというよりも，むしろ98年から02年の「失われた5年」をもたらした（現職の）右派政権に有権者が罰を与えた結果なのであり，従って，勝利した左派に対しては，いかなる政策であれ，ともかく経済パフォーマンスの向上が求められているのだとする。しかし実際ほとんどの左派政権がワシントン・コンセンサスの核心部を保持しているという事実により，急進的な政策委任という見方は説得力を失い，また後者のアプローチも，近年の左派の勢いが，経済の下降期ではなくむしろ02年以降の回復期に増大していることを説明できないという欠点があるとしている。

べるムリージョらの結論とは対照的に，近年の左傾化は，ラテンアメリカの有権者が，単に経済不況やインフレをもたらした（右派）政権を追い出すために左派への支持に転じたからでなく，左派系候補が提示する穏健な政策（市場改革のペースダウンや部分的訂正）に共感し，それを意図的に選び取った結果だとするのである［Baker and Greene 2011: 72-73］。

　また，もう一つの短期的要因として挙げられる 02 年までの「経済危機」，より一般的にはマクロ経済変動という要因については，この種の分析を行うほとんどの論者が主要な独立変数としてモデルに取り込んでいる。例えばムリージョらは近年の左傾化を，現職右派（または非左派）政権下での経済パフォーマンスの悪化→現職の右派政権への懲罰→左派の伸張という業績投票（回顧投票・経済投票）の発想から捉え，主要な独立変数を「GDP 成長率×現職が右派」および「インフレーション×現職が右派」の交差項とするいくつかのモデルの検証を行っている。その結果，「GDP 成長率×現職が右派」変数の効果は明確でないものの，「インフレ×現職が右派」変数はどのモデルでもポジティブかつ有意であることが判明した。すなわち，政権交代のメカニズムと業績投票の力学に従って，右派が政権にあるときにインフレが昂進したことが昨今の左派の勝利に大きく寄与したとするのである。実際，シミュレーションでその効果のほどが検証されると，右派政権下でインフレ率が 1% 上昇すると，次回選挙で左派系候補の得票率が 5.1% 増加する一方，右派以外（中道・中道左派・左派）の政権下でインフレが 1% 上昇すると，左派候補の得票率は 7.9% 減少するという。要するに，最近の左派勢力の興隆は「インフレに敏感な有権者の期待に背いた右派現職者への懲罰投票の副産物」なのであり，その限りにおいて，政権交代という民主政のもとでの自然な成り行きの結果に過ぎないとするのである［Murillo et al 2010: 93, 100-102］。一方，こうした，左派の伸張をマクロ経済状況への有権者の反応として捉える議論（業績委任アプローチ）に対し，ベイカーらは自らの検証結果から「たとえ中道右派または右派政権のもとで，政治腐敗が進み，経済状況が悪化し，安全が脅かされ，民主主義のパフォーマンスがおぼつかなくとも，それによってさらに有権者が左派候補に投票しやすいということにはなら」ず，むしろ驚くべきことに「非左派政権のもとで GDP が増大し，インフレが低下すると，左派候補を大統領に選ぶ可能性が高まる」と

している[23]。すなわち彼らからすると，経済パフォーマンスの指標は左傾化に対してほとんど影響を及ぼしておらず，従って近年の左派勢力の興隆は，右派の失敗を利用する形で生じたのでは決してないとするのである［Baker and Greene 2011: 67］。

いずれにせよ，これら一連の研究で共通して指摘されているのは，それが短期的な経済業績にせよ，または選挙の際に示される政策理念にせよ，それらと自らの境遇や政策選好とを冷静に照らし合わせてベストな選択を模索する今時のラテンアメリカの有権者の姿である。この意味で，当地域においては依然として「選挙を通じた執政府へのアカウンタビリティーの賦課は，それをコントロールするための主要なメカニズムとなっている」のである。よって，少なくとも，昨今の左傾化をもたらしたのは，まさにムリージョらが言う通り，政治・経済・社会的な不公正に対する社会からの急激な反動でもなく，また，劇的なイデオロギー・シフトの末，左派のそれに共感した一般市民らによる「革命的熱狂」でもないということは言えそうである［Murillo et al 2010: 90, 103-107］。

IV　左派政権の政策選択と実績（パフォーマンス）について

上述の通り，近年の左傾化の議論では，概して，多様な左翼の姿を捉えるための類型論や「左傾化の理由」がその中心を占めてきた。しかし，当地域の左傾化の嚆矢であるベネズエラ・チャベス政権の成立からすでに10年以上経過した今，研究の関心は，各左派政権による実際の国家運営の在り方へとシフトしている。事実，これまでの議論では，各左派政権が着手するさまざまな政策の相違，とりわけその経済・社会政策の内容や効果については等閑にされがちであった［Flores-Macías 2010: 414］。ゆえに最近では，各左派政権が採用する経済・社会政策の共通点や相違点，そうした政策の違いをもたらす要因，そして実際のパフォーマンス（実績）についての議論が活発に展開されている。

23）　なお，すでに見たストークスも，右派政権下での低いインフレ率が左派に有利である一方，左派政権下のインフレは選挙に影響を及ぼさないとしている［Stokes 2009: 21］。また，以前の研究でDebsらは，特にインフレと左派候補者の勝利に関して一定の関連性を認めていたが［Debs and Helmke 2008: 20］，最近の分析結果からは「我々は経済投票仮説を支持する証拠を何も見出せなかった」としてこれを退けている［Debs and Helmke 2010: 231］。

1 経済・社会政策の実際

　すでに言及したウェイランドらの研究は，従来の類型論や「理由」をめぐる議論を敷衍し，各国の左派政権による政治および経済・社会運営の実際に論及している [Weyland et al. 2010]。彼らはカスタニェーダ流の2類型に依拠し，ブラジルやチリなどの穏健左派政権は，ターゲティングによる社会扶助プログラムで貧困と戦う一方，財政規律の重視といった正統派（orthodox）の経済政策を実践・遵守し，堅実で良好な経済運営を行っているとする。一方，ベネズエラやボリビアなどの急進左派政権は，市場への国家介入を著しく増大させ，急進的な社会政策（重点的再分配や土地改革）を追求することで，急速な経済発展の実現や貧困・格差問題の早期解決を目指している。そして後述するように，穏健的（堅実さ）と急進的という政策スタンスの対比が，両種の政権の経済パフォーマンスの大きな違いを生み出すとしている。

　こうしたウェイランドらの研究のように「二つの左派」の枠組みを堅持しつつそこから各政権の経済・社会政策を導き出す議論がある一方，類型論の時と同様，各政権の政策運営の実態が詳らかとなるにつれ，こうした捉え方に異議を唱える議論も増えている。例えば D. トゥスィーらは当地域の七つの左派政権による通商・財政・金融政策のレヴューを行い（表7-4），近年の左派政権の経済政策は，概して，輸入代替工業化や国家社会主義，または過度に拡張的なマクロ経済政策によって特徴づけられた「古い左翼」とは際立った相違が見られると指摘する。さらに，各国の経済戦略の多様さは，政治的（イデオロギー的）側面を強調しすぎる「二つの左翼」観では正確に捉えることはできないとしつつ，唯一，各政権を貫く重要な一致点を見出すとすれば，それは国家運営についてのプラグマティックな信条が浸透しつつある点だとする [Tussie and Heidrich 2008: 64]。実際，各政権の政策は，それ以前の政権から引き継いだ経済問題や，現在実行可能な政策オプション，そこで追求される目標などに応じて異なるものの，多くは，正統派と非正統派（Heterodox）の要素をミックスし，国家の縮小や市場介入の抑制を至上命題とした「新自由主義的処方箋」から一定の距離を置いた経済戦略が採用されている [Mareno-Brid and Paunovic 2010: 193][24]。

---

24) 例えば，国民の中で容認する声が高いグローバリゼーション（国際交易や外国投資）については，新自由主義期に行われた改革からほとんど修正されておらず，最近の経済の下降局面におい

表 7-4　左派政権によって実施された通商・財政・金融政策

大統領名	国	金融政策	為替	財政状況（債務支払い後の）	債務管理	社会支出	米国とのFTAへの支持	地域統合への支持
ルーラ	ブラジル	引き締め	上昇	赤字	多くかつ増加	多い	No	Yes
ラゴス	チリ	緩和	下落	赤字	非常に少ない	多い	Yes	No
バチェレ	チリ	引き締め	上昇	黒字	なし	少ない	Yes	No
バスケス	ウルグアイ	引き締め	上昇	赤字	多いが減少	多い	Yes*	No
チャベス	ベネズエラ	緩和	上昇	赤字	少なくかつ減少	非常に多い	No	Yes
モラレス	ボリビア	引き締め	上昇	黒字	多いが減少	少ない	Yes*	Yes
キルチネル	アルゼンチン	緩和	下落	黒字	多いが減少	少ない	No	Yes

出典：Tussie and Heidrich [2008: 63 (Table 3.1)] に加筆修正。
注：*バスケスは自由貿易協定 (FTA) には否定的だが，貿易投資枠組協定 (TIFA) には前向き。またモラレスはアンデス貿易促進麻薬撲滅法 (ATPDEA) の下での貿易特恵の継続を望む。

　そこで，こうした点を踏まえて二元論的な捉え方に修正を迫るのがレヴィツキらの議論である。むろん彼らもウェイランドらと同様，ベネズエラのチャベス政権を，市場モデルから最も距離を置き，国家による経済の規制や統制を漸進的に強める明白な「国家主義」(Statism) として一端に置き，その対極に，正統派の財政・金融政策と貧困削減や社会権の拡大を目指した社会政策とを結びつけた「社会自由主義」(Social liberal) のブラジル，チリ，ウルグアイを位置づける[25]。しかしウェイランドらとは異なり，経済・社会政策に関して言えば

　　てさえ，左派政権下でも平均関税率は 10% 台をキープしているという。もちろんこれは，政治的レトリックの上ではナショナリズムを称揚したり，国家主義的な手段に訴えることの多い急進左派政権にさえ当てはまり，実際どの国も国際貿易への依存度をますます高めている。こうした 2000 年以降の改革の軌跡については Stallings and Peres [2011] が詳しい。
25) 　ここで彼らが言う国家主義的な政策とは，経済活動への国家による統制管理の拡大を意図した政策群を指す。例えば，経済成長と国民消費を刺激するべく，中央銀行の独立を蔑ろにして，公的支出を増大させ，金融政策の緩和に着手する。また，価格統制，外為管理，戦略的産業の国有化などを通じて，民間主導の経済活動に対する国家による規制を拡げようとする。さらに，国家主義的な政権は，貿易，外国投資，資本移動における国家の統制を強める傾向がある。これに対し，正統派の政策を実践する政権は，概して，急速な発展よりも経済的安定と低インフレを優先するため，例えば財政黒字，通貨発行の制限，高金利を目指した厳密な財政・金融規律を堅持し，中央銀行の独立を尊重する。また，生産セクターの私的所有を当然として認め，価格や賃金および労働関係の決定も市場を通じてなされることを良しとする。さらに，低度の関税と数量割り当て，競争的な為替，資本の自由な移動に特徴づけられる自由貿易や外国投資を奨励する。またこれら国家主義的政策と正統派の政策を両極とし，そのあいだに，両者をミックスした多様な非正統派 (Heterodox) の経済戦略が位置づけられる。こうした非正統派政策は，例えば，一部の戦略的産業・事業の接収，物価・為替・投資の部分的な統制，選択的かつ時限的な輸出義務・割り当

ボリビア，エクアドル，アルゼンチンの各政権は（大統領の政治的レトリックはさておき）「正統派のマクロ経済政策を完全に放棄したわけでも，所有権体系を大きく変えたわけでも，また，発展に向けて国家が主要なエンジンとなっているわけでもない」とし，これらの事例は「国家主義」ではなくむしろ「非正統派」（Heterodox）として最も的確に特徴づけられるとするのである[26]。とはいえ，いずれの政権でも，70年代初頭にチリで試みられ，また，今もなおキューバで実践されている類の「社会主義」は（現実的には）目標とはされておらず，むしろ左派政権の政策上の多様性は，社会的格差の是正，天然資源の管理，戦略的に重要な産業の育成，または市場におけるリスクへの防御において国家に対しより大きな役割を与える「（ポスト構造改革期における）多様な資本主義」（varieties of capitalism）構築の努力が反映されているとするのである［Levitsky and Roberts 2011: 20][27]。

2 政策の多様性を生み出す要因

ではこうした，旧来の右派政権とだけでなく，時として左派政権同士でさえ大きく異なる政策のバリエーションはいかなる要因から生じるのであろうか。概してメディアや政策実務者による主意主義（voluntarism）的な解釈では，そうした相違が各国指導者の政治理念や個人的な選好およびリーダーシップの問題へと還元されがちである［Levitsky and Roberts 2011: 399, 403］。しかし，最近の議論では，政策上の違いを生み出す誘因や制約要因として，政策決定プロセスを通じて作用する政治組織および制度上の誘因を重視するもの（政治制度ア

てなど，包括的というよりも選択的な国家介入によって特徴づけられる。

なお，厳密にはこれら三つの理念型は経済政策についてのものであるため，これに社会政策のタイプ（再分配重視 or 市場重視）を加味すると，経済・社会政策の類型としては，国家主義型，非正統派型，社会自由主義型，正統派型（新自由主義型）の四つの理念系が出来上がる［Levitsky and Roberts 2011: 21-24］。

26) さらに，近年の左傾化の事例には含まれないが，ペルーの第二次ガルシア政権（2006-2011）の経済・社会政策は前記注の正統派もしくは新自由主義（Orthodox or Neoliberal）型と分類される［Levitsky and Roberts 2011: 402］。

27) 「新自由主義モデルをもっとも徹底的に拒絶し，21世紀の社会主義のレトリックがあれほど喧伝されているベネズエラにおいてさえ（中略）私的所有権や国家―市場関係における変化の程度は，旧来の社会主義モデルで主張されたそれには遠く及ばない［Levitsky and Roberts 2011: 19］」。とはいえ，06年以降の急進左派政権下の脱・民営化（＝国有化）の動きの中でベネズエラのプレゼンスが突出しているのもまた事実である［Stallings and Peres 2011: 765-768］。

プローチ）と，そうして決定された政策を実行に移す段階で効いてくる経済的な誘因に力点を置くもの（政治経済アプローチ）の二つが注目されている。

　第一の政治制度アプローチに関して，そこで作用する誘因として最も重視されるのは，政治エリート間の競合や協調のあり方および党派的・組織的制約である。これについてG. フロレス＝マシアスは，穏健左派と急進左派各政権における政策タイプの違い（親・市場主義 vs 国家主義）を，両タイプの政権下における政党システムの制度化の程度の違い（制度化された政党システム vs 混乱した政党システム）から説明する。すなわち，制度化された政党システムを特徴づける求心的誘因（centripetal incentives）は，既存のシステムに利害を持たないアウトサイダーが大統領（候補）となったり，彼（女）が抜本的な経済転換に着手するのを困難なものとする。また，そうした誘因は，政党間だけでなく，執政府―立法府間の協調をも促進し，さまざまに異なった政治勢力が政策の変更に影響を及ぼすのをより容易にするのである。一方，後者の政党システムを特徴づける遠心的誘因（centrifugal incentives）は，反システム的な候補者が権力に到達する可能性を高めるだけでなく，彼（女）が現状に抜本的な変革をもたらすのを政党が抑止できない状況を生み出す [Flores-Macías 2010: 420-423]。こうしたフロレス＝マシアスが提示した枠組みは，すでに触れたルナの4類型と発想を共有し，また，R. カウフマンやレヴィツキらの議論でも援用されており，政策上の多様性を説明する有力なアプローチの一つとなっている [Kaufman 2011: 110-114; Levitsky and Roberts 2011: 403-412]。

　一方，第二の政治経済アプローチ，すなわち，政策の多様性を説明する際に経済的な誘因・制約要因を重視する議論としてはウェイランドのレント国家論がしばしば引用される [Weyland 2009]。レント国家論とはすなわち，多様な輸出産品を持たず，天然資源（の国際価格の高騰）から得られる「棚ぼた」的なレント収入に依存する国では，概して富の再分配の名目のもと，放漫財政となりがちで，財政規律や市場努力（生産性，効率，競争）へのコミットメントが蔑ろにされるという議論である。そこで彼はこの枠組みに依拠し，急進左派政権が国家主義的な政策を採用する理由を説明する。つまり，石油（ベネズエラ，エクアドル）や天然ガス（ボリビア）による「棚ぼた」収入を期待できる左派の指導者らは，自国が，市場からの制約を物ともしないと過信し，正統派の経済政策を放棄して拡張的な財政・金融政策に着手しうる裁量を享受しているとする。一方，ブラジルなど非レント国家における左派の指導者は，市場からのよ

写真7-2 2012年3月8日にパンギ市（サモラ・チンチペ県）を発し同22日に首都キトに到着した「水と生活と民衆の尊厳」を標榜する大行進。この行進は，コレア政権による「新自由主義」的な天然資源開発政策を糾弾するべく組織された（写真：Agencia EFE/アフロ）

り強い制約を意識せざるをえず，従って，正統派の経済政策から逸脱する可能性が低いと論じるのである。またこのウェイランドの議論と関連して，ムリージョらは，90年代の「新自由主義政策への転換」との対比で，そもそもなぜ現在のタイミングで多くの国々で左派的な政策が採用されたのか，経済的制約という観点からいくつかの仮説を計量的に検証した［Murillo et al. 2011］。そこで彼女らが最も重視し，実際に有意性が認められたのが，コモディティ・ブームによる外貨収入の増大（とそれによる経常収支の改善）である。すなわち「外からの資本に依存しない形での自国の収入源が利用可能となることで，政策決定の自律性が高まり，大統領が左派的な再分配政策を採る可能性が高まる」とするのである［Murillo et al. 2011: 57］。

ただしこの政治経済アプローチについては，政策の多様性をもたらした因果プロセスを特定する際に，ラージN分析に依拠したムリージョの議論に限界があることは言うまでもなく，またウェイランドの枠組みも，天然資源へのアクセスから急進的政策の採用への説明が一足飛びになされており，肝心の政

策決定プロセスが抜け落ちている感が否めない[28]。まさにこうした欠陥を整合的に補うのが上述の政治制度アプローチであり，この意味で両アプローチは相互補完的な関係にあるといえるだろう。すなわち，コモディティ価格の高騰などで外的な制約が弛緩したことが財政上の誘引となり，（主意主義的解釈で専ら注目された）大統領の奉じる政策理念や選好を実際の政策に反映できる可能性が生じる。しかし現実の政策決定プロセスの中で，それがどの程度そのままの形で実現されるのか，またはいかなる屈折を被るのかは，与党（連合）内の多元性や与野党間の競合・協調のあり方に大きく左右されるのである。いずれにせよ，穏健／急進という政権の性格を問わず，政治学者のあいだでこうしたアプローチが有用とされるのは，政策内容や方向性が各左派政権の「政治エリート」の手に決定的に委ねられている証左でもあり，この点は留意せねばならない。これについては本章の最後に再び言及する。

3 政策の評価

では以上のように形成される政策の相違は，実際，いかなる業績（パフォーマンス）の違いを生み出しているのであろうか。現左派政権の政策評価という作業は，それが現在進行中の事象を扱うものであるため，ここで論じるのは少しばかり時期尚早の感が否めず，またもし可能だとしても非常に暫定的なものとならざるをえない。

とはいえ，例えば再びウェイランドらの議論に戻ると，すでに見た穏健／急進各政権が作り出す政策上のコントラストは，マクロ経済指標（成長率やインフレ）や社会指標（貧困や格差）の違いに如実に表れているという。すなわち，穏健左派政権が経済の安定を保ち，目を見張るほどではないが堅実でムラのない成長を達成している一方，急進左派政権，少なくともベネズエラの経済指標は非常に浮き沈みが激しく，そのためこの種の政権の経済政策は「どちらともいえない結果」（mixed results）をもたらしているとする［Weyland et al. 2010;

---

28) なお，ウェイランドの議論に対して上述のフロレス＝マシアスは，彼の枠組みでは，①天然資源価格の変動，特にその下降期においてさえ，急進左派政権が国家主義的な政策を推進していること，また，②急進左派政権同様，財政収入を天然資源に過度に依存しながらも正統派の市場モデルを堅持する事例（チリ）や，反対に，レント国家的な特徴を備えていないにもかかわらず国家主義的な政策を志向する事例（アルゼンチン）を説明できないとして退けている［Flores-Macías 2010: 418-419］。

158］。また彼らは，両種の政権の社会政策のパフォーマンスについてもこれと似た評価を下す。つまり，穏健左派政権が，顕著というほどではないが着実な貧困の削減と人的資本形成を達成し，しかもそれが持続可能に見える一方，急進左派政権はより速いペースで貧困と格差を解消しているものの，それが非常に不安定な財政基盤（天然資源の価格高騰による棚ぼた収入）に依拠するため，いつ後退してもおかしくないと結論づける。おそらくこうした急進左派政権に対する評価の低さは，その背後に，既述の「急進左派諸国＝レント国家」(rentier state) の図式が色濃く存在し，また概してベネズエラの例をもって急進左派一般が語られることに由来していそうだが，経済・社会的パフォーマンスによる「二つの左派」政権の比較という意味ではかなり偏った印象を受ける。実際，表7-5の通り急進左派と一括りにされる政権のマクロ経済指標の動向は（二元論では収まらない）より複雑な様相を示しており［詳細はKaufman 2011: 95-103］，またそもそも，すでに見た国際的なコモディティ価格の高騰による資金調達の容易化と分配政策の拡充といった左派的政策との相関の強さは，急進左派政権のみならず，ほぼすべての左派政権に当てはまる。例えばここで穏健左派の例として語られるブラジルやチリと，ウェイランドらの議論では省略されがちなボリビアやエクアドルの経済実績を見ると，各政権の在任期間中で言えば，成長率については（若干振れ幅は異なるが）平均値ではほとんど変わらず，消費者物価上昇率もベネズエラを含めれば2倍違うものが，それを外すと1ポイントしか変わらなくなる（表7-6）。

　またこうした疑問は，各政権下における社会指標の変化をめぐる彼らの解釈にも当てはまる。例えばジニ係数や貧困ギャップ（表7-7や表7-8）などで見た場合，いかなるペースでの改善であれば「着実な貧困の緩和」であり，かつそれが「持続可能」だと判断しうるのか，おそらく彼らの議論の根幹にある「レント国家」という財政要因を考慮しないとすれば，そこでの評価の基準は決して自明ではない。さらに，経済政策の領域でも確認された政策ミックスは，程度の差こそあれ，各政権の社会政策の分野でも顕著であり（表7-9），こうした多様さが政策パフォーマンスの評価を困難にしているとも言えるだろう[29]。

---

29) なお，左派政権の社会政策のパフォーマンスに関しては，Merino が1990-2003の時期を対象とし，社会支出と社会健全指標（social well-being indicator）の変動に基づき，各政権の目標達成度を検証している［Merino 2008］。彼によると，一般的に左派政権が右派政権よりも社会政策を重視すると想定されるにもかかわらず，社会政策の諸指標から判断すると，①必ずしも左派政権が

表7-5 左派政権下におけるマクロ経済政策指標

国	プライマリーバランス/GDP	M1/GDP	政府支出/GDP	実質為替レート(2000年=100)	価格統制(10=自由度最大)	CPI
アルゼンチン(2003-7)	2.6	12.6	14.8 (2002) 17.8 (2007)	221.9 (2002) 221.4 (2007)	2.0	9.3 (2003-2007)
ボリビア(2006-7)	4.4	21.2	34.4 (2005) 35.6 (2007)	111.6 (2005) 121.6 (2007)	8.0	9.0 (2006-2007)
ブラジル(2003-7)	2.4	7.2	26.1 (2002) 23 (2007)	130.5 (2002) 84.7 (2007)	6.3	7.2 (2003-2007)
チリ(2000-2)	0.4	9.3	22.5 (1999)	98.2 (1999)	9.7	3.2 (2000-2007)
チリ(2003-7)	5.6	10.0	18.3 (2007)	99.2 (2007)	8.7	
エクアドル(2007)	1.6	9.7	16.7 (2006) 18.7 (2007)	66.3 (2006) 69.5 (2007)	6.0	5.0 (2007)
ニカラグア(2007)	0.7	8.1	22.7 (2006) 23.1 (2007)	108.4 (2006) 111.0 (2007)	6.0	15.5 (2007)
ウルグアイ(2005-7)	2.9	7.9	24.1 (2004) 23.2 (2007)	151.8 (2004) 135.6 (2007)	6.0	7.3 (2006-2007)
ベネズエラ(1999-2002)	0.3	11.0	21.4 (1998)	116.5 (1998)	5.7	15.5 (1999-2007)
ベネズエラ(2003-7)	2.3	22.5	30 (2007)	121.7 (2007)		

出典：Kaufman［2011: 96 (Table 4.1)］に筆者が加筆修正。

　いずれにせよ，今後ますます，現左派政権の政策パフォーマンスの評価が試みられるであろうし，実際そうした研究の必要性は極めて高い。しかし，本来ならこの種の営為には，因果関係を特定する理論や方法論，そしてなによりも一定のデータの蓄積が必要となるため，しばらくこうした営為には困難が伴うことになるかもしれない[30]。

右派政権よりも際立って優れているわけではなく，②概してポピュリスト的でない左派政権の方が，そうである左派政権よりも優れており，さらに，③ほとんどの指標において，いかなる左派政権よりもポピュリスト的な右派政権の方がずっと優れているという［Merino 2008］。しかし残念ながら，これらの研究で使用されているデータは，昨今の「左傾化」論で扱われている左派政権のほとんどをカバーできていないため，今後，左派政権の社会的パフォーマンスが評価される際には，この Merino の仮説（および方法論）の再検証も重大な課題の一つとなるだろう。
30）　紙幅の都合上ここでは言及できないが，実はウェイランドらの評価で最も議論の余地がある

表 7-6 左派政権下における GDP 成長率と消費者物価指数（CPI）（%）

GDP 成長率	1998	1999	2000	2001	2002	2003	2004	2005	2006	2007	2008	2009	2010*	期間平均	標準偏差	
ボリビア									4.8	4.6	6.1	3.4	3.8	4.5	0.96	エクアドルとボリビアの平均値と標準偏差 3.9 0.79
エクアドル	0.3	−6.0	3.7	3.4	−8.9	−7.8	18.3	10.3	9.9	8.2	4.8	−3.3	−1.6	2.4	7.67	
ベネズエラ						1.1	5.7	3.2	4.0	6.1	5.1	−0.6	7.7	4.0	2.55	急進左派政権の平均値と標準偏差 3.4 3.72
ブラジル			4.5	3.4	2.2	3.9	6.0	5.6	4.6	4.6	3.7	−1.5	n.a	3.7	2.02	ブラジルとチリの平均値と標準偏差 3.9 0.27
チリ																
ウルグアイ								6.6	7.0	7.5	8.5	2.9	9.0	6.9	1.99	穏健左派政権の平均値と標準偏差 4.9 2.19

CPI	1998	1999	2000	2001	2002	2003	2004	2005	2006	2007	2008	2009	2010*	期間平均	標準偏差	
ボリビア									4.9	11.7	11.8	0.3	1.4	6.0	4.9	エクアドルとボリビアの平均値と標準偏差 5.5 1.31
エクアドル									3.3	3.3	8.8	4.3	3.2	4.9	2.3	
ベネズエラ	29.9	20.0	13.4	12.3	31.2	27.1	19.2	14.4	17	22.5	31.9	26.9	32	22.9	7.1	急進左派政権の平均値と標準偏差 11.3 2.38
ブラジル						9.3	7.6	5.7	3.1	4.5	5.9	4.3	5.2	5.7	1.8	
チリ			4.5	2.6	2.8	1.1	2.4	3.7	2.6	7.8	7.1	−1.4	n.a	3.3	2.6	ブラジルとチリの平均値と標準偏差 4.5 0.36
ウルグアイ								4.9	6.4	8.5	9.2	5.9	7.1	7.0	1.5	穏健左派政権の平均値と標準偏差 5.3 0.45

出典：ECLAC Preliminary Overview of the Economies of Latin America and the Caribbean 2010 より筆者作成。
注：＊暫定値

第7章　新自由主義の功罪と「左傾化」　263

表 7-7　左派政権下におけるジニ係数の変化

国名	年次	全国平均	現政権下での平均
エクアドル	2007	0.540	
	2008	0.504	
	2009	0.500	0.515
ベネズエラ	1999	0.498	
	2002	0.500	
	2004	0.470	
	2005	0.490	
	2006	0.447	
	2007	0.427	
	2008	0.412	0.463
急進左派平均			0.489
ブラジル	2003	0.621	
	2004	0.612	
	2005	0.613	
	2006	0.605	
	2007	0.590	
	2008	0.594	
	2009	0.576	0.602
チリ	2000	0.564	
	2003	0.552	
	2006	0.522	
	2009	0.524	0.541
ウルグアイ	2007	0.456	
	2008	0.445	
	2009	0.433	0.445
穏健左派平均			0.529

出典：ECLAC Preliminary Overview of the Economies of Latin America and the Caribbean 2010 より筆者作成。

V　政策選択の収斂と，現実主義的な有権者

　ここまでで，近年のラテンアメリカにおける重要な政治トレンドである左傾化を扱ったさまざまな研究を見てきた。冒頭で述べた通り，当地域の左傾化が

　　と思われるのが，各政権下での「民主主義のパフォーマンス」についてのそれである。これについて筆者は，各左派政権と市民社会組織や社会運動との関係という観点から少しばかり論じたことがあるし［上谷 2010］，また別の機会には，ウェイランドらの「評価」を計量分析により検証している［上谷・舟木 2011］。

表7-8 貧困ギャップ

国名	年次	貧困ギャップ		期間平均 （濃字は現政権期）	前政権期または政権 発足年からの変化
ボリビア	1999	33.9			
	2002	34.4			
	2004	32.1		33.5	
	2007	27.8	4.3	**27.8**	−5.7
エクアドル	1999	30.1			
	2002	20.8		25.5	
	2007	14.8	6.0		
	2008	14.7	0.1		
	2009	16.8	−2.1	**15.4**	−10.0
ベネズエラ	1999	22.6	—		
	2002	22.1	0.5		
	2007	10.2	11.9		
	2008	9.9	0.3	**16.2**	−6.4
急進左派平均				19.8	
ブラジル	1999	17.0	—		
	2001	17.3	—		
	2002	17.0	—	17.1	
	2003	17.9	−0.9		
	2004	16.8	1.1		
	2005	16.0	0.8		
	2006	14.4	1.6		
	2007	13.1	1.3		
	2008	10.7	2.4		
	2009	10.5	0.2	**14.2**	−2.9
チリ	2000	7.0	—		
	2003	6.3	0.7		
	2006	4.4	1.9		
	2009	4.0	0.4	**5.4**	−1.6
ウルグアイ	1999	2.7	—		
	2002	4.5	—	3.6	
	2007	5.2	−0.7		
	2008	4.3	0.9		
	2009	2.8	1.5	**4.1**	0.5
穏健左派平均				7.9	

出典：ECLAC Preliminary Overview of the Economies of Latin America and the Caribbean 2010 より筆者作成。

表 7-9 左派政権下における社会政策のレパートリー

	急進ポピュリスト的：補助金，価格統制，国有化，「ミッション」	社会民主主義的：税制改革，普遍的諸権利，発展促進	自由主義的：民営化，条件付き現金給付
チリ	—	AUGE/CGWY/年金改革 (2008)／低所得世帯の就学者への補助	チリ・ソリダリオ／軽微な税制改革／教育バウチャー／年金改革 (2005)／公共サービスの民営化／労働市場の柔軟化
ウルグアイ	—	平等化計画／税制改革／トラバホ・パラ・ウルグアイ／賃金評議会／医療と教育の構造改革	PANES
ブラジル	土地の再分配／最低賃金の引き上げ	経済成長促進計画 (PAC)／民間主導のインフラプロジェクトへの補助／PPPを通じた民間企業との協働／マイクロ・ファイナンス	教育バウチャー (ProUni)／市場指向の年金改革／フォメ・ゼロおよびボルサ・ファミリア
アルゼンチン	補助金／賃金の引き上げ／農作物輸出への課税／通貨統制	国家による需要促進	失業世帯主計画，ファミリアス計画
ニカラグア	識字キャンペーン／医療と教育の再公共化／市民委員会	教育・保健の無償化／累進課税 (改革案)／中小企業の団体を設立	飢餓ゼロ／社会保護ネットワーク
ボリビア	識字および保健キャンペーン／石油および天然ガスの再国有化／電気通信産業の国有化／土地改革／賃金引上げ／さまざまな商品やサービスの価格統制	労働権および社会権の拡張／電気料金の補助 (Tarifa de la dignidad)	ファンシート・ピント
エクアドル	"緊急政令" による公共事業の増大／価格統制／小麦，化学肥料，ガス，ガソリンへの補助金／大学教育の無料化／最低賃金の引き上げ	中小規模の縫製業や製乳業への支援／小規模のインフラプロジェクトへの投資／5-5-5マイクロ・クレジット／若年層へのマイクロ・ファイナンス／電気料金の補助 (Tarifa de la dignidad)／累進課税 (改革案)	人間開発給付／住宅給付
ベネズエラ	「ミッション (識字，保健，教育)」／ベネズエラ石油資源への国家統制／石油，セメント，鉄鋼，電話，通信の国有化／補助金／価格統制／賃金引き上げ／地域住民委員会	教育，保健，社会保障の普遍的権利の承認／地域開発プロジェクト／協同組合 (Cooperatives)	—

出典：Reygadas & Filgueira [2010: 176-177 (Table 9.1)] に加筆修正。

語られる際には，現在でも依然として「二つの左翼」論的な枠組みが優勢であり，確かにこうした捉え方には一定のメリットがある。しかし，各国の左派政権が，実際に国家を運営する中で直面するさまざまな問題への対処の仕方は多様であり，こうした多様性が2類型を分かつ境界線をますます曖昧なものにしているのも確かである［Levitsky and Roberts 2011: 19-26］。実際，2010年チリのピニェラ（Sebastián Piñera）中道右派政権の成立が示すように，すでにこの地域で「中道化」が始まったとされる今日，こうした境界線の曖昧化は，穏健左派と急進左派のあいだだけでなく，左派と右派を分かつそれの間でもますます進んでいる[31]。例えばそれは，これまで左派アジェンダとされてきた政策課題やその対処法を，いまや中道または中道右派政権も共有しており［遅野井 2011: 6］，それゆえ，左傾化の時代の最中でもかつてより予測可能性とプラグマティズムが高まっているとされる点に端的に現れている［Shifter 2011: 105］。しかし一方で，貧困や格差などの社会問題にこれまで以上の配慮を伺わせつつも，新自由主義の核心部分は堅持し，市場や社会における国家のプレゼンスを高めようとする戦略は，とりわけその政治スタイルにおいて，新自由主義全盛期の（中道）右派政権と似通りつつあるという点も留意しておきたい。つまりそれは，社会基盤からますます乖離する政党エリート（または国家エリート）による政治という意味で「穏健左派」政権のもとであれ，また，民主主義の委任型化という意味で「急進左派」政権のもとであれ，いずれも，政治の場から社会からの声が排除されがちだという点で通底しているのである。

　一方，旧来の研究では，ラテンアメリカ諸国のような新興民主主義国の有権者は，政策アジェンダの相違を峻別できない「無力で無知な人びと」として扱われることが多く，それゆえ「選挙において託された有権者の意思」や「垂直的なアカウンタビリティー」といった発想は，いわゆる先進国の民主政においてのみ適用可能だとして語られがちであった。しかし第Ⅲ節で見た通り，現代ラテンアメリカの多くの左派政権は，急進的なそれでさえ，多かれ少なかれ「穏健な政策選好」に基づいた国家運営を行わざるをえない局面が多々あり，これは国民がさまざまな政策の是非についての明確な意思を，折に触れ，為政者に対し突きつけているからに他ならない。こうした現実主義や「合理性」に裏打ちされた有権者の絶妙なバランス感覚の発露は，実はラテンアメリカの

---

31)　近年の左派は「政治およびイデオロギー上でいう"中道"の範囲の再定義」に成功した［Arditi 2010: 145］。

みではなく，例えば本書第3章や第4章で扱われるエストニアやスロバキアの事例でも確認でき，この点でも「先進」または「新興」という民主政の区別をますます意味のないものにしているようにも思える。むろん「いまやラテンアメリカの有権者は，自国の政権が政策を編みだすに際して活発な参加者（active participants）となりつつある」という結論は少し楽観的にすぎようが［Baker and Greene 2011: 46］，もはやこの地でも「為政者は選挙付託（electoral mandate）など容易に踏みにじり，好き勝手に政治を行える」時代などではなくなってきているのは間違いないようである。

参考文献

Arce, Moisés and Paul T. Bellinger Jr. [2007] "Low-Intensity Democracy Revisited: The Effects of Economic Liberalization on Political Activity in Latin America." *World Politics*, 60(1): 97-121.

Arce, Moisés and Roberta Rice [2009] "Societal Protest in Post-Stabilization Bolivia." *Latin American Research Review*, 44(1): 88-101.

Arditi, Benjamin [2010] "Arguments about the Left: A Post-Liberal Politics." In: Maxwell A. Cameron and Eric Hershberg (eds.) *Latin America's Left Turns: Politics and Trajectories of Change*. London: Lynne Rienner publishers, pp. 145-167.

Arnold and Samuels [2011] "Evidence from Public Opinion." In: Steven Levitsky and Kenneth M. Roberts (eds.) *The Resurgence of the Latin American Left*. Baltimore: The Jhons Hopkins University Press, pp. 31-51.

Baker, Andy and Kenneth F. Greene [2011] "The Latin American Left's Mandate: Free-Market Policies and Issue Voting in New Democracies." *World Politics*, 63(1): 43-77.

Barrett, Patrick, Daniel Chavez and Cesar Rodriguez-Garavito (eds.) [2008] *The New Latin American Left: Utopia Reborn*. London: Pluto Press.

Cameron, Maxwell A. [2007] "Latin America's Left Turns: Beyond Good and Bad." *Third World Quarterly*, 30(2): 331-348.

Castañeda, Jorge [2006] "Latin America's Left Turn." *Foreign Affairs*, 85(3): 28-44.

Castañeda, Jorge and Marco A. Morales (eds.) [2008] *Leftovers: Tales of Latin American Left*. New York: Routledge.

Cleary, Matthew R. [2006] "Explaining the Left's Resurgence." *Journal of Democracy*, 17(4): 35-49.

Corrales, Javier [2003] "Market Reforms." In: Jorge I. Domnguez and Michael Shifter (eds.) *Constructing Democratic Governance in Latin America (2nd ed.)*. Baltimore: The Johns Hopkins University Press, pp. 74-99.

Corrales, Javier [2008] "The Backlash against Market Reforms in Latin America in the 2000s." In: Jorge I. Dominguez and Michael Shifter (eds.) *Constructing Democratic Governance in Latin America (3rd ed.)*. Baltimore: The Johns Hopkins University Press, pp. 39-71.

Debs, Alexandre and Gretchen Helmke [2008] "Inequality under Democracy: Explaing" The Left Decade" in Latin America." Paper presented at the annual meeting of the APSA 2008 Annual

Meeting, Boston, Massachusetts, Aug 28.
Debs, Alexandre and Gretchen Helmke [2010] "Inequality under Democracy: Explaining the Left Decade in Latin America." *Quarterly Journal of Political Science*, 5(3): 209–241.
Escaith, Hubert and Igor Paunovic [2004] "Reformas estructurales an amèrica latina y el caribe en el perìodo 1970−2000: Índices y notas metodològicas." Unpublished manuscript, ECLAC, Santiago.
Flores-Macías, Gustavo A. [2010] "Statist vs. Pro-Market: Explaining Leftist Governments' Economic Policies in Latin America." *Comparative Politics*, 42(4): 413–433.
Kaufman, Robert R. [2009] "The Political Effect of Inequality in Latin America: Some Inconvenient Facts." *Comparative Politics*, 41(3): 359–379.
Kaufman, Robert R. [2011] "The Political Left, the Export Boom, and the Populist Temptation." In: Steven Levitsky and Kenneth M. Roberts (eds.) *The Resurgence of the Latin American Left*. Baltimore: The Jhons Hopkins University Press, pp. 93–116.
Kurtz, Marcus J. [2004] "The Dilemmas of Democracy in the Open Economy: Lessons from Latin America." *World Politics*, 56(1): 262–302.
Lora, Eduardo [2001] "Structural Reforms in Latin America: What Has Been Reformed and How to Measure It." IDB Working Paper No. 348. Washington, D.C.: Interamerican Development Bank.
Lora, Eduardo and Mauricio Olivera [2005] "The Electoral Consequences of Washington Consensus." *Economia* (spring), pp. 1–45.
Levitsky, Steven and Kenneth M. Roberts (eds.) [2011] *The Resurgence of the Latin American Left*. Baltimore: The Jhons Hopkins University Press.
Levitsky, Steven and Kenneth M. Roberts [2011] "Introduction: Latin America's 'Left Turn': A Conceptual and Theoretical Overview," and "Conclusion: Democracy, Development, and the Left." In: Steven Levitsky and Kenneth M. Roberts (eds.) *The Resurgence of the Latin American Left*. Baltimore: The Jhons Hopkins University Press, pp. 1–28, 398–427
Luna, Juan Pablo [2010] "The Left Turns: Why They Happened and How They Compare." In: Maxwell A. Cameron and Eric Hershberg (eds.) *Latin America's Left Turns: Politics & Trajectories of Change*. London: Lynne Rienner publishers, pp. 23–39.
Madrid, Raúl L., Wendy Hunter and Kurt Weyland [2010] "The Policies and Performance of the Contestatory and Moderate Left." In: Weyland et al. *Leftist Governments in Latin America: Successes and Shortcomings*. New York: Cambridge University Press, pp. 140–180.
Mainwaring, Scott, Ana Maria Bejarano and Eduardo Pizarro Leongomez [2006] *The Crisis of Democratic Representation in the Andes*. Stanford: Stanford University Press.
Mareno-Brid, Juan Carlos and Igor Paunovic [2010] "Macroeconomic Policies of the New Left: Rhetoric and Reality." In: Maxwell A. Cameron and Eric Hershberg (eds.) *Latin America's Left Turns: Politics & Trajectories of Change*. London: Lynne Rienner publishers, pp. 193–208.
Merino, Jose [2008] "No Such a Thing as a Social Advantage for the Left?" In: Jorge Castañeda and Marco A. Morales (eds.) *Leftovers: Tales of Latin American Left*. New York: Routledge, pp. 66–91.
Morley, Samuel A., Roberto Machado and Stefano Pettinato [1999] "Indexes of Structural Reforms in Latin America." Reformas económicas series, No. 12. Santiago: ECLAC.
Murillo, Maria Victoria [2003] "Latin American Labor at the Cross-Roads." In: Jorge I. Dominguez

and Michael Shifter (eds.) *Democratic Governance in Latin America and the Caribbean*. Baltimore: The Johns Hopkins University Press, pp. 100–117.

Murillo, María Victoria, Virginia Oliveros and Milan Vaishnav [2010] "Electoral Revolution or Democratic Alternation?" *Latin American Research Review*, 45(3): 87–114.

Murillo, María Victoria, Virginia Oliveros and Milan Vaishnav [2011] "Economic Constraints and Presidential Agency." In: Steven Levitsky and Kenneth M. Roberts (eds.) *The Resurgence of the Latin American Left*. Baltimore: The Jhons Hopkins University Press, pp. 52–70.

Panizza, Francisco [2009] *Contemporary Latin America: Development and Democracy Beyond the Washington Consensus*. London: Zed Books.

Raygadas, Luis and Fernando Filgueira [2010] "Inequality and the Incorporation Crisis: The Left's Social Policy Toolkit." In: Maxwell A. Cameron and Eric Hershberg (eds.) *Latin America's Left Turns: Politics & Trajectories of Change*. London: Lynne Rienner publishers, pp. 171–191.

Roberts, Kenneth M. [2007a] "Repoliticizing Latin America: The Revival of Populist and Leftist Alternatives." *Woodrow Wilson Center Update on the Americas* (November), pp. 1–11.

Roberts, Kenneth M. [2007b] "Latin America's Populist Revival." *SAIS review of International Affairs*, 27(1): 3–15.

Schamis, Hector [2006] "Populism, Socialism, and Democratic Institutions." *Journal of Democracy*, 17(4): 20–34.

Schneider, Ben Ross [2004] "Organizing Interests and Coalitions in the Politics of Market Reform in Latin America." *World Politics*, No. 56, pp. 456–479.

Seligson, Mitchell A. [2007] "The Rise of Populism and the Left in Latin America." *Journal of Democracy*, 18(3): 81–95.

Sifter, Michael [2011] "A Surge to the Center." *Journal of Democracy*, 22(1): 107–121.

Stokes, Susan [2009] "Globalization and the Left in Latin America." Unpublished manuscript, Department of Political Science, Yale University, New Haven, CT.

Stallings, Barbara and Wilson Peres [2011] "Is Economic reform Dead in Latin America? Rhetoric and Reality since 2000." *Journal of Latin American Studies*, Vol. 43, Part 4, pp. 755–786.

Tussie, Diana and Pablo Heidrich [2008] "A Tale of Ecumenism and Diversity: Economic and Trade Policies of the New Left." In: Jorge Castañeda and Marco A. Morales (eds.) *Leftovers: Tales of Latin American Left*. New York: Routledge, pp. 45–65.

Weyland, Kurt [2004] "Neoliberalism and Democracy in Latin America: A Mixed Record." *Latin American Politics & Society*, 46(1): 135–157.

Weyland, Kurt [2009] "The Rise of Latin America's Two Lefts: Insights from Rentier State Theory." *Comparative Politics*, 41(2): 145–164.

Weyland, Kurt [2010] "The Performance of Leftist Governments in Latin America: Conceptual and Theoretical Issues." In: Weyland et al. (eds.) *Leftist Governments in Latin America: Successes and Shortcomings*. New York: Cambridge University Press, pp. 1–27.

Weyland, Kurt, Raúl L. Madrid and Wendy Hunter (eds.) [2010] *Leftist Governments in Latin America: Successes and Shortcomings*, New York: Cambridge University Press.

上谷直克［2006］「議会選挙から見るラテンアメリカ"政党システム"の変化と持続性―"左傾化"現象解明への一試論」『ラテンアメリカ・レポート』23(2): 51–65.

上谷直克［2010］「ラテンアメリカにおける"市民社会"組織（CSOs）の政治的プレゼンスの

変遷」アジア経済研究所「ラテンアメリカにおける"代表構造"の転換とその政治的意義」研究会最終成果.

上谷直克・舟木律子［2011］「上からの動員か，下からの参加か―ラテンアメリカの「急進左派」政権下における民主主義の実践」日本比較政治学会 2011 年度研究大会（2011 年 6 月 19 日　於　北海道大学）報告ペーパー

遅野井茂雄［2011］「台頭する新興パワー中南米の開発課題と国際関係」『海外事情』59(5): 2-17.

遅野井茂雄・宇佐見耕一［2008］『21 世紀ラテンアメリカの左派政権―虚像と実像』アジア経済研究所.

恒川惠市［2007］「中南米政治の動向―世論調査を通して見る左傾化の実態」『海外事情』55(2): 2-16.

第3部
ネオリベラル的経済運営の実際

第8章

ロシアにおける私有化政策
「資本主義企業化」の実態

安達祐子

I　私有化政策の問題点

　本章では，中東欧・ロシアにおけるネオリベラリズム的経済運営の一例として，ロシアの私有化政策に焦点をあてる。ロシアでは，ソ連型計画経済を軸とする社会主義経済体制が崩れ，資本主義市場経済体制への転換を促すための経済政策がとられた。1990年代初頭に「自由化」，「安定化」と並んで政策の三本柱の一つとなったのが，「私有化」(privatization)であった。ここで私有化とは，国有資産を私的所有に移譲することを指す。「ワシントン・コンセンサス」に基づく自由主義市場経済化政策の一環として，ロシアではソ連末期から迅速に私有化へ着手する必要性が唱えられていた。計画経済は，生産手段の国家所有を前提とする経済システムであったため，市場経済化を推し進めるにあたり，国有企業の私有化は当時のロシア政府にとって優先事項の一つであった。また，ロシアにおける私有化政策は，新生ロシアの政治経済体制の特徴づけに大きなインパクトを与えることとなった。

　市場経済移行の出発点で，急進改革を進めたのは，ボリス・エリツィン大統領のもと首相代行などを歴任したエゴール・ガイダール (Yegor Gaidar) を中心とするチームである。アナトーリー・チュバイス (Anatolii Chubais) が私有化担当の副首相に就任し，1992年から私有化政策を本格的に推進したが，現実の問題としてロシアの私有化には克服しなければならない固有の障害が立ちはだかっていた。すなわち，ソ連邦解体に伴う経済体制の転換，および私有化により，ロシア企業の多くは「ソ連型企業」から資本主義市場経済に適合した組織へ転換されなければならなかった。ところが，実際に私有化されたソ連型企業は，市場経済システムのもとで，事業を展開できる企業体として機能するために不可欠な組織転換がなされていないままであった。私有化政策は，この点には留意していなかったといえる。そのため，企業活動に支障が生じた。市場経済下で生産活動を正常化し，よりグローバルに競争力のある企業として成長していくためには，「生産単位」にすぎないソ連型企業の実質的な企業化(=「資本主義企業化」)が必要であった。

　このように私有化政策が不完全なものに止まった原因は，体制転換におけるロシア経済の初期条件に留意せずに私有化が実施されたことにある。ただ，市場経済が機能するための制度基盤が整っていない中での私有化が問題であったとの指摘は，特に目新しいものではない。そこで本章では，今まで十分に検証

されてこなかった以下の初期条件に着目し，それを軽視して進められた私有化の影響を検証する。その条件とは，私有化の対象となった「ソ連型企業」は，ソ連経済システムにおけるヒエラルキーの最下部に位置する「生産単位」にすぎず，資本主義経済における企業のように独立した経営資源の集合体・経営管理組織体ではなかったという点である。

　本章では，ロシア経済のあり方に大きな影響を与えてきた大手資源企業の事例に沿って，私有化されたソ連型企業の「資本主義企業化」のプロセスを検証する。この検証を通じて，ロシアで実施されたような私有化政策は，企業改革にとって十分条件ではなく，企業システム全体の再構築を行い，その一部にすぎない生産単位の実質的な企業化を促すための措置が不可欠であることを示す。

　次節では，まずロシアの私有化の独自性や特殊性，そしてそこから明らかになる問題点について包括的に考察する。第Ⅲ節では，私有化の対象となった旧ソ連企業とその企業の「資本主義企業化」について議論を進める。第Ⅳ節および第Ⅴ節では，事例研究として石油会社ユコスと，非鉄企業シベリア・アルミニウム（現UCルサル）を扱う。そして第Ⅵ節で論点をまとめ，1990年代の私有化政策のインプリケーションを提示する。

Ⅱ　ロシアの私有化の独自性・特殊性

　そもそも，私有化は何を目指して行われたのだろうか。私有化政策開始当初のロシア政府の公式の認識は，例えば，1992年6月11日にロシア連邦最高会議によって承認された「1992年ロシア連邦における国有・公有企業の私有化国家プログラム」に見ることができる［Supreme Soviet Resolution N2980-1 1992］。そこには，市場経済化を促進する私的所有者層の創出，私有化による企業経営の効率化，連邦財政の安定化促進，競争環境の形成と国民経済の脱独占化，といった目的が明示されている。これに加え，ロシアの私有化政策のブレーンとなったアンドレイ・シュライファー（Andrei Shleifer）らは，経済活動の「非政治化」（depoliticization），つまり企業活動を国家，特に政治家の影響から解放することが私有化の重要な目的と主張していた［Boycko et al. 1995: 10-2; Shleifer 1995］。

　ロシアの私有化政策は，いわゆるネオリベラル的政策の一環として行われ

た。ネオリベラル的政策とは，典型的には経済の「自由化」，「安定化」，「私有化(民営化)」を最優先として，短期間での市場経済移行を目指す急進的な改革(ショック・セラピー)を意味する。そうした政策においては，市場メカニズムが機能するために不可欠な制度の有無など，経済の初期条件に対する配慮が十分に行われない。ロシアで遂行された具体的な私有化方式は，厳密にはネオリベラリズムに完全に沿ったものとは限らないという但し書きがつくものの(第1章も参照)，やはり従来の他の国でとられた政策と同様に，制度基盤の欠如という初期条件に留意せずに実施された点に一つの大きな特徴がある。

　ロシア政府は，私有化の第一段階として，1992年に国有企業の大規模私有化政策を実施した。ロシア国民一人一人にバウチャー(私有化小切手)を配布し，国民はバウチャーを利用して企業の株式を取得できるとするバウチャー方式を採用した。額面1万ルーブルのバウチャーが，人口分の約1億4800万枚交付された。バウチャー方式により，国民が広く株を手に入れることができ，国民の間に幅広い私的所有者層を創出することを目指した。また，公正かつ公平な資産の分配を目標にすることによって，市場経済化政策全般，特に私有化に対する国民の支持を得ることもできると考えられた [Boycko et al. 1994; Frydman and Rapaczynski 1996: 16-7][1]。ガイダールを中心とする改革派は，政治的に，限られた機会を逃さぬようスピードを最優先した[2]。私有化の方法として取引可能なバウチャーを利用したのも，財産権(所有権，property rights)の移譲が容易に行われやすいと考えられたからであった。バウチャー方式に関しては異論もあったが[3]，代替的方法として考えられた資産の直接売却による私有化は，十分な国内資本を欠き，その実施は非現実的であった [Boycko et al. 1995]。当初，私有化プログラムに対しては，国有企業の経営者を中心に激しい抵抗があった。そのため，私有化される企業の既存の経営陣や従業員集団という内部

---

1) バウチャー私有化の準備段階として，企業の形態を株式会社に転換する株式会社化(corporatization)が実施され，これにより，国有企業の資産が株式化して交換可能とされた。また，企業には定款や取締役会が備えられた。企業の株式はまず国家資産管理委員会によって保有され，後に国民の手に渡ることになった。私有化に関する詳細は，邦語文献では西村[1995]，溝端[1996]，加藤[2008]を参照のこと。
2) ソ連解体以前から，いわゆる「自然発生的私有化」が進行中だった。既存の官僚や経営者があらゆるスキームを使って国有資産を移転し，私有企業を設立していた。迅速な大規模私有化政策は，この自然発生的私有化に歯止めをかけるためにも，ガイダールたち改革派にとって必然とみなされていた [Radygin 1995; Tompson 2002]。
3) ガイダール自身もバウチャー方式には当初は難色を示したといわれる。

関係者（インサイダー）に対して，優先的に株式を配分するとの条件を受け入れることで，ようやく実施にこぎつけることができた。このような政治的妥協の結果，内部関係者による企業の支配，すなわち「インサイダー・コントロール」が生じ，企業経営の効率化の妨げとなった。

　1994年中旬にバウチャーの有効期限が終了したことで，私有化政策は金銭による国有資産の売買という次の段階に入った。この段階で代表的なのが，「株式担保型」(loans-for-shares)プログラムである。「担保オークション」とも呼ばれるこの方式では，政府が国有企業の株式を担保にして民間投資家（主に銀行）から融資を受けるが，政府が融資を返済できない場合には，担保株式はオークションにかけられるという取決めがなされた。結局のところ融資の返済は期限内に行われず，担保オークションによって，石油や非鉄・製鉄産業の重要な国有企業の政府保有株式が，民間企業家の手に渡ったことにより，私有化が推進された。融資と引き換えに国有企業の株管理と経営を任すという案は，チュバイスの支持も得て［Chubais 1999］，資源分野の有望企業を支配したいと考えた実業家と，財政赤字解消へとつながる財源確保の機会と捉えた政府の思惑が一致した結果，実施に移された［Allan 2002; Freeland 2000］。1996年6月に大統領選を控えていたことは，この方式が採用される決定的要因だったと考えられる。当時，共産党勢力の脅威もあり，私有化などの改革の後退を恐れた政府と実業家にとって，エリツィン大統領再選は不可欠であった［Freeland 2000］。しかし，政権基盤強化の代償として，恣意的な株式の配分を行ったことで，「オリガルヒ」と呼ばれる一部の新興財閥に資本の集中が進み，その政治的影響力が強まるとともに政府との癒着が深まった。政府が担保株を融資と引き換えに提供した時点で，ロシアの有望企業が特定の実業家に渡る手はずが整っていたとみられる。この結果，国民の間には，私有化政策に対して国有資産の略奪と独占をもたらしたとの批判が強まり，その妥当性について強い疑問が投げかけられた［Stiglitz 2000; Goldman 2003］。

　総じて，1990年代のロシアにおける私有化は，当初想定していた目標を十分に達成することができなかった。すなわち，企業経営の効率化，国民経済の脱独占化，私有化に対する国民の支持の盤石化，所有の非政治化などは必

ずしも達成できなかったのである［Nolan 1995; Tompson 2002］[4]。ロシアの私有化に対するアプローチには，私有化・民営化さえすれば，初期の所有者が誰であっても，市場でのバーゲニングを通じて財産権が配分され，最終的には効率的な所有構造が実現するとの暗黙裏の想定があった［Roland 2000; Sutela 1998; Andreff 2005］[5]。しかしながら，新生ロシアにおける私有化は，先進諸国の私有化とは異なり，法律が未整備でその執行に問題が多く，財産権も十分に保護されていない状態で行われた[6]。

そうした状況下にもかかわらず，改革が断行されたのは，迅速な私有化に続いて，外部投資家による証券投資や企業買収が市場主導で活性に行われると想定されていたからである。特にバウチャー私有化後，企業支配権移転のための企業コントロール市場（market for corporate control）が形成され，企業再構築に対する意欲とそのための手段を有する所有者のもとに企業支配権が移ることによって，企業の所有構造がより効率的なものに変換されることが期待されていた。だが，法制度が脆弱で，財産権が十分に保障されていない中で，期待されていたような，市場を通じたノーマルな形での企業支配権の移転と効率的な所有構造の確立は，なかなか進まなかった。現実には，株式担保型私有化後，オリガルヒなどの一部の企業家が，法の盲点を悪用し，インフォーマルな手法を用いて企業支配の確立を行った[7]。

そのうえ，私有化プログラムは，次節でより詳しく考察するように，事前に

---

4) 旧社会主義経済の私有化についての先行研究は多く，特に私有化された企業の所有構造と経営再建や経営効率化に対する効果に関しては多数の詳細にわたる実証分析が発表されてきた。この問題の解説は Megginson and Netter［2001］や Djankov and Murrell［2002］の代表的サーベイ論文に詳しい。

5) それは，財産の所有権が明確に規定されていさえすれば，取引コストが存在しない条件下では，所有者が交渉と交換を重ね，最終的には資源の効率的な配分が実現するので，初回の財産権の配分は重要ではないという「コースの定理」にもとづいた考え方の安易な適用があった［Stiglitz 2000; Roland 2000］。ただ，もちろん，これらの考え方の適用性は，重要な前提条件があるわけで，ロシアには当てはまらなかったことが，私有化政策採用後に如実に明らかになった。法制度が脆弱な状況で財産権が明確には規定されず，また，取引コストが相対的に高かったからである。

6) ロシアにおける私有化は，財産権が明確に規定されていないところからの出発であった。シュライファーは，私有化とは，いわば私有財産を法制度のもとに割り当て，財産権を確定するという取り組みであることを強調する［Shleifer 1995］。私有化の基本理念が財産権の明確化にあったのは，私有化によって所有制度の確立がロシアにおいて促進されることが見込まれたからだった［Boycko et al. 1995］。

7) インフォーマルな手法については Adachi［2010］に詳しい。

企業再編成や再構築の試みがなされていない旧ソ連企業や工場単位において進められた。つまり，ロシアにおける私有化は，企業の経営資源やいわゆる「企業の境界」を無視した生産単位の私有化に止まったのである。その結果，企業の再構築が必要となったことが，企業家による資産をめぐる争いを正当化することになった。そのような私有化のコストは，経済全体にとって，特に企業セクターにとって大きなものであった［Nolan 1995; Joskow and Schmalensee 1997; Fortescue 1997; Deliagin 2000］。

III ソ連型企業の私有化と「資本主義企業化」

1 資本主義型企業への転換をめぐる解釈

ソ連型企業が私有化されたからといって，ただちに新しい経済システムに適合した組織転換がなされたわけではなかった。これは当然のことかもしれない。しかし，本節で示すように，ソ連型企業と資本主義経済型のそれとでは，本質的に全く違う組織であるという事実が，理論的にも現実的にも明確に認識されていなかったようである。

従来私有化政策で支配的だった考え方によれば，ソ連型企業と市場経済下の企業との違いは，まずもって前者が歪んだインセンティブに直面していることであった。そこからインセンティブの問題が一義的な課題とされてきた。世界銀行の『計画経済から市場経済へ』［World Bank: 1996］にも強調されているように，計画経済体制のもと，ロシアの企業経営者が直面していたのは歪んだインセンティブであり，それが業績不振の原因となっていた。このような背景から，インセンティブの転換こそ体制移行の要であり，中でも企業経営者のそれを変えることが最重要だと位置づけられた［World Bank 1996: 44］。ロシアで国有企業の私有化が中心的な市場経済化政策となった理由は，私有化が経済自由化とともに，企業にハードな予算制約と競争を課すことで，市場ベースのインセンティブを促進させると期待されたからだった。また，民間所有が生む効果も私有化への期待の根幹にあった。すなわち，企業価値の最大化を目指す経営者行動を所有者（株主）が促すメカニズムが備わることによって，企業の業績が改善し効率が向上するのであり，このような変革は企業の民間所有のもとで達成されると期待された。

ソ連型企業と資本主義型企業との違いは，不適切なインセンティブをもっているか否かにある，というそれまで西側で一般的だったソ連企業分析における前提の不十分さを示唆したのは，サイモン・クラークである。彼が強調するのは，ソ連企業は資本主義企業の単なる不完全な具現化ではなく，別の目的と機能をもったソ連経済特有の組織だということにある［Clarke 1996］。クラークは，ソ連企業の社会福祉的役割を強調しているが，以下に理論的に考察するように，経済事業体としての側面からも似たようなことがいえるだろう。

では，市場経済における企業とはソ連型企業とどう違うのだろうか。ソ連型企業の「資本主義企業化」とは具体的にどういうことなのだろうか。このことを考える際に，企業を一つの管理的枠組みの中に組み込まれた経営資源の集合体と捉えるエディス・ペンローズの定義が有用である［Penrose 1959, 1995］。ペンローズによると，企業とは，「一つの管理的枠組みの中に集められたリソースの集合であり，その境界は，『管理上の調整の範囲』および『権威的なコミュニケーションの範囲』によって決まる」とした［Penrose 1995: xi］。すなわち，企業とは，リソースの集合体 (a collection of resources) であり，そのリソースは経営管理的枠組み (administrative framework) の中で組織化されると定義した。

企業のリソースとは，有形無形，人的資源・物的資源を含む［Penrose 1995: 24-5］。その活用方法は様々だが，ここで鍵になるのは，企業のリソースが経営的機能を生み，生産活動を可能にし，「サービス」を生み出すという考え方である。厳密には，「生産プロセスにおける『インプット』というのはリソースそのものではなく，あくまでもそれが提供できるサービスである」とペンローズは論じる［Penrose 1995: 23］。つまり，「サービスとは，企業の生産活動に対して，リソースが資する貢献である。したがって，リソースとは実現可能性のあるサービスの束とみなすことができる」とされる［Penrose 1995: 67］。

言い換えると，企業の経営資源が，企業管理，経営戦略立案，資材調達や生産，マーケティングや販売，財務・資金調達や研究開発 (R&D) などの様々な事業活動（サービス）を可能にしている。そしてそれらは，一つの経営管理的枠組みの中で，有機的に組織されていると解釈される[8]。

---

[8] 企業のリソースから引き出されるサービスは，リソースの活用の仕方に左右される。それらサービスは，リソースを活用する人々の能力と知識にも影響される。同時に，リソースを活用することによって，人々のリソースに係わる能力・知識が増大し，内容も変化する。つまり，人的資源のもつ知識が増し，変化するのに伴って，リソースが生み出すサービスも増大し変化を遂げる。

経営資源（リソース）の集合体であること，そして，調整が全体に及ぶ一つの管理的枠組みであること，という企業を定義する二つの属性からソ連型企業を考えるとどうなるだろうか。ソ連型経済システムにおいて「企業」と呼ばれていた組織とは，この二点からすると資本主義市場経済下でいう企業とはいえない。その理由は，資本主義経済システムにおける企業では，企業管理，経営戦略の立案，資材調達や生産，マーケティングや販売，財務・資金調達やR&Dなどの事業活動が，一つの企業内に集められたリソースによって引き出されている。それに対し，ソ連型システムにおける企業は，次に論じるように，それ単体では様々な事業活動を引き出すリソースの集合体でも，経営管理組織体でもなかったからである。

ソ連型経済システムの基本原則は，中央集権的計画経済を，行政的指令を通じて総合的に国全体に機能させるというものだった [Spulber 1991]。ソ連型経済ヒエラルキーの最上部にソ連共産党中央委員会があり，ソ連国家計画委員会（ゴスプラン）を中心に中央計画当局が資源配分，設備投資，生産目標など経済活動を計画によって決定する [IMF et al. 1990a; Lawrence and Vlachoutsicos 1990]。その下部組織には産業部門省があり，最下部には所管部門省から資材の調達をうけ，指令された生産計画を実行する各「企業」（enterprise＝*predpriiatie*）が位置していた [Ericson 1991; Gregory and Stewart 2001]。企業間関係も官僚的統制のもと調整されていた [Kornai 1992: 98]。

「ソ連株式会社」（USSR Inc.）と，ソ連の国民経済を会社組織に例えて用いられることがある [Hanson 2001]。アレック・ノーヴは，「ソ連株式会社」を世界で最も巨大な「会社」と称した [Nove 1986: 7]。ペンローズの企業論から捉えてみても，ソ連邦全体が一つの巨大な企業 ── つまりリソースの集合体であること，そして調整が全体に及ぶ一つの管理的枠組みであること ── と考えることができる。その中では，中央計画当局が「ソ連株式会社」の「トップマネジメント」の役割を果たしていたといえる。そこでは，個々の企業は，ソ連経済システムにおけるヒエラルキーの最下部に位置しており，行政的指令を受けた数や種類の製品を，計画通り生産すればよい生産単位（production unit）として機能していたにすぎなかった [Nove 1986; Yudanov 1997: 404-5]。

実質生産単位であったソ連型企業にとって，企業管理，経営戦略の立案，資

ペンローズは，このような，リソースと能力・知識の相互作用が，企業の成長の機会となると考えた [Penrose 1995: 78-9]。

材調達や生産，マーケティングや販売，財務・資金調達やR&Dなど事業活動は，一企業内で行われていた組織内（インハウス）活動ではなかった。それらの機能および活動は，ゴスプランなど中央計画当局や部門省，ゴスバンク（中央銀行），外国貿易会社（FTO）など，ソ連経済システム全体に「アウトソーシング（外注）」をしていた，と考えることができる［Radosevic 1999; Peng 2000; Adachi 2010］。以上から，ソ連経済システム全体を「ソ連株式会社」と捉え，ソ連型企業はその中で生産単位としての役割を担っていたとの解釈が可能である。

これまでの議論が，ロシアの私有化政策を論じるうえで重要なのは以下の理由からである。ロシアにおける私有化は，ソ連型経済ヒエラルキーの下部組織であった生産単位レベルで遂行された。このことは，私有化された生産単位が，資本主義下の企業を定義する二つの属性を満たしておらず，つまり，経営資源の集合体として，そして管理組織体として機能できるように再構成（すなわち「資本主義企業化」）される必要性があったことを意味している。

2 「資本主義企業化」への課題

それでは，ソ連型企業が経営資源の集合体としての企業に組織転換する際に，新生ロシアの企業家たちはどのような課題に直面したのだろうか。この点について，ペンローズ的企業論に依拠して以下の三つを挙げることができる［Adachi 2010］。

第一の課題は，経営管理的枠組みの中にリソースを集め，それを蓄積，統合，そして調整し，様々な事業活動を一枠組み（組織）内で行えるようにすることである。生産単位が実質的な企業に転換するためには，行政的指令に従って決められた種類や数量を生産するだけでなく，資材調達から販売や財務などその他の事業活動を可能にする様々な経営資源が，一つの組織内に組み入れられる必要があった。

もちろん，資本主義企業として機能するためのリソースを集めなければならない一方，不要なリソースを除去する必要もあった。つまり，ソ連時代に，ソ連経済システム下でソ連型企業として機能するのに不可欠だったもの（主に生産のコアの部分でない社会福祉的なもの）は，企業効率化のために取り除かなければならない場合もあった。

写真8-1 資本主義化のもとで変わりゆくロシア。クレムリンの向こうにそびえ立つモスクワ・シティー（国際ビジネスセンター）

　第二の課題は，リソースが有機的に集合する経営管理的枠組みを成立させるとともに，その枠内での効果的な管理的調整を可能にする，経営コントロールを確立することだった。アルフレッド・チャンドラーが強調するように，企業マネジメントとは，ビジネス業務の調整や評価，プランニング，そして経営資源の配分に関わる経営上層部の行動，命令，判断などを指す［Chandler 1962: 2］[9]。新生ロシア企業の経営者たちは，このような管理的役割を果たす必要性が生じたのである。というのも，ソ連経済システムの崩壊による中央計画当局の機能不全は，「ソ連株式会社」からの経営上層部（トップマネジメント）の退場を意味した。国からの指揮と管理のもと機能していた各ソ連型企業は，いわゆる「自然発生的私有化」の過程と，それに続く大規模私有化過程を経て独立性を高めていった［Johnson and Kroll 1991］。しかし，既存のソ連型企業の経営者たちは，経営者としての権利は獲得したが，義務と責任を負うことは避けるこ

9）　チャンドラーとペンローズは，企業の成長に係わるお互いの考え方の共通点を認め合っている［Chandler 1962; Penrose 1995］。

とができた［Clarke and Kabalina 1995: 143］。つまり，私有化されたからといって，その企業のトップに，管理的役割を効果的に担える企業家が就いたとは限らなかった。

　では，いかにして企業管理の徹底が計られていったのだろうか。当時のロシアのコンテキストにおいて，新生ロシア企業の経営コントロールを確立するために，経営陣にとって不可欠なことがあった。それは，企業経営者側に株式所有を集中させることであった［Nash 2001］。実際，ロシアでの私有化直後の所有形態は分散所有のパターンとなったが，その後所有の集中が進み，経営者と所有者が同一人物（同一グループ）に一元化されるという現象が起こった［Dolgopiatova 2001; Dynkin and Sokolov 2001］。これがロシアの状況下で合理的だったのは，株主でもあるオーナー経営者にとって，株式の集中所有が以下の効果をもたらしたからだった。株の所有比率が25％（ブロック株）ある場合，ロシアの会社法の規定によると，株主総会が4分の3以上で採択しなければならない重要な会社の決定を阻止することができる[10]。つまり，オーナー経営者の立場からすると，保有率が75％を超えると，定款の改正，会社の再編や大口取引などの重要な決定が承認されやすくなる［Boone and Rodionov 2001］。財産権が保障されておらず，法の抜け穴を利用した企業の乗っ取りが多発し，資産の争奪戦が行われていた環境で［Simachev 2003; Volkov 2004］，経営コントロールを確固とするために，オーナー経営者たちは75％プラス1株の保有を目指した［Dolgopiatova 2001; Boone and Rodionov 2001］。脆弱な法制度のもと，この株保有率が，企業管理を徹底し安定的な経営を遂行する条件となったのである。

　そして，「資本主義企業化」の第三の課題として挙げられるのは，いわゆる「企業の境界」（boundary of the firm）をうまく調節することであった。具体例は第Ⅳ節および第Ⅴ節で示すが，私有化された企業の経営者は，第一と第二の課題を達成する中で，生産プロセスにおける生産連鎖（生産チェーン）を機能させなければならなかった。それは，ペンローズの論じる「管理上の調整の範囲」，つまり経営管理組織体の枠のサイズを調整することを意味した。生産プロセスにおいて，原料となる資源が採掘されてから最終製品となって消費者の手元に届くまで，上流から下流にかけての一連の作業が生産チェーンを成してい

10）　会社法など，ロシアの商法については Oda［2001］に詳しい。

る。しかし，ソ連型経済システムが崩壊した結果，ソ連時代に機能していた生産プロセスにおける垂直生産連鎖は途切れてしまった [Joskow and Schmalensee 1997]。（例えば，次節で考察するように，ソ連時代に行われていたロシアのアルミニウム工場へのウクライナからの原料供給がソ連崩壊後ストップし，ソ連経済下の生産チェーンが機能しなくなった。）つまり，ブランシャールとクレーマー [Blanchard and Kremer 1997] のいう，「disorganization」（解体・無秩序化）が生じた。そこで，新生ロシア企業は，途切れた生産チェーンを再構築する必要に迫られた。

同時に，生産チェーンを再構築する際，垂直連鎖のどの部分を企業内で内部化するかを判断する必要も生じた。つまり，「企業の境界」の調節をしなければならなかったのである。取引コスト理論を発展させたウィリアムソンによると，内部化は取引コストを節約する効果がある [Williamson 1985]。さらに，エネルギーや金属資源部門の企業にこの議論がより当てはまる [Stuckey 1983; Joskow 1985; Teece 1976]。というのも，頻繁な取引のもと，連続する生産過程に関係特殊的資産が係わりあっている場合には，資産はその関係性において価値があるものであり，垂直統合への動機が強くなるからである [Klein et al. 1978; Williamson 1985; Hart 1995]。ロシアの場合，市場経済の制度基盤が整備されておらず，取引コストが高い分，資源産業企業の垂直統合化をする利点は高いと考えられる。

IV 事例研究その1 ── アルミニウム工場の私有化

ソ連解体後のロシアにおける私有化政策は，これらのソ連型企業を対象とした結果，「生産単位の私有化」に止まり，ロシアの生産活動は停滞した。市場経済下で生産活動を正常化し，より競争力のある企業として成長していくためには，「資本主義企業化」が不可欠であった。そのためには前節で議論した三つの課題があった。本節と次節では，非鉄企業シベリア・アルミニウムや石油会社ユコスの事例研究に沿って，生産単位の実質的な企業化の過程を検証する。資源企業というやや特殊な面もあるが，石油産業や非鉄産業が資源大国ロシアの政治経済に及ぼす影響は重要である。また，今までの議論と関連付けて，私有化の方法や効果を検証するのに多くの示唆を提供するケースといえる。

1　生産単位の私有化

　ソ連経済システムにおけるアルミニウム生産については，部門別の省である非鉄冶金工業省が，ゴスプランのもとに業務の調整，プランニング，投資を含め，マネジメントの役割を果たしていた。ソ連型アルミニウム企業とは生産担当のアルミニウム工場，つまり上述の「ソ連株式会社」のアナロジーを敷衍すれば，「ソ連株式会社」内の下部組織である「生産単位」にすぎなかった。海外販売は，ソ連外国貿易省傘下の外国貿易会社 (FTO) が実施し，個々のソ連型企業は，外国の取引先とは契約を直接結ぶことは不可能だった。価格設定は国家価格委員会（ゴスコムツェン），R&D は全ソ連アルミニウム・マグネシウム研究所 (VAMI) が担当していた [IMF et al. 1991b]。つまり，様々な事業活動を可能にするリソースは，アルミニウム企業の一組織内に統合されていなかった。

　ロシアにおける私有化は，このソ連型企業である工場レベルで実施された。しかも，ソ連解体後の混乱の中，企業に対する管理体制が流動的になっていた背景で，私有化が生産単位レベルで行われたのである [Fortescue 1997]。ソ連末期，アルミニウム産業の中央からのコントロールはすでに不安定化していた。ゴルバチョフ時代，硬直した官僚制度がソ連経済システムの弊害と考えられ，脱集権化をねらった省庁再編が進んでいた [Fortescue 1999; Hewett 1988]。非鉄と鉄に分かれていた冶金工業省も一つに統合されるなど，省の数や職員の数が削減されていた [Fortescue 1999: 206-7]。

　私有化の具体例として，後にロシアのアルミニウムメーカー最大手に発展する，シベリア南部のハカシア共和国にあるサヤン・アルミニウム工場をみてみよう。サヤン工場は，アルミニウム企業として株式会社化された後，1992年12月にバウチャー方式の私有化が行われた [Chubais and Vishnevskaya 1994]。この工場は，他のソ連型企業と同じように，一つの組織内で原料や資金調達，研究開発，販売など事業活動を行えるリソースが備わっていなかった。このような生産単位の工場レベルで私有化が行われた結果，以下の困難に直面した。

　アルミニウムは，原料となるボーキサイトを精製してアルミナを生産し，アルミナが製錬（電気分解）されてアルミニウム（地金）が製造される。ソ連解体後，まずアルミニウム企業は，原料のアルミナをどう手に入れるかという問題に直面した。世界第2位のアルミニウム生産量を誇っていたソ連だが，アル

ミナは4割をソ連以外の国々に依存していた。6割はソ連国内から調達していたが，ソ連邦内でもアルミナの生産はカザフスタンとウクライナが中心だった［IMF et al. 1990b: 239-40; Sagers 1992］。だが，アルミナを供給していたカザフスタンとウクライナは，ソ連消滅とともにロシアにとっては外国となり，ロシアのアルミニウム工場への供給がストップした。ソ連時代は，原料調達からアルミニウム生産までの垂直生産連鎖が，指令経済管理下で機能していた。ソ連崩壊後，中央管理体制は崩れ，この生産チェーンも途切れてしまった［Titova and Sidorov 2000］。前節で述べた「disorganization」(解体・無秩序化) が生じたのである。

さらに，原料のアルミナを獲得しようにも工場には資金がなかった。ソ連解体後の転換不況で経済は混乱していたこともあり，企業は資金難に苦しんでいた。資金調達先にも乏しく，銀行からの融資についても金利が法外に高く非現実的だった［Zander et al. 1995: 105-7］。当時，ロシア経済全体が非貨幣経済化したが［Woodruff 1999］，アルミニウム企業も例外ではなく，バーター取引や約束手形（ヴェクセル）による取引が増大し，「生きたキャッシュ」が不足していた。現金による納税や賃金支払いは滞っていた［Sokolov and Iagol'nitser 1997: 84］。

そのうえ，仮にアルミナを調達し，アルミニウム地金を生産できたとしても，販売先の問題があった。ソ連崩壊後ロシアの軍事費は大幅にカットされ，アルミニウム地金の国内需要が激減していた［*Economist*, January 21, 1995］。そのぶん輸出ができればよかったが，私有化された各工場は貿易経験もなく販路もない。ソ連時代は専門機関が輸出を担当していたので，工場は海外で販売するためのノウハウなどの必要なリソースを持ち合わせていなかった［Fortescue 1999: 218］。加えて，ソ連時代の主要な輸出マーケットはコメコン諸国だったが，1991年にはコメコンも解散し，新たな輸出先を開拓する必要もあった［IMF et al. 1990b: 243］。

2　資本主義企業化

そこに出現したのが，トーリングと呼ばれる委託加工をロシアのアルミニウム産業に導入した海外トレーダーだった。トーリングシステムでは，トレーダーが原料のアルミナを調達し，ロシアのアルミニウム生産企業，つまりサ

ヤン工場をはじめとする工場に供給した。そして製造されたアルミニウム地金を引き取り，海外市場で販売した。工場へは加工賃が支払われた [Avdasheva 2000; Butrin 2001][11]。このシステムのおかげで，ソ連解体後のロシアのアルミニウム生産は，生産量の激しい落ち込みもなく継続することができた [Butrin 2001: Fortescue 2006: 83]。原料調達から販売もこなすというトレーダーの役割を評し，トレーダーが，実質上ソ連時代の中央計画当局に取って代わったようなものだ，と指摘されたほどだった [Kuleshov 1997: 61; Zander et al. 1995: 107]。

トレーダーの中でも，ロシアでの活動が顕著だったのがトランス・ワールド・グループ (TWG) である。TWG は，トーリングを通じてサヤン工場に対する影響力を増していった [Behar 2000; Butrin 2001]。トーリングは，海外で調達したアルミナには関税がかからないなどトレーダーには有利だった。しかし，加工賃しか受け取れないアルミニウム企業にとっては不利であった [Borisov 2003; Mirontseva and Petrovich 1995]。

1992 年に私有化されたサヤン工場では，モスクワ大学物理学部を卒業したばかりのオレグ・デリパスカ (Oleg Deripaska) が 1994 年に社長に就任した。デリパスカは，次節に登場するミハイル・ホドルコフスキー (Mikhail Khodorkovskii) とともに，新生ロシアで台頭したいわゆるオリガルヒと呼ばれる新興実業家の代表格となった。デリパスカは，大学在学中よりビジネスに携わり，私有化直後のサヤン工場の株式を従業員などから購入していた [Stepovoi 2001; Klebnikov 2002]。社長に就任した時は，TWG の後押しもあったが，次第に両者は対立していった。トーリングの現状を維持したい短期志向型のトレーダーと，積極投資をし付加価値製品も製造し，企業としての長期的発展を考えていたデリパスカ側との間に，利害の不一致が生じていたのである [Popelov 1999; Borisov 2003]。

サヤン工場がトレーダーに依存せず，資本主義企業として機能できるようになるには，第Ⅲ節で論じた三つの課題をクリアする必要があった。つまり，デリパスカたちは，経営コントロールを確立し，生産チェーンを再構築し，様々な事業活動を可能にするリソースを束ねていく必要があった。ただ，サヤン工場がトーリングに依存している状況を鑑みると，「資本主義企業化」はトレー

---

11) 委託加工およびロシア産業の垂直統合に関する問題について，邦語文献では塩原 [2004] を参照されたい。

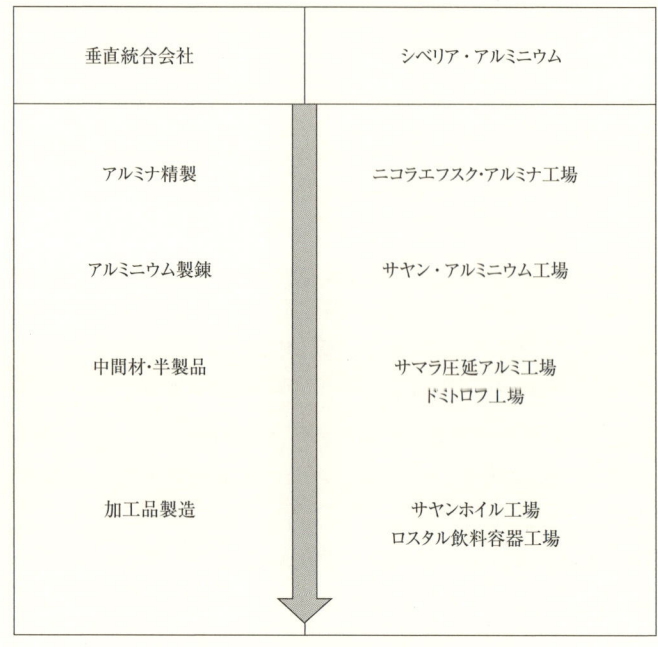

垂直統合会社	シベリア・アルミニウム
アルミナ精製	ニコラエフスク・アルミナ工場
アルミニウム製錬	サヤン・アルミニウム工場
中間材・半製品	サマラ圧延アルミ工場 ドミトロフ工場
加工品製造	サヤンホイル工場 ロスタル飲料容器工場

図8-1　シベリア・アルミニウムの垂直統合：1999年当時
出典：Pappe（2000），Adachi（2010）より筆者作成

ダーの無用化，つまりトレーダーの役割をサヤン工場自身が担えるようになることと等しかった。さらに，トレーダーは株主としてサヤン工場に影響力をもっていたことも課題を難しくしていた［Borisov 2003］。

　デリパスカは，シベリア・アルミニウム（シバル）社を設立し，「資本主義企業化」へ着手した。アルミナ調達や製品輸出に必要なリソースは，時が経つにつれてサヤン工場に蓄積されていった。そこで，経営コントロールを確立するために，株保有率を高めていった。目指すは前述（第Ⅲ節2項）のように75％プラス1株であった。臨時株主総会を開催したり，追加株式を発行したりしながら，TWGを含む「好ましからざる」株主を排除し，様々な手法を使って，結果的に75％以上の株保有率に達した［Adachi 2006a］。1990年代のアルミニウム産業における企業家や投資家たちの資産争奪戦は激しく，「アルミニウム戦争」と呼ばれていた。

　結果として，デリパスカは，主要資産であるサヤン工場をベースに，上流部門，下流部門とアルミ関連の資産を増やし，シベリア・アルミニウム社を垂直

統合会社として発展させた［Pappe 2000; Butrin 2001］。図8-1にあるように上流ではアルミナを生産する工場を傘下に入れた。下流部門では，欧州最大だったロシアの圧延アルミニウム工場やアルミホイルやアルミ缶を製造する工場も傘下に入れた。

　このように，私有化は，経済全体の産業構造を軽視してサヤン工場という生産単位で実施され，結果として生産活動に困難が生じた。やがて企業構築を進める実業家のもと，工場をベースに経営組織体の枠組みが増大し，「企業の境界」が調整されながら広がっていった。ソ連解体で崩れた生産チェーンは再構築され，シベリア・アルミニウム社という経営管理枠組みが強固なものにされ，その中に経営資源が集合するという垂直統合会社へと転換していった。そうすることによって，市場経済下で機能できるアルミニウム企業への転換を果たしたのである。

3　統合再編後の展開

　その後の展開を述べておくと，シベリア・アルミニウム社は，ノヴォクズネック・アルミニウム工場を買収し，統合会社として拡大路線を継続した［Adachi 2010］。2001年には，当時ロシアの石油会社シブネフチのオーナーであったロマン・アブラモヴィッチ（Roman Abramovich）が，2000年に取得していたロシア最大のアルミニウム工場であるブラーツク工場とクラスノヤルスク工場の株の半分を，デリパスカに売却した[12]。それによって，デリパスカ・グループとアブラモヴィッチ・グループが連合して，ルサル（ロシア・アルミニウム）社が設立された［Cottrell and Jack 2001］。新会社のCEOとして経営陣の指揮をとるようになったのは，これまでずっとアルミニウム産業に携わってきたデリパスカであった。設立当時，ルサル社は世界第2位の垂直統合アルミニウム企業であった［Rozhkova 2001a; 2001b; Ivanov 2000］。

　2006年には，ロシアのアルミニウムメーカーの最大手であるルサルと，国内業界第2位のスアル（SUAL）社が合併に同意した。その結果，2007年にUCルサル（United Company RUSAL）が誕生し，世界トップのアルミニウム企業がロシアに誕生した。CEOはデリパスカで，会長はスアルのヴィクトル・ヴェ

---

12)　アブラモヴィッチもオリガルヒの代表格であるが，チェルシーのオーナーとしてもよく知られている。

クセルベルグが務めることになった。UC ルサル社は，世界のアルミニウム新地金生産の約 10％を占めている［UC RUSAL website, http://www.rusal.ru/facts.aspx（April 3, 2011）］。

V　事例研究その 2 ── 石油会社ユコスの私有化

1　二層構造の私有化

　次に，2007 年に解体されるまで，ロシア石油会社の最大手であったユコス社の私有化の事例を検証する。

　ソ連経済システムの崩壊とともに，石油産業全体にわたる中央からのコントロールは崩れていた［Lane and Seifulmulukov 1999: 17］。石油関連の資産にアクセスのある人々は地域レベルで独立した会社を次々に設立するといった動きを加速させ，また，違法な石油の輸出が増大していた［Gustafson 1999: 27; Moser and Oppenheimer 305］。そのような背景のもと，1992 年，政府によるロシアの石油産業再編策が発表された。石油の探査，採掘，生産などの上流部門から，精製，販売などの下流部門に至るまで，統合された垂直統合石油会社の設立を決める大統領令が出されたのである［Presidential Decree N1403 1992］。「油井からガソリンスタンドまで」を謳い文句に，欧米の石油メジャーを参考に「ロシアン・メジャー」創設を目指したといわれている［Dienes 1996: 10; Moe and Kryukov 1994: 93］。この大統領令に基づき最初に組織されたのが，ユコス，ルクオイル，スルグトネフチェガスの三つの垂直統合石油会社であった[13]。これら三社は持ち株会社（ホールディング・カンパニー）として設立された。

　設立された垂直統合石油会社の傘下に，構成単位（子会社）として入ったのは，ソ連時代より存在する既存の石油生産企業，石油精製企業，石油製品販売企業などのソ連型企業であった。垂直統合石油会社は，子会社の経営支配権を持つ株式を保有する持ち株会社として，子会社の活動を統括することになった［Lane and Seifulmulukov 1999: 17-8］。

　統合石油会社ユコスの場合，構成子会社には，西シベリアの石油生産企業ユガンスクネフチェガス，サマラ地方の石油生産企業サマラネフチェガス，同じ

13）　ロシアの石油ガス産業全般について，邦語文献では本村［2005］，田畑［2008］を参照されたい。

垂直統合会社	ユコス
石油生産子会社	ユガンスクネフチェガス サマラネフチェガス
製油所	クイビシェフ製油所 ノヴォクイビシェフ製油所 スィズラン製油所
石油製品販売	ブリャンスクネフチェプロドゥクト ヴォロネジネフチェプロドゥクト サマラネフチェプロドゥクト オリョルネフチェプロドゥクト リペツクネフチェプロドゥクト ペンザネフチェプロドゥクト ウリヤノフスクネフチェプロドゥクト

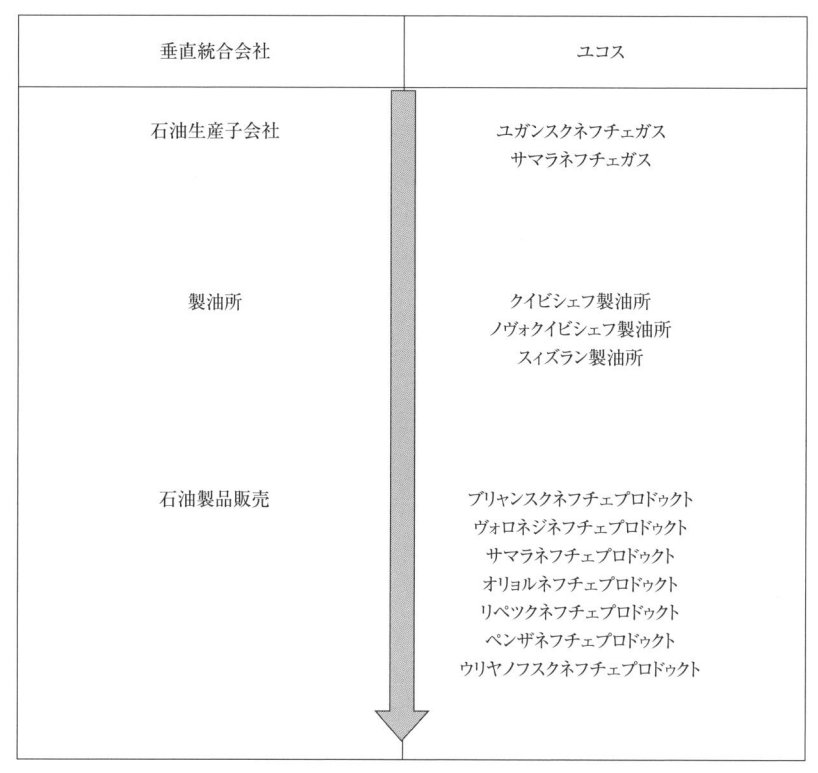

図 8-2　垂直統合石油会社ユコスの設立 (1992 年)
出典：*RPI* (1994) より筆者作成

くサマラ地方の石油精製会社クイビシェフ製油所，ノヴォクイビシェフ製油所，そして七つの石油製品販売企業が傘下に入った (図 8-2)。持ち株会社としてのユコス設立は上述の 1992 年 11 月の大統領令によって規定されたが，1993 年 4 月のロシア政府令をもって，株式会社ユコスの運営が正式に開始された。

　ロシアの石油産業における私有化の特徴は，いわゆる二層構造の私有化 (two-tiered privatization) が遂行されたことにある。すなわち，垂直統合会社自体のレベルでも私有化の過程を経たとともに，それを構成する子会社，つまり生産単位のレベルでも私有化が行われた。この政策は次項で詳しく説明するように困難を引き起こした。

　ユコスの中核的な石油生産子会社であるユガンスクネフチェガスは，1993 年 6 月に株式会社化された後，10 月にバウチャー私有化が実施された

[Yugaskneftegaz 1994]。全株式は 25％が議決権のない優先株，75％が議決権付きの普通株となった。普通株のうち，17％の株式は一般の国民がバウチャーと交換することができた。40％は従業員と経営者の間で優先的に分配され，5％は同社が位置する西シベリアの地域住民に配分された。38％の株式は，親会社ユコスの資本金に繰り入れられることになった [RPI, June 1993]。つまり，ユガンスクネフチェガスの普通株75％のうち38％，つまり51％の支配株が，垂直統合会社ユコスによって保有されることになった。

　子会社のみならず，垂直統合石油会社のレベルでも私有化が進んだ。1995年には株式担保オークション（第Ⅱ節参照）が実施され，結果，ミハイル・ホドルコフスキーのメナテップ・グループがユコスを手に入れた [Allan 2002: 152-3; Freeland 2000: 175-177]。金融から産業へと投資の重点を移しつつあったメナテップは，1995年にユコスの株を取得し始め，1997年初めには，85％を所有するに至った。支配株を有するだけでなく，経営陣にもメナテップの人材を送り込んだ。ホドルコフスキー自身は1996年にユコスの取締役会会長と副社長に就任している [Kryukov and Moe 1998: 28-9]。

2　資本主義企業化

　このように，ユコスは垂直統合会社として設立されたが，実際のところ中身はバラバラで，企業としての組織的な統合性は欠如していた。二層構造の私有化の結果，ユコス社の経営陣によって構成単位をコントロールできない状態が生じたのである。形式上統合石油会社の傘下に入った構成単位である子会社は子会社で，すでにユコス自体が私有化される以前に，株式会社化と私有化のプロセスを経ていた。例えば，ユガンスクネフチェガスは，独自の定款があり，経営陣，取締役会，株主が存在した [Yugaskneftegaz 1994]。また，同社社長が設立時のユコス社長と同一人物（セルゲイ・ムラヴレンコ（Sergei Muravlenko））であったにもかかわらず，ユコスはユガンスクネフチェガスの物資や資金の流れをコントロールできていなかった。子会社を統合できていない状況に対し，ユコス社長が国からの直接介入を求めたほどだった。ノヴォクイビシェフ製油所も，子会社自らが銀行を設立したりしていた [RPI, October 1993: 55-6]。このように，子会社は独立した株式会社として，ホールディング・カンパニーであるユコスの経営陣の方針を無視することができた [Moser

1996]。

　ただ，ユコスという垂直統合会社としての管理的枠組みは，大統領令により設立された際に用意されていた。そのため，企業の境界があらかじめ示されており，少なくとも形式上は生産単位にすぎなかった一般的ソ連型企業よりも，有利な状況にあったといえるかもしれない。つまり，第Ⅲ節で論じた資本主義企業化への三つの課題から判断すると，生産単位が自ら必要な経営資源を集めて統合したり，生産チェーンを再構築するために奔走したり，企業の境界を広げたりしなければいけないというアルミニウム産業の状況よりも恵まれていた。

　しかし，その経営管理的枠組み内で，経営コントロールを確立できていなければ，リソースが有機的に統合されないし，実質の垂直連鎖も機能しない。例えば，ユコスの構成単位であった製油所は，本来ユコスに属する生産子会社から原油を調達すべきところ，全く別の場所から調達していた。調達には地元の犯罪組織も関与していた [Latynina 1999]。垂直統合会社といっても，名ばかりで実質は垂直に統合されていなかったのが現状であった [Adachi 2010]。このように，株式担保型私有化の結果，メナテップがユコスの支配株を獲得し経営トップについても，当初ホドルコフスキーたちは，ユコス社全体としての効果的な経営管理的枠組みを成立させていなかった。そのため，その枠内での経営コントロールを確立する必要があった。

　ユコスの子会社に対するコントロール確立のため，ホドルコフスキーは子会社の株を親会社の株に一本化する，単一株式化（share conversion）による組織改編に着手した。それは，例えばユガンスクネフチェガスはユガンスクネフチェガス銘柄の株を発行しており，それをユコス銘柄に一本化するという作業である。石油産業において，子会社がホールディング・カンパニーのもとに実際にはうまく統合されていないことは政府も問題視しており，単一株式化促進を可能にする大統領令を出していた [Presidential Decree N327 1995]。

　単一株式化への道のりは険しかった。中でも問題視されたのが，外国人ポートフォリオ投資家の存在であった。彼らはバウチャー私有化を通じて，ユガンスクネフチェガスをはじめユコスの生産子会社の株式を手に入れ，単一株式化をめざすユコスの取り組みを阻止していた [Kenyon 1999; Moors 1999; Svarovskii 2002; Nechaev 1999]。このユコスにとって「好ましからざる」株主の影響を排除するため，ホドルコフスキーたちは様々な手法を利用した。その

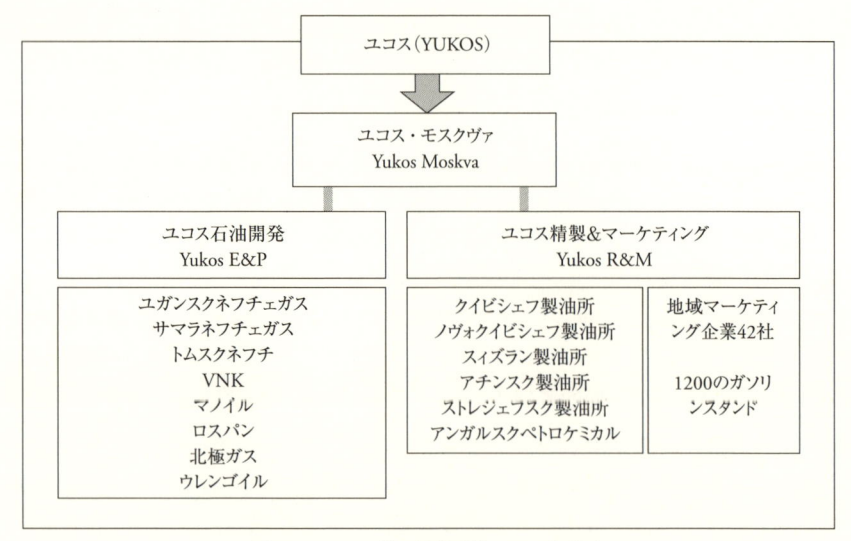

```
                    ┌──────────────────┐
                    │   ユコス(YUKOS)   │
                    └────────┬─────────┘
                             ▼
                    ┌──────────────────┐
                    │  ユコス・モスクヴァ │
                    │   Yukos Moskva   │
                    └──────────────────┘
```

ユコス石油開発 Yukos E&P	ユコス精製&マーケティング Yukos R&M	
ユガンスクネフチェガス サマラネフチェガス トムスクネフチ VNK マノイル ロスパン 北極ガス ウレンゴイル	クイビシェフ製油所 ノヴォクイビシェフ製油所 スィズラン製油所 アチンスク製油所 ストレジェフスク製油所 アンガルスクペトロケミカル	地域マーケティング企業42社 1200のガソリンスタンド

図 8-3　ユコス社の組織形態：2002 年当時
出典：http://www.yukos.com/EP/General_overview.asp; http://www.yukos.com/RM/General_overview.asp (July 4, 2005) より筆者作成

際，ユガンスクネフチェガスの少数株主の権利が侵害されてしまうという，コーポレートガバナンスの問題が生じた。例えば，単一株式化を有利に進めるため，ユガンスクネフチェガスの株主総会が開催される直前に，「好ましからざる」少数株主の議決権を裁判所に申し立てて凍結してしまったり，子会社の少数株主の影響力を弱めるために，株式の新規発行による，株式希釈を行う，というような出来事が相次いだ［Black et al. 2000; Hoffman 2002］。法制度の脆弱なロシアで，これらは会社法などの抜け穴をうまく利用して行われた［Adachi 2006a］。

　しかし，最終的には，ユコス社はホドルコフスキーをはじめとする中核的オーナー経営者によって，効果的に支配されるところとなった。2000 年までには子会社の単一株式化も成功し，子会社に対するコントロールも確立された［Sidorov 2002: 41］。2001 年には，ユコスは，ユガンスクネフチェガスなど主要な子会社の議決権付き株式のほぼ 100％近くを取得していることを発表した［Yukos 2003: 61; Salter 2002］。さらに，図 8-3 にあるように，新規に組織された「ユコス石油開発」のもとに上流部門の子会社群が組み込まれ，「ユコス精製&マーケティング」が下流部門を統括し，その上に，「ユコス・モスクヴァ」

がこの二つの部門を統括する組織が出来上がった [McChesney 2000; *Moscow Times*, September 3, 1998; Yukos website, http://www.yukos.com/RM/General_overview.asp (October 15, 2003)]。

　このように，不首尾な二層構造の私有化の結果，企業活動に制約がかかった。しかしホドルコフスキー率いる経営陣は「ユコス」という経営管理的枠組みを強固なものにした。その管理枠組みの中に，「油井からガソリンスタンドまで」という上流から下流部門の事業を行うリソースを集合させ，生産チェーンを機能させ，垂直統合企業全体を包括的に有機的にコントロールできる仕組みができあった。すなわち，ホドルコフスキーたちは，第Ⅲ節で論じた資本主義企業化の三つの課題を克服することによって，生産活動を正常化し，競争力のある企業を構築していった。

3　組織改編後の展開

　ホドルコフスキーが，ユコスを名実ともにまとまりのある垂直統合石油会社として機能させることに成功すると同時に，ユコスの業績は劇的に好転していった。1999年以降，ユコスの年間生産量は2桁の伸びを続け，2004年には81％の伸びを記録した。この期間ユコスの生産量の国内シェアは20％近くに達した [Theede 2004]。石油生産量は増加し，オペレーションコストを抑え，従業員の数を減らし，高いプロフィットマージンを記録した [O'Sullivan et al. 2003; Yukos 2003; Yukos 2004]。

　ユコスの1999年以降のサクセスストーリーの背景には，もちろん油価の高騰もある。しかし，企業の経営資源，中でも技術的ノウハウの向上や，マネジメント能力の強化の成果を指摘することができる。技術的ノウハウの向上に関しては，世界的な油田技術サービス会社との業務提携が大きな役割を果たした [Henderson and Radosevic 2003]。ユガンスクネフチェガス保有の油田に欧米の技術が適用され，生産量が大幅に増加したが，これがユコスの生産量増加の牽引役となった [Yukos 2003; Gaddy 2000]。

　ユコスは組織再編後，事業を効率化して収益力を上げ，海外の技術も取り入れて生産量を急増させただけでなく，コーポレートガバナンスの改善への努力についても評価された。1990年代のユコスといえば，株主の権利侵害で悪名高く，「悪夢のようなコーポレートガバナンス」といわれていたが，2000年

くらいから透明性を高め，「投資家のお気に入り」に急変した［Adachi 2006b; Salter 2002; Yousef-Martinek et al. 2003］。ロシアでは当時まれだった株主構成の公表を行ったり，外国から取締役を招いたり，アメリカの会計原則に基づく財務諸表を公開し始めたりした［Yukos 2003; Bushueva et al. 2003］。同時に，時価総額を上げることが最重要視される経営手法には，批判的な見方もあった［Dienes 2004］。

とはいえ，ユコスをはじめとする民間石油会社の企業努力が，ロシアの経済成長に貢献したことは事実である。ロシア経済は1998年金融危機の後，2000～7年には年平均約7％の成長を遂げていた。2001～4年のGDP成長のうち，約4分の1を石油分野のみが担ったとされる［Ahrend and Tompson 2005］。石油分野といっても，民間石油会社，中でも特にユコス，TNK，シブネフチの3社が，1998年から2003年まで，生産量，輸出量，投資額の大きな伸びを記録した。OECD（経済協力開発機構）は，国営石油会社よりも民間石油会社の方のパフォーマンスが相対的に高かったことを指摘している［OECD 2004］。

いわゆる「ユコス事件」が起きたのは，ユコスがロシアを代表する企業に成長し，優良企業として外国投資家から特に高い評価を得ていた矢先であった[14]。2003年に社長のホドルコフスキーが逮捕され，2007年にユコスが解体された。ユコスの資産は国営会社ロスネフチが獲得し，ロスネフチはロシア最大の石油会社となった。

VI　90年代私有化の政策的含意

本章では，改革初期のロシアの政治経済情勢を踏まえ，なぜロシアが行ったような形での私有化を行わざるを得なかったかを考察し，ロシアの私有化の特殊性や問題点を明らかにした。さらに，ロシアにおける私有化を，私有化されたソ連型企業の「資本主義企業化」のプロセスに焦点をあてて分析した。事例として，石油会社ユコスや非鉄企業シベリア・アルミニウムの私有化をとりあげ，詳しく検証した。次の第9章において，ブラジルでは政策の試行錯誤から安定化が導かれたことが示されているが，ロシアでは，1990年代の私有化政策が，その後の資本主義化を可能にしたといえるであろう。

---

14)　ユコス事件の分析についてはHanson[2005]およびTompson[2005]を参照のこと。

本章の分析を通じて明らかになったことは，以下の点である。
　第一に，1990年代の私有化政策は，ソ連型企業の属性や法制度基盤の欠如という体制転換におけるロシア経済の初期条件に留意せずに実施したことで，当初期待された政策目標を必ずしも達成できなかった。私有化に関する急進的なアプローチは，私有化さえすれば，当初の所有者が誰であろうと，市場を通じた企業支配権の移転によって，効率的な所有構造が確立されるとの暗黙の前提に基づいていた。だが，法の適用と執行に問題点が多く，法制度が脆弱で財産権の保護も十分でない状況下で，効率的な企業コントロールの市場の健全な生成は難しかった。
　第二に，私有化が企業の経営資源や企業の境界を無視した「生産単位の私有化」に止まったことが，ロシアの企業システムに大きな混乱を引き起こす要因の一つとなった。旧ソ連企業は，ソ連型経済システムの中のヒエラルキーの最下部に位置する生産単位にすぎず，資本主義経済における企業のように独立した経営資源の集合体・経営管理組織体ではなかった。だが，1990年代の私有化が，事前に企業再編成や再構築の試みがないソ連型企業において進められため，企業活動に支障をきたした。市場経済システムのもとで，企業活動を正常化し，競争力のある企業として発展・成長していくためには，生産単位にすぎなかったソ連型企業の「資本主義企業化」が不可欠であった。ロシアの私有化政策は，このようなソ連から引き継いだ企業システムの特殊性に留意せずに実施したところに問題があった。
　第三に，以上のように1990年代のロシアの私有化政策には大きな欠陥があったものの，強調すべきは，そのことをもって，私有化の意義そのものが否定されるものではないということである。本章の事例研究が示しているように，私有化後，企業としての体をなしていないソ連型企業が，新生ロシアに現れた企業変革の担い手たちによって，曲がりなりにも資本主義企業への転換に成功した。中には，それに止まらず国際競争力を高め，グローバル企業として発展を続けているものもある。私有化が行われたからこそ，資本主義企業への転換と発展が可能であったといえよう。本章の分析が示唆するところは，そうした私有化の意義を認識したうえで，私有化を含む市場移行国の企業改革において，法制度面での制約などを理解しつつ，企業の経営資源や境界の再構成などに留意した政策の枠組みづくりが重要であるということである。

参考文献

Adachi, Yuko [2010] *Building Big Business in Russia: The impact of informal corporate governance practices*. London: Routledge.

Adachi, Yuko [2006a] "The Ambiguous Effects of Russian Corporate Governance Abuses of the 1990s." *Post-Soviet Affairs*, 22(1): 65–89.

Adachi, Yuko [2006b] "Corporate Control, Governance Practices and the State: The Case of Russia's Yukos Oil Company." In: Tomasz Mickiewicz (ed.) *Corporate Governance and Finance in Poland and Russia*. Basingstoke: Palgrave Macmillan, pp. 51–71.

Ahrend, Rudiger and William Tompson [2005] "Russia's economy: Keeping up the good times." *OECD Observer*. May.

Allan, Duncan [2002] "Banks and the Loans-for-Shares Auctions." In: David Lane (ed.) *Russian Banking: Evolution, Problems and Prospects*. Cheltenham: Edward Elgar, pp. 137–159.

Andreff, Wladimir [2005] "Post-Soviet Privatization in the Light of the Coase Theorem." In: Anton Oleinik (ed.) *The Institutional Economics of Russia's Transformation*. Aldershot: Ashgate, pp. 191–212.

Avdasheva, Svetlana [2000] *Khoziaistvennye sviazi v Rossiskoi promyshlennosti*. Moscow: HSE.

Behar, Richard [2000] "Capitalism in a Cold Climate." *Fortune* (June 12).

Black, Bernard, Reinier Kraakman and Anna Tarassova [2000] "Russian Privatization and Corporate Governance: What Went Wrong?" *Stanford Law Review*, 52: 1731–1808.

Blanchard, Oliver and Michael Kremer [1997] "Disorganization." *Quarterly Journal of Economics*, 112(4): 1091–1126.

Boone, Peter and Denis Rodionov [2001] "Rent Seeking in Russia and the CIS." Paper prepared for the EBRD Tenth Anniversary Conference.

Borisov, Iurii [2003] "Aliuminievaia saga." *Sliianiia i pogloshcheniia*, 3: 76–86.

Boycko, Maxim, Andrei Shleifer and Robert Vishny [1994] "The Progress of Russian Privatization." In: Anders Aslund (ed.) *Economic Transformation in Russia*. London: Pinter Publishers, pp. 101–110.

Boycko, Maxim, Andrei Shleifer and Robert Vishny [1995] *Privatizing Russia*. Cambridge MA: MIT Press.

Bushueva, Iu., A. Tutushkin and T. Lysova [2002] "Kapital v $7.8mld." *Vedomosti* (June 20).

Butrin, Dmitrii [2001] "Komu prenadlezhit Rossiia: Tsvetnaia metallurgiia." *Kommersant-Vlast'* (October 9), pp. 58–60.

Chandler, Alfred [1962] *Strategy and Structure: Chapters in the History of the American Industrial Enterprise*. Cambridge: MIT Press.

Chubais, Anatolii [1999] "Kak dushili privatizatsiiu." In: Anatolii Chubais (ed.) *Privatizatsiia po-rossiiskii*. Moscow: Vagrius.

Chubais, Anatoly and Maria Vishnevskaya [1994] "Privatization in Russia: An Overview." In: Anders Aslund (ed.) *Economic Transformation in Russia*. London: Pinter Publishers, pp. 94–100.

Clarke, Simon and Veronika Kabalina [1995] "Privatization and the Struggle for Control of the Enterprise." In: David Lane (ed.) *Russia in Transition: Politics, Privatization and Inequality*. London: Longman, pp. 142–158.

Clarke, Simon [1996] "The Enterprise in the Era of Transition." In: Simon Clarke (ed.) *The Russian Enterprise in Transition*. Cheltenham: Edward Elgar, pp. 1–61.
Cottrell, Robert and Andrew Jack [2001] "Russian Aluminium given green light." *Financial Times* (April 4).
Deliagin, Mikhail [2000] "Ne vozroditsia segodnia–umret zavtra." *Nezavisimaia gazeta* (March 3).
Dienes, Leslie [1996] "Corporate Russia: Privatization and Prospects in the Oil and Gas Sector." *Donald W. Treadgold Papers 5*.
Dienes, Leslie [2004] "Observations on the Problematic Potential of Russian Oil and the Complexities of Siberia." *Eurasian Geography and Economics*, 45(5): 319–345.
Djankov, Simeon and Peter Murrell [2002] "Enterprise Restructuring in Transition: A Quantitative Survey." *Journal of Economic Literature*, 40(3): 739–792.
Dolgopiatova, T. [2001] "Modely i mekhanismy korporativnogo kontrola v Rossiiskoi promishlennosti." *Voprosy ekonomiki*, 5: 46–60.
Dynkin A. and A. Sokolov [2001] *Integrirovannye Biznes-Gruppy—proryv k modernizatsii strany*. Moscow: Tsentr Issledovanii i Statistiki Nauki.
Economist. [1995] "King of the Castle." (January 21) p. 62.
Ericson, Richard [1991] "The Classical Soviet-Type Economy: Nature of the System and Implications for Reform." *The Journal of Economic Perspectives*, 5(4): 11–27.
Fortescue, Stephen [2006] "Russian Aluminium Industry in Transition." *Eurasian Geography and Economics*, 47(1): 76–94.
Fortescue, Stephen [1999] "Russian Mining and Metals Sector." In: Vladimir Tikhomirov (ed.) *Anatomy of the 1998 Russian Crisis*. Melbourne: Contemporary Europe Research Centre.
Fortescue, Stephen [1997] *Policy-Making for Russian Industry*. London: Macmillan.
Freeland, Chrystia [2000] *Sale of the Century: the Inside Story of the Second Russian Revolution*. London: Little, Brown and Company.
Frydman, Roman and Andrzej Rapaczynski [1996] *Privatization in Eastern Europe: Is the State Withering Away?* Budapest: CEU Press.
Gaddy, D. [2000] "Fresh Opportunities Arise in Russia as Country's Oil Majors Respond to Lessons Learned from the 1990s." *Oil & Gas Journal* (February 28).
Goldman, Marshall [2003] *Piratization of Russia: Privatization Goes Awry*. London: Routledge.
Gregory, Paul and Robert Stuart [2001] *Russian and Soviet Economic Performance and Structure*. Boston: Addison Wesley Longman.
Gustafson, Thane [1999] *Capitalism Russian-Style*. Cambridge: Cambridge University Press.
Hanson, Philip [2005] "Observations on the Costs of the Yukos Affair to Russia." *Eurasian Geography and Economics*, 46(7): 481–494.
Hanson, Philip [2003] *The Rise and Fall of the Soviet Economy: An Economic History of the USSR from 1945*. London: Pearson.
Hart, Oliver [1995] *Firms and Contracts and Financial Structure*. Oxford: Clarendon Press.
Henderson, James and Slavo Radosevic [2003] "The Influence of Alliances on Corporate Growth in the Post-Soviet Period: Lukoil and Yukos." *SSEES Working Papers Series 34*.
Hewett, Edward A. [1988] *Reforming the Soviet Economy: Equity versus Efficiency*. Washington, D.C.: Brookings.

Hoffman, David [2002] *The Oligarchs, Wealth and Power in the New Russia*. Oxford: Public Affairs.
IMF, World Bank, OECD, and EBRD [1991a] *A Study of the Soviet Economy Vol 1*. Washington, Paris, London: IMF, World Bank, OECD, EBRD.
IMF, World Bank, OECD, and EBRD [1991b] *A Study of the Soviet Economy Vol. 3*. Washington, Paris, London: IMF, World Bank, OECD, EBRD.
Ivanov, Nikolai [2000] "Novyi russkii aliuminii." *Kommersant* (April 18).
Johnson, Simon and Heidi Kroll [1991] "Managerial Strategies for Spontaneous Privatisation." *Soviet Economy*, 7(4): 281-316.
Joskow, Paul and Richard Schmalensee [1997] "Privatization in Russia: What Should be a Firm?" In: Claude Menard (ed.) *Transaction Cost Economics: Recent Developments*. Cheltenham: Edward Elgar, pp. 86-126.
Joskow, Paul [1985] "Vertical Integration and Long-Term Contracts: The Case of Coal-Burning Electric Generating Plants." *Journal of Law, Economics and Organization*, 1(2): 33-80.
Kenyon, John [1999] "Who is Kenneth Dart?" *Moscow Times* (June 1).
Klebnikov, Paul [2002] "Gangster-Free Capitalism?" *Forbes* (November 26).
Klein, B., R. Crawford and A. Alchian [1978] "Vertical Integration, Appropriable Rents, and the Competitive Contracting Process." *Journal of Law and Economics*, 21(2): 297-326.
Kornai, Janos [1992] *The Socialist System: The Political Economy of Communism*. Oxford: Oxford University Press.
Kryukov, Valery and Arild Moe [1998] *The Changing Role of Banks in the Russian Oil Sector*. London: Royal Institute of International Affairs.
Kuleshov, V. V. [1997] *Aliuminievaia promyshlennost' Rossii v rynochnykh usloviiakh*. Novosibirsk: IEiOPP SO RAN.
Lane, David and Iskander Seifulmulukov [1999] "Structure and Ownership." In: David Lane (ed.) *The Political Economy of Russian Oil*. Maryland: Rowman & Littlefield, pp. 15-45.
Lawrence, P. and C. Vlachoutsicos (eds.) [1990] *Behind the Factory Walls: Decision Making in Soviet and U.S. Enterprises*. Boston: Harvard Business School Press.
Latynina, Iulia [1999] "Mikhail Khodorkovskii: Khimiia i zhizn'." *Sovershenno sekretno* (August 8).
McChesney, Andrew [2000] "Yukos Reshuffles in the Name of Transparency." *Moscow Times* (March 29).
Megginson, W. and J. Netter [2001] "From State to Market: A Survey of Empirical Studies on Privatization." *Journal of Economic Literature*, 39: 321-389.
Mirontseva, Iana and Guran Petrovich [1995] "Aliuminievye koroli i 'kapusta'." *Kommersant* (March 23).
Moe, Arild and Valery Kryukov [1994] "Observations on the Reorganization of the Russian Oil Industry." *Post-Soviet Geography*, 35(2): 89-101.
Moors, Kent [1999] "Landmark Shareholder Battle Heats Up at Yukos Oil Holding." *Russia/Central Europe Executive Guide* (June 30).
Moscow Times [1998] "Yukos Shuffles to Cut Costs" (September 3).
Moser, Nat [1996] "The Privatization of the Russian Oil Industry 1992-1995—Façade or Reality?" MPhil Dissertation, University of Oxford.
Moser, Nat and Peter Oppenheimer [2001] "The Oil industry: Structural Transformation and

Corporate Governance." In: Brigitte Granville and Peter Oppenheimer (eds.) *Russia's Post-Communist Economy*. Oxford: Oxford University Press, pp. 301–324.

Nash, Roland [2001] "Corporate consolidation: Russia's latest lurch towards capitalism." In: Peter Westin (ed.) *The Wild East: negotiating the Russian financial frontier*. London: Pearson, pp. 103–120.

Nechaev, Timofei [1999] "Korporativnye voiny: nepokorennaia vertikal'." *Nefte-Gazovaia Vertikal'*. 4. http://www.oil-equip.ru/ngv/4-99/war/war.html (December 2, 2003).

Nolan, Peter [1995] *China's Rise, Russia's Fall*. London: Macmillan.

Nove, Alec [1986] *The Soviet Economic System*. Boston: Unwin Hyman.

Oda, Hiroshi [2001] *Russian Commercial Law*. Hague: Kluwer.

OECD [2004] *Economic Surveys: Russian Federation*. Paris: OECD.

O'Sullivan, S., P. Kushnir and O. Danilenko [2003] "Yukos: Leading the Pack." *United Financial Group Report* (February 20).

Pappe, Iakov [2000] *Oligarkhi: Ekonomicheskaia khronika 1992–2000*. Moscow: HSE.

Peng, Michael [2000] *Business Strategies in Transition Economies*. London: Sage.

Penrose, Edith [1995] *The Theory of the Growth of the Firm*. Oxford: Oxford University Press (First published in 1959).

Popelov, Anatoly [1999] "Russian Aluminum Industry." *ISMM (The Russian Institute for the Stock Market and Management) Report*.

Presidential Decree (Decree of the President of the Russian Federation) [1992] "*Ob osobennostiakh privatizatsii i preobrazovaniia v aktsionernye obschestva gosudarsvennykh predpriiatii, proizvodstvennykh i nauchno-proizvodstvennykh ob'edinenii neftianoi, neftepererabatyvaiushchei promyshlennosti i nefteproduktoobespechenii'.*" N1403 (November 17). http://fpf.referent.ru:4005/1/1569 (April 8, 2003).

Presidential Decree (Decree of the President of the Russian Federation) [1995] "*O pervoocherednykh merakh po sovershenstvovaniiu deiatel'nosti neftianykh kompanii.*" N327 (April 1) http://science.garant.ru/public/default.asp?no=4173 (April 12, 2004).

Radosevic, Slavo [1999] "Transformation of Science and Technology Systems into Systems of Innovation in Central and Eastern Europe: the Emerging Patterns and Determinants." *Structural Change and Economic Dynamics*, 10: 277–320.

Radygin, Alexander [1995] *Privatization in Russia: Hard choice, First Results and New Targets*. London: CRCE.

Roland, Gerald [2000] *Transition and Economics: Politics, Markets, and Firms*. Cambridge MA: MIT.

Rozhkova, Maria [2001a] " 'Rusal' poluchil blagoslovie ot MAPa." *Vedomosti* (April 4).

Rozhkova, Maria [2001b] " 'Rusal' sobral aktivy." *Vedomosti* (December 26).

RPI (Russian Petroleum Investor) "Look before you leap." October 1993, pp. 55–56.

RPI (Russian Petroleum Investor) June 1993, pp. 48–51.

RPI (Russian Petroleum Investor) July/August 1994, pp. 16–18.

Salter, Malcom [2002] "OAO Yukos Oil Company." Harvard Business School Report.

Sagers, Matthew [1992] "The Aluminum Industry in the Former USSR in 1992." *Post-Soviet Geography*, 33(9): 591–601.

Shleifer, Andrei [1995] "Establishing Property Rights." *Proceedings of the World Bank Annual*

Conference on Development Economics 1994. Washington, D.C.: World Bank, pp. 93-127.

Sidorov, Mikhail [2002] "Estestvennyi otbor." *Profil'* (September 2).

Simachev, Iurii [2003] "Institut nesostoiatel'nosti: osnovnye tendenntsii v primenenii i slozhivshaiasia 'struktura sprosa'—vzgliad ekonomista." *Razvitie sprosa na pravovoe regulirovanie korporativnogo upravleniia v chastnom sektore*. Moscow: Moskovskii obschestvennyi nauchnyi fond.

Sokolov, V. and M. Iagol'nitser [1997] "Tollingovoi platsdarm rossiiskogo aliuminiia." *EKO*, 8: 73-92.

Spulber, Nicolas [1991] *Restructuring the Soviet Economy: In Search of the Market*. Ann Arbor: University of Michigan Press.

Stiglitz, Joseph [2000] "Whither Reform? Ten Years of the Transition." *Annual World Bank Conference on Development Economics 1999*. Washington, D.C.: World Bank, pp. 27-56.

Stepovoi, Sergei [2001] "Sibirskii tsiriul'nik." *Stringer* (April 6).

Stuckey, John [1983] *Vertical Integration and Joint Ventures in the Aluminum Industry*. Cambridge: Harvard University Press.

Supreme Soviet of the Russian Federation [1992] Resolution *"Gosudarstvennaia programma privatizatsii gosudarstvennykh i munitsipal'nykh predpriiatii v Rossiiskoi Federatsii na 1992 god."* N 2980-1 (June 11). http://www.businesspravo.ru (April 4, 2011).

Sutela, Pekka [1998] "But...Does Mr. Coase Go To Russia?" *The Road to the Russian Market Economy. Selected Essays, 1993-1998*. Helsinki: Kikimora Publications, pp. 167-182.

Svarovskii, Fedor [2002] "Opasnost' dlia investora." *Vedomosti* (June 25).

Teece, David [1976] "Vertical Integration in the U.S. Oil Industry." In: Edward Mitchell (ed.) *Vertical Integration in the Oil Industry*. Washington, D.C.: American Enterprise Institute for Public Policy Research.

Theede, Steven [2004] "Yukos: Building Growth and Value for the Next Generation." address at 2004 CERA Week International conference, February 10. http://www.yukos.com/exclusive/exclusive.asp?id=7339 (January 28, 2006)

Titova, Ekaterina and Mikhail Sidorov [2000] " 'Rynki." *Profil'* (March 27).

Tompson, William [2005] "Putting Yukos in Perspective." *Post-Soviet Affairs*, 21(2): 159-181.

Tompson, William [2002] "Privatization in Russia: Scope, Methods and Impact." mimeo, University of London, http://www.bbk.ac.uk/polsoc/download/bill_tompson (July 6, 2004).

Volkov, Vadim [2004] "The Selective Use of State Capacity in Russia's Economy: Property disputes and enterprise takeovers." In: Janos Kornai, Bo Rothstein, and Susan Rose-Ackerman (eds.) *Creating Social Trust in Post-Socialist Transition*. New York: Palgrave, pp. 126-147.

Williamson, Oliver E. [1985] *The Economic Institution of Capitalism*. New York: Free Press.

Woodruff, David [1999] *Money Unmade: Barter and the Fate of Russian Capitalism*. Ithaca: Cornell University Press.

World Bank [1996] *From Plan to Market, World Development Report 1996*. Oxford: Oxford University Press.

Yousef-Martinek, D., R. Minder and R. Rabimov [2003] "Yukos Oil: A Corporate Governance Success Story?" *Chazen Web Journal of International Business*. Columbia Business School.

Yudanov, Andrei [1997] "USSR: Large Enterprises in the USSR—the functional disorder." In: Alfred Chandler, Franco Amatori and Takashi Hikino (eds.) *Big Business and the Wealth of Nations*.

Cambridge: Cambridge University Press, pp. 394–432.
Yukos [2003] *Yukos Annual Report 2002*. Moscow: Yukos.
Yukos [2004] *Yukos Annual Report 2003*. Moscow: Yukos.
Yuganskneftegaz [1994] "Memorandum ob AO Yuganskneftegaz."
Zander, E., V. Sokolov and M. Iagol'nitser [1995] "Novye formy rynochnykh otnoshenii v aliuminievoi promyshlennosti." *Region: ekonomika i sotsiologiia*, 3: 101–119.
加藤志津子［2006］『市場経済移行期のロシア企業』文眞堂.
塩原俊彦［2004］『現代ロシアの経済構造』慶応大学出版会.
田畑伸一郎編［2008］『石油・ガスとロシア経済』北海道大学出版会.
西村可明［1995］「ロシアにおける私有化」望月喜市・田畑伸一郎・山村理一編『スラブの経済』弘文堂.
溝端佐登史［1996］『ロシア経済・経営システム研究』法律文化社.
本村真澄［2005］『石油大国ロシアの復活』アジア経済研究所.

第9章

ブラジルの新自由主義
「幸運な自由化」はなぜ可能だったか

浜口伸明

I　ブラジルにおける新自由主義の登場[1]

　この章ではラテンアメリカ地域における新自由主義的政策運営の一例として，ブラジルにおける新自由主義の導入から推進に至る過程に焦点を当てる。そのためには，まず新自由主義導入の動機となった経済危機をもたらしたポピュリズムや権威主義体制の政策運営について触れなければならない。

　ブラジルの近代化に強い影響を与えたジェトゥリオ・ヴァルガス（Getúlio Dornelles Vargas）政権（在任期間 1930 年 11 月～1945 年 11 月および 1951 年 1 月～1954 年 8 月）の開発思想は，国家が雇用創出と賃金調整を主導する指向を持っていた。ヴァルガスは農業オリガルキーから権力を奪取し，自ら「貧者の父」を名乗って都市の労働者を保護し，彼らに支持されたポピュリスト体制を長期にわたって維持した。ヴァルガス政権期には，鉱山会社（CVRD），国営製鉄所（CSN），石油公社（Petrobrás）など多くの国営企業が設立され，労働者に雇用を提供した。これらの企業の多くは今日までに民営化されたが，労働者の権利を定めた労働法典（CLT）や最低賃金法は現在も有効である。設備投資やインフラ整備の開発資金を供給する国立経済開発銀行（BNDES）もヴァルガス政権期に設立され，その運転資金の財源に労働者から徴収した失業保険金を利用し，労働者の資金から雇用拡大への循環を作り出すという考えが埋め込まれている。

　その後の軍事政権下の権威主義体制（1964～1984 年）は，賃金を抑制し労働者の権利を制限して所得格差の拡大を招いたが，経済開発を牽引したのは引き続き国家であった。しかし国家の投資プロジェクトのために長期にわたって大規模に調達された外国資金は，巨額の累積債務となって 80 年代以降のブラジル経済の様々な厄災をもたらした。中でもインフレーションは民主化後（1985 年～）の政権を最も悩ませた問題である。インフレーションは賃金生活者の購買力を奪うものであり，資産価値が保存できる金融・実物投資を持たない貧困層ほどその影響は深刻である。インフレーションの原因は財政支出の不足を穴埋めするための通貨増発であったので，インフレは逆進性の強い課税であったと言える。様々なインフレ対策が講じられたが，解決に至らないまま物価は制御不可能になり，年間インフレ率は 1988 年に 980％，1999 年に 1973％に高進，

---

[1]　本章は科学研究費補助金 21310161 の補助を受けた研究成果の一部である。

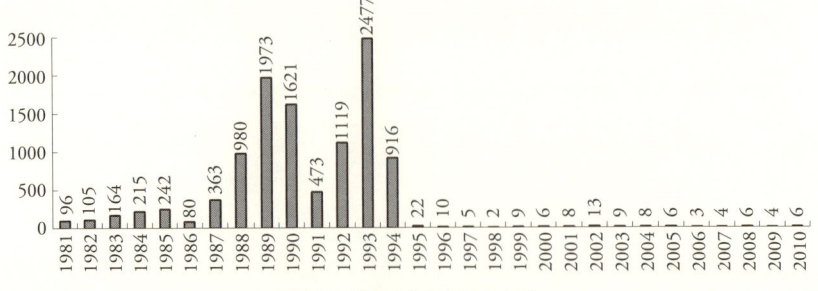

図9-1 消費者物価上昇率（％）

出典：中央銀行時系列データベース

データ（年：値）：1981:96、1982:105、1983:164、1984:215、1985:242、1986:80、1987:363、1988:980、1989:1973、1990:1621、1991:473、1992:1119、1993:2477、1994:916、1995:22、1996:10、1997:5、1998:2、1999:9、2000:7、2001:8、2002:13、2003:9、2004:8、2005:6、2006:3、2007:4、2008:6、2009:4、2010:6

ブラジル経済はハイパー・インフレーションに陥った（図9-1）。

このような経済状況で，民政移管後最初の国民の直接投票による大統領選挙が1989年に実施された。この選挙は民主化後に合法化された政党を含めて20人以上の立候補者が乱立する分裂選挙となり，その中から，「道徳的な社会主義」（当時，東欧に起こっていた民主化革命と1989年の天安門事件により，社会主義は旗色が悪かった）を訴えた労働者党のルーラ（Luíz Inácio Lula Da Silva）と，不当に高給を得ている「マハラジャ」（ポルトガル語でmarajás）公務員の退治を選挙公約に掲げたコロル（Fernando Collor de Mello）が決選投票に進んだ。過剰に膨らんだ国家の債務の返済や肥大化した公共部門の人件費で破綻した財政の負担をインフレという形で押し付ける政府に失望していた国民は，この時，コロルを選択した。コロルは党派的な支持基盤を持たない全くのアウトサイダーであったが，急進的な主張を掲げた当時のルーラが当選すれば再び軍が介入して権威主義体制に後戻りするという恐れもあって広く支持を集めた［Weyland 2005］。

コロル政権は公共部門の刷新とともにワシントン・コンセンサスを導入し，ヴァルガス以後ポピュリズムや権威主義のもとで国家が開発を主導してきたブラジルで，初めて新自由主義が試されることになった。このコロルの挑戦は結局挫折して経済はいっそう混乱したが，後にカルドーゾ（Fernando Henrique Cardoso）政権が安定化を成し遂げ，新自由主義改革を再導入して定着させた。近年，ブラジル経済はルーラ政権下で開花し，主要新興国の地位を確固たるものにした。しかし，コロル，カルドーゾの経路をたどっていなければ，現在のブラジル経済の姿は全く違うものになっていたであろう。本章では，次節から順を追って，コロル，カルドーゾ，ルーラの三つの政権の経済政策を批判的に

1989年11月22日号 「コロル大統領，ルラ大統領：ブラジルの命運を握るのはどちらだ」

1994年8月24日号 「フェルナンド・エンリケが語るブラジル：新政権はまともな経済で立て上げる」

2002年10月30日号 「歴史的勝利：初の大衆階級出身大統領」

写真9-1 政権交代を伝えるブラジルの主要誌 Veja の表紙

検討し，ブラジルで新自由主義が浸透していった経路を明らかにする。民主的な手続きで選ばれた三つの政権を振り返ると，この順で性格が異なる政権が選ばれたことに意味があり，ブラジル国民の政治選択は十分に合理的であったとの結論に至る。本章は，新自由主義経済政策が民主的な政治環境のもとで行われるときに，私的所有の尊重と市場競争を通じた資源配分という基本概念のうえに，社会的厚生を改善する政府の役割が政治的競争を通じて選択されて加味された成功例としてブラジルを読み解くことによって，新自由主義は無制限な自由化を志向する画一的なイデオロギーではなく，多様性をもちうるという解釈を提供する。

II　コロル政権の力ずくの自由化（1991～92年）

1　コロル政権のインフレ対策の失敗

マハラジャ公務員退治を掲げて当選したコロルは，まず政府のダウンサイジングを行い，省庁数を23から12に減らし[2]，国庫歳出の人件費をそれまでの

---

[2] コロル政権以後，省庁数はカルドーゾ政権で27，ルーラ政権で32，現在のジルマ政権では37と再び増加した。これは連立政権維持のためのポスト配分の必要性から生じている問題でもある。

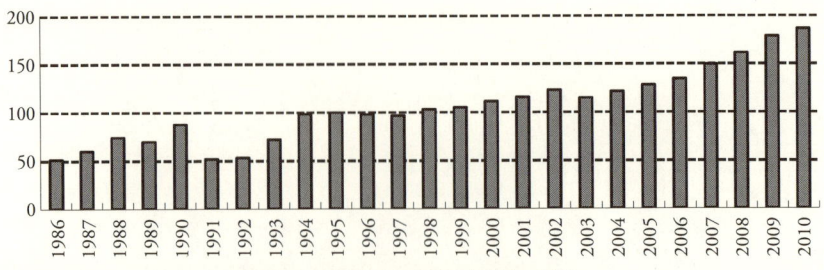

図9-2　国庫支出における人件費の推移

縦軸表示単位は10億レアル（2010年末価格で実質化）
出典：Ministerio da Fazenda, Tesouro Nacional

半分近くに抑制した（図9-2）。そしてブラジル経済を破綻に追いやった国家主導の開発モデルの代替戦略として、新自由主義政策プログラムを導入した。

就任に先立って、コロルは1990年1月にワシントンを訪れ、当時のブッシュ大統領、ブレイディ財務長官、IMFのカムドゥシュ専務理事などと会談し、対外債務問題について意見交換をしている [Moreira 2001]。この前年の1989年に、国際経済研究所 (IIE) のジョン・ウイリアムソンが有名なワシントン・コンセンサスの10項目を挙げた論文 [Williamson 1990] を発表している。その政策提言に基づいて、債務の借り換えや返済条件の軽減を含むいわゆるブレイディ・プランがメキシコに適用され、一時は硬直状態にあった途上国の債務問題への対応が動き始めていた。そのような潮流に逆らって、ブラジルは1987年に中長期債務のモラトリアムを宣言し、国際金融市場から孤立していた。この訪米の成果として、コロル政権は1991年4月に債務繰り延べの基本合意を結ぶことに成功し、ブラジルを国際金融市場に復帰させた[3]。これと引き換えにコロル政権はブラジルに新自由主義を持ち込むことになる。

コロルが就任直後に実施した改革プログラム「コロル計画」は、以下のような内容であった。

・急激な流動性の吸収（国債による短期運用資金や貯蓄性預金などの銀行資産の封鎖）
・インデクセーション（賃金等の物価スライド改訂）の廃止
・通貨の変動相場制への移行

---

[3] ブラジルではこの後、経済的にも政治的にも混乱が続いたため、ブレイディ・プランが正式に適用されたのはフランコ政権に移行した1994年の4月であった。

・国営企業の民営化
・外国投資の自由化
・貿易自由化
・行政改革
・企業補助金の廃止

　一見して分かるように，コロル計画の内容はワシントン・コンセンサスそのものである。しかし，そのマクロ経済政策のデザインは，当時のブラジルの状況において不適切なものであった。

　ワシントン・コンセンサスにおいては，財政・金融の引き締めは主として需要超過により発生している経常収支赤字を黒字化して債務返済持続可能な状態を回復するために実施されるが，同時に国内需給バランスも回復して物価上昇を抑制する効果も期待される。しかし，当時のブラジルのように恒常的にインフレが起こっており，いわんやハイパー化している状況では，インフレの要因は通貨への信頼の欠如やインフレを織り込んで行動する心理的要因が重要であり，オーソドックスな需要管理だけで物価上昇を止めることは困難である。もちろんそれは不可能ではないが，結果を得るまでに非常に長い期間を要し，緊縮政策が所得の減少や雇用喪失をもたらして，政策が政治的に維持不可能になる場合が多い。

　また，それまでクローリング・ペッグで管理されていた為替レートを変動相場制に移行したが，その本来の目的は，管理相場を実施することによる自国通貨の過大評価を解消し，経常収支赤字を改善することである。しかし，為替レートの切り下げは物価上昇とスパイラルに進行し，1990年4月以降3か月間で1ドル＝12クルゼイロ（当時の通貨単位）から40クルゼイロに通貨の価値が落ち，1990年末には170クルゼイロに暴落した。これによって，価格をドルにインデックス化する傾向を助長し，通貨の機能が実質的に失われていった。

　政府は，徹底的な金融引き締めのために，預金や短期の銀行資産を封鎖するという思い切った手段を講じたが，これによって，市場の流動性は3分の1程度になったと言われ，商業の売り上げは大きく落ち込み，生産もストップして大量の失業，企業倒産を引き起こした。その後，封鎖された資産を解除する際には，十分な管理がなかったため，一気に流動性が拡大し，急激なインフレの再燃を招いた。

結局，コロル政権のマクロ経済政策は，インフレの複雑さを考慮せずに型通りのワシントン・コンセンサスを受け入れた稚拙なデザインと実施のため，経済安定化に失敗し，ハイパー・インフレの再来を招く結果に終わった（図9-1）。追加で打ち出された「コロル計画II」（1991年1月）では，政府は従来のヘテロドックス型政策（物価や賃金を凍結する統制的な対応）に頼らざるを得なかった。このような政策は1980年代後半に失敗を繰り返してすでにその実効性は完全に信頼を失っていたため，ほとんど効力はなかった。

2　コロル政権の経済自由化

　他方，コロル政権の経済自由化の改革は，貿易自由化と国営企業の民営化の二つの点において，今日につながる不可逆的な変化をもたらしたと評価できる。
　関税引き下げは，1988年にサルネイ政権のもとで導入された新産業政策で開始され，1987年に52％であった平均関税率は89年には35％に引き下げられていた。コロル政権下ではいっそうの関税引き下げが行われ，平均関税率は1992年に20％になった（その後，2004年までに約10％の水準に低下している）。中でも，輸入代替工業化のもとで生産されていた劣悪な品質の国産自動車をコロルが「荷馬車同然」と批判し，完成車の関税率を70％から35％に引き下げたことは象徴的な出来事であった。それ以降，ブラジル市場で輸入車が一般に販売されるようになり，競争原理が働いて国産車の生産性・品質に顕著な改善が見られた。他にも，関税表の付表Cと呼ばれていた約1200の輸入禁止品目を関税保護に置き換えたことや，情報産業法を廃止して国産情報通信機器の国産メーカーのための市場留保を撤廃したこと，部品，資本財，農業投入財の輸入を大幅に自由化し，国産品がないものは基本的に無税化したことなど，ブラジルの市場開放を前進させる改革が行われた。
　国営企業の民営化について，コロル政権は1990年4月に「非国有化計画」（Programa Nacional de Desestatização: PND）を発表した。PNDにおける非国有化とは，国有企業の株式を民間に売却し政府が経営から退くこと，国が行ってきた事業を民間へのコンセッションとして開放すること，国の資産を民間に売却すること，など，私営化と私有化の両面を持っている。PNDにリストアップされた最初の事業群は，製鉄業や化学肥料，石油化学，航空機などの製造業であった。民営化後のブラジルの製鉄業は世界的な鉄鋼再編の影響を受けて所有

権が変遷したが，良質で豊かな鉄鉱石資源の魅力が常に投資を引き付けている[4]。エンブラエルは，破産寸前の非効率な国営企業であったが，民営化後経営戦略がグローバル化し，世界の中小型航空機産業をリードする企業のひとつとなった［田中 2007］。これらの企業は，資金制約を抱えた政府の手から離れることによって，国際競争力を持つ企業として開花した。

　ウェイランドによれば，コロル政権は政府をダウンサイズすることによって政府の力を弱めるのではなく，介入を通じた外部チャンネルを遮断して政府の利害集団からの独立性を高め，そのうえで財政が健全で中央集権的な強い政府を作ろうとした［Weyland 2000］。コロルのブレーンを務めたジョゼ・ギリェルメ・メルキオル（José Guilherme Merquior）は，社会自由主義の立場をとり，個人の所有権を侵害し自己の意思の実現を阻む統制を行う政府の社会主義的干渉を否定する一方で，政府は個人の積極的自由（自己の意思を実現する能力）を保証する役割を果たすべきだと考えて，政府の干渉を一切拒否する自由放任の考え方も否定した。メルキオルは次のように述べている。「ブラジルのような社会では，国家の問題は二つの面を持っている。それは国家が大きすぎるということと，国家が小さすぎるということが，同時に起こっているということだ。大きすぎて，経済の様々なところに干渉し，動きを遅くし，過剰な支出をしている。小さすぎて，健康や教育，住宅が欠乏している人が社会にたくさんいるような，受け入れがたく呆れかえる状況を作り出している」［Merquior 1993: 1265］。貧困や格差が慢性的な問題となっているブラジルでは，単に小さな政府を唱えるのではなく，新自由主義の導入とともに政府の役割を再定義して果たすべき責任を明確にする必要がある。コロル政権の自由化は，ブラジルの近年の経済政策をめぐる議論の中で，ヴァルガス的な国家介入とは異なる新しい開発モデルを探究するきっかけを作ったという意義がある。

　しかし，ウェイランドが「力ずくの新自由主義」と批判しているように［Weyland 2000］，コロル政権の改革は関係勢力の利害調整を行わずに大統領の強い権限を利用した強権的なものであったために，すぐに行き詰まった。当初，

---

4) 国営製鉄（現在のCSN）は地場の繊維企業グループのスタインブルックに売却され，同グループの多角化経営のきっかけとなった。もともと日本の経済協力によって設立されたウジミナス製鉄は，民営化後も株主構成の変更を経たのちに，現在は新日鉄の完全子会社化されている。ツバロン製鉄は，国営企業時代は川崎製鉄（現JFEスチール）が資本参加していたが，欧州の鉄鋼企業グループ・アルセロルが子会社化し，最終的に，アルセロルを買収したインドのミッタル・グループの傘下に納まった。

コロルの改革志向を支持して当選を後押しした企業家階層は高金利と輸入の急増に抗議して，政権から離反し，深刻な不況とインフレのハイパー化のために，マハラジャ公務員退治を期待した大衆の支持も失った。さらに，コロル自身が独善的な政治スタイルの陰で，彼の側近とともに集中した権力を利用して汚職と蓄財で腐敗にまみれていたことが発覚し，コロルは国会の弾劾決議を受けて在任2年足らずで辞職した。メルキオルはコロル政権の末路を見ることなく1991年に50歳で病没している。

III　カルドーゾ政権の無防備な自由化（1995〜2002年）

1　レアル計画によるインフレ終息

　コロル辞任によって，憲法の規定に従って副大統領から大統領に昇格したイタマル・フランコ（Itamar Augusto Cautiero Franco）は，1000％を超えるハイパー・インフレへの対処を急務として，外務大臣を務めていた社会学者フェルナンド・エンリケ・カルドーゾを財務大臣に任命し，国内トップクラスのエコノミスト[5]を集めて，経済安定化政策を立案させた。

　提示された計画の第1段階では，ハイパー・インフレ下で通貨が完全に信認を失っていた中で，1994年2月に新たな価値の尺度として実質価値単位（URV）を導入して，疑似貨幣単位の役割を持たせた。URVと当時の実際の通貨（クルゼイロ・レアル）の間には為替レートのような交換比率が発表され，取引は実際の通貨に換算して行われた。第2段階として，3月に，国会が定めた国家予算の一部を執行停止し，支出を各省庁に配分せずに財務省の緊急社会基金（FSE）で集中管理した。第3段階で，URVが導入半年を経てバーチャルな単位として浸透したことを見極めたうえで，7月にURVをリアルな新通貨レアルに置き換えた。新通貨の名称にちなんで「レアル計画」と呼ばれる政策が，こうして完成した。

　例えて言うならば，レアル計画とは，ハイパー・インフレというブレーキが壊れた暴走車を外から止めようとしても大けがをするだけなので，まず暴走車と同じスピードで走るURVという車を並行して走らせ，あたかも止まってい

---

[5] ペルシオ・アリダ，アンドレ・ララ・レゼンデ，エドマル・バシャ，グスタヴォ・フランコ（カルドーゾ政権の中央銀行総裁），ペドロ・マラン（同・財務大臣）など。

るように見えるようになった暴走車に乗り移り，ブレーキを修復して，車を安全に停止させる，というようなものだった。この経済安定化はコロル政権が実施した通貨供給管理だけに依存した政策とは異なる独創的なものであり，インフレ終息に目覚ましい効果を上げた[6]（図9-1）。

　レアル計画導入の成功により，カルドーゾは1994年に大統領に当選した。このころブラジル政治は依然として小党分裂状態を示していたが，レアル計画に反対し，経済政策に対案を示さないまま社会政策だけを強調するルーラと労働者党の大衆的人気に危機感を持った中道から右派にかけての勢力が結集してカルドーゾを支持した。大統領選挙の時点ではレアル計画の評価はまだ定まっておらず，この時ルーラが当選していれば，レアル計画を放棄して急進的なポピュリズムに旋回した可能性は否定できない。カルドーゾのブラジル社会民主党はリベラルな中道左派を志向していたにもかかわらず，地方の保守勢力を基盤とし軍政時代の与党の流れをくむ自由前線党（現在の民主党）とも連立政権を組んだことで批判を受けたが，政権基盤の強化が優先された。

　レアル計画は経済的にも政治的にも社会に安定をもたらしたが，グローバル化した国際金融に対して無防備な一面を持っていた。レアル計画は，名目為替レートをアンカーにして物価上昇をコントロールする政策であり，物価安定のために，通貨単位レアルは名目為替レートがドルに対して固定されている必要がある。国際資本移動を自由にするならば，レアルが通貨としての信認を確立するためには，中央銀行は固定為替レートでのドルとの兌換を保証しなければならず，裏付けとなる十分な量の外貨準備が必要である。

　固定為替レート下でアメリカとブラジルのインフレ率との乖離が引き起こすレアルの過大評価と，インフレを抑制するために設定される高金利は，90年代に急速に成長した新興国向けの金融投資の資金を呼び込んだ。しかしこのような資金はしばしば予測不可能な急激な流出入を引き起こす投機的な性格があ

6）　カルドーゾは1994年の大統領選挙に立候補するために，憲法の規定により3月末で財務大臣を辞任しており，新通貨レアルへの導入を行ったのは後任のリクペロ財務大臣であった。カルドーゾは大統領選挙に立候補しようと思った動機として，有力候補とみなされていたルーラにレアル計画の重要性を懸命に説明したものの，彼は全く耳を貸さず，むしろ経済が混乱しているほうが既得権益層を批判する自分の当選確率が上がると考えており，国家の利益よりも自分の政治的野心を優先するルーラの当選を阻止してレアル計画を守らなければならないと確信したからだと述べている［Cardoso 2006: 192-193］。

り、ブラジル経済はしばしば国際経済の風向きの変化に翻弄された[7]。外生要因による外貨流出に対して外貨準備が枯渇してしまうのを防ぐために中央銀行がとることができた対策は、金利を引き上げることだけであった。外貨流出が突発的であるほど、投資家心理を鎮静化するために、金利引き上げ幅も大きくならざるを得ない。度重なる急激な金利引き上げは、著しい不況効果をもち、経済を疲弊させた。そもそも固定為替レートを採用したレアル計画では景気調整として自律的に金融政策を使うことができない。このためカルドーゾ政権期を通じて経済成長率は低く、雇用は拡大しなかった。レアル計画がインフレ終息の役目を終えた段階で、他の持続可能なマクロ経済政策枠組に移行する必要があった。

さらに、レアル計画はいくつかの金融機関が経営破綻に追い込まれる副作用を生じた。ブラジルの銀行は、インフレが終息したことによって、それまで当座預金や公共料金支払いなどの利子を払う必要がない手持ち資金を高インフレ下で金利が高い国債のオーバーナイト市場で運用して得ていたコンスタントな利益を失った。特に州立銀行は州政府に無制限に融資をして財源不足を穴埋めしており、銀行自身が莫大な不良債権を抱えていたため、経営が著しく悪化した。このため、カルドーゾ政権では1995年に「金融システム再建・強化促進計画」(PROER) を実施し、GDPの2.5％規模の財政負担をかけて、銀行への資本注入、合併、州立銀行の民営化を行った。これをきっかけに、銀行業界の再編が進んで少数のグループに集中し、外資系の銀行がブラジルの金融市場に参入して主要な存在となった。この予防的措置により、銀行のバランスシートが強化され、ブラジルの金融システムの健全性は格段に上昇した。

2　カルドーゾ政権の経済自由化

カルドーゾ政権下では、コロル政権の当初計画から公共部門のダウンサイジングの方針を踏襲し[8]、州立銀行、鉱山、電力、港湾、道路、通信といったインフラ関連を盛り込んでPNDを拡大実施した。燃料部門では石油公社の民営化は見送られたものの、新規に開発する油田の開発権はコンセッション契約で

---

7)　レアル計画が導入された1994年に、メキシコは通貨危機に見舞われている。

8)　カルドーゾは「私はコロルの当初計画にとても惹かれていて、彼からの外務大臣就任要請を受けて引き受けてもよいと思っていたくらいだった」[Cardoso 2006: 171] と述懐している。

外資を含む民間企業に開放し，ヴァルガス時代以来の資源ナショナリズムは後退した。鉱山部門では，優良な天然資源を持ちながら投資資金が不足し，国策的な多角化で経営資源が分散していたこともあって発展が制約されていたCVRD（現在のヴァーレ）を民営化し，同社は民間経営のもとで集中と選択を進めた結果，現在世界最大の鉄鉱石輸出企業となってブラジルの貿易黒字創出に大きく貢献している。電力では，発電，送電，配電の3事業を分離し，送電事業を国が保有したうえで，発電と配電はコンセッション方式による民営化を進め，電力卸売市場を開設して市場競争を導入した［浜口 2001］。通信分野では，ブラジルを地域市場に分割し，各市場に固定電話回線と携帯電話回線について複数の事業者を入札により選定した。通信の民営化はブラジルに携帯電話が導入されるタイミングと重なり，事業者間の競争は携帯電話の急速な普及をもたらした［浜口 2005］。

インフラ・エネルギー部門において，カルドーゾ政権は所有と経営から撤退して民間の効率経営に委ねる一方で，事業の公益性を保つために専門技術者から組織される独立監督機関を設置した。例えば，電力のANEEL，通信のANATEL，燃料のANPである。金融では中央銀行が監督機関としての機能を強化した。このような制度設計により，カルドーゾ政権は国家を経済における積極的プレーヤとしてではなく，市場の監視および審判となる役割を確立しようとしていた。この姿勢は，カルドーゾが財務大臣であったフランコ政権期に，アンチ・トラスト法（lei 8.884/94）が制定され，競争管理委員会（CADE）を独立法人化して中立性を強めたことに，すでに表れている。

カルドーゾ政権は労働組織に関する柔軟化の改革も実施した。クレインにしたがえば，その主要なポイントは以下のようにまとめられる［Krein 2003; Quadro 7.1］。

①請負事業契約（事業者と派遣従業員に雇用関係が生じない）
②期間契約（従来は時限性が明らかな業務にしか認められていなかった）
③パートタイム雇用契約（週25時間以内。労使交渉に組合は関与しない）
④ILO第158号条約の脱退（解雇に正当な理由を必要としなくなる）
⑤役務提供組合の規定（雇用関係のない労働者が組合を結成して企業に請負業務を提供する）
⑥労働契約の停止（労働者の研修目的に労働契約を一時中断することができる）

カルドーゾ政権が労働柔軟化を重視した目的は，賃金の硬直的なインデク

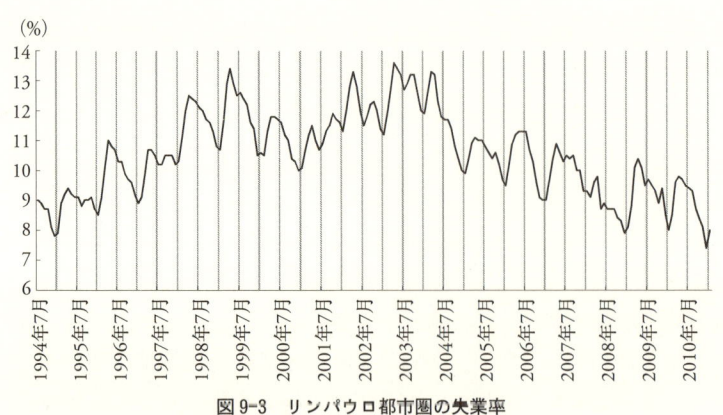

図9-3　リンパウロ都市圏の失業率
出典：サンパウロ州統計局 SEAD (http://www.sead.gov.br/)

セーションを終わらせることにあった [Cook 2002]。さらに、不安定な国際資金環境下で失業率が上昇していたため、雇用条件を柔軟化することで雇用を創出することを期待した。本章の分析では、労働の柔軟化と失業の因果関係に言及することはできない。しかし、図9-3を見ると、労働柔軟化が雇用状況を改善したとは言い難く、逆に失業の増加を招いたと両者を結び付ける言説が説得力を持つ状況にあった。この点は、2002年の大統領選挙においてカルドーゾの後継候補がルーラから批判されることになった。

3　1999年の通貨危機とマクロ経済政策改革

　前述のように、レアル計画は外貨の急激な流出入に対する無防備さという欠点を抱えており、1997年に発生したアジア通貨危機以後、新興国への資金移動が極めて不安定になったことによって厳しい試練にさらされた。また、すでに述べたように、金融政策の自律性を奪われるレアル計画は景気調整を困難にしており、インフレ終息という役割を終えた段階で別の政策枠組に移行する必要が予見されていた。

　1998年にロシアがモラトリアムを起こした後は、いよいよ「次はブラジル」という見方が強まり、資本逃避が相次いだ。これによって、ブラジル中央銀行はとうとうレアルを買い支える固定相場制を放棄せざるを得なくなり、1999年にレアルを変動相場制に移行し、レアル計画体制は終焉した。ブラジル政府

と中央銀行はレアル計画に代わる経済政策枠組として，金融政策におけるインフレ目標と，財政政策におけるプライマリー黒字目標の二つの政策を迅速に導入した。

インフレ目標政策では，中央銀行は政府が設定する毎年の物価上昇率の目標に経済を導くように金融政策を運営する。中央銀行は長期的な総需要の動向を予測して，需要過剰で物価上昇率が目標を上回ると判断されれば通貨供給を引き締めて金利を上げ，需要不足で物価上昇率が目標を下回るようであれば供給を増やして金利を下げるというふうに金融政策を調整する。明確な数値目標があるので金融政策の透明性が高まるというメリットがある[9]。また，固定為替レートを守る必要がなくなったので，金融政策の自律性は回復された。

プライマリー財政黒字とは債務返済を除く財政収支のことであり，高いプライマリー黒字目標を掲げることによって，政府の債務返済能力に信頼性が高まる。ブラジル政府は，同時に行政の各単位で収支均衡を義務付けて許可なく借り入れができないように定めた財政責任法を導入し，地方財政に関しても監視の目を強めた。その結果，2002年にはGDP比3.55％のプライマリー黒字を計上した。

この政策転換以降，変動為替相場制，財政責任法のもとでのプライマリー財政黒字目標，インフレ目標を定めた金融政策は政策の3本柱となり，政権交代を越えて今日まで続いている。

4　電力危機（2001〜02年）

カルドーゾ政権は，不安定な国際金融状況の中で，ハイパー・インフレの経済状況から持続可能な経済政策枠組への移行を見事に成し遂げた。にもかかわらず，カルドーゾの政党ブラジル社会民主党は，2002年の大統領選挙でブラジル社会民主党後継者として擁立したセラ元保健大臣がそれまで一度も政権をとったことがなかった労働者党のルーラに敗れて政権を失った。

---

[9]　カルドーゾ政権下で1999〜2002年の各年のインフレ目標はそれぞれ8％，6％，4％，3.5％と設定された。このうち2001年と2002年は実際のインフレ率は7.67％，12.53％となり，大きく目標から外れた。2001年はアルゼンチンの通貨危機と9.11同時多発テロの発生によって，また2002年は大統領選挙でルーラ勝利が確実となった後の資本逃避によって，為替レートが急激に上昇したことが原因であった。このように目標を達成できなかった場合に，中央銀行は財務大臣に対して公開状を送ってその理由を説明しなければならない。

筆者は，その最大の要因は1999年の通貨危機よりも，2001年にブラジルを襲った電力危機にあったと考えている。この年にブラジルは異常な降雨不足に見舞われたが，発電の90%を水力に依存していたために，電力不足に陥った。各家庭には節電が要請され，協力しない場合には電力料金に罰金が科される事態になった［浜口2001］。
　ルーラは選挙キャンペーンにおいて，電力危機はカルドーゾ政権が民営化を行った結果，電力供給能力増強のための投資が不足したためであり，失政による人災だと主張した。民営化と電力危機を結び付ける科学的な証拠はなくとも，節電を強制されて大変な苦労を強いられた国民は，国民が生活の安全と安心を得るためには，カルドーゾ政権が推進した民営化や労働関係柔軟化などの自由化路線ではなく，政府がしっかりと役割を果たさなければならないと訴えるルーラの主張を受け入れた。カルドーゾ政権にとっては，国際金融の不規則な動きも降雨不足による電力危機も，自らコントロールしようのない外生要因であって，そのことで批判されるのは不本意であったかもしれない。しかし，ブラジルは無防備で脆弱になったというルーラの批判に共感して政治に変化を求める世論は急速に広がった。

IV　ルーラ政権の幸運な自由化（2003～10年）

1　ルーラ政権の経済政策における継承と相違

　ルーラは大統領選挙戦の開始にあたって「ブラジル国民への手紙」(Carta ao povo brasileiro) を発表した。この中でカルドーゾ政権期のブラジルを，「脆弱で不安定」，「経済成長が停滞している」と指摘し，「創造的で継続的な社会政策」を実施することによって，雇用の増加や所得分配の改善を実現して，国内の大衆消費の拡大を通じて経済を成長させると訴えた。一方で，「インフレの抑制」の重要性とそのために「プライマリー黒字目標の継続による財政の均衡」を維持すると明記している。カルドーゾ政権期に実現した物価の安定にはすでに社会で定評を得ており，経済政策におけるイデオロギー的な許容範囲は極めて限定されていた［Weyland 2005］。労働者党はカルドーゾ政権のマクロ経済政策を継承する現実主義路線をとることによって有権者の信頼を得ようとした。
　しかし，ルーラは2002年の選挙運動のレトリックとして「飢餓撲滅」(Fome

Zero) をスローガンとする社会政策をことさらに強調していたため，大規模なばらまき政策が財政を破綻させるという恐れを抱いた投資家はブラジルから資金を逃避させ，それがもとでレアルの対ドルレートは2002年の初めから選挙が実施された10月にかけて最大70％減価した。このため，2002年のインフレ率は政府目標3.5％に対して12.5％に上った。短期金利SELICの誘導目標は，年末までに年率25％に引き上げられた。金利上昇は財政を悪化させ，名目財政収支赤字は2002年にはGDPの9.4％に膨らんだ。

　このような状況のもとで発足したルーラ政権は，当面，社会政策を封印し，インフレ収束と通貨の安定を優先した。選挙戦中の政策批判とは裏腹に，ルーラ政権はマクロ経済政策において，カルドーゾ政権の政策の3本柱（変動相場制，プライマリー財政黒字目標，インフレ目標による金融政策）をそのまま踏襲したのである。財政当局は，プライマリー財政黒字目標をGDP比3.75％から4.25％に自ら進んで引き上げ，物価安定への意欲を見せた。高度な知識が要求される中央銀行総裁には，アメリカでバンク・オブ・ボストン頭取を務め国際金融の経験が豊富な保守派のエンリケ・メイレレス（Henrique de Campos Meirelles）を登用し，金融政策の全権を委任した。中央銀行は，ルーラ政権が発足した2003年の1月から7月まで利上げを継続し，2003年のインフレ率を一桁の9.3％に押さえ込んだ。インフレ抑制を優先したことにより，マクロ経済政策の手腕が不安視されていたルーラ政権は早期に市場の信任を得ることができた。

　ルーラ政権がカルドーゾ政権のマクロ経済政策を継承したことに労働者党の組織的支持基盤である労働組合から強い反発がなかったことについて，オリベイラは，カルドーゾ時代の民営化によって旧国営企業の支配株主となった年金基金の役員の多くは労働組合のエリート層であり，金融的リターンに強い関心を持つようになった彼らはマクロ経済安定性を重視し，政策の継続性を支持したと指摘している [Oliveira 2003]。

　ルーラ政権はカルドーゾ政権が行った民営化や労働関係の柔軟化，および貿易自由化についても，時計の針を逆に戻すような変更を行っておらず，制度改革に関しても前政権を踏襲した。しかし，制度の運用には違いがみられた。例えば，民営化された電力，通信等の公益事業に関して，カルドーゾ政権で，監督機関として重視された専門機関の権限を縮小し，政府の直接介入が再び強化された。そうした理由は，民間企業の市場競争だけに委ねると，政府が必要と

考える投資が行われないからであり，カルドーゾ政権下の電力危機への批判に端を発している。ルーラ政権では官民パートナーシップ（PPP）による共同出資で投資を動員しようとしたが，民間企業にとってカウンターパートとなる政府財源が不確かなことと，市場のルールが以前よりも曖昧になったことで，期待されたような成果を得ていない。

労働関係についても，カルドーゾ政権期に野党として反対していた柔軟化を旧に復すことはなかった。ただし，最低賃金の引き上げ幅を拡大することで，支持基盤である労働組合の期待に応えた。政府が機械的に最低賃金の引き上げ率を決めるならば，物価上昇率と労働の生産性上昇分（前年の実質GDP成長率を利用）を足した率に決定すればよい。図9-6によると，カルドーゾ政権期はほぼこのルールどおりに最低賃金が決められており，1995年の水準（=1）から変化がなかったが，ルーラ政権期にはこの基準を超える最低賃金の引き上げが行われた。

財政収支について，ルーラ政権は確かにプライマリー黒字目標を達成したが，経済成長率上昇にともなう税収の増加を利用して公務員の雇用を増やし，財政支出の人件費を拡大させた（図9-2）。行政の無駄を省いて国民の税負担を軽減するべき機会を利用しなかった。

社会政策において，ルーラ政権は貧困家庭支援プログラムとして国際的に有名な「ボルサ・ファミリア」を導入した。この政策は子供の通学等の教育・健康に関して義務を家庭が履行することを条件にした現金給付政策である。受益対象は2006年に1097万世帯に達し，この種のプログラムとしては世界最大規模となった［浜口2007］。この政策も，ルーラ政権が新たに始めたものではなく，カルドーゾ政権下で導入された「ボルサ・エスコーラ」等のいくつかの条件つき現金給付政策を統合し，給付金の規模と給付の対象を拡大したものである[10]。条件つき現金給付政策は受給者に自己責任の充足を求め，また支援する必要のない人々に資金が使われる無駄を省くターゲット型の援助であるという意味で，従来の現物支給型の援助よりも新自由主義と親和性の高いプロジェクトといえる［浜口・高橋2008］。

インフレ抑制を優先したマクロ経済政策により2003年のGDP成長率は1.2%に低迷した。社会政策の変化を期待した国民には，ルーラ政権の経済政

---

10) 労働者党はボルサ・エスコーラを「ボルサ・エズモーラ」（エズモーラとは物乞いに与える小銭の意味）と批判していた。

策は前政権の継続に過ぎず，期待外れのものであった。Datafolha 社の世論調査（http://datafolha.folha.uol.com.br/）によると，ルーラ大統領の支持率は 40％台から上昇せず，2005 年に政権の重要閣僚の解任に発展した国会議員買収（メンサロン）事件等の政治スキャンダルが続発すると支持率は 20％台に下落した。ルーラ本人の関与も取りざたされて，野党は幾度も弾劾決議をちらつかせる揺さぶりをかけた。

　ルーラは経済安定化とボルサ・ファミリアの実績を強調して再選を果たしたものの，その経済政策に対する評価は分かれていた。経済成長率は 2004 年に 5％台を記録した後，2005～06 年は 3～4％に落ちた。ボルサ・ファミリアは貧困層から支持された一方で，中間層以上からは「選挙目当てのばらまき」と批判され，所得水準が高い南部・中西部・サンパウロ州では対立候補に得票数をリードされた。ルーラが再選できたのは，貧困層の多い北東部地域で 1000 万票以上，対立候補の得票数を上回ったおかげであった。ルーラ政権の第 1 期は評価が二分し，社会の分裂を生んでいた。

2　コモディティ・ブーム

　カルドーゾ政権が国際資本市場における新興国への資本移動の極度の不安定さと旱魃が招いた電力不足という外生的な悪条件に見舞われたのと対照的に，ルーラ政権は国際市場においてブラジルが輸出する鉄鉱石，大豆，砂糖，コーヒー，などのコモディティ価格が上昇する幸運に恵まれた。図 9-4 からわかるように，ブラジルの輸出コモディティ価格はカルドーゾ政権期（1995～2002 年）とは違って，ルーラ政権期には上昇傾向が続いた。ブラジルへの外貨純流入額は 2003 年に年間 7.2 億ドルに過ぎなかったのが 2004 年に 63.6 億ドル，2007 年に 874.5 億ドルと拡大した。外貨準備は 2002 年末に 378 億ドルであったのが，2008 年 9 月に 2065 億ドルに達した[11]。コモディティ・ブームはブラジルの外貨制約を劇的に緩和し，金利の引き下げを可能にした。これが次に述べる内需主導の経済成長につながってゆく。

　他方で潤沢な資金流入は，ドル安・レアル高を招いた。為替レートは 2002 年にルーラが当選の時の資本逃避で一時 1 ドル＝ 4 レアル近くまで上昇したが，

11）　外貨準備が対外債務を上回るようになり，ブラジルは純債権国に転じている。ブラジルは，米国財務省証券の保有残高で中国，日本，英国に次いで 4 位にランクされている。

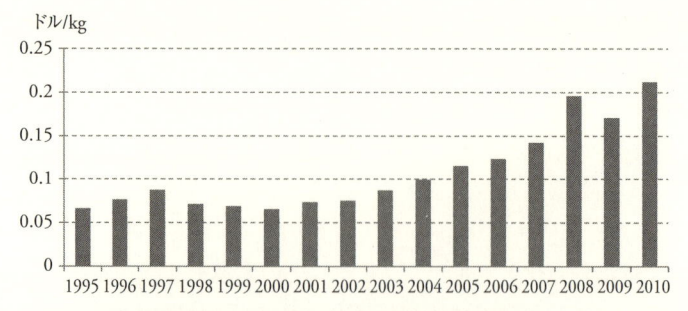

図9-4 コモディティ輸出価格平均の推移
出典：中央銀行時系列データベース
注：工業開発貿易省の貿易通関データから"Basico"（一次産品）に分類された輸出の額（ドル）を数量（kg）で割った値。

図9-5 為替レート
出典：中央銀行時系列データベース

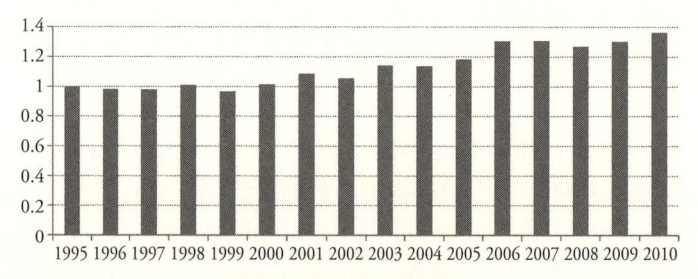

図9-6 最低賃金の実質価値
最低賃金の実質価値は，法律で定められた最低賃金の引き上げ率から，消費者物価上昇率と前年のGDP実質成長率で各年の成長率の和を差し引いて実質増価率を計算し，1995年の水準を1に基準化して各年の水準を表した。
出典：中央銀行時系列データベース

図9-7　輸出の構成比（%）
　　　　　　　　　　　―― 一次産品　---- 半製品　---- 工業製品
出典：中央銀行時系列データベース

就任後のマクロ経済政策が評価されて1年半以上1ドル=3レアル水準で安定的に推移した後，2004年9月から4年近くレアル高が継続し，2008年8月に1ドル=1.5レアル台に達した。レアル高は，ブラジルの製造業の価格競争力を奪っている。図9-7で示されているように，2000年代の初めには55〜60%であった輸出に占める工業製品の比率は2010年に40%に低下し，一次産品の比率との逆転が生じた。輸出の一次産品依存が高まることによって製造業が相対的に衰退し，生産性の低いサービス産業に雇用が流れる，いわゆる「オランダ病」が進行しており，長期的には経済成長の鈍化が懸念される。

3　内需が主導する経済成長

　ルーラ政権下で起こった特筆すべき変化は，国内市場の拡大である。経済成長が持続し，正規の雇用契約を結ぶ労働者が増えた。2004〜08年には，年間120〜160万人の労働者が正規に労働市場に組み込まれていった。リーマン・ショックの影響を受けた2009年は約100万人に減少したが，急速な景気回復を遂げた2010年には255万人の雇用が創出された。失業率が継続的に低下し（図9-3），図9-6で確認したように，ルーラ政権は最低賃金の実質引き上げを行ったために，労働者の購買力は改善した。
　厚みを増した中間所得層は，国内需要を拡大し経済成長を牽引する主役となった。ブラジルにおける中間所得層とは，5段階（A〜E）の所得階層分類で，

第9章　ブラジルの新自由主義　329

ひとりあたり家計所得が最低賃金の3倍〜12倍[12]のCクラスの人々を指す。Cクラスの構成比は2002〜08年の間で43%から54%に増加した。その一方で，最低賃金以下の収入しか得ていないEクラスは30%から18%と大きく減少した。

　中間所得層が消費意欲を高めるようになった背景には，個人向け融資の拡大があった。これまで高金利の国債で資金を運用して収益を上げてきた銀行は，延滞リスクの高い個人向け融資を敬遠してきたし，マクロ経済状況に応じて金利が急激に引き上げられる政策環境では，消費者も借金を抱えるリスクは大きすぎると感じていた。しかし，緩和された外貨制約のもとで継続的に政策金利が引き下げられると，雇用と収入を安定させて信用力が高まった中間所得層が個人向け融資を積極的に利用するようになり，2004年に対GDP比6%の規模であった個人向け融資は，2010年末に15%に増加した。

　例えばブラジルの自動車産業は，融資成長の恩恵を受けて2004年頃から活況を呈している。2003年に143万台であった新車販売台数は2010年には352万台となり，生産台数も150万台から338万台に増加した。この自動車市場の成長は，消費者が自動車ローンをより容易に利用できるようになったことと，所得の安定をもたらした正規雇用の増加と関わりがある［浜口2009］。また，自動車ローンの融資期間が長期化すると自動車市場における1リットル・エンジンの大衆車の比率が増加するという効果が観察される。融資期間が延びれば1か月あたりの返済額が少なくなり，低所得家計でも自動車を購入することが可能になるので，エントリークラスの大衆車が売れたのである。

　このような状況は，内需の拡大が生産と雇用の成長をもたらし，それがさらに内需を拡大させるという好循環を生み出している。コモディティ・ブームによって外貨制約から解放されたブラジル経済はマクロ経済の安定を盤石なものとした。この状況のもとで，インフレ目標政策において物価安定のアンカーの役割を持つ金利を引き下げることが可能になり，融資市場の成長が促され，内需拡大に重要な役割を果たしている。内需が主導する経済成長は，低所得層から新中間層への大量の階層間移動をともなっており，所得分配の平等化にも著しい改善がみられる。

　好況局面にあったブラジルは，2008〜09年のリーマン・ショックに端を発

12）　このデータの出所であるジェトゥリオ・ヴァルガス研究所社会政策センター（FGV／CPS）の基準による。

する世界経済危機の影響を難なく乗りきることに成功した。その成功要因は，財政出動（特に自動車などの耐久消費財購入価格を引き下げるための減税措置）や金融緩和による積極的な内需刺激策であった［浜口 2009］。このような対応は，資本逃避を恐れて，外生ショックに対して不況効果があっても財政・金融の引き締め策を取らざるを得なかったような，これまでの脆弱な経済基盤のブラジルで取られたものとは明らかに異なっていた。

V ブラジルにおける民主主義と新自由主義

　カルドーゾ政権はいくつもの外生ショックに遭って低い経済成長率に留まりながらも市場経済への信条を崩さず新自由主義政策を貫いたが，もともと左派的思想背景をもつルーラは，再選前に低迷した支持を挽回するためにポピュリズムに転向するリスクがあった。しかし，そうならずに自由化が保たれたのは，コモディティ・ブームの追い風があったことと，前政権期に社会が政策調整のコストを負いながらも内需拡大の基礎となるマクロ経済の安定性が確立されたことの，二つの幸運に恵まれたからだ。「幸運な自由化」はこうして可能になり，ルーラ再選後のブラジルでは経済に関してすべてがうまくいった。

　ルーラ政権の経済実績は，貧困層だけではなく国民全体に支持された。ルーラ大統領の支持率は 2 期目の任期終了間際の 2010 年 12 月の世論調査でも 83％という驚異的な値であった。ボルサ・ファミリアによってかろうじて再選を果たした 2006 年のルーラの経済政策に対する評価は，恩恵を受けた貧困層とそれを選挙目当てのばらまきと批判する人々の間で世論を二分するものであったことと比較すると，この変化は再選後のルーラ政権の経済面での成功が，貧困層への人気取りのポピュリスト的なものではなく社会の多階層に広がる支持を得たことを物語っている。

　本章ではコロル，カルドーゾ，ルーラの 3 人の大統領がブラジルの政権を担当した 20 年間を振り返ることによって，新自由主義がブラジルに浸透していった過程でそれぞれの政権がそれぞれの時代において必要なユニークな役割を果たしたことを理解しようと努めた。まず，コロルは国内経済がハイパー・インフレで非常に混乱し，債務モラトリアムによって対外的にも孤立した底辺の状態で，国家の抜本的改革を期待する国民によって選ばれ，ためらいなくワシントン・コンセンサスを受け入れた。コロル政権のマクロ政策は稚拙なもので失

敗したが，民営化や貿易自由化はその後も不可逆的な影響を持った。カルドーゾ政権は，巧みに実施されたレアル計画によってインフレを終息させることに成功した。当時の不安定な国際金融情勢の影響を受けて政策転換を迫られたが，再び混乱に陥ることなく代替的なマクロ経済政策枠組に移行し，これが現在も続く持続可能で自律性のあるブラジルの経済政策となった。しかし，カルドーゾ政権のマクロ経済政策や拡大された民営化路線の脆弱性を批判したルーラが国民に支持されて，政権交代が起こった。ルーラは社会政策で貧困家庭の生活を底支えしながら，天然資源ブームという僥倖にも恵まれて，低所得者が内需主導の成長を牽引する経済構造に転換させ，リーマン・ショックをうまく乗り切ることにも成功した。

　本章で検討した三つの政権は，民間経済主体の私的所有権を尊重し，市場での競争を通じた資源配分を重視，さらに自由貿易と資本の自由化を維持したという点で，新自由主義経済政策を継承してきたと見ることができる。その一方で，ブラジルの新自由主義は政権交代を契機に変容も遂げてきている。コロル政権がワシントン・コンセンサスをそのまま受け入れて新自由主義改革を力づくで導入して失敗に終わったのち，カルドーゾ政権はその第1期には変動為替レートを否定したレアル計画を実施してハイパー・インフレを終息させるとともに，規制緩和や民営化の推進にあたっては，産業界と緊密な調整を行った。第2期においては変動為替相場に復帰し，インフレ目標，プライマリー財政黒字目標からなるマクロ政策の3本柱を確立し，これはルーラ政権にも継承された。このように，ブラジルが置かれていた固有の状況を考慮せずに導入された新自由主義が失敗したのちに制度的な改良を経て定着していった過程は，第8章で分析されているロシアの事例で，単純なソビエト型企業の私有化が行き詰まった後，企業が資本主義性質に変革された結果，改革が推進された過程と相通ずるものがある。ルーラ政権の経済政策がカルドーゾ政権から最も乖離した点は，労働者に配慮して最低賃金を物価上昇率以上に引き上げたことにあった。これは結果として内需主導の経済成長を引き起こした。もう一つ乖離したポイントを探すとすれば，本章の論点からは外れるが，カルドーゾ政権下で進行していたアメリカ主導の米州自由貿易圏（FTAA）交渉を拒否して，発展途上国外交を強化した点にある。ルーラ政権の最低賃金の引き上げや対米依存の見直しを可能にした背景には，資源ブームがあったと言うことができよう。

　ルーラ政権の経済的成功は，天然資源ブームの他に，2人の前任者の功罪相

まった遺産にも負っている。仮に1989年にコロルではなく，ルーラが当選していたとすれば，ハイパー・インフレ下で同じような内需重視の政策をとることはできなかっただろうし，米国からの助言に従ってためらいなくワシントン・コンセンサスを受け入れることもなかったであろう。そうなれば，その後の展開は大きく違っていたであろう。カルドーゾ政権は，もしコロルの失敗から学んでいなければ，コロルと同じようにワシントン・コンセンサスをそのまま受け入れたマクロ政策を実施して失敗していたかもしれない。その意味で，コロル政権の失敗は，後に生きた。ルーラは選挙においてカルドーゾ政権の政策を批判したものの，実際に行った経済政策は，カルドーゾ政権の3本柱の継承に他ならず，民営化された元国営企業を再民営化することも，柔軟化された労働関係を元に戻すこともなかった。カルドーゾ政権とルーラ政権の間には，政治的な論争はあっても，経済政策にはあたかも政策協調があったかのような継続性があった。民営化を進めた際の民間部門との調整は国内企業家階層や海外資本と良好な関係にあったカルドーゾ政権が得意とするものであったし，ルーラ政権は労働組合と調整しながら内需拡大につながる賃金引き上げを巧みに行った。

　大統領選挙で2度直接対決したときに，カルドーゾはルーラに時代遅れの社会主義者というレッテルを張って一蹴している。ルーラは，カルドーゾ政権時代の政策を，ブラジルを低成長経済に導き貧困問題を深刻にした「呪われた遺産」(helança maldita) と呼び，決してその功績を認めようとはしなかった。ルーラとカルドーゾはいわば光と影の関係であり，どちらかが輝くためにはもう一方が陰にならざるを得なかったが，ブラジル経済が80年代末の低迷から抜け出して，重要な新興国として国際的に認知されるようになるまでには，二つの政権がそれぞれ意味のある働きをし，コロル政権によってブラジルに導入された新自由主義を国際経済情勢に合わせてブラジルに根付かせたと考えることができる。軍政後の民主化の中で，結果的にブラジル国民は合理的に正しい政権を選択してきたということは注目に値するであろう。

　本章で分析したブラジルの事例は，民主的な政治環境下で実施される新自由主義経済政策が社会の対立を悪化させることなく調和を醸成する可能性を示している。しかし，民主化は新自由主義成功の必要条件に過ぎず，十分条件ではない。新自由主義と民主化の相互関係を理解するためには，よりいっそうの研究が必要である。

参考文献

Cardoso, Fernando Henrique [2006] *The Accidental President of Brazil: A Memoir*. New York: Public Affairs.
Cook, Mari Lorena [2002] "Labor reform and dual transitions in Brazil and the Southern Cone." *Latin American Politics and Society*, 44: 1–34.
Krein, Jose Dari [2003] "Balanço da reforma trabalhista do governo FHC." In: Marcelo Weishaupt Proni and Wilnes Henrique (eds.) *Trabalho, Mercado e Sociedade: o Brasil nos Anos 90*. São Paulo: Editora UNESP, pp. 279–322.
Merquior, Jose Guilherme [1993] "A Panoramic View of the Rebirth of Liberalism." *World Development*, 21: 1263–1269.
Moreira, Marcílio Marques [2001] *Diplomacia, Política e Finanças: De JK a Collor, 40 anos de história por um de seus protagonistas*. Rio de Janeiro: Objetiva.
Oliveira, Francisco de [2003] *Crítica à razão dualista/O ornitorrinco*. São Paulo: Boitempo.
Weyland, Kurt [2000] "The Brazilian State in the new Democracy." In: Peter R. Kingstone and Timothy J. Power (eds.) *Democratic Brazil: Actors, Institutions, and Processes*. Pittsburgh: University of Pittsburgh Press, pp. 36–57.
Weyland, Kurt [2005] "The Growing Sustainability of Brazil's Low-Quality Democracy." In: Frances Hagopian and Scott P. Mainwaring (eds.) *The Third Wave of Democratization in Latin America: Advances and Setbacks*. Cambridge: Cambridge University Press, pp. 90–120.
Wiilamson, John [1990] "What Washington means by policy reform." *Latin American Adjustment: How Much Has Happened?* Washington, D.C.: Institute for International economics, pp. 7–38.
田中祐二［2007］「ブラジルにおける新しい企業像の追及―航空機製造企業 EMBRAER 社のクラスター形成と CSR」『立命館経済学』55(5-6): 29–43.
浜口伸明［2001］「ブラジルの電力危機：供給サイドの諸問題」『ラテンアメリカ・レポート』18(2): 21–35.
浜口伸明［2005］「ブラジル・テレコム市場における集中と競争」『ラテンアメリカ・レポート』22(2): 9–13.
浜口伸明［2007］「ボルサ・ファミリア：ブラジル・ルーラ政権の貧困対策」『海外事情』55(2): 49–59.
浜口伸明［2009］「ブラジルの経済成長における消費者市場の役割」『国民経済雑誌』199(1): 17–28.
浜口伸明［2009］「ブラジル―楽観の理由」『ラテンアメリカ・レポート』26(1): 3–11.
浜口伸明・高橋百合子［2008］「条件付現金給付による貧困対策の政治経済学的考察：ラテンアメリカの事例から」『国民経済雑誌』197(3): 49–64.

終章

「ネオリベラリズムの実践」を比較する
複雑な現実から見えてくるもの

仙石 学

I 中東欧・ロシアとラテンアメリカを比較する
── これまでの研究から

　本書の位置づけ，および「ネオリベラリズムの実践」を軸に中東欧およびロシアとラテンアメリカを事例とした議論を行うことの意味に関しては序章ですでに論じたので，ここでは本書の分析から得られた知見をもとに，全体の議論をまとめておくこととしたい。なおその際，本書の各章の分析ではそれぞれの地域内の状況に主たる焦点が当てられてきたことを踏まえて，終章では地域を越えた総合的な比較の視点から，各章の議論を包括的に位置づけていくこととしたい。

　ただここで，そもそも中東欧およびロシアとラテンアメリカを比較するということについて，「異質な地域」を比較することは可能なのか，もしくはそのような比較に意味があるのか，という点について，疑問を提起する向きもあるかもしれない。この疑問に関する一つの解答としては，実は中東欧およびロシアとラテンアメリカを比較するという試みそのものはかなり以前から行われている作業で，ある程度の研究の蓄積がすでに存在していること，およびそれらの研究を通して，この二つの地域を比較することで有益な知見を得ることが可能であることが確認されていることを，あげることができる。そこで以下ではまず，中東欧・ロシアとラテンアメリカを何らかの形で比較したこれまでの主な研究を概観し，そこから得られた知見を整理した上で，本書における両地域の事例分析およびその比較から得られた新たな知見について，整理をしていくこととしたい。

　中東欧・ロシアとラテンアメリカの比較を行った古典的な研究としては，二つの地域をそれぞれ「大国（中東欧の場合は旧ソ連，ラテンアメリカの場合はアメリカ合衆国）の勢力圏」という視点から比較した論文集『支配国と従属国』[Triska ed. 1986] がある。ここでの議論そのものは，大国であるアメリカ合衆国ないし旧ソ連とその勢力圏との「関係」の比較が中心であり，本書で議論したネオリベラリズムのような国内政治・政策の問題が直接議論されているわけではない。だがこの論文集は，それまで比較の対象とは考えられていなかった中東欧とラテンアメリカという二つの地域を横断的に比較することで，両地域の間では社会主義と資本主義という経済システムの相違はあるものの，実際にはシステムの相違を超えた共通点も多く存在していること，一例としては，勢

力圏において大国は一般に，自国の影響力を保持するために，従属国による支配的な経済システムからの逸脱を抑制しようとするが，大国が勢力圏を無理に維持しようとすると，かえって抑圧のコストが上昇し勢力圏そのものの維持が困難になるというパラドクスが存在する点では違いがないことなどを明らかにした。歴史的な経緯も踏まえて「異なる地域の比較可能性」について議論している点で，この論文集には現在でも一定の価値があると考えられる。

　ラテンアメリカ諸国における権威主義体制の崩壊，および中東欧諸国における体制転換の後には，両地域における政治および経済面での変革を包括的に比較する研究が現れるようになった。そのもっとも早い時期のものとしては，プシェヴォルスキの『民主主義と市場』[Przeworski 1991] がある。プシェヴォルスキはこの本において，まず体制以降の後に形成された民主主義・市場経済の制度を安定させるためには，新しい制度形成の際に主要な利益勢力を関与させることと，移行に伴う社会的なコストを最小限にするために国家が一定の役割を担うことが必要であることを整理した上で，社会主義体制が崩壊した後の中東欧の諸国に関して，ヨーロッパに近いという地理的条件以外では先に民主化したラテンアメリカ諸国と大きな違いはないにもかかわらず，社会主義体制が崩壊した後の国家が社会的コストの最小化という方向とは異なる急進的な改革を，主要な利益勢力を排除して進めようとしていることで，今後は改革に対する抵抗や非民主主義的体制に向かう政治勢力の台頭を招く可能性が高くなること，そしてそのために，ラテンアメリカ諸国が民主化した 1980 年代に経験した問題と同様の，民主主義の不安定化という問題に直面するであろうということを提起した。その後の現実の展開をみると，中東欧諸国はまさに「地理的要因」である EU 加盟を通して，結果的に民主主義体制と市場経済システムを一応は安定させたのに対して，EU の作用の及ばないロシアでは民主主義および市場経済の確立がいまだに十分とはいいきれない状況にあることから，プシェヴォルスキの予測は「半分実現し，半分外れる」こととなった。だがこのプシェヴォルスキの議論を契機として，これ以降中東欧とラテンアメリカの比較を試みる，さまざまな研究が現れてくることとなる。

　プシェヴォルスキが議論した転換直後の時期以降の動向を受ける形で，グレスコヴィッツは『抵抗と忍耐の政治経済』[Greskovits 1998] において，「中東欧諸国ではラテンアメリカ諸国以上に根本的な政治および経済の改革が行われ，その過程で社会がより大きなダメージを受けたにもかかわらず，ラテンアメリ

カと比較して，中東欧では政治的な抵抗活動が少なかったのはなぜか」という問題を解明することを試みた。ここでグレスコヴィッツは二つの地域の比較を通して，社会主義体制の遺産 —— 例えば社会主義体制が資産や所得の格差・不平等を取り除き，相対的に同質な社会を構築したことや，社会主義体制における工業化の成功が少子化と寿命の伸びをもたらし，その結果として相対的に年齢層の高い成熟した社会が形成されたことなど —— の作用により，ラテンアメリカ諸国にみられるデモや暴動などの国民の直接的な政治的抵抗活動が，中東欧諸国では抑制されている可能性が高いという議論を提起した。グレスコヴィッツはこのように，二つの地域の間の相違を，社会の成熟度の違いというより一般的な変数をもとに説明することを試みることで，異なる地域の間での意味のある比較を行うことに成功しているといえる。

　ハガードとカウフマンは『開発，民主主義，福祉国家』[Haggard and Kaufman 2008]において，中東欧とラテンアメリカに東アジアの事例を加えて，3地域における福祉国家の発展の形，およびその地域間の違いについての比較分析を試みた。ここでは三つの地域における現在の福祉制度改革について，これは現在の政治過程の中でアドホックに形成されたものではなく，それぞれの地域の歴史的な経緯の中で経路依存的に形成されてきたものであること，具体的には，早い時期に公的セクターにおいて福祉整備が進められたラテンアメリカでは官民の間での「福祉格差」が形成され，それがネオリベラル的な改革を求める動きと結びついたのに対して，社会主義期に普遍的な福祉が導入された中東欧諸国ではその普遍性への執着のために体制転換後にはリベラルな福祉改革への抵抗が継続している，他方で軍政期には左派が排除されたことで福祉より教育が重視された東アジアでは，現在では民主主義のもとでようやく福祉の拡大が検討されつつあるが，その規模は他の2地域に比べて限定されているという相違があることが整理されている。地域間の相違を明確にするための議論であることから，それぞれの地域内における相違についてはややなおざりにされているという問題はあるものの，ラテンアメリカや中東欧と同様に後発国として工業化を進めた東アジアの事例を含めることで，議論に深みを出すことに成功している。

　近年では本書と同様に，両地域におけるネオリベラル的な政策のあり方に着目した比較研究も増えてきている。そのような研究の一つに，マンツェッティによる『ネオリベラリズム，アカウンタビリティ，そして新興市場経済におけ

る改革の失敗』［Manzetti 2009］がある。ここでは特にロシア，アルゼンチン，そしてチリにおけるネオリベラル的な改革の比較を通して，改革の実施に際しては「政治的アカウンタビリティ」が重要となること——市民やメディアが選挙を通して政府を監視すること，および政府機関相互でチェックとバランスを保つ機能が存在していることが，政治および経済両面での改革が進展するためには必要であること，逆にこのアカウンタビリティが弱ければ，政府による汚職やクライエンテリズムが発生し，改革を効果的に実施することが困難となることが整理されていて，ネオリベラル的な政策の実施は政治システムと密接に連関していること——が整理されている。

　このマンツェッティの見方に対して，政府・国家に対する「ガバナンス」を強化することには問題があるという見方を提起するのが，両地域以外にアジアやアフリカの事例も含めて，ネオリベラリズムとガバナンスの関係を論じた論文集『グローバル・ネオリベラリズム時代のグッド・ガバナンス』である［Demmers et al. 2004］。この論文集においては，開発途上地域において介入的な経済政策に代わりネオリベラル的な経済政策が実施されるようになったことが，当初想定された成長と秩序をもたらす方向には作用せず，むしろそれまでは想定されていなかった格差や不平等をもたらし，それが新しい階層間の対立を導いていること，および「グッド・ガバナンス」の名のもとに国家の役割・機能が制限されるようになったことで，この新たな対立はより深刻なものとなっていることが，多くの事例の比較を元に説得的に提示されている。

　また，中東欧とラテンアメリカにおけるIMF改革の比較を行ったポップ・エルシェスは著書『経済危機から改革へ』の中で［Pop-Eleches 2009］，そもそもIMFが提起した改革の意図が，対外債務問題の処理を目的とするラテンアメリカの場合と，市場経済への円滑な移行を目的とする中東欧の場合とで異なっていること，および経済危機からIMF型の経済改革が実施されるのは，国内の主要な層がそのような改革を行うことに利益を有している場合に限られていることを提起した上で，国内で改革への反発が根強いラテンアメリカでは反改革的な動きが多く現れたのに対して，改革への抵抗が少ない中東欧では比較的平穏に改革が実施されたことを整理している。

　ここまで既存の地域間比較の研究について概観してきたが，これらの研究が提起する議論については，「異なるように見える中東欧（・ロシア）とラテンアメリカの間にも，ある程度の共通性が見られる」ことを指摘する研究と，「あ

る程度の共通性を有する中東欧（・ロシア）とラテンアメリカの間でも，それぞれの地域に固有の要因に由来する明確な相違が存在する」ことを確認する研究という，異なる二つの方向性を提起するものに分けることができると考えられる。だが本書の各章から得られる知見を包括的に比較・検討するならば，現状はこのように単純な二分論で見ることができるわけではないこと，すなわち「どのような地域にも共通する側面がある」とも「地域ごとに状況は異なっている」とも言い切ることはできないことがわかる。では本書の議論からは，具体的にどのようなことが明らかになったのか。次節では各章の主要な論点に触れながら，この問題について一応の解答を示していくこととしたい。

II 新興民主主義国における「ネオリベラリズムの実践」
── 本書の議論から

先にも述べたように，本書に収められたそれぞれの論考は，基本的には特定事例の分析，もしくは中東欧ないしラテンアメリカ内部での比較分析を行ったもので，明示的に地域間の比較を行ったわけではない。だが本書全体を通してみるならば，ラテンアメリカと中東欧およびロシアという新興民主主義地域におけるネオリベラリズムの起源から実践，そしてその結果に至るまでの多面的な比較を行うことが可能となり，またその結果として，従来の議論を深めるような知見を導くことが可能となっている。以下ではその中でも重要と考えられる論点について，簡単に整理しておく。

まず最初のポイントとして，ラテンアメリカと中東欧およびロシアにおけるネオリベラリズムの「源流」は基本的には同じもので，それが各国・地域において受容されていく過程にもある程度の相似性があるという点をあげることができる。いわゆる「シカゴ学派」の形成から，そこで構築された議論がマルクス主義ないし開発主義的な議論に対抗する形でチリに導入されていく過程については第2章の竹内論文で整理されているが，第1章で上垣が論じる，マルクス主義の権威が失墜した後のロシアにおいてNESを通してネオリベラリズムが受容されていく過程は，まさにこの「チリ・プロジェクト」の再現ともいえる状況にある。さらにいえば，ネオリベラリズムが「主流」の地位を得た後に，チリにおいてはピノチェが軍事政権のもとでネオリベラル的な政策を進め，ロシアではエリツィンが権威主義的に市場経済を作り出そうとする「市場ボル

シェヴィズム」的政策をとったという点にも，両者の相似を見ることができる。

中東欧の場合は若干事情は異なるものの，第4章および第5章でも簡単に論じられているように，社会主義期から西側における経済学や経済政策の考え方は学会のネットワークなどを通して伝えられていたし［Bockman and Eyal 2002］，特にハンガリーやポーランドのエコノミストは，第4章で林も論じているように，1970年代から80年代初頭というかなり早い段階で，ネオリベラル的な考え方に基づく政策実施についての議論を行っていた。そしてポーランドおいては，準自由選挙の実施とその結果としての実質的な挙国一致内閣の成立という，たまたま政府がフリーハンドを握ることができた機会に，ネオリベラル的な経済安定化政策としての「バルツェロヴィッチ・プラン」が実施されることとなる［仙石 1998；本書第4章］。バルト諸国については中東欧とはおかれた環境が異なっていたものの，それでもやはり体制転換の時期に若手経済学者を中心としたネオリベラリストが政策形成に一定の影響力を有していて，かつこのグループにアメリカ合衆国政府が一定の支援を行っていたことが確認されている［cf. Sommers and Bērziņš 2011: 120–122］。

当初はある種の「インナーサークル」により「異端」としてネオリベラリズムが受容され，それがその後マルクス主義との対抗を経て，あるいはマルクス主義が失墜した後にこれに代わるものとして「本流」化し，その結果としてネオリベラル的な政策が（多くの場合権威的に）実施されたこと，およびそのことがその実態はともかく，外部には「成功」として広められたことで，その地域の中でネオリベラリズム的な政策が広く普及していくようになる。中東欧とラテンアメリカにおいてネオリベラリズムの波及が生じた背景には，両方の地域において同じような力学が作用しているというのが，本書の議論が明らかにした一つの知見である[1]。

次のポイントとしては，同じような歴史的経緯に置かれてきて，かつ国際環境も共通している，さらには上で確認したように，ネオリベラル的な考え方が流入してきた経緯も非常に近いはずのそれぞれの地域において，ネオリベラリズム的な政策を積極的に実施した国と，ネオリベラリズムからは距離を置いて

---

1) ただし序章でも述べられている通り，その波及が「波」のような形で同時期に一斉に広まったラテンアメリカと，国ごとにネオリベラル的な政策を実施した時期が異なっている中東欧とでは，その「広まり方」に違いは存在する。この点については両地域におけるネオリベラル的政策の実施時期を比較した，序章付表の年表も参照のこと。

いる国とが存在するということがある。これまでの議論では，中東欧やラテンアメリカ諸国におけるネオリベラル的な政策は，結局のところIMFや世界銀行を中心とする国際金融機関によって「押しつけられたもの」で，その内実に相違はないとみる見方か，もしくは中東欧とラテンアメリカというおかれた地域の環境の差が状況の違いに結びついているとみる見方が，一般的であった。だが実際には，本書の論考を通して，それぞれの国でネオリベラル的な政策が実施されるか否かに関しては，国ごとの固有の要因の作用の方が大きく —— 第4章で林はこれを「プル要因」と規定している —— そのためにネオリベラル的な政策の現れ方は国ごとに明確に異なっていること，およびその相違は地域間の相違とは異なり，中東欧およびラテンアメリカそれぞれの地域の中で相違がみられることが明らかにされている。この点は従来の研究の，「地域を越えた共通性」ないし「地域ごとの相違」のみを強調する点とは異なる，本書が明らかにした重要な知見となる。

　ここで国ごとに表れた相違に重要な影響を与えた要因の一つとして考えられるのが，第2部で議論されている各国の政党政治，特にネオリベラル的な政策をめぐるその形の違いである。この点については，第5章の仙石論文と第6章の村上論文，および第3章の小森論文，第4章の林論文と第7章の上谷論文が，それぞれの分析から共通する結果を導いている。

　第5章において仙石は，政党政治におけるネオリベラル的改革の「争点化の形」の相違が，「第2世代改革」を実施したチェコ・スロヴァキアと，「第2世代改革」からは距離をおいているハンガリー・ポーランドとを分けたこと，および後者の2カ国においては，旧共産党の後継政党が早い段階でネオリベラル的な政策を実施したことが，逆にその後の政党政治において保守・リベラル系の政党がネオリベラル的な改革と一線を画するようになる要因として作用したことを指摘している。このような見方は，ラテンアメリカにおいて政党政治がネオリベラル的改革の必要性という問題に直面した諸国では，それが政党政治におけるネオリベラル改革の争点化と政党政治の不安定化に結びついたのに対して，民政移管以前に改革が行われた諸国ではネオリベラル的政策が政党政治の争点から外れ政党システムが安定してきているという，第6章の村上の議論とも合致している。

　他方で第3章において小森は，ネオリベラル的な経済政策と普遍的家族支援という一見矛盾する制度がエストニアに導入された背景を検討することを通し

て，エストニアの有権者の大半はその歴史的経緯からネオリベラル的な政策を基本的には支持していることを明らかにし，第4章において林は，一見するとネオリベラル的な政策の実施とそれへの反動というように見えるスロヴァキア政治においても，ネオリベラル的な政策には一定の支持が存在していて，有権者は必ずしも改革に否定的な見方のみをしているわけではないことを指摘している。このように，ネオリベラル的政策の実践には国内的な支持があることを指摘する議論は，ラテンアメリカの有権者は現在では合理的な判断を行うようになっていることで，「急進左派」政権であっても有権者の多数派の支持を獲得できるように穏健な政策を採らざるを得なくなっているという，第8章における上谷の議論とも共通する部分がある。

つまり中東欧とラテンアメリカにおいては，多くの国で新自由主義が何らかの形で政党政治において争点化しているという点では共通しているが，そこにおける争点化の形は国ごとに異なっていること，およびそれゆえに，ネオリベラル的な政策に対する支持および評価のあり方も国ごとに異なっていることから，最終的に各国におけるネオリベラル的な政策の実践もまた異なるものとなっている。これも本書の議論から提起される，従来の議論とは異なる知見の一つとなるであろう。

最後の論点として，ネオリベラル的な政策の実施はその結果として格差の拡大や貧困の増大という多くの問題をもたらすことが多く，かつこれらの問題を看過することはできないということを踏まえた上でではあるが，ネオリベラル的な政策の実施は，各国における政治・制度の安定化に貢献する場合もあること，およびネオリベラル的な改革が早期に実施されず，かつその結果として経済の混乱が生じた国においては，ネオリベラル的な改革がより急進的な形で実施される実施される可能性も高くなることを指摘しておく必要があろう。

一般にネオリベラル的な政策は，ハイパーインフレを抑制し混乱した市場を安定化させるには一定の効果があるとみなされているものの，その効果は一部の企業などを除いては「広く浅く」感じられるものであるのに対して，ネオリベラル的な政策の結果としてもたらされる格差や貧困に関しては，特定の層にその影響が集中する傾向があることから，不利益を受けた社会層はネオリベラル的な政策への反発を強めることとなる。そしてこのような状況が，ラテンアメリカにおける「左傾化」や，チェコおよびスロヴァキアにおける「第2世代改革」への反発の動きへとも結びつくこととなる。

だがネオリベラル的な政策の実施とその揺り戻しというサイクルは，確かに一時的な政情の不安定化を招くものの，結果として政治システムを安定化させる場合もある。先にも述べたように，村上と仙石はそれぞれ異なる形ではあるが，早期に（時として民主主義体制となる以前に）ネオリベラル的な改革を実施した諸国においてはその後の経済改革をめぐる議論が比較的早期に収斂の方向に向かうのに対して，ネオリベラル的な改革が遅れた諸国では改革の実施が政治的争点となり，それが政治を不安定化させる可能性があるという見方を提起している。もちろん初期の改革が実際に効果を有していたのか，あるいは後に「本格的な改革」をすることが適切な手段であるのか，という政策的な面は別に議論する必要があるが，それでも第2部の政治過程の議論を利用するならば，早期に「ネオリベラル」的な改革が行われた場合には，合理的な有権者がその「行き過ぎ」を抑制する方向で投票行動を行うようになり，その結果として主要な政党の政策が穏健な方向で収斂していくのに対して，初期に改革が行われなかった場合には，後に経済状況の悪化などが見られた際に「新たなる改革」が政治的な争点となることで，そこから改革の是非をめぐってネオリベラル派と反ネオリベラル派が分離し，それが政治の不安定化を招く可能性も現れるということは，本書で挙げた事例からも確認できるであろう。

　もちろんネオリベラル的な政策に関しては，これをより積極的に評価する見方もありえる。第9章でブラジルの状況を論じた浜口は，ブラジルでは民政移管後の3人の大統領が試行錯誤と失敗を繰り返しながらも，ネオリベラル的な政策をブラジルの環境に適合した形で定着させたことが，現在の経済の安定と反映に結びついているという議論を提起しているし，第8章でロシアの企業の民営化について論じた安達も，ロシアの90年代の企業私有化は「生産単位の私有化」に過ぎず，ネオリベラル的な「民営化」という視点からは不十分なものであったとはいえ，この私有化が先行したことが，その後に企業が本来の意味で「資本主義化」していくための契機となったことを提起している。中東欧に関しても林は，スロヴァキアにおける財政の安定化と2009年からのユーロ導入は，ズリンダ政権の「第2世代改革」なくしては実現不可能なものであったことを指摘している。さらに加えるならば，小森および浜口も指摘するように，ネオリベラル的な政策は必ずしも格差や貧困の拡大を容認する方向にのみ作用するわけではなく，それぞれの国の国情に応じる形で「効率的な」社会政策を実施し，ネオリベラリズム的な政策により生じる問題（の一部）を解決す

ることも試みる場合もある。このような「成果」をどの程度積極的に評価するかは、ネオリベラル的政策に対する立場により異なることとなるのは当然のことではあるが、それでもネオリベラル的な政策が単に「経済を回復させた」というだけにはとどまらない影響をもたらしていること、そして実際のところ、ネオリベラル的な改革を実施した後に政権交代が生じた国においても、ネオリベラル的な制度・政策の全てがその後に停止されてしまうわけではなく、ネオリベラル的な改革により実現された制度変革の中で有効と考えられるものは、政権交代の後でも存続していることについては、ここで確認しておく必要があろう。このように、単なる「経済の回復」とは異なる「結果」について、地域を越えた共通面があることを確認したことも、本書の貢献の一つとして取り上げてよいであろう。

　以上のような点を、本書が「ネオリベラリズムの実践」を具体的に検討する中から明らかにすることができた、これまでの研究とは異なる知見としてあげることができる。もちろんここで挙げた論点以外にも、本書の各章の議論からはさまざまな議論を提起することができる。だがこれ以外の問題については別の機会に譲ることとして、ここでは最後に、今後さらなる比較研究を進めるための方向性について、簡単に議論しておくこととしたい。

III　残された課題に向けて

　本書の議論を通して、「ネオリベラリズムの実践」の多様性については、一応の確認を行うことができたと考えられる。だがネオリベラリズムの実践をめぐる議論は、中東欧・ロシアとラテンアメリカに限られるものではなく、国際的な金融危機に巻き込まれた東アジアや東南アジア、あるいは構造調整政策がさまざまな作用をもたらしているアフリカの諸国の事例とも関連させて論じられるべきものであるし、また今後はこれらの事例をも対象とした、より広い視野からの議論が必要となるはずである。ここでは最後に、地域を越えて「ネオリベラリズムの実践」について論じる際に考慮すべき事項について、簡単に整理しておくこととしたい。

　ポイントとなるのは、以下の三つの点である。

　1) 比較の際には具体的な制度や政策、あるいは政党政治など、「観察可能な事実」を軸とした分析を進めていく。この点については別稿でも議論したが [cf.

仙石 2006: 6-10］，体制転換の直後にその変化を分析するために利用された「民主化」の議論では，民主化への「移行」や民主主義の「定着」という概念そのものが曖昧で，これを利用して現実の変化について分析することは困難であった。だが現在では，制度や政策，あるいは政党政治と行った具体的な指標ないし基準を設定した上で，それをもとにした比較を行うことで，一見しただけでは異なるように見える地域の間でも，ある程度意味のある知見を導き出すことが可能となっている。さらにいえば，そのような知見は中東欧・ロシアとラテンアメリカという今回対象とした地域のみならず，例えば東アジアや南ヨーロッパなど，権威主義体制から民主主義体制への転換という経験を有する，歴史的経緯が近い地域についての分析を行う際にも，有効な視点を提起するものとなるはずである[2]。

2）地域内および地域間の共通点と相違を具体的な形で明確にして，そのような相違あるいは共通性が生じた理由を明らかにしていく。例えばラテンアメリカと中東欧において民主化の後で行われたIMFの提唱する「構造改革」については，対外債務が大きくかつ国内資本の規模が小さい両地域では，東アジアや南欧に比べてより条件の厳しいものであったという点では共通していたが，その一方で改革への抵抗は，ラテンアメリカの場合は一般に「左派」から出ているのに対して，中東欧の場合は，ポーランドやハンガリーの例に見られるように，旧共産党系が先に「改革」を実施したことで抵抗は「左」ではなく「右」から現れる場合もあるといった相違があることが指摘されている［cf. Nagle and Mahr 1999: 241-247; Shields 2011: 169-173; 本書第5章］。このように，二つの地域の間で同じ状況が現れている部分と異なる部分を明確に分けることで，比較の議論をより具体的に行うことが可能となる。

3）「地域」という枠組みが絶対的なものではなく，時には地域を越えた共通性，あるいは地域の中の相違という側面の方が重視されるべきこともを考慮する。「地域間比較」という方法はそれぞれの地域の特質を「相対化」し，またより大きな文脈の中でその地域の特質を位置づけることを可能とする点で非常に有益であるが，同時に「地域」という変数に固執しすぎてしまうと，地域の中における相違，あるいは地域を越えた共通性を見逃してしまう可能性もある。この

---

[2] これは本書の対象外の問題であるが，例えば2011年以降のギリシャの経済危機についても，本書で用いたような視点からの比較分析を行うならば，危機の背景や今度の動向に関して，より体系的な分析を行うことが可能となるであろう。

点についてはメアスも，地域というクラスターの有効性は認めつつも，地域という枠組みを規定することには「それが明らかにすること以上のものを隠してしまうかもしれない」[Mares 2009: 370] という問題があることを指摘している。地域間比較は最初から地域間の相違を「前提」としないことで，より豊かな成果を生み出す可能性があることも，踏まえておく必要があろう。

このような議論を踏まえるならば，今後の研究で必要となることとしては，ピアソンが主張するように，あらかじめ共通の概念的・理論的枠組みを設定した上で，「(その) 枠組みを踏まえることで，異なる領域を研究対象にしている研究者同士が，理論的関心を共有しやすくなり，互いに刺激しあい，蓄積を促すような議論をつくりやすく」[Pierson 2004: 174-175; 翻訳 2010: 231] すること，そしてそれにより，より実質のある地域間比較を行うこと，ということになるであろうか。

参考文献

Bockman, Johanna, and Gil Eyal [2002] "Eastern Europe as a laboratory for economic knowledge: the transnational roots of neoliberalism." *American Journal of Sociology*, 108(2): 310-352.

Demmers, Jolle, Alex E. Fernández Jilberto and Barbara Hogenboom [2004] *Good governance in the era of global neoliberalism: conflict and depolitisation in Latin America, Eastern Europe, Asia and Africa*. London: Routledge.

Frye, Timothy [2010] *Building state and markets after communism: the perils of polarized democracy*. Cambridge: Cambridge University Press.

Greskovits, Béla [1998] *The political economy of protest and patience: East European and Latin American transformations compared*. Budapest: Central European University Press.

Haggard, Stephen and Robert R. Kaufman [2008] *Development, democracy, and welfare states: Latin America, East Asia, and Eastern Europe*. Princeton: Princeton University Press.

Mares, Isabela [2009] "The comparative political economy of the welfare states" In: Mark Irving Lichbach and Alan S. Zuckerman (eds.) *Comparative politics: rationality, culture, and structure (2nd ed.)*. Cambridge: Cambridge University Press, pp. 358-375.

Manzetti, Luigi [2009] *Neoliberalism, accountability, and reform failures in emerging markets: Eastern Europe, Russia, Argentina, and Chile in comparative perspective*. Pennsylvania: Pennsylvania State University press.

Nagle, John D. and Alison Mahr [1999] *Democracy and democratization: post-communist Europe in comparative perspective*. London: Sage Publishers.

Pierson, Paul [2004] *Politics in time: history, institutions, and social analysis*. Princeton: Princeton University Press. (ポール・ピアソン著，粕谷祐子訳 [2010]『ポリティクス・イン・タイム──歴史・制度・社会分析』勁草書房.)

Pop-Eleches, Grigore [2009] *From economic crisis to reform: IMF programs in Latin America and*

Eastern Europe. Princeton: Princeton University Press.

Przeworski, Adam [1991] *Democracy and the market: political and economic reforms in Eastern Europe and Latin America*. Cambridge: Cambridge University Press.

Shields, Stuart [2011] "Poland and the global political economy: from Neoliberalism to Populism (and back again)." In: Gareth Dale (ed.) *First the transition, the the crash: Eastern Europe in the 2000s*. London: Pluto Press, pp. 169-186.

Sommers, Jeffrey and Jānis Bērziņš [2011] "Twenty years lost: Latvia's failed development in the post-Soviet world." In: Gareth Dale (ed.) *First the transition, the the crash: Eastern Europe in the 2000s*. London: Pluto Press, pp. 119-142.

Triska, Jan F. (ed.) [1986] *Dominant Powers and subordinate states: the United states in Latin America and the Soviet Union in Eastern Europe*. Durham: Duke University Press.

仙石学［1998］「社会主義における国家と開発」恒川恵市編『開発と政治』岩波書店，79-101頁.

仙石学［2006］「中東欧研究と比較政治学——いわゆるディシプリン指向の中での地域研究のあり方の考察」『スラヴ研究』53号，1-25頁.

仙石学［2011］「体制転換研究の意義——研究の成果と残された課題」仙石学・林忠行編『ポスト社会主義期の政治と経済——旧ソ連・中東欧の比較』（スラブ・ユーラシア叢書9）北海道大学出版会，319-329頁.

索引（事項／政党名／人名）

■事項索引

IMF →国際通貨基金
New Economic School（NES） 43-45
PND →「非国有化計画」

アジア通貨危機 11
上からの啓蒙 42-43, 52, 54, 59
上からの啓蒙主義 48
『エル・メルクリオ』 83, 85, 90
エル・ラドリージョ 87, 90
欧州連合（EU） 11
穏健左派 12

「学生に教育する」 43 →グローバル・リベラリズム
家族支援 117-118
急進左派 12
均等税率→フラット・タックス
グローバル・リベラリズム 41-42
　　グローバル・リベラリズムの四つの形態 43
　　「学生に教育する」 43
　　「政府にアドヴァイスを与える」 43, 46
　　「やってみせる」 43, 50, 59
　　「やらせてみる」 43, 48, 59
幸運な自由化 324, 331
構造改革 241
構造学派 76, 78-79
構造調整 5
コウルズ委員会（Cowles Commision） 71
国際通貨基金（IMF） 5, 41-42, 47, 67, 78, 102, 140, 165, 184
国連ラテンアメリカ経済委員会（Economic Comission for Latin America） 76, 79

サヤン・アルミニウム工場 289, 291
シカゴ・ボーイズ 7, 65, 68, 84
シカゴ大学 7, 65-66, 73, 79-80, 82
「資本主義企業化」 283, 287-288, 290-291, 300
市場ボルシェヴィズム 50, 55-56, 58-59
社会思想委員会（Committee on Social Thought） 69-70
私有化（privatization） 277-278, 280-281, 285, 289, 295
ショック療法 74, 88, 97, 140, 142-143, 166
政党システム 204-205, 211, 213, 223
「政府にアドヴァイスを与える」 43, 46 →グローバル・リベラリズム
世界銀行 5, 67, 102, 165
選挙変易性（electoral volatility） 213
ソ連型企業 282, 285, 300
ソ連株式会社 284, 286

第二世代改革 6, 157, 167-168, 173, 178, 186, 227
超高率インフレ 207, 209, 216
「中心―周辺」理論 76
チリ・カトリック大学 65-66, 80, 82, 84, 91, 100
チリ・プロジェクト 78, 82, 86
チリ大学 66, 77-80, 101
デルプト大学 45
電力危機 324

ネオリベラリズム 4, 5

バルツェロヴィチ・プラン 140-141, 165

351

非国有化計画（Programa Nacional de Desestatização：PND） 316, 320
フォード財団 70, 83
二つのエストニア 124-125
フラット・タックス 117, 150, 152, 168, 170-171, 179, 183-184, 186
ブレイディ・プラン 314
プレビッシュ＝シンガー命題 76
プントフィホ協定 221
ベルカ・ルール 185
ボルサ・ファミリア 326

「やってみせる」 43, 50, 59
「やらせてみる」 43, 48, 59

ユーロ導入（ユーロ圏への加入） 139, 152, 155
ユコス社 294-299
輸入代替工業化（Import Substituting Industrialization） 5, 11, 76, 97

リーマン・ショック 3, 11, 330
両親補償 118, 121-122
レアル計画 318-320, 322, 332
レント国家論 258
ロシア語系住民 115

ワシントン・コンセンサス 5, 55, 102, 277, 312, 315

■政党名索引

アルゼンチン
　　急進党 222-223
　　ペロニスタ党 222-223
ウルグアイ
　　拡大戦線 215
　　国民党 215
　　コロラド党 215, 224
エクアドル
　　キリスト教社会党 218
　　左翼民主党 218
　　人民民主党 218
　　ロルドス党 218
エストニア
　　「穏健」 119-120, 126, 130
　　改革党 113, 115, 119-120, 122, 126, 128, 130
　　共和国党 126, 130
　　人民連合 126
　　祖国・共和国連合 120
　　祖国連合 119, 126

中央党 119-120, 126
コロンビア
　　国民戦線 221
　　自由党 221
　　保守党 221
スロヴァキア
　　共産党 153
　　キリスト教民主運動 145, 149, 157, 159
　　国民党 144, 149, 153, 157
　　市民合意党 146, 149
　　市民民主同盟 154
　　市民民主連合 144
　　社会民主党 145
　　新市民同盟 149, 182
　　スメル（「方向」） 149, 153, 155, 157, 159, 182
　　ハンガリー人連立党 146, 149-150, 157
　　民主運動 145, 151-152, 157, 182
　　民主キリスト教連合 147-149, 154,

　　　　156, 159
　　民主左翼党　146, 149, 182
　　民主スロヴァキア運動　143, 153
　　民主党　145-146
　　民主連合　145
　　民主連立　145, 147, 149
　　労働者連盟　144-145

チェコ
　　市民民主党　141, 183
　　社会民主党　141, 183

チリ
　　アリアンサ（同盟）　215
　　急進党　215
　　共産党　215
　　キリスト教民主党　215
　　コンセルタシオン（盟約）　215
　　社会党　215
　　自由党　215
　　独立民主同盟　65
　　変革のための連合　65
　　保守党　215

ハンガリー
　　社会党　169, 184
　　青年民主同盟　141
　　フィデス　184

ブラジル
　　社会民主党　323

　　労働者党　216, 312, 319, 323-325

ベネズエラ
　　キリスト教社会党　221
　　民主行動党　221

ペルー
　　アプラ党　217-218
　　キリスト教人民党　218
　　人民行動党　218
　　統一左翼　218

ポーランド
　　市民プラットフォーム　148, 185-186
　　自由連合　148
　　法と正義　185
　　民主左派同盟　169
　　民主左翼同盟　148
　　連帯選挙行動　148

ボリビア
　　国民革命運動　217-219
　　左翼革命運動　218
　　人民民主連合　218
　　民族民主行動党　218

メキシコ
　　国民行動党　216
　　制度革命党　216
　　民主革命党　216

■人名索引

アギオン, P.　44
アジェンデ, S.　68, 83, 85, 87, 89, 91, 93,
　　100
アバルキン, L.　43
アレクサンドル 1 世　45
アレッサンドリ, J.　91

イックス, B. W.　44
イバラ, J. M.　217
ヴァイナー, J.　71
ヴァルガス, G.　311
ヴィジャルス, J.　91
ウイリアムソン, J.　5, 314

索引（事項 / 政党名 / 人名）　353

ヴィルドーソラ, J. 91
ヴェティク, R. 126
ウマラ, O. 219
ウリベ, A. 222
ウレンダ, R. 92
ウンドラーガ, S. 89, 91–92
エイルウィン, P. 101
エスコバル, L. 77
エドワーズ, A. 85
エドワーズ, S. 102
エリオット, T. S. 70
エリツィン, B. 55–56
エルシェス, P. 340
エレルマン, D. 49–50, 55
オークショット, M. 58
オイラー, L. 47
オスルンド, A. 43, 46, 48–49
オッペンハイマー, P. 46
オファー, G. 44
オルバーン, V. 184
ガイダール, Y. 43, 55, 277, 279
カウアス, J. 93
カウフマン 339
カスト, M. 96
ガリード, J. 90
カルデラ 222
カルドーゾ, E. 216, 312, 318–321, 323–324, 331–332
キチネル 223
キンプトン, L. A. 70
クール, M. 133–134
クカン, E. 147
グスマン, J. 92
クチェラーク, J. 142, 144
クラウス, V. 140, 143–144
クルサット, M. 90–91
グレスコヴィッツ, B. 338
クレンスキー, D. 123
グリンスキ, D. 55
ゲイ, P. 53
ケリー, R. 90

ゴトゥッソ, L. 92
コルナイ, J. 143
コルボ, V. 102
コレア, R. 220
コロル, F. 216, 312–314, 316, 331–332
サエス, R. 93
サエンス, O. 89
サバラ, J. L. 91
サックス, J. 42–43, 46, 48, 51–52
サマーズ, L. 43, 46, 51
サントス 222
サンフエンテ, A. 90–91
シュステル, R. 151, 154
シュメグネロヴァー, B. 146–147
シュライファー, A. 42–44, 46, 49–52, 278
シュルツ, H. 71
シュルツ, T. 77, 79, 82
ジェフタノビッチ, P. 82
シルバ, E. 91
スティグラー, G. 70, 72
ズリンダ, M. 139, 145–147, 149, 151, 154–156, 182–183
セロウスキー, M. 102
タサーラ, E. 91
ダブロフスキー, M. 46
ツィンマーマン, N. 52
ディス, C. A. 82
テエイヘイロ, M. 102
デ・カストロ, S. 80, 84, 89–91, 96, 98
デ・ラ・クアドラ, S. 82, 90, 96
デ・ランダ, G. Z. 92
チュバイス, A. 43, 55, 277, 280
チェイレ, J. 92
チャナ, J. 80
チャベス 222, 235, 237–238, 254, 256
チェルノムイルジン, V. 55
ツィンマーマン, N. 51
ディキシット, A. 44
ドーンブシュ, R. 102
ドゥサイジャント, A. 90

トゥスク, D. 186
トポラーネク, M. 183
ナイト, F. 71
ネフ, J. 70
ノーヴ, A. 284
ハーバーガー, A. 66, 80, 82-83, 86, 89, 93, 102
ハイエク, F. 54, 57-58, 69-70, 72
ハガード, S. 339
パストラナ, A. 222
パターソン, A. 79-80
ハッチンス, R. M. 69
ハミルトン, E. 82
バラオナ, P. 90-91, 96
バルツェロヴィチ, L. 140
バルドン, A. 91, 96
バルハロ, A. 86
ピニェイラ, J. 96, 99, 101
ピニェイラ, S. 101, 267
ピノチェ, A. 87-88, 98-99, 101, 104-105
ピピーノ, A. 90
ヒューム, D. 57-58
ビュッヒ, E. 99
フィツォ, R. 148, 155-157
フェデリッチ, J. L. 91
フエンサリーダ, A. 82
フォンテイン, E. 65, 80, 82
フィッシャー, S. 42-43, 46
ブキャナン, J. M. 70
プシェヴォルスキ, A. 338
ブッシュ, G. H. W. 51
フジモリ, A. 219
ブラウン, J. 91
ブラギンスキー, S. 49
フランク, A. G. 83
フリードマン, M. 7, 66-67, 70-74, 83, 88-89, 93
プレビッシュ, R. 76-77, 79
ヘイ, J. 51-52
ベッカー, G. 70-71
ペトラコフ, N. 43

ヘバート, E. 51
ベルカ, M. 185
ベルグロフ, E. 44
ベルヌーイ, D. 47
ベルヌーイ, N. 47
ベロウ, S. 70
ペロン, J. 222
ペンローズ, E. 283
ボゴモロフ, O. 43
ホドルコフスキー, M. 291, 296-300
マサ, C. 82
マンツェッティ, L. 339
ミクロシュ, I. 142, 144, 146-147, 183
ミル, J. S. 72
ムヒカ, R. 91
メチアル, V. 139, 143-144, 151, 154, 182
メネム, C. 223
メルキオル, J. 317
メンデス, J. C. 90-91
モラレス, J. E. 220
モリーナ, A. 92
ヤヴリンスキー, G. 49
ライプニッツ, G. 47
ラフリン, J. L. 70
ランゲ, O. 71
ランゴニ, C. 88-89
リプトン, D. 46
ルーラ, I. 216, 312, 319, 323-325, 331-332
ルーカス, R. E. 70-71
ルスコ, P. 150
ルデーレス, R. 96
レイヤード, R. 46
レッダウェー, P. 55
レニス, F. 93
ロストフスキー, J. 46
ロセール, C. 102
ロッテンバーグ, S. 82
ロビャカス, A. 123
ローランド, G. 44

索引（事項／政党名／人名） 355

[執筆者紹介]

【編者】

村上　勇介（むらかみ　ゆうすけ）　序章および第6章担当
1964年生まれ　京都大学地域研究統合情報センター准教授
ラテンアメリカ地域研究，政治学専攻
最近の業績は，*Perú en la era del Chino: la política no institucionalizada y el pueblo en busca de un salvador* (2a. edición),（Instituto de Estudios Peruanos, 2012），*Dinámica politico-económica de los países andinos* (editor),（Instituto de Estudios Peruanos, 2012）他。

仙石　学（せんごく　まなぶ）　序章，第5章，終章担当
1964年生まれ　西南学院大学法学部教授
比較政治学，中東欧比較政治経済専攻
最近の業績は，『ポスト社会主義期の政治と経済―旧ソ連・東欧の比較』（林忠行と共編）（北海道大学出版会，2011年），「中東欧諸国におけるケア枠組みのジェンダー的側面 ── 女性に期待される役割が国により異なるのはなぜか」日本比較政治学会編『ジェンダーと比較政治学（日本比較政治学会年報13号）』（ミネルヴァ書房，2011年）他。

【執筆者】

上垣　彰（うえがき　あきら）　第1章担当
1950年生まれ　西南学院大学経済学部教授
比較経済体制論，ロシア・東欧経済論専攻
最近の業績は，『経済グローバリゼーション下のロシア』（日本評論社，2005年），「東欧における経済的後進性について―ルーマニアおよびブルガリアを例として」仙石学・林忠行編『ポスト社会主義期の政治と経済―旧ソ連・中東欧の比較』（北海道大学出版会，2011年）他。

竹内　恒理（たけうち　わたり）　第2章担当
1957年生まれ　つくば国際大学産業社会学部教授
米州国際関係論，ラテンアメリカ地域研究，開発経済論専攻
最近の業績は，「ブラジルの対中国外交 ── ルーラ政権下（2003年-2010年）における経済関係を中心として」『研究紀要（つくば国際大学）』第17巻（2011年），「〈静かなる革命〉の担い手たち」遅野井茂雄他編『ラテンアメリカ世界を生きる』（新評論，2001年）他。

小森　宏美（こもり　ひろみ）　第3章担当
1969年生まれ　早稲田大学教育・総合科学学術院准教授
ロシア・東欧現代史専攻
最近の業績は，『越境とアイデンティフィケーション―国籍・パスポート・IDカード』（陳天璽他と共編）（新曜社，2012年），「エストニアとラトヴィアの政党政治比較 ── 歴史的要因としてのロシア語系住民問題を軸に」仙石学・林忠行編『ポスト社会主義期の政治と経済 ── 旧ソ連・中東欧の比較』（北海道大学出版会，2011年）他

林　　忠行（はやし　ただゆき）　第4章担当
1950年生まれ　京都女子大学現代社会学部教授
東欧国際関係，東欧比較政治専攻
最近の業績は，『ポスト社会主義期の政治と経済 ── 旧ソ連・東欧の比較』（仙石学と共編）（北海道大学出版会，2011年），「東中欧諸国における政党システム形成の比較 ──「基幹政党」の位置取りを中心にして」『比較経済研究』46巻1号（2009年）他。

上谷　直克（うえたに　なおかつ）　第7章担当
1971年生まれ　アジア経済研究所地域研究センター・ラテンアメリカ研究グループ副主任研究員
比較政治学，ラテンアメリカ政治専攻
最近の業績は，「『民主政治の試金石』としてのポピュリズム ── ラテンアメリカの場合」『ラテンアメリカ・レポート』28巻2号（2011年），「大統領への『挑戦』と『失墜』に関する数理モデル分析 ── ラテンアメリカ諸国の事例をもとに」『アジア経済』第53巻6号（2012年）他。

安達　祐子（あだち　ゆうこ）　第8章担当
上智大学外国語学部准教授
ロシア政治経済専攻
最近の業績は，*Building Big Business in Russia: The Impact of Informal Corporate Governance Practices*, (Routledge, 2010), "Subsoil Law Reform in Russia under the Putin Administration," *Europe-Asia Studies* vol. 61, no. 8, (2009) 他。

浜口　伸明（はまぐち　のぶあき）　第9章担当
1964年生まれ　神戸大学経済経営研究所教授
ブラジル経済，空間経済学専攻
最近の業績は，『ブラジルにおける経済自由化の実証研究（神戸大学経済経営研究所研究叢書72号）』（西島章次と共著）（神戸大学経済経営研究所，2011年），「日本とブラジルの貿易における補完的関係」（シルビオ・ミヤザキと共著）『国民経済雑誌』203巻6号（2011年）他。

ネオリベラリズムの実践現場 —— 中東欧・ロシアとラテンアメリカ
(地域研究のフロンティア 2)

Ⓒ Yusuke MURAKAMI, Manabu SENGOKU 2013

2013年3月31日　初版第一刷発行

編　者　　　村　上　勇　介
　　　　　　仙　石　　　学

発行人　　　檜　山　爲次郎

発行所　京都大学学術出版会
　　　　京都市左京区吉田近衛町69番地
　　　　京都大学吉田南構内(〒606-8315)
　　　　電　話　(075) 761-6182
　　　　FAX　(075) 761-6190
　　　　URL http://www.kyoto-up.or.jp
　　　　振替　01000-8-64677

ISBN 978-4-87698-272-1　　　印刷・製本　㈱クイックス
Printed in Japan　　　　　　　装幀　鷺草デザイン事務所
　　　　　　　　　　　　　　定価はカバーに表示してあります

本書のコピー，スキャン，デジタル化等の無断複製は著作権法上での例外を除き禁じられています。本書を代行業者等の第三者に依頼してスキャンやデジタル化することは，たとえ個人や家庭内での利用でも著作権法違反です。